Ernst Lange, Kirche für die Welt

Ernst Lange

Kirche für die Welt

Aufsätze zur Theorie kirchlichen Handelns

Herausgegeben und eingeleitet von Rüdiger Schloz
in Zusammenarbeit mit Alfred Butenuth

Kaiser · Burckhardthaus

In der Reihe Lese-Zeichen erscheinen Bücher der Verlage:
Burckhardthaus-Laetare
Calwer
Chr. Kaiser
Ernst Kaufmann
Theologischer Verlag Zürich
Vandenhoeck & Ruprecht

CIP-Kurztitelaufnahme der Deutschen Bibliothek
Lange, Ernst:
Kirche für die Welt: Aufsätze zur Theorie kirchl. Handelns/Ernst Lange.
Hrsg. u. eingeleitet von Rüdiger Schloz mit einem Beitrag von Alfred Butenuth
– München: Kaiser; Gelnhausen: Burckhardthaus, 1981
(Edition Ernst Lange; 2) (Lese-Zeichen)

ISBN 3-459-01353-2 (Kaiser)
ISBN 3-7664-6145-1 (Burckhardthaus)

NE: Schloz, Rüdiger [Hrsg.]
Lange, Ernst: [Sammlung]

Gesamtherstellung: Kösel, Kempten.
Umschlag: Reinhard Liedtke. – Printed in Germany.

Inhalt

EINLEITUNG

»Das Kirchesein der Kirche entscheidet sich in ihrem Fürsein für die Welt« – auf diese Pointe bringt Ernst Lange Bonhoeffers Sicht der Kirche in der letzten Phase dessen theologischen Denkens. Diese Perspektive bildet den Ausgangspunkt für Ernst Langes Kirchentheorie; alle in diesem Band gesammelten Arbeiten sind erkennbar darauf bezogen. So schien es mir sachgemäß, die ganze Sammlung unter den Titel »Kirche für die Welt« zu stellen.

Ernst Langes Entdeckung beim Abschreiten der Phasen von Bonhoeffers Ekklesiologie ist, daß, was Kirche ausmacht, von Stufe zu Stufe mehr von ihrem »religiösen Binnenleben« hinausverlegt wird in ihre Teilnahme an der Welt. Daraus folgt am Ende, daß »Kommunikation des Evangeliums in der religionslosen Welt« nicht heißen kann, »unterschiedslos und pauschal das ›sentire cum ecclesia‹ und die Eingliederung in die Kirche zu fordern«. Wenn aber zutrifft: »das Wort Gottes als Evangelium und Gebot darf nicht einfach an der Kirche in ihrer Kirchlichkeit und auf die Kirche hin ausgelegt werden«, dann gilt auch: »Hier gibt es Stufen der Kommunikation, die gewahrt bleiben müssen, soll nicht die Welt vor das Entweder–Oder der zu sich selbst rufenden Kirche gestellt und dadurch überfordert, im Stich gelassen werden« (S. 59). Deutlich schwingt im Hintergrund das »Vogel, friß oder stirb« mit, vor das Bonhoeffer uns durch einen theologischen »Offenbarungspositivismus« gestellt sah.

Predigttheorie und Kirchentheorie Ernst Langes sind vom selben Ausgangspunkt her entwickelt: für die Kirche als ganze und für die Predigt im besonderen ist »Kommunikation des Evangeliums« die konstitutive Funktion. Die Erfüllung dieser Funktion hängt davon ab, daß die Wirklichkeit getroffen wird, sei es die Situation des Predigthörers, sei es die empirische Gestalt der Kirche im gesellschaftlichen Kontext. Es geht um die Frage, »wie sich die

Grundworte der christlichen Verkündigung an der Wirklichkeit auslegen und wie die Kirche aussieht, die dieser Verkündigung dient« (S. 59).

Deshalb bedient sich Ernst Lange mit Entschiedenheit der begrifflichen und methodischen Mittel, die die Sozialwissenschaften bereitstellen, um »der Welt« im Modus ihrer eigenen Erfahrung und Selbstauslegung nahezukommen, auch wenn das zunächst nur um den Preis einer theologischen Unschärfe möglich ist. Dies muß den Widerspruch einer Theologie herausfordern, die nur die theologisch präparierte Wirklichkeit als Gegenstand praktisch-theologischer Theoriebildung gelten lassen möchte. Aber Definitionen grenzen nicht nur die uferlosen Denkmöglichkeiten ein, sie schließen auch offene Fragen ab, wo es gerade darum ginge, den Prozeß der Verständigung neu zu eröffnen. Für Ernst Lange beginnt Theorie kirchlichen Handelns allen Ernstes mit der Wahrnehmung jener »Kommunikationskrise« als einer »Krise des Kirche-Welt-Verhältnisses« (S. 55), die das Denken Dietrich Bonhoeffers während seiner Haft zunehmend bestimmt hat.

Ohne daß diese Kommunikationskrise begriffen wird, gibt es kein Begreifen der Kirche und keine Perspektive für das kirchliche Handeln. Wo sich Praktische Theologie, womöglich unter Berufung auf das verpflichtende Erbe von Barmen, auf Wirklichkeit nur mit theologisch qualifizierten Begriffen beziehen will, kann sie diese Kommunikationskrise nur reproduzieren. Der kerygmatischen Theologie ging es in Auseinandersetzung mit dem Kulturprotestantismus, mit der liberalen theologischen Tradition darum, die Unabhängigkeit und Authentizität der christlichen Botschaft im Gegenüber zur Welt, zu Staat, Volk, Kultur und Gesellschaft wiederzugewinnen. Die früheren Phasen im Denken Dietrich Bonhoeffers über die Kirche, wie Ernst Lange sie nachzeichnet, sind ganz auf diese Absicht konzentriert. Zuletzt jedoch schiebt sich neben die Denkbemühung um die authentische Gestalt der Kirche mehr und mehr das Problem der Kommunikabilität ihrer Botschaft.

Diesen zweiten Brennpunkt einer nunmehr elliptisch zu begreifenden ekklesiologischen Aufgabenstellung hat Dietrich Bonhoeffer erst in seiner Haft in den Blick bekommen und nicht mehr ausarbeiten können.

Genau dieser Aufgabe gilt die kirchentheoretische Arbeit Ernst Langes. Von Karl Barth und dem Erbe des Kirchenkampfes herkommend erkannte er es bald als die entscheidende Gefahr des kirchlichen Neubeginns nach 1945, zwischen der massiven Tendenz zu kirchlicher Restauration einerseits und einer Kanonisierung der Kirchenkampferfahrung andererseits, die spezifische Herausforderung der jetzigen Situation von Kirche und Welt zu verpassen. Diese Situation sieht er gekennzeichnet durch eine Vielzahl von Widersprüchen: Gleichzeitigkeit des Ungleichzeitigen hinsichtlich theologischer und politischer Bewußtseinsebenen, Kirchenbindung und Entkirchlichung, hinsichtlich der Selbstwahrnehmung und Welterfahrung der »alten« Kirchen in den Industrienationen und der »jungen«, selbständig gewordenen einstigen Missionskirchen in den Ländern der sogenannten Dritten Welt, die mehr und mehr die Tagesordnung der ökumenischen Gemeinschaft der Kirchen bestimmen. In dieser Situation gewinnen vier Stichworte zentrale theologische Bedeutung: Indigenisation (oder »Anpassung«), ökumenisches Bewußtsein, Konflikt und Konziliarität.

Indigenisation bedeutet das Heimischwerden der christlichen Botschaft in der Erfahrungs- und Vorstellungswelt, in den Sprachspielen, Denkkategorien und Lebensstilen einer Zeit und Kultur. Als das Christentum seinen Siegeszug durch die spätantike Welt antrat, leistete es diese Anpassung in einem hochdifferenzierten Prozeß von Einbeziehen und Umformen, Abgrenzen und Ausschließen, Biegen, Brechen oder Ignorieren. Solches Gemenge mit dem Vorgefundenen kennzeichnet die christliche Mission in allen ihren Phasen, nur für das Heimischwerden in einer »nachchristlichen« Kultur scheint es sich durch Wiederinkraftsetzung der früher getroffenen Arrangements umgehen zu lassen. Barmen gilt als Markstein der Nichtanpassung der Kirche an die Zeit und ihren Ungeist. Anpassung ist geradezu eine tabuisierte Zielvorstellung für kirchliches Handeln. Ernst Lange hingegen interpretierte gerade Barmen und seine Folgen als einen »großangelegten Anpassungsprozeß«, nämlich als Anpassung an die Wirklichkeit, mit der es der

Kirchenkampf zu tun hatte, wie sie sich einer ins Licht der Christusverheißung gerückten Analyse darstellte (vgl. S. 166ff; S. 193f).

Nach Ende des zweiten Weltkriegs stellt sich die Wirklichkeit anders dar, nicht nur für die Welt, sondern auch für die Kirche. Und die Kommunikationskrise, in der beide in ihrem Verhältnis zueinander befangen sind, fordert zu anderen Verständigungsbemühungen heraus. An die Stelle der klaren Front der Auseinandersetzung mit einem sich selbst religiös verklärenden Unrechtsstaat tritt nun die Wahrnehmung von gesellschaftlichen Konflikten auf ganz verschiedenen Ebenen, durch deren Pluralität die Aufgaben kirchlicher Indigenisation vollends unvereinbar werden. So werden Kirche und Theologie selbst in den Konflikt hineingezogen.

»Die Kirche institutionalisiert einen Widerspruch. Sie stellt den Einspruch Jesu gegen die Selbstzerstörung des Menschen auf Dauer« (S. 199). Um das leisten zu können, muß die Kirche sich auch auf die Gesellschaft einlassen. Sie muß also gleichsam den Widerspruch zwischen dem Zerstörenden und dem Einspruch dagegen in sich hineinnehmen und trifft deshalb mit dem Einspruch Jesu stets auch sich selbst. Bewahrung und Wandel, Stabilisierung und Emanzipation sind in Kirche und Gesellschaft jeweils gegeneinander gerichtete, aber einander unverzichtbare Funktionen. Je rascher sich Wandel vollzieht, desto mehr spitzen sich die Konflikte zwischen beiden Funktionen zu. Dem Standpunkt derer, die etwas zu bewahren haben, steht der verändernde Impetus jener gegenüber, die wenig oder nichts verlieren können. Das gilt schon innerhalb unserer Gesellschaft. Aber es gilt noch viel mehr im Blick auf die weltweite Christenheit. Ökumenisches Bewußtsein ist heimisch in globalen Konflikten und stellt die parochiale Erfahrung des Nahbereichs in den Kontext der Erfahrung, die die Christen aus anderer Tradition und Kultur und unter anderen wirtschaftlichen und politischen Bedingungen machen.

Große Bedeutung hatte für Ernst Lange das ökumenische Studienprojekt über »die missionarische Struktur der Gemeinde«. Das Stichwort und die in diesem Zusammenhang eröffneten Perspektiven schlagen sich vielfach in diesen Texten nieder. In der

Bilanz 65 wird die daraus entwickelte Konzeption von Kirchenreform einigermaßen anschaulich; ihre Probleme sind freilich auch nicht verschwiegen.

Der letzte der genannten vier zentralen Begriffe kommt in den hier herausgegebenen Texten nur gelegentlich vor; von Konziliarität handelt das ganze Buch »Die ökumenische Utopie oder was bewegt die ökumenische Bewegung?« (Stuttgart/Berlin 1972). Aber es ist der komplementäre Begriff zu den drei anderen. Er steht für die Bewegungsrichtung, in der unvereinbare Indigenisationsprozesse und ihre Ergebnisse, Traditionen und die Konflikte zwischen ihrer Bewahrung und Veränderung, der Zusammenstoß von parochialem und ökumenischem Bewußtsein produktiv werden. Das soll geschehen, indem sich die Kirche als konziliare Gemeinschaft begreifen lernt, in der alle voneinander lernen können und in der historische Abgrenzungen durch Kommunikation ehrlich überwunden werden. – Konziliarität und Kommunikation gelten vielen heute wegen ihres unpräzisen Gehalts als verdächtige »Zauberworte«, von betörender Anziehungskraft und verheerender Wirkung. Ernst Lange selbst hat mehr unter der sterilen, phantasiezerstörenden Kirchen- und Wissenschaftssprache gelitten und sich von diesen Begriffen zu durchaus konkreten, soliden Konzeptionen inspirieren lassen.

Überblickt man die seither verstreuten Texte, die nun in diesem Band zusammengefaßt sind, so bekommen die »unpräzisen Begriffe« jedenfalls plastische Konturen; vielleicht sind sie so auch imstande, Inspiration weiterzuvermitteln und konkrete Phantasie zugunsten einer »Kirche für die Welt« zu entbinden.

»Kirche für andere« war Ernst Langes Antrittsvorlesung an der Kirchlichen Hochschule Berlin am 12. Mai 1965. Vorgetragen wurde eine verkürzte Fassung. Der Aufsatz erschien im Oktober 1967 in der Zeitschrift Evangelische Theologie, 27. Jg., S. 513–546. Ernst Lange hat ihm selbst große Bedeutung für die Klärung des Verhältnisses zu seinen theologischen Anfängen im Gefolge Karl Barths beigemessen. Der Aufsatz nimmt auch insofern eine Sonderstellung ein, als er eine bewußt akademische Arbeit ist, während die meisten anderen Beiträge weniger bekümmert um wissenschaftliche Gepflogenheiten eher dem Genus »theologischer Essayistik« zuzurechnen sind, für das es neben Ernst Lange kaum vergleichbare evangelische Vertreter gibt.

Zur Bilanz 65 hat Alfred Butenuth in seiner Vorbemerkung das Wichtigste gesagt. Wir haben von der Dokumentation, die 259 Schreibmaschinenseiten umfaßte und seinerzeit, wie auf S. 2 stand, »mit der freundlichen Hilfe des Kreuz-Verlages Stuttgart als Manuskript gedruckt« wurde, nur den ersten von vier Teilen in diesen Band aufnehmen können. Allerdings ist dieser »Versuch einer kritischen Auswertung«, der 60 Seiten des Manuskripts umfaßt, die Summe des Ganzen aus der Feder Ernst Langes. Die anderen Teile, nämlich zum einen »Berichte« (hauptsächlich die Jahresberichte), zum andern »Querschnitte« (mit sieben Abschnitten: Gottesdienst, Predigt, Jugendkatechumenat, Gemeindekatechumenat, die volkskirchlichen Amtshandlungen, Diakonie und Seelsorge, Statistik und Finanzen) sind gesammelte Praxisberichte, die auf unterschiedliche Autoren zurückgehen und deren substanzieller Ertrag wie auch der des kurzen Schlußkapitels »Schlußfolgerungen und Chancen« weitgehend im ersten Teil komprimiert vorliegt.

Der Vortrag »Von der Anpassung der Kirche – Versuchung und Aufgabe« wurde anläßlich einer Tagung der Evangelischen Akademie Berlin über »Gemeindeaufbau in neuen Siedlungsgebieten« vom 25.–27. Oktober 1966 gehalten. Dieser Vortrag hatte zwei Teile, von denen hier nur der grundlegende erste Teil, den Ernst Lange voll ausformuliert hatte, abgedruckt ist. Der zweite Teil mit der Überschrift »Zur veränderten Auftragslage der Kirche« lag nur teilweise in Formulierungen Ernst Langes vor, die nachträglich von Protokollanten ergänzt wurden. Weil er in der Sache nichts Wesentliches enthält, was über die konkrete Entfaltung der Funktionen der Kirche in den anderen Texten dieses Bandes hinausführte, schien mir die Beschränkung auf den im Wortlaut authentischen ersten Teil angezeigt.

Die Erwägungen zum Problem »Kirche und Gesellschaft – Ein anderes Gemeindebild« wurden bei der Gründungsversammlung einer Arbeitsgruppe »Kirche und Gesellschaft« für Westberlin vorgetragen und im 1. Jg. der Evangelischen Kommentare, 1968, S. 75–80 abgedruckt. Eine Reihe von konkreten Arbeitsvorschlägen (»Funktionsmöglichkeiten«) schloß sich im Vortrag an den gedruckt wiedergegebenen Text an; sie dürften denen ähnlich gewesen sein, die im erwähnten zweiten Teil des Vortrags »Von der Anpassung der Kirche« gemacht wurden.

Die »Überlegungen zu einer Theorie kirchlichen Handelns« gehören in denselben Zusammenhang wie der anschließend abgedruckte Text »Der ›Antirassismus-Streit‹ in der Evangelischen Kirche in Hessen und Nassau. Möglichkeiten und Ansätze einer Konfliktanalyse«. Kirchenpräsident D. Helmut Hild hatte 1971 den Arbeitskreis »Kirche wozu« berufen, dem neben Ernst Lange auch Karl-Wilhelm Dahm, Roman Roessler, Hans P. Schmidt, Helmut Spengler, Dieter Trautwein u. a. angehörten. Aus der Arbeit dieses Kreises ging auch das Heft »Der konziliare Weg der Kirche« (Versuche zur kirchlichen Praxis, Hg. EKHN, Heft 6) hervor. In seinem Auftrag nahm Ernst Lange Vorarbeiten für eine Konfliktanalyse des sog. Antirassismus-Streits 1970/71 auf. Die »Überlegungen zu einer Theorie kirchlichen Handelns« wurden der Arbeitsgruppe 1972 »als eine erste höchst vorläufige Zwischenbilanz«, wie Ernst Lange sie qualifiziert, vorgelegt und dann in der Festschrift für Kurt Scharf zu dessen 70. Geburtstag veröffentlicht (Jenseits vom Nullpunkt? Christsein im westlichen Deutschland. Hg. R. Weckerling in Verbindung mit G. Brakelmann, R. Groscurth, R. Henkys, E. Lange, Stuttgart/Berlin: Kreuz-Verlag 1972, S. 361–377).

»Der ›Antirassismus-Streit‹ in der Evangelischen Kirche in Hessen und Nassau« hat den Charakter eines unfertigen Arbeitsplans zu einer Konfliktanalyse. Seine einzelnen Teile haben unterschiedliche Stadien der Ausarbeitung erreicht. Auch in fertigem Zustand wäre die Studie nur eine Vorarbeit gewesen. Trotzdem erscheint mir die Veröffentlichung dieses Fragments gerechtfertigt, ja sogar notwendig, weil dieser Versuch einen höchst originellen Einblick in die Werkstatt einer Theorie kirchlichen Handelns gewährt, wie sie Ernst Lange konzipiert hat. Dieser kirchentheoretische Ansatz verdient es nach meiner Überzeugung, weiterverfolgt zu werden, und dafür kann auch dieses Fragment gute Dienste leisten. Im übrigen liefert auch schon dieser Vorversuch eine ganze Reihe bemerkenswerter Beobachtungen von Konfliktmechanismen, die zu kennen und zu beachten für das kirchliche Handeln nur von Vorteil sein kann. – Ich habe die jeweils am weitesten ausgearbeiteten Fassungen der einzelnen Teile zusammengestellt, ansonsten die redaktionellen Eingriffe auf das Notwendigste beschränkt.

Auch die »Perspektiven kirchlicher Planung« waren niemals zur Veröffentlichung bestimmt. Es handelt sich um einen Text zur Selbstverständigung und internen Diskussion, den Ernst Lange im Februar 1973, kurz nach seinem Dienstantritt in der Planungsgruppe der Kirchenkanzlei der EKD niederschrieb, ohne darauf besondere Sorgfalt zu verwenden. Ungleichgewichte und Dysproportionen sollten darum niemanden verwundern. Dieser Text bildete die Grundlage vieler Gespräche über die Aufgaben und spezifischen Möglichkeiten einer Planungs- und Studiengruppe in der EKD, die damals den Kosenamen »Spinnstube« bekam. Die aufgerissenen Perspektiven sind weit; von vornherein war abzusehen, daß die in Blick gekommenen Möglichkeiten nicht alle realisiert werden könnten. Ernst Langes früher Tod hat sie noch weiter eingeschränkt.

Die Notizen zur gegenwärtigen Situation der ökumenischen Bewegung unter dem Titel »Das ökumenische Unbehagen« sind in engem Zusammenhang mit dem Buch »Die ökumenische Utopie« entstanden. Sie sind Ernst Langes Beitrag zu einem Bändchen »Herausforderung durch die Zeit«, mit dem Autoren des Kreuz-Verlags den Verleger Erich Breitsohl 1970 zu seinem 65. Geburtstag und zum 25jährigen Bestehen des Verlags ehrten. Da dieses Bändchen im Buchhandel nicht erhältlich war, blieb der Aufsatz deutschen Lesern lange vorenthalten. Die englische Fassung erschien unter dem Titel »The Malaise in the Ecumenical Movement. Notes on the Present Situation« im Januar 1971 in der Zeitschrift »The Ecumenical Review« (Vol. 23, No. 1). Im Juni 1980 erschien der deutsche Text in der Schweizer Zeitschrift »Reformatio« (Evangelische Zeitschrift für Kultur und Politik, 29. Jg., Heft 6).

Die »Eingabe an einen westdeutschen Kirchenführer« mit ihrer »Anlage« unter dem Titel »Mehr ökumenische Verbindlichkeit in Westdeutschland« erschien im September 1974 in »Wissenschaft und Praxis in Kirche und Gesellschaft«, dem letzten Heft, an dessen Gestaltung Ernst Lange noch als Schriftleiter beteiligt war.

Der »Bericht über die Begegnung des Rates der EKD mit Mitgliedern des Stabes des ÖRK in Genf am 7./8. Juni 1974« entstand in der Woche vor Ernst Langes Tod. Nach einer längeren Erkrankung hatte er an dieser Begegnung teilgenommen und außerordentliche psychische Kraft in sie investiert, weil er dem Gelingen dieser Kommunikation größte Bedeutung beimaß und davon für die weitere Entwicklung ökumenischen Bewußtseins im Rat und in der EKD viel erhoffte. Deshalb nahm er auch die Abfassung der Niederschrift unverhältnismäßig schwer und opferte dafür, nachdem er vorher nicht damit zu Rande gekommen war, auch noch die erste von vier Urlaubswochen, in denen er eigentlich sein lange geplantes Buch über die Kirche hatte schreiben wollen. Nach seinem Tod gab der Rat seine Einwilligung zur Veröffentlichung dieser Niederschrift in der Ökumenischen Rundschau (23. Jg. 1974, S. 375–384).

Für die editorischen Grundsätze darf ich auf die Einleitung zu dem Band »Sprachschule für die Freiheit« verweisen. Freilich waren bei den bisher nicht gedruckten Texten zum Teil etwas umfangreichere redaktionelle Eingriffe nicht zu umgehen. Sie sind aber nahezu ausschließlich formaler Art.

Ernst Lange fand durch alle beruflichen Etappen hindurch entscheidenden Rückhalt in seinem Bemühen um neue Perspektiven für die Kirche im Orbishöher Kreis und verdankt ihm wesentliche Impulse (vgl. S. 89). Deshalb scheint es mir in seinem Sinne zu sein, wenn ich dieses Buch dem Orbishöher Kreis, insbesondere der Erinnerung an Hans P. Schmidt widme.

Rüdiger Schloz

I. ZUR GESTALT DER KIRCHE IN DER GEGENWART

1. Kirche für andere

Dietrich Bonhoeffers Beitrag zur Frage einer verantwortbaren Gestalt der Kirche in der Gegenwart

»Die zu beantwortenden Fragen«, notiert Bonhoeffer in jenem Brief vom 30. April 1944, mit dem seine letzten explosiven Erwägungen zur »mündigen Welt« und »zum religionslosen Christentum« einsetzen, »wären doch: was bedeutet eine Kirche, eine Gemeinde, eine Predigt, eine Liturgie, ein christliches Leben in einer religionslosen Welt?«[1] Man wird nicht falsch interpretieren, wenn man die Frage im Licht der kommenden Überlegungen Bonhoeffers noch zuspitzt: Was bedeuten Kirche, Gemeinde, Predigt, Liturgie, was bedeutet also die sichtbare Kirche mit ihren Vollzügen *für* diese religionslose Welt?

Diese Frage steht aber nicht nur am Ende, sondern im Grunde bereits am Anfang von Bonhoeffers Weg. Schon in seiner Erstlingsschrift »Sanctorum Communio«[2] klingt das Problem der Relevanz der Kirche für die Welt, der sichtbaren Kirche für die heutige Welt an. Es bezeichnet das besondere theologische und praktische Engagement Bonhoeffers im Kirchenkampf, auch da, wo der Weltbezug der Kirche wie in »Gemeinsames Leben«[3] fast unsichtbar wird. Mit der »Ethik«[4] tritt es, im Zusammenhang der Frage nach der verantwortlichen Wahrnehmung des abendländischen Erbes in der Welt nach dem Kriege, wieder ganz in den Vordergrund und stellt sich in »Widerstand und Ergebung« radikaler als je zuvor. Das heißt: diese Frage ist im Grunde für Bonhoeffer selbst ungelöst geblieben. Er hat die Antworten, die er fand und praktizierte, sämtlich hinter sich gelassen. Und eben als der Zeuge dieser offenen Frage ist er für die gegenwärtige Kirche, der ihre eigene Gestalt, ihre Strukturen und Vollzüge zum unausweichlichen Problem geworden sind, und für diejenige theologische Disziplin, deren Gegenstand die gegenwärtige Kirche ist, für die Praktische Theologie, von entscheidender Bedeutung.

Die Frage nach der Relevanz der sichtbaren Kirche für die heutige Welt war im Umbruch der zwanziger Jahre, als der junge Bonhoeffer »auszog, die Kirche zu entdecken«[5], durch Ernst Troeltsch seit langem aufgeworfen. »Die Kirche ist ein Mittel, damit der Glaube nicht ausstirbt«, hatte Ernst Troeltsch in einem Brief 1916 resümiert, »und ein Mittel der Volkserziehung in der mittel- und kleinbürgerlichen Schicht. Man muß sich dieses Mittels bedienen und es sich tunlichst für seine Zwecke erträglich machen, aber an sich ist sie eine Institution mit allen Härten, Gebrechen und Geistlosigkeiten einer amtlichen Institution.«[6] In der Auseinandersetzung des historisch-kritischen Denkens mit der dogmatischen Tradition bleibt für Troeltsch der Kirchenbegriff auf der Strecke. Die Religion Jesu »war freie personalistische Religiosität mit dem Drang nach innerstem Verstehen und Verbinden der Seelen, aber ohne jede Richtung auf kultische Organisation, auf Schaffung einer Religionsgemeinschaft«[7]. Erst die Erhöhung Jesu zum Kultmittelpunkt führt zur Vergesellschaftung und zwar je nach den gesellschaftlichen Bedingungen in verschiedener Weise: im Sozialtypus der Kirche, der Heilsanstalt, die auf Massenwirksamkeit ausgerichtet ist; im Typus der Sekte als dem freien Zusammenschluß der Entschiedenen und in den fließenden Gruppenbildungen der mystischen Religiosität. Indem nun Troeltsch die Ergebnisse dieses Vergesellschaftungsprozesses, die Soziallehren und Sozialgestalten der christlichen Kirchen und Gruppen soziologisch analysiert, und zwar im Hinblick auf den mit der Aufklärung entstandenen Gegensatz zwischen christlicher Tradition und zeitgenössischer Kultur und im Interesse einer neuen »Kultursynthese«, kommt er zu der resignierenden Feststellung, daß diese Synthese institutionell nicht mehr möglich ist. Im raschen Wandel der Gesellschaft sind die Kirchen ein Hort des »politisch-sozialen Konservatismus«, des »dogmatisch-intellektuellen Archaismus« und »lebendiger, von den konservativen Traditionen genährter Religiosität«[8]. Und sie sind nur in ganz engen Grenzen reformierbar. Die fällige Kultursynthese ist die Sache der Einzelnen, der zu freier, verantwortlicher, persönlicher Religiosität im Geiste Jesu erweckten Individualitäten. Glauben an die Kirche aber kann nichts anderes heißen als: »Wir glauben an die göttliche Herkunft und den endlichen Sieg des in der Gemeinschaft des christlichen Geistes uns ergreifenden und uns zu wahrhaft persönlichem Leben erweckenden, vom Gewissensdruck erlösenden und zur Freiheit der Kinder Gottes befreienden Lebenszusammenhanges mit Jesus.«[9] Und im Interesse dieses Lebenszusammenhanges mit Jesus geht es heute um ein »Minimum von Kirche«[10].

Aus gänzlich anderen Motiven kommt aber in der Zeit, in der Bonhoeffer anfängt, auch die junge dialektische Theologie zu einer negativen Antwort auf die Frage nach der sichtbaren Kirche und ihrer Bedeutung für die Welt. Denn die bestehende Kirche ist in ihrer Gestalt, in ihren Strukturen und Vollzügen in der unheiligen Allianz von Thron und Altar, Christentum und Kultur als solche hoffnungslos kompromittiert und mit dem gesamten Erbe des zerfallenen Corpus Christianum in die Krise geraten. Es gilt von der sichtbaren Kirche, was nach den beschwörenden Formeln von »Zwischen den Zeiten« vom gesamten Bestand dieses Erbes gilt: »Wir sehen heute rund um die Erde herum keine Formung des Lebens, die nicht zersetzt wäre.«[11] Sofern jetzt aber die Stunde der radikalen Buße ist, sofern es um nichts anderes gehen kann, als dieser Krise mit letztem Ernst standzuhalten und nach Gott zu fragen, verbietet sich im Grunde jedes vorzeitige Suchen nach einer möglichen neuen Gestalt von Kirche. »Wenn einmal alle Kämpfe gegen eine alte und für eine neue Kirche äußerlich so gegenstandslos werden, wie sie es innerlich vielleicht ohnehin sind, wenn all der darauf verwendete Ernst frei wird für ernsthaftere Gegenstände«[12], dann erst kommt das ganze Ausmaß des Problems der Theologie zu Gesicht. Und dieses Problem ist die Predigt, die Rede von Gott, die ebenso geboten wie unmöglich ist. Es kann jetzt nur darum gehen, sich diesem einzigen ernsthaften Problem zu stellen. »Alles andere ist ein Kinderspiel.«[13] Der junge Bonhoeffer aber unternimmt es in »Sanctorum Communio«, in riskanter Verbindung des theologischen Ansatzes der dialektischen Theologie mit den Methoden und der Begrifflichkeit der idealistischen Sozialphilosophie, eine »dogmatische Untersuchung zur Soziologie der Kirche«[14] zu schreiben, d. h. die Kirche als gesellschaftlichen Tatbestand, seine zeitgenössische Kirche als Volkskirche dogmatisch zu begreifen, zu begründen und kritisch zu rechtfertigen. »Ressentiment und dogmatischer Leichtsinn sollen uns nicht kurzerhand unsere geschichtliche evangelische Kirche nehmen können« (SC 166). »Es liegt in der geschichtlichen volkskirchlichen Art der Kirche mit ihre größte Kraft« (SC 164)[15].

Sein tiefstes Interesse bei diesem ungewöhnlichen Unternehmen zwischen den theologischen Fronten ist kein akademisches, sondern die elementare Frage nach der *Wirklichkeit* Gottes und seiner Offenbarung in der *Wirklichkeit* dieser Welt. Was er zurückhaltend die »Abkehr vom Phraseologischen zum Wirklichen« (WE 174) nennt, zu der ihn der Eindruck der Persönlichkeit seines Vaters schon früh genötigt habe, kennzeichnet nicht nur sein persönliches Leben, sondern auch und gerade sein theologisches Denken. Er kann den Sprung in die Nichtgegenständlichkeit theologischer Rede nicht mitmachen, weil er für ihn ein Sprung in die Abstraktion ist. »In Jesus Christus«, wird er in der Ethik in immer neuen Wendungen einschärfen, »ist die *Wirklichkeit* Gottes in die Wirklichkeit dieser Welt eingegangen« (E 207). Von Gott reden heißt darum, vom Inbegriff des Wirklichen reden. Und weil er nach der Wirklichkeit Gottes in der Wirklichkeit dieser Welt fragt, darum muß er nach der empirischen Kirche fragen. Denn sie ist »der geschichtliche Erfolg des Wirkens Jesu« (Seeberg, SC 153). An der empirischen Kirche muß sich der Wirklichkeitsgehalt theologischer Rede, gewiß nur für den Glauben, aber für den Glauben eben mit Gewißheit erweisen lassen. Alle dogmatischen Grundbegriffe, so lautet eine der Hypothesen, mit denen Bonhoeffer an seine Untersuchung herangeht, haben soziale Intention, zielen auf ein zwischenmenschliches Geschehen (SC 7). Nur an einem solchen sozialen Geschehen lassen sie sich sachgerecht auslegen und bekommen sie Relevanz. Und die Sozialgestalt, an der sie relevant werden, ist die empirische Kirche.

Dabei ist es selbstverständlich, daß sich die Wirklichkeit Gottes in der Wirklichkeit dieser Welt nicht soziologisch erfragen und beweisen läßt. Von außen betrachtet, kann die Kirche nicht anders denn als »religiöse Gemeinschaft« dargestellt und eingeordnet werden, ein religiöser Gemeinschaftstyp neben anderen. Aber »man würde sich hier das Verständnis von vornherein verbauen. Empirische Kirche ist keinesfalls identisch mit religiöser Gemeinschaft. Sondern sie ist als konkrete geschichtliche Gemeinschaft in der Relativität ihrer Formen, in der Unvollkommenheit und Unscheinbarkeit ihres Auftretens Leib Christi, Gegenwart Christi auf Erden, denn sie hat sein Wort« (SC 154)[16].

Aber was heißt: die Kirche glauben? »Nicht eine unsichtbare Kirche wird geglaubt, nicht das Reich Gottes in der Kirche als coetus electorum, sondern, daß Gott die konkrete empirische Kirche, in der Wort und Sakrament verwaltet werden, zu seiner Gemeinde gemacht hat, daß sie Leib Christi, d.h. Gegenwart Christi in der Welt sei, daß nach der Verheißung Geist Gottes in ihr wirksam werde.... Geglaubt wird die Kirche nicht als unerreichbares, bzw. noch zu vollendendes Ideal, sondern als gegenwärtige Realität« (SC 210f). Kann demnach der Glaube, indem er die Kirche glaubt, schlechterdings nicht von der sichtbaren Realität Kirche abstrahieren, kann er sich nicht reflektierend von ihr abstoßen in eine wie auch immer gedachte Unsichtbarkeit, so muß er artikulieren können, wie er die von ihm geglaubte Identität von empirischer und wesentlicher Kirche versteht. Er muß demnach von der Kirche des Glaubens in soziologischen Kategorien sprechen können, in den Kategorien einer spezifisch christlichen Sozialphilosophie und Soziologie, die aber mit der Kirche und von der Kirche her die gesamte menschliche Sozialität begreifen und also auch in der Auseinandersetzung mit anders begründeter Sozialphilosophie und Soziologie diskutabel sein müssen und sein wollen.

I

»Die Kirche«, so lautet der entscheidende ekklesiologische Satz Bonhoeffers, »*ist* der neue Wille Gottes mit den Menschen« (SC 93). Sie *dient* also nicht nur diesem neuen, auf die Aufrichtung des Gottesreiches gerichteten Willen Gottes, sie ist nicht nur Mittel zu diesem Zweck, sondern sie *ist* dieser Wille, der eschatologische Zweck selbst. Zwar ist sie als communio simul peccatorum et sanctorum nicht einfach identisch mit dem Reich Gottes, aber es geht dennoch nicht an, die Kirche vom Reich-Gottes-Begriff her zu relativieren. Denn »Reich Gottes ist ein rein eschatologischer Begriff, der von Gott aus gesehen jeden Augenblick in der Kirche da ist, für uns aber Gegenstand der Hoffnung bleibt, während die Kirche ein Gegenstand der aktuellen Gegenwart des Glaubens ist« (SC 105). Zieht darum Bonhoeffer den Ausdruck Reich Christi für die Kirche vor, so zitiert er doch mit Zustimmung von Hofmann und Seeberg: »Die Kirche ist das sich auf der Erde unter der Verfassung des Neuen Bundes verwirklichende Reich Gottes« (SC 162). Eschatologie im engeren Sinn ist darum für Bonhoeffer auch »wesentlich Gemeindeeschatologie«, d. h. die christliche Hoffnung wartet in erster Linie auf die »Vollendung der Kirche und des einzelnen in ihr« (SC 213). Zwar betrifft die Verheißung des Reiches auch die »neue Welt«, die Kultur und die Natur. Aber ihr Kern ist die undidaktische, die nicht mehr geglaubte, sondern geschaute Identität des objektiven Geistes der Gemeinde mit dem Heiligen Geist, der Kollektivperson der Kirche mit Christus selbst, dem »Christus als Gemeinde existierend«[17].

Solche hyperbolischen Aussagen von der Kirche sind möglich, weil für Bonhoeffer die Kirche die nova creatura ist, verstanden als nova societas, als die Gesellschaft der kommenden Welt, in der die neue Menschheit in jener Gleichgewichtslage von Gottesgemeinschaft, Personalität und Sozialität, mit deren Schilderung Bonhoeffer einsetzt, ihrem Wesen nach bereits vollendet ist[18]. Und sofern in der neuen Menschheit die Intention der Schöpfung zum Ziel kommt, ist die Kirche letzten Endes der Archetyp menschlicher Sozialität schlechthin. Die im Glauben an die Kirche wurzelnden und an der Kirche gewonnenen sozialen Grundbeziehungsbegriffe, die Kategorien der christlichen Sozialphilosophie werden darum von Bonhoeffer konsequent im Rahmen der Urstandslehre entfaltet. Die Menschwerdung des Menschen erscheint als ein Wiederherstellungsgeschehen von der Einheit durch den Bruch zur Einheit, überspitzt formuliert: von der Kirche in der Gestalt der urständlichen Menschheit über den Zerbruch der Kirche in der gefallenen Menschheit zur Überwindung dieses Bruches und zur Wiederherstellung der Kirche in der in Christus bereits vollendeten, durch den Heiligen Geist in Raum und Zeit auf das Reich hin aktualisierten neuen Menschheit.

Als Bilanz seines Nachdenkens bietet Bonhoeffer die folgende soziologische Definition von Kirche: »Kirche ist Gemeinschaftsgestalt sui generis, Geistgemeinschaft, Liebesgemeinschaft. In ihr sind die soziologischen Grundtypen Gesellschaft, Gemeinschaft und Herrschaftsverband zusammengezogen und überwunden. Der objektive Geist der Gemeinschaft in allen seinen Wirkungen muß als darstellend wie als zwecksetzend aufgefaßt werden. Die Beziehung der Personen untereinander ist geistgemeinschaftlich, nicht gesellschaftlich« (SC 203 f). Das heißt:

1. Kirche ist Geistgemeinschaft. Hinter dieser Formulierung verbirgt sich der für den Bonhoeffer aller Entwicklungsstufen charakteristische außerordentlich enge Zusammenhang von Ekklesiologie und Christologie. Aber während für den späteren Bonhoeffer die Christologie immer klarer in den Vordergrund tritt als Wurzelgrund und als kritische Norm aller möglichen Ekklesiologie, ist sie am Anfang deutlich im Interesse der Ekklesiologie, von der Ekklesiologie her und auf sie hin entworfen. »Die *Kirche* ist der neue Wille Gottes mit den Menschen. Gottes Wille ist stets gerichtet auf den konkreten geschichtlichen Menschen. Dann aber nimmt er seinen Anfang in der Geschichte.« Dieser Anfang ist Christus (SC 93). Die Christologie fungiert als Ätiologie des Kirchenbegriffs. Kraft des Geheimnisses der Stellvertretung repräsentiert Jesus die gesamte Menschheit, sein Weg ist die Darstellung der Geschichte der Menschheit, in seinem Sterben und Auferstehen wird die Adamsmenschheit zur Christusmenschheit, die communio peccatorum zur communio sanctorum umgebildet. Christus *ist* die realisierte Kirche (SC 94 f). Und der Heilige Geist, der durch das Wort die in Christus schon realisierte Kirche in Zeit und Raum aktualisiert, ist als Geist Christi immer schon der Geist der realisierten Kirche selbst. Es ist darum ebenso unmöglich, Geist und Gemeinde voneinander zu trennen, wie es unzulässig ist, Wort

und Gemeinde voneinander zu trennen[19]. Vielmehr ist es die realisierte Kirche selbst, die sich in der empirischen Kirche durch Wort und Geist fort und fort aktualisiert. Realisierte Kirche, aktualisierte Kirche und empirische Kirche sind für den Glauben identisch. Und genau das ist das Interesse der ganzen Konstruktion: die empirische Kirche in all ihrer historischen Bedingtheit und Relativität soll im Glauben bei sich selbst behaftet werden, sie soll sich selbst im Glauben wahrnehmen als die Kirche des Geistes, ja, als »Christus als Gemeinde existierend«. »Es stehen sich gegenüber die rein geschichtliche Kollektivperson der Kirche und die Person Christi als Gegenwart Gottes in der Gemeinde, die religiöse Gemeinschaft der Menschen und die Gemeinde des Geistes; und soweit jene trotz allen Widerscheins in der völligen Erkenntnis ihrer Lage *glaubt*, mit dieser identisch zu sein, glaubt sie an die Kirche, die Gemeinschaft der Heiligen ... Es kann sich also nicht um eine geschichtlich konstatierbare Identität handeln. Die Identität ist ›unsichtbar‹ (nur in diesem Sinn gibt es bei Bonhoeffer eine Rezeption des verfänglichen Begriffes ›unsichtbare Kirche‹) und schaubar erst in den Eschata, und doch nimmt sie schon jetzt ihren aktualen Anfang. Der objektive Geist ist Träger und Werkzeug des Geistes der Kirche, er trägt gewisse sichtbare Gestalten, die der Heilige Geist aus sich heraus in den objektiven Geist hineingebar; so ist der Heilige Geist Bürge der Wirksamkeit dieser Gestalten durch den objektiven Geist hindurch; die Gestalten aber sind Predigt und Sakramentsverwaltung ...« (SC 160).

2. Kirche ist Liebesgemeinschaft. »In der Offenbarung des Herzens Gottes ist die Kirche begründet« (SC 97), und eben darum ist ihr Geheimnis die in Christus offenbarte und kraft seiner Stellvertretung in allen Strukturen und Beziehungen der nova societas wirksame Gottesliebe. »Der in der Gemeinschaft des Ich-Du-Verhältnisses Lebende bekommt die Gewißheit, geliebt zu werden, und im Glauben an Christus die Kraft, selbst lieben zu können ... Der Andere in der Gemeinde ist ihm nicht mehr wesentlich Anspruch, sondern Gabe, Offenbarung seiner Liebe, d.h. der Liebe Gottes, seines Herzens, d.h. aber des Herzens Gottes, und damit ist das Du dem Ich nicht mehr Gesetz, sondern

Evangelium und somit Gegenstand der Liebe« (SC 115). Damit sind in der Kirche die urständlichen sozialen Grundbeziehungen[20] wiederhergestellt und vollendet und der »ethische Atomismus« der Adamsmenschheit, in der das Ich sich am Du immer nur als Sünder verwirklicht, überwunden. In den Grundfunktionen dieser Liebesgemeinschaft, der entsagungsvollen tätigen Arbeit für den Nächsten, der Fürbitte und der Sündenvergebung[21] wird die Gemeinde mit ihren einzelnen Gliedern und werden die Glieder untereinander so verbunden, daß einer im andern Christus begegnet und zum Leben gebracht wird. So ist aber die Kirche nova societas, Prolepse des Reiches im strengen Sinn. Denn »Nächstenliebe ist der Wille des Menschen zum Willen Gottes mit dem andern Menschen« (SC 120). In ihr kommt der eschatologische Wille Gottes bereits zur Durchsetzung, als Liebesgemeinschaft ist die Kirche nicht Mittel eines eschatologischen Zwecks, sondern dieser Zweck selbst. »Die Liebe aktualisiert das Reich« (SC 114).

3. Wird somit die Kirche nicht nur von der Christologie, sondern auch von der Eschatologie her bei sich selbst behaftet, so setzen die weiteren Bestimmungen die Kirche zu den anderen Gestalten der menschlichen Sozialität in Beziehung. »Die Beziehung der Personen untereinander«, heißt es, »ist geistgemeinschaftlich, nicht gesellschaftlich« (SC 204). Inhaltlich bringt diese Bestimmung gegenüber dem Begriff Liebesgemeinschaft im Grunde nichts Neues. Denn eben darin unterscheiden sich die beiden Sozialtypen Gemeinschaft und Gesellschaft[22], daß in der Gesellschaft die Beziehung der Personen zweckbestimmt, in der Gemeinschaft aber selbstzwecklich ist. Trotzdem ist die Bestimmung vielsagend. Denn die Unterscheidung dieser beiden Grundtypen der Vergesellschaftung – darin ist die neuere Soziologie ziemlich einhellig – ist soziologisch irrelevant, sie hat ideologischen Charakter. Sie dient in einer Situation des gesellschaftlichen Umbruchs der Unterscheidung, Verteidigung, Stärkung der alten, problematisch gewordenen Sozialstrukturen gegen die neuen, des angeblich Gewachsenen gegen das bloß Gemachte, der geheiligten Ordnung gegen die bloß zweckmäßige Organisation. Daß Bonhoeffer diese problematische Unterscheidung aufnimmt und die Kirche mit viel Eloquenz unter

die Gemeinschaften einordnet, um sie dann freilich gleich wieder von ihnen zu unterscheiden, sie darüber hinauszuheben, ist doch wohl nicht nur damit zu erklären, daß dieser sehr junge Mann im Interesse einer Sache, in der er im Grunde weder Lehrer noch Gefährten hat, sich seine Begriffe sucht, wo er sie finden kann; es muß ernstgenommen werden im Horizont der Krisensituation, in der die Arbeit entsteht. Bonhoeffer ist ja in der Tat bei einem höchst konservativen Unternehmen. Gegen die Verfechter eines Minimums von Kirche will er ein Maximum von Kirche. Und er reagiert damit auf die Krise genau wie seine Gegner, nur im umgekehrten Sinn. Er will die zeitgenössische Kirche bei sich selbst behaften, zu sich selbst rufen, auf sich selbst verpflichten. Es gilt, die empirische Kirche nicht der Krise anheimfallen zu lassen, sondern sie gegen die Krise durchzuhalten. Ist dies Bonhoeffers Interesse und will er gleichwohl nicht auf den katholischen Anstaltsbegriff rekurrieren, dann liegt die Tönnies'sche Terminologie sachlich nahe. Denn in ihr läßt sich die These von der Selbstzwecklichkeit der Kirche in ihrer Gestalt, in ihren Strukturen und Vollzügen soziologisch ausdrücken.

4. In der Kirche »sind die soziologischen Grundtypen Gesellschaft, Gemeinschaft und Herrschaftsverband zusammengezogen und überwunden«. Als die Sozialgestalt, in der alle sinnvollen und notwendigen Formen menschlicher Sozialität im Hegelschen Sinne »aufgehoben«, das heißt zugleich bewahrt, überwunden und auf eine höhere Ebene gehoben werden, ist mithin die Kirche der Inbegriff menschlicher Sozialität schlechthin und der Prototyp aller sinnvollen Sozialgestaltung. Das Unternehmen, an der Gestalt der Kirche eine christliche Soziologie zu gewinnen, ist kein theologisches Glasperlenspiel. Es dient auch nicht nur der Erhaltung der Kirche in der Krise. Sondern es ist, auch wenn Bonhoeffer das nur sehr zurückhaltend ausdrückt, auf die Überwindung der Krise selbst gerichtet. Per analogiam ecclesiae kann die im Umbruch aus den Fugen geratene menschliche Sozialität wieder zu einer sinnvollen Ordnung gelangen. In dem doppelten Geschichtsverlauf, in dem Kirche und Antichrist immer heftiger aufeinanderprallen, ist und bleibt es das Bestreben und der Auftrag der »sanctorum communio,

alles menschliche Gemeinschafts- und Gesellschaftsleben zu durchdringen« (SC 213). Was später, in der »Ethik«, freilich von einer gewandelten Christologie und Ekklesiologie her, im Blick auf den Aufbau der Welt nach dem Kriege thematisch wird, die Frage nämlich, wie das Vorletzte noch einmal vom Letzten, das Abendland noch einmal von Christus her in Anspruch genommen und gestaltet werden kann, ist schon in der ersten Schrift Bonhoeffers deutlich mit im Spiel.

5. In der Bestimmung schließlich, daß der objektive Geist der Gemeinschaft in allen seinen Wirkungen darstellend wie zwecksetzend sei, signalisiert Bonhoeffer die praktischen Konsequenzen seiner christlichen Soziologie für den kirchlichen Vollzug. Objektiver Geist ist das Gefüge, die Struktur eines Sozialgebildes, seine *Gestalt* in Zeit und Raum, die gegenüber den in diesem Gefüge lebenden Einzelnen ein eigenes, formendes Gewicht hat, zeitliche und sachliche Priorität, Eigengewicht und Eigenleben in einem solchen Maße, daß Bonhoeffer zu ihrer Kennzeichnung von Scheler den Begriff »Kollektivperson« übernimmt[23]. Der objektive Geist der Kirche ist »der geschichtliche Erfolg des Wirkens Jesu« (Seeberg, SC 153) und selbst durch und durch geschichtlich. Gleichwohl ist er nicht nur ein Mittel zu einem Zweck, der jenseits seiner selbst läge, also beliebig veränderbar, wenn die veränderte Situation es erforderte. Sondern die Kirche ist – in jener geglaubten Identität von realisierter, aktualisierter und empirischer Kirche –: »Christus als Gemeinde existierend. Mag die empirische Gestalt noch so fragwürdig sein, sie bleibt als solche Kirche, solange Christus in seinem Wort gegenwärtig ist. Damit aber ist die Gottgewolltheit der Geschichtlichkeit der Kirche in dem Sinne anerkannt, daß sie sich vervollkommne« (SC 155ff). Von daher kommt Bonhoeffer mit Notwendigkeit zu einer, freilich behutsamen und kritischen, Rechtfertigung des kirchlichen Status quo. Im Rahmen dieser Rechtfertigung nimmt er zu fast allen auch heute noch anstehenden Verlegenheiten der Volkskirche Stellung und schlägt Lösungen vor, die heute noch so aktuell sind wie vor vierzig Jahren. Er deutet eine plausible Lehre von der fides vicaria der Gemeinde in der Kindertaufe an und zeigt die Grenzen einer

verantwortlichen Kindertaufpraxis (SC 180ff). Er fordert einen redlichen und bescheidenen, der Situation entsprechenden Konfirmationsbegriff (SC 181, A 1). Er warnt vor einer Ideologisierung der Kerngemeinde (SC 184f). Er fordert eine Aufwertung der Autorität der Synoden (SC 189f). Aber das alles bleibt strikt im Rahmen einer Behaftung der Kirche bei ihrer traditionellen Gestalt, denn diese ist »gottgewollt« in dem Sinn, »daß sie sich vervollkommne«. So deutet er das Auseinanderfallen von volkskirchlicher Amtshandlungsgemeinde, Predigtgemeinde und Sakramentsgemeinde (Freiwilligkeitskirche) durchaus positiv, als Ausdruck der missionarischen Weite und Wirksamkeit der Kirche, ohne zu bemerken, in welchem Maße das Problem der doppelten Institutionalisierung der Kirche als Volkskirche und als Freiwilligkeitskirche bereits Ausdruck eines Verfalls der traditionellen Strukturen und Signal eines rapide sich wandelnden Verhältnisses von Kirche und Gesellschaft ist[24]. Aus dem gleichen Grund kommt er zu einer Rühmung der Ortsgemeinde gerade in jenem Punkt, der ein deutliches Zeichen ihres sozialen Funktionsverlustes ist. In der Ortsgemeinde sei ein Stück Welt rein aus der Sanctorum Communio heraus organisiert (SC 173), d. h. hier sei eben, im Unterschied zur christlichen Familie, Kirche nicht eingelassen in vorgegebene Sozialität, sondern hier bilde sie, ohne alle Vorgabe, Sozialität sui generis. Das ist, geschichtlich gesehen, eine völlige Fehleinschätzung der Parochie, das ist aber auch eine Fehlinterpretation ihrer jetzigen reduzierten Gestalt. In welchem Maße Bonhoeffer von seinem Ansatz her traditionalistisch entscheiden muß, wird besonders deutlich, wo er die Autorität des objektiven Geistes der Kirche für die Arbeit des Dogmatikers – wieviel mehr also für die Arbeit des Praktischen Theologen und des kirchlichen Praktikers – nachdrücklich einschärft. »Mein relativer Gehorsam gehört der Kirche, sie ist im Recht, von mir ein sacrificium intellectus und vielleicht sogar auch gegebenenfalls ein sacrificium conscientiae zu fordern. Erst da, wo nicht mehr mein ungebundener Verstand, mein ungehorsames Fühlen und Erleben, sondern wirklich die absolute Autorität des Wortes Gottes mir gegenübertritt ... wird aus der relativen Freiheit die absolute ...« (SC 190). Nachdrücklicher kann das »sentire cum ecclesia«, der Glaubensgehorsam als Einfügung und Einordnung in die traditionelle Kirche nicht begründet und gefordert werden.

6. Wir fassen zusammen: Bonhoeffers Grundmotiv ist von Anfang an die Frage nach der Wirklichkeit Gottes und seiner Offenbarung in der Wirklichkeit dieser Welt. Diese Wirklichkeit identifiziert er in der Realität der empirischen Kirche. Ist diese empirische Kirche mit der gesamten menschlichen Sozialität in eine tiefe Krise geraten, so ist keinesfalls auf ein Minimum von Kirche zurückzuweichen, sondern ganz im Gegenteil um der Relevanz der Verkündigung willen, die sich eben auf die Wirklichkeit Kirche bezieht, ein Maximum von Kirche unbedingt durchzuhalten. Nur so wird die Kirche nicht nur in der Krise bestehen, sondern zugleich zu ihrer Überwindung für die gesamte menschliche Sozialität beitragen. In dieser Perspektive läuft Bonhoeffers dogmatische Untersuchung zur Soziologie der Kirche auf eine wissenschaftliche Paraklese der zeitgenössischen Kirche hinaus: sich selbst zu glauben, bei sich selbst zu bleiben, sich selbst in ihrer empirischen Gestalt als die Wirklichkeit Gottes in der Wirklichkeit dieser Welt im Glauben ernstlich wahrzunehmen. Und die Frage nach der Relevanz der sichtbaren Kirche für die gegenwärtige Welt entscheidet sich in dieser ersten Phase Bonhoefferschen Denkens schlicht so: Das Fürsein der Kirche liegt in ihrem Kirchesein und Kirchebleiben, in ihrer Selbstwahrnehmung, Selbsterbauung, Selbstverwirklichung.

II

Mit dieser ersten Lösung, die Bonhoeffer unter vorwiegend methodologischem Aspekt in »Akt und Sein«[25] noch einmal und noch nachdrücklicher, präziser, begrifflich schärfer vorträgt, scheitert er nicht, weil sie ihm in ihrer theologischen Konstruktion zerbricht – diese steht vielmehr, freilich mit wesentlichen Modifizierungen, auch noch hinter den Schriften des Kirchenkampfes –, sondern weil sie der von ihm erfahrenen Wirklichkeit nicht standhält.

Als Synodalvikar im Berliner Nordosten und als Studentenpfarrer macht Bonhoeffer nach seiner Habilitation seine ersten Erfahrungen mit dem faktischen Ausmaß der Krise, die er in »Sanctorum Communio« theoretisch zu beschwören versucht hatte, mit dem ganzen Ausmaß großstädtischer Entkirchlichung und mit der Hilflosigkeit der Kirche angesichts dieses Zusammenbruchs. In Briefen an Erwin Sutz und Helmut Rössler bricht sich die Erschütterung Bahn[26]. An Rössler 1931: »Ich bin jetzt Studentenpfarrer an der Technischen Hochschule, wie soll man diesen Menschen solche Dinge predigen? Wer glaubt denn das noch? Die Unsichtbarkeit macht uns kaputt. Wenn wir's nicht in unserm persönlichen Leben sehen können, daß Christus da war, dann wollen wir's wenigstens in Indien sehen, aber dies wahnwitzige dauernde Zurückgeworfenwerden auf den unsichtbaren Gott selbst – das kann doch kein Mensch mehr aushalten!« (GS I, 61). An Sutz 1932 über »schlimmste Erfahrungen auf meinen Hausbesuchen«: »Ich stehe manchmal oder sogar meist da und denke, um einen solchen Besuch zu machen, hätte ich wahrhaftig ebensogut Chemie studieren können... Was sind das oft für qualvolle Stunden oder Minuten, wenn da der andere oder ich versuchen, ein seelsorgerliches Gespräch zustandezubringen, und wie stockend und lahm geht es dann vorwärts. Und nun im Hintergrund immer noch die unheimlichen häuslichen Verhältnisse, zu denen schlechterdings nichts gesagt werden kann...« (GS I, 29). Und schließlich an Sutz im Oktober 1931 über die »beispiellose Lage unseres öffentlichen Lebens in Deutschland« (GS I, 23): »... der kommende Winter wird wohl niemanden in Deutschland unberührt lassen. 7 Millionen arbeitslos, d.h. 15 oder 20 Millionen Leute hungrig, ich weiß nicht, wie Deutschland und wie der einzelne das überstehen soll... Am nächsten Mittwoch ist eine Zusammenkunft aller Berliner Pfarrer zur Erörterung der Winterprobleme; mal sehen, was das für Probleme sind! Ich fürchte Schlimmes von dieser Versammlung. Und doch weiß es keiner besser zu machen. Und das in solchen Zeiten! Wozu hat man denn seine ganze Theologie?« (GS I, 24). – Vermutlich haben in jenen Jahren vor 1933 viele junge Pfarrer ganz ähnliche Erfahrungen gemacht. Aber wenn man das hier sich

Luft verschaffende Krisenbewußtsein auf dem Hintergrund von »Communio Sanctorum« und »Akt und Sein« sieht, dann wird erst ganz deutlich, in welchem besonderen Sinn Bonhoeffer die Krise erlebt. Der Mann, der die Kirche bei ihrer eigenen Sichtbarkeit behaften wollte, klagt: »die Unsichtbarkeit macht uns kaputt!« Der Mann, der die Kirche als den Inbegriff und den Prototyp aller menschlichen Sozialität ausgelegt hat, erkennt, daß er in den Hinterhöfen der heutigen Gesellschaft einfach sprachlos wird. Der Mann, der im Kirchesein der Kirche die Relevanz der Kirche für die Welt gesucht hatte, erlebt die Irrelevanz seiner Theologie und des innerkirchlichen Geschehens für die Not der Zeit.

Doch noch einschneidender war sicher eine weitere Erfahrung. Bonhoeffer erlebt im Rahmen seiner intensiven ökumenischen Tätigkeit die Unfähigkeit der Weltchristenheit zur »Verkündigung des konkreten Gebotes«. »Über eines«, schreibt er an Rössler 1932, »besteht, glaube ich, Übereinstimmung, nämlich, daß unsere Kirche heute das konkrete Gebot nicht sagen kann« (GS I, 63). Die Frage, an der sich für den Bonhoeffer dieser Jahre die Frage der Vollmacht der Kirche entscheidet, ist das Friedensproblem. Zwar läßt sich theoretisch der Kampf durchaus als eine Ordnung der Erhaltung der Welt auf Christus hin verstehen, prinzipieller Pazifismus ist keine Möglichkeit des Christen[27]. Aber »unser heutiger Krieg fällt darum nicht mehr unter den Begriff Kampf, weil er die sichere Selbstvernichtung beider Kämpfenden ist. Er ist darum auch heute schlechterdings nicht mehr als Ordnung der Erhaltung auf die Offenbarung hin zu bezeichnen, eben weil er schlechthin vernichtend ist ... darum *muß* der heutige Krieg, also der nächste Krieg, der Ächtung durch die Kirche verfallen ... alle Kraft des Widerstandes, der Absage, der Ächtung gegen den nächsten Krieg« (GS I, 155). In dieser Sache muß die Kirche »endlich, endlich einmal ganz konkret reden«. Es reicht aber faktisch, wie Bonhoeffer erkennt, auch hier immer nur zur Bezeugung der »christlichen Prinzipien«, zur »angewandten Kunst« (GS I, 115). Woran liegt das? Die Kirche ist doch – ganz im Sinne der Ekklesiologie von »Sanctorum Communio« – »die Gegenwart Christi auf Erden« (GS I, 144). Und »als das Wort aus der Vollmacht des Christus praesens muß das Wort der Kirche heute und hier gültiges, bindendes Wort sein« (GS I, 144). Das aber wäre es nur, wenn es wirklichkeitsgemäßes, wirklichkeitsbezogenes, wirklichkeitserfülltes Wort wäre. Denn »mit Vollmacht kann zu mir nur gesprochen werden, wenn ein Wort aus der tiefsten Kenntnis meiner Menschlichkeit mich in meiner ganzen Wirklichkeit jetzt und hier betrifft. Jedes andere Wort ist Ohnmacht« (GS I, 144).

Was bedeutet es, daß die Kirche das Gebot des Friedens nicht konkret, ganz auf die Wirklichkeit bezogen und also die Wirklichkeit selbst zum Zeugnis aufbietend sagen kann? »Fraglich ist...«, heißt es in dem schon zitierten Brief an Rössler weiter, »ob dies in ihrem Wesen – also sagen wir in ihrer Begrenztheit durch die Eschata – liegt oder ob das Abfall und Verlust ihrer Substanz ist« (GS I, 63). Bonhoeffer hat diese Frage nicht unmittelbar weiter verfolgt, sonst wäre er womöglich schon sehr viel früher zu den revolutionären Fragen seiner letzten Briefe durchgestoßen; bekanntlich klingen sie ja tatsächlich in dem Vortrag »Dein Reich komme« von 1932 schon an (GS III, 270ff).

Aber der Durchstoß konnte wohl zu diesem Zeitpunkt nicht gelingen. Denn nun beginnt der Kirchenkampf. Und der Kirchenkampf bedeutet für den Bonhoeffer der »Sanctorum Communio« noch einmal und nun ganz radikal zunächst eine Infragestellung seines ekklesiologischen Entwurfes. Die empirische Kirche »in ihrer geschichtlichen volkskirchlichen Art« entartet, mit dem überwiegenden Teil ihres Bestandes verkehrt sie sich in ihr Gegenbild, in die Gegenkirche. In der Sprache von »Sanctorum Communio«: Aktualisierte Kirche und empirische Kirche treten gleichsam auseinander, ihre Identität für den Glauben ist nicht mehr einfach assertorisch festzustellen, sie wird von Grund auf problematisch. Die Tiefe dieser Problematik wird Bonhoeffer in seinem Aufsatz »Zur Frage nach der Kirchengemeinschaft« (GS II, 217ff) am Problem der Wortverkündigung aufzeigen. Sein eigentlicher Gegner in diesem Aufsatz sind ja längst nicht mehr die Deutschen Christen, sondern alle die, die sich den Kirchenausschüssen unterstellen oder unterstellen wollen, und das sind nicht nur die sogenannten Neutralen, das ist auch, wenigstens potentiell, ein großer Teil der ursprünglich Bekenntnistreuen. In diesem großen Kreis ist, auch nach den Maßstäben von Barmen und Dahlem, reine Lehre und bekenntnisgemäße Kirchen- und Gemeindeordnung. Und nun gilt: »Die rechte Lehre wird in dem Augenblick Irrlehre, als sie im Kampf gegen die wahre Kirche gebraucht wird. Um ... im Bild zu reden: in solchem Falle desertieren die Offiziere mit ihren Waffen und Mannschaften und gehen ins feindliche Lager über. Sie haben dieselben Waffen wie die von ihnen verratene Armee, aber sie richten sie jetzt gegen ihre einstmaligen Freunde« (GS II, 228). Das heißt: jene Funktion, in der nach »Sanctorum Communio« die Identität von realisierter, aktualisierter und empirischer Kirche für den Glauben garantiert war, die Funktion der Wortverkündigung, ist zweideutig geworden. Was wahre Kirche ist, läßt sich von da aus allein nicht mehr entscheiden. Hängt gleichwohl die Wirklichkeit der Gegenwart Gottes in der Wirklichkeit dieser Welt an der empirischen Kirche – und daran ist für Bonhoeffer nach wie vor kein Zweifel –, dann geht es von nun an um das Problem der *Verwirklichung* der wahren Kirche. Die Identität von aktualisierter und empirischer Kirche versteht sich für den Glauben nicht mehr von selbst, sondern sie ist sein Auftrag, sie muß im Gehorsam des Glaubens verwirklicht werden.

Alles, was Bonhoeffer im Kirchenkampf denkt, tut und schreibt, steht im Zeichen dieses Verwirklichungsproblems. Wir begnügen uns mit einem kurzen Verweis auf die entscheidende Äußerung jener Phase, die »Nachfolge«[28].

Die Ekklesiologie der »Nachfolge« scheint gegenüber der von »Sanctorum Communio« unverändert, der ekklesiologische Realismus eher noch verschärft. Bonhoeffer kann nun ohne jede Einschränkung sagen: »Christus *ist* die Kirche« (N 165) *und* »Die Kirche ist der gegenwärtige Christus selbst« (N 164). Wird diese Doppelformel in ihrer Schroffheit aus dem Zusammenhang gelöst, so scheint sie geradewegs zum katholischen Kirchenbegriff zu führen.

Aber dieser Eindruck täuscht. Denn die Kirche, von der diese undialektische Identität mit Christus ausgesagt wird, ist nicht die katholische Heilanstalt, das Gesamt der von der Gemeinde unabhängigen Heilsmittel, sondern – die Kirche der Nach*folgenden*, von denen gilt, daß nur der Gehorsame glaubt, wie nur der Glaubende gehorsam ist (N 19). Wenn man also den hier zugrundeliegenden Kirchenbegriff unbedingt theologiegeschichtlich qualifizieren will, dann ist er eher montanistisch-schwärmerisch als römisch-katholisch. Aber derlei Klassifizierungen sind darum wenig ergiebig, weil sie immer von der besonderen Situation, durch die eine Aussage ausgelöst wird, absehen müssen. Die Situation aber ist die, daß durch den Einbruch der Irrlehre die Wirklichkeit der Kirche als Bürgschaft für die Wirklichkeit der Gegenwart Gottes in der Wirklichkeit dieser Welt zutiefst problematisch geworden ist. Will Bonhoeffer angesichts dieser Erfahrung nicht doch noch bei der Abstraktion der »unsichtbaren Kirche« Zuflucht suchen, dann muß er von seinen Voraussetzungen her, im Sinne des Satzes, daß nur der Gehorsame glaubt, zu der Folgerung kommen, daß nur die Kirche Kirche ist, die sich im Gehorsam des Glaubens als Kirche *verwirklicht.*

Die Hauptmerkmale dieser Verwirklichung sind: 1. »Der Leib Christi nimmt *Raum* ein auf Erden. Mit der Menschwerdung fordert Christus *Raum* unter den Menschen... Was *Raum* einnimmt, ist sichtbar. So kann der Leib Jesu Christi nur ein *sichtbarer* Leib sein, oder er ist nicht sein Leib« (N 171). Die Kirche verwirklicht sich also darin, daß sie als der »Leib Christi« kompromißlos, bekennend und, wo es sein muß, leidend ihren *eigenen* Raum, ihre eigene *Gestalt* in der Welt beansprucht, als Raum der Verkündigung, als Raum der Gemeindeordnung und als Raum des alltäglichen gemeinsamen Lebens. Die Raumforderung der Kirche ist keinesfalls nur eine Forderung der Verkündigungsfreiheit. Denn »der Leib Christi als Gemeinde schließt Gliederung und Ordnung der Gemeinde ein... Die Unterscheidung von Inhalt und Form, Wesen und Erscheinung ist hier unmöglich. Sie bedeutet Leugnung des Leibes Christi, das heißt des fleischgewordenen Christus« (N 174). Darum: »Die Ordnung der Gemeinde ist göttlichen Ursprungs und Wesens. Freilich steht sie im Dienst, nicht in der Herrschaft« (N 174), d.h. sie dient der Erbauung der Gemeinde. In deutlichem Bezug auf den Kirchenkampf, der ja immer klarer auch ein Kampf um die verantwortbare kirchliche Ordnung geworden war, und die Entscheidungen der Dahlemer Synode gilt darum: »So ist die Gemeinde zwar frei in der Gestalt ihrer Ordnungen, je nach ihrer Not; wird aber ihre Ordnung von außen angetastet, so ist damit die sichtbare Gestalt des Leibes Christi angetastet« (N 175).

Aber die Gemeinde beansprucht Raum auf Erden nicht nur für ihren Gottesdienst im weitesten Sinn, sondern auch für das tägliche Leben ihrer Glieder ... (N 176). »Es gibt keinen Lebensbereich, in dem sich das Glied dem Leibe entziehen dürfte oder wollte« (N 178). Es ist wiederum in engem Zusammenhang mit der Krise der Kirche – insbesondere mit dem Problem der Judenchristen – zu hören, wenn es dann weitergeht: »Wer dort, wo der Heilige Geist gesprochen hat, noch der Stimme seines Blutes, seiner Natur, seinen Sympathien und Antipathien Gehör verleiht, versündigt sich am Sakrament. Die Taufe in den Leib Christi hinein verändert nicht nur den persönlichen Heilsstand des Getauften, sondern auch alle seine Lebensbeziehungen« (N 178).

In der Konsequenz dieser Raumforderung der sichtbaren Kirche erscheint demnach Kirche als Koloniegemeinde[29], als Gesellschaft in der Gesellschaft, nicht nur Gottesdienstgemeinschaft, sondern auch Lebens-, Arbeits-, ja, Wirtschaftsgemeinschaft, so wie etwa das Judentum vor der Emanzipation sich, der Not und dem eigenen Trieb gehorchend, als Kolonie verwirklichte, als vollausgebildete Sozialität eigenen Rechtes, eigener Sitte, eigenen Lebensstils[30].

Gleichwohl, die Christen sind in der Welt. Aber ihr In-der-Welt-Sein hat die Gestalt der Heiligung, bedeutet die unablässige Selbstunterscheidung der Kirche in der Welt von der Welt, bedeutet »Absonderung« (N 199f). »Der Christ bleibe in der Welt. Nicht um der gottgegebenen Güte der Welt willen, nicht einmal um seiner Verantwortung für den Lauf der Welt willen, sondern um des Leibes Christi, des Menschgewordenen, um der Gemeinde willen. Er bleibe in der Welt um des frontalen Angriffs gegen die Welt willen, er lebe sein ›innerweltliches Berufsleben‹, um seine ›*Weltfremdheit*‹ erst ganz sichtbar werden zu lassen. Das aber geschieht nicht anders als durch die sichtbare Gliedschaft an der Gemeinde« (N 186). Und eben so, in der Absonderung, in der Selbstunterscheidung von der Welt, in der als Heiligung verstandenen Selbstverwirklichung nimmt die Kirche ihren Weltauftrag wahr. Sie ist – überspitzt formuliert – »Kirche für die Welt« darin, daß sie es im Gehorsam des Glaubens wagt, kompromißlos *gegen* die Welt Kirche zu sein. »Absonderung der Welt von der Kirche und der Kirche von der Welt ist der heilige Kampf der Kirche um das Heiligtum Gottes auf Erden« (N 201). »Wie ein versiegelter Zug im fremden Land« (N 199) soll die Gemeinde durch diese Welt gehen. Gerade dann gilt von ihr: »Arm und im Leiden, hungrig und durstig, sanftmütig, barmherzig, friedfertig sind sie, verfolgt und geschmäht von der Welt, und doch sind *sie* es, um derentwillen allein die Welt noch erhalten wird« (N 191).

Es ist vielfach bemerkt worden, in welchem Maße der zweite Teil der »Nachfolge«, der diese massive Theorie einer Selbstunterscheidung der Kirche von der Welt entfaltet, an Kraft, Glanz und Klarheit der Sprache gegenüber dem ersten Teil abfällt, in dem die Botschaft von der »teuren Gnade« an der Bergpredigt demonstriert wird. Das Herz Bonhoeffers schlägt offenbar im ersten Teil. Es gelingt ihm nur noch mit Mühe, die Formeln der Ekklesiologie der »Sanctorum Communio«, deren Voraussetzungen ihm doch schon fraglich geworden sind, mit der Soteriologie und der in ihr vorausgesetzten Christologie des ersten Teiles zu verbinden. Hanfried Müller hat schlüssig gezeigt, daß die Soteriologie des ersten Teiles im zweiten Teil gebrochen ist[31]. Man wird aber weitergehen und sagen müssen, daß in den beiden Teilen faktisch zwei Kirchenbegriffe im Spiel sind. In der Logik des ersten Teiles hätte es gelegen, das Sein in der Kirche, ja die Kirche selbst als eine Funktion der Nachfolge zu beschreiben. Faktisch aber beschreibt Bonhoeffer die Nachfolge als Kirchlichkeit. Aus der Kirche in der Nachfolge wird unter der Hand die Nachfolge in der Kirche.

»Nachfolge«, heißt es im ersten Teil, »ist Bindung an den leidenden Christus ... Das Leiden muß getragen werden, damit es vorübergeht. Entweder die Welt muß es tragen und daran zugrundegehen, oder es fällt auf Christus und wird in ihm überwunden. So leidet Christus stellvertretend für die Welt. Allein sein Leiden ist erlösendes Leiden. Aber auch die Gemeinde weiß nun, daß das Leiden der Welt einen Träger sucht. So fällt in der Nachfolge Christi das Leiden auf sie, und sie trägt es, indem sie selbst von Christus getragen ist« (N 44). Nachfolge ist also die durch Jesus selbst ermöglichte Teilnahme an der Missio Jesu, an seiner Sendung, an seinem Leiden. Es ist aber das Leiden der *Welt,* das Jesus trägt, damit es vorübergeht, damit die Welt daran nicht zugrundegeht. So wäre also schon hier das Christsein des Christen und das Kirchesein der Kirche als ein »Sein für andere«, als Teilnahme am messianischen Leiden Jesu ins Auge gefaßt. Dann aber hinge das Kirchesein der Kirche an der Wahrnehmung der Missio Jesu, konkret, an der Wahrnehmung des Leidens der Welt, nicht aber an der Kompromißlosigkeit ihrer Raumforderung, ihrer Absonderung *von* der Welt. Sie käme dann zu ihrer Gestalt in der Welt durch ihr Leiden für die Welt und nicht ins Leiden durch ihre Gestalt.

Aber in der Situation des Kirchenkampfes tritt die Differenz der beiden Kirchenbegriffe noch nicht voll heraus. Eine Volkskirche, die unter dem Stichwort »Entkonfessionalisierung« rücksichtslos aus all ihren herkömmlichen Funktionen im öffentlichen Leben herausgedrängt und zugleich durch Behinderung ihrer Amtsträger und ihrer Organe und die damit verbundene Unmöglichkeit, die Auseinandersetzung mit der Häresie ganz zuendezubringen, von der inneren Auszehrung bedroht ist, wird tatsächlich nichts anderes tun können als ihr Kirchesein, ihr inneres Leben, ihren Gottesdienst, ihr Gemeindeleben so gut wie möglich durchzuhalten. Jene andere Möglichkeit, sich als »Kirche für die Opfer« selbst zum Opfer zu geben, für die Juden, die Kommunisten und Sozialdemokraten, für die Freiheit der Wissenschaft und der Kunst zu schreien, und nicht nur für die Judenchristen, stand vielleicht, wenn überhaupt, zu Beginn des Dritten Reiches zur Wahl, 1937 gewiß nicht mehr. Bonhoeffer hat im Gefängnis die Funktion der Bekennenden Kirche selbst als eine Funktion des Durchhaltens gesehen: »Es ist ihre Bedeutung, daß sie die großen Begriffe der christlichen Theologie durchhält, aber darin scheint sie sich allmählich auch fast zu erschöpfen.«[32] Man wird sicher nicht fehlgehen, wenn man, nicht im ersten, wohl aber im zweiten Teil der

»Nachfolge« dieses Interesse des Durchhaltens vorherrschen sieht. Noch einmal soll die empirische Kirche – und nur die BK ist für Bonhoeffer Kirche – bei sich selbst behaftet werden, zu sich selbst gerufen werden. Es lag nahe, das in den Formeln der »Sanctorum Communio« zu tun, auch wenn das bedeutete, die Botschaft des ersten Teils, die Botschaft von der Nachfolge, in einem zweiten Ansatz in merkwürdiger ekklesiozentrischer Verfremdung und Verengung als Botschaft von der entschlossenen Kirchlichkeit zu verdoppeln.

Indessen bleibt auch in diesem zweiten Teil das Bild von der Kirche als »dem versiegelten Zug im fremden Land« nicht das letzte Wort. Das letzte Wort ist das Wort »Gleichgestaltung« (vgl. N 218–224), das in der »Ethik« in anderem Zusammenhang wieder aufgenommen wird. Die Gestalt Jesu Christi aber ist die Gestalt des »Seins für andere«. Und es klingt wie eine Vorwegnahme des Kommenden, wenn es von daher heißt: »Die Gemeinde Christi hat eine andere ›Gestalt‹ als die Welt. In diese Gestalt hinein soll sie sich immer mehr verwandeln lassen. Es ist die Gestalt Christi selbst, der in die Welt kam und die Menschen in unendlicher Barmherzigkeit trug und annahm und sich doch der Welt nicht gleichstellte ... In der rechten Begegnung mit der Welt wird die sichtbare Gemeinde der Gestalt des leidenden Herrn immer ähnlicher werden« (N 188).

III

Wiederum sind es neue Erfahrungen, ist es eine neue Verantwortungslage, die Bonhoeffers Überlegungen zur Kirche und ihrer Gestalt weitertreiben. Am 5. August 1936 hatte er die venia legendi verloren, Ende 1937 wird das Predigerseminar in Finkenwalde polizeilich geschlossen, kurz darauf erscheint die »Nachfolge«. Schon während der Zeit der Sammelvikariate, Anfang 1938, notiert die vita »erste Kontakte mit Sack, Oster, Canaris und Beck«. Die Zusammenstöße mit der Gestapo werden häufiger. Mit den Stationen: Aufenthaltsverbot für Berlin, Schließung der Sammelvikariate durch die Gestapo, Redeverbot und polizeiliche Meldepflicht, schließlich Druck- und Veröffentlichungsverbot werden die Möglichkeiten kirchlicher Wirksamkeit für Bonhoeffer immer schmaler. In den gleichen Herbstwochen des Jahres 1940, in denen Bonhoeffer in feste Verbindung zur Abwehr und damit zu einem der Zentren des politischen Widerstandes tritt, beginnt in Klein-Krössin vermutlich die Niederschrift der »Ethik«[33].

Thema der Entwürfe zur Ethik ist die Welt nach der politischen Katastrophe, die Bonhoeffer kommen sah[34]. Wie er sich von Anfang an über den zerstörerischen Charakter des Nationalsozialismus im klaren war, so faßt er schon sehr frühzeitig die Möglichkeit des Krieges ins Auge. Mit bestürzender Klarsicht weiß er, daß ein Sieg Deutschlands der Untergang Europas wäre, ein Sieg Europas aber der Untergang Deutschlands – und betet für das Letztere[35]. Als mögliche Titel für seine Ethik aber notiert er sich »Grundlagen und Aufgabe einer künftigen Welt« und »Grundlagen und Aufbau eines geeinten Abendlandes«[36].

In der Perspektive einer möglichen Neugestaltung der Welt nach dem Kriege aber muß sich die Frage nach der Kirche, nach ihrer Funktion und ihrer funktionsgemäßen Gestalt neu stellen. Der universale Horizont der Christuswirklichkeit, der Wirklichkeit der Gegenwart Gottes in der Wirklichkeit dieser Welt gerät neu ins Blickfeld und in diesem Horizont der Weltbezug, der Weltauftrag der Kirche, von dem in der Zeit des Kirchenkampfes nur noch in der gleichsam negativen Form hatte geredet werden können, daß die Kirche sich selbst gegen die Welt für die Welt leidend durchzuhalten habe.

Die »Ethik« ist kein geschlossener Entwurf, sondern eine posthum veranstaltete Sammlung von Skizzen, in denen verschiedene Ansätze theologischer Ethik und verschiedene Weisen der Durchführung miteinander in Spannung, zum Teil im Konflikt stehen. Wir werden dementsprechend auch nicht mit einer einheitlichen Antwort auf die Frage, in welchem Sinne Kirche »Kirche für die Welt« sei und was das für ihre Gestalt bedeute, rechnen können.

In den ersten Abschnitten des Buches, in deren Mitte unter dem Titel »Erbe und Verfall«[37] der Versuch einer geschichtstheologischen Herleitung und Deutung der gegenwärtigen Krise erscheint, begegnet uns eine Konzeption, die ganz stark an Bonhoeffers Ausgangsposition in »Communio Sanctorum« erinnert. Das entscheidende Stichwort dieser Abschnitte ist der schon aus der »Nachfolge« bekannte Begriff der Gestalt. Die Gestalt Jesu Christi, in der die Menschheit erneuert ist, will Gestalt gewinnen in der menschlichen Geschichte (E 89).

Der konkrete geschichtliche Zusammenhang, in dem das seit zwei Jahrtausenden geschieht, ist das Abendland. Die Geschichte des Abendlandes *ist* die Geschichte der Gestaltwerdung Christi in der Menschheit. Der Ort aber, an dem und von dem her das Gestaltwerden Jesu Christi in der abendländischen Welt verkündigt wird und sich verwirklicht, ist die abendländische Kirche. Sie ist – als der Leib Christi – die wahre Einheit des Abendlandes. Sie bleibt dies auch, als in der Reformationszeit das corpus Christianum sich auflöst in seine »echten Bestandteile« (E 100), das corpus Christi und die Welt, als das Amt des Schwertes sich vom Amt des Wortes differenziert. Zugleich aber zerfällt das corpus Christi in sich selbst, und in der Folge dieses Zerfalls kommt es zu einem ungeheuren Säkularisierungsprozeß, der in der französischen Revolution seinen ersten Kulminationspunkt erreicht. Die Revolution signalisiert die neue geistige Einheit des Abendlandes, die abendländische Gottlosigkeit in der dreifachen Gestalt des Rationalismus, des Kollektivismus und des Nationalismus (E 102–110). Und auch wenn Bonhoeffer schon hier eine verheißungsvolle, weil wirklich areligiöse von einer religiös-christlich verbrämten Gottlosigkeit unterscheidet, gilt doch: »Mit dem Verlust der durch die Gestalt Jesu Christi geschaffenen Einheit steht das Abendland vor dem Nichts.«[38] Nur das Wunder einer neuen Glaubenserweckung und der ›katechon‹, die Ordnungsmacht eines sich auf den Ursprung seiner Autorität besinnenden Staates könnten den Sturz in den Abgrund des Nihilismus aufhalten. Während das Abendland dabei ist, die Annahme seines geschichtlichen Erbes endgültig zu verweigern, entwickelt sich zwischen der Kirche als dem Ort der Kündung des Wunders und allem, was an Elementen der Ordnung noch vorhanden ist – Recht, Wahrheit, Wissenschaft, Kunst, Bildung, Menschlichkeit, Freiheit – eine eigenartige Bundesgenossenschaft[39]. Hier wie dort macht der Ursprung, die Gestalt Christi selbst sich geltend.

Das ist die Situation, in der erneut die Frage sich stellt, wie die Gestalt Christi noch einmal in dieser abendländischen Welt Gestalt gewinnt. Indem die Kirche sich dieser Frage stellt, »als Trägerin geschichtlichen Erbes mitten im Warten auf den Jüngsten Tag der geschichtlichen Zukunft verpflichtet« (E 115), scheint aus dem »versiegelten Zug im fremden Land« wieder die nova societas zu werden, die die Tendenz, den Auftrag, die Sendung hat, alles menschliche Gesellschafts- und Gemeinschaftsleben zu durchdringen. Bonhoeffer scheint zu seinem Ausgangspunkt, zur »communio sanctorum« zurückgekehrt.

Die Weise aber, wie die Kirche dieser ihrer Verpflichtung auf die geschichtliche Zukunft des Abendlandes nachzukommen hat, signalisiert einen gewandelten Kirchenbegriff. Die Kirche macht sich nämlich zum Sündenbock der abendländischen Welt (E 118f). Mit ihrem Sündenbekenntnis übernimmt sie die gesamte Schuld für den Abfall des Abendlandes von seinem Ursprung in Christus und für die daraus resultierende abendländische Katastrophe. Und so, als der Ort der Schuldübernahme, als die Gemeinschaft der stellvertretend Büßenden, wird die Kirche zum Ursprung möglicher persönlicher und gemeinschaftlicher Wiedergeburt und Erneuerung. Denn so ist sie der Ort des Durchbruchs der Gestalt Jesu Christ, des *für die Welt* Gekreuzigten[40]. In dem von Bonhoeffer an dieser Stelle formulierten Sündenbekenntnis (E 120–123) – kaum ein Text empfiehlt sich zur Meditation der deutschen Katastrophe und ihrer Ursachen so nachdrücklich wie dieser – wird bereits ganz deutlich, worin er die eigentliche Schuld der Kirche am Abfall des Abendlandes erblickt und wo er also ein Umdenken der Kirche für erforderlich hält. Daß die Kirche in der Krise des Abendlandes sich selbst, ihre Selbsterhaltung zum Zweck gemacht und darüber ihre Funktion, ihren Weltauftrag, ihre Missio vergessen hat, *das* macht sie schuldig. »Durfte denn die Kirche«, läßt Bonhoeffer die Kirchenmänner fragen, »ihr Letztes, ihre Gottesdienste, ihr Gemeindeleben gefährden, indem sie den Kampf mit den antichristlichen Gewalten aufnahm?« Bonhoeffer antwortet: »So spricht der

Unglaube ...« (E 123). Der Kirchenbegriff, der im Horizont der möglichen abendländischen Erneuerung zu formulieren wäre, wird also auf jeden Fall ein funktionaler Kirchenbegriff sein, er wird – um mit der heutigen ökumenischen Terminologie zu sprechen – nach der Funktion der Kirche in der missio Dei fragen und nach der dieser Funktion jetzt und hier, in der gegenwärtigen Situation angemessenen Gestalt. Wie sich im weiteren Verlauf der Überlegungen zur Ethik dieser funktionale Kirchenbegriff mit immer größerer Klarheit durchsetzt, läßt sich in drei Punkten zeigen:

1. Die Destruktion des Denkens in zwei Räumen, »von denen der eine göttlich, heilig, übernatürlich, christlich, der andere aber weltlich, profan, natürlich, unchristlich ist«[41]. Zwar nimmt dieses Denken seinen Ausgangspunkt bei der neutestamentlichen Erkenntnis, daß die Kirche als sichtbare Gemeinde einen bestimmten Raum einnimmt und einnehmen muß. Wo aber diese Raumforderung der Gemeinde zu einer statisch-gesetzlichen Aufteilung der Wirklichkeit in einen sakralen und einen profanen, einen christlichen und einen weltlichen Bezirk führt, da wird die Sache Christi zu einer partiellen, einer provinziellen Angelegenheit, da wird der Mensch verführt, Christus ohne die Welt und die Welt ohne Christus haben zu wollen oder im ewigen Konflikt zwischen den beiden Räumen zerrieben zu werden. Es gibt aber tatsächlich nur eine Wirklichkeit, und das ist die in Christus offenbar gewordene Gotteswirklichkeit in der Weltwirklichkeit, und infolgedessen auch nur den *einen* Raum der Christusverwirklichung, in dem die Begriffspaare »weltlich-christlich, profan-sakral, vernünftig-offenbarungsgemäß« als statische Gegensätze vom Ursprung her schon überwunden und versöhnt sind. Die Welt, das Natürliche, das Profane, die Vernunft ist durch Christus von vornherein in Gott hineingenommen, sie befindet sich immer schon in der von Christus her in Gang gekommenen Bewegung des Angenommenseins und Angenommenwerdens. So gibt es das Christliche nicht anders als im Weltlichen, das Übernatürliche nur im Natürlichen, das Heilige nur im Profanen, das Offenbarungsmäßige nur im Vernünftigen, wobei dieses »in« keine problemlose Identität, sondern Identität für den Glauben und seinen Gehorsam, und das heißt, einen polemischen

Bezug, einen Prozeß der Auseinandersetzung und Versöhnung beschreibt.

Von daher ist nun die Raumforderung der Kirche als des Leibes Christi zu verstehen. Die Kirche ist der Raum in der Welt, an dem die Herrschaft Christi über die ganze Welt, die Begründung *aller* Wirklichkeit in Jesus Christus bezeugt wird. »Der Raum der Kirche ist nicht dazu da, um der Welt ein Stück ihres Bereiches streitig zu machen, sondern vielmehr, um der Welt zu bezeugen, daß sie Welt bleibe, nämlich die von Gott geliebte und versöhnte Welt. Es ist also nicht so, daß die Kirche ihren Raum über den Raum der Welt ausdehnen wollte oder müßte, sie begehrt nicht mehr Raum, als sie braucht, um der Welt mit dem Zeugnis von Jesus Christus und von ihrer Versöhnung mit Gott zu dienen. Die Kirche kann ihren eigenen Raum auch nur dadurch verteidigen, daß sie nicht um ihn, sondern um das Heil der Welt kämpft« (E 215). Ist somit das Verhältnis der Gemeinde zur Welt ganz bestimmt durch das Verhältnis Gottes zur Welt, so wird man von einem Eigenraum, einer Eigengestalt, einem Eigenleben der Kirche nur so sprechen können, daß dies alles im Zeugnisauftrag seinen eigentlichen Grund hat und in der Wahrnehmung dieses Auftrages in jedem Augenblick schon durchbrochen, aufgehoben, überwunden ist.

2. Die Einordnung der Kirche in die Reihe der Mandate. Ist in Christus die Wirklichkeit Gottes mit der Wirklichkeit dieser Welt versöhnt, ist von daher jede Aufspaltung der Wirklichkeit in profane und sakrale Zonen unmöglich geworden (E 218), dann ist damit die in »Sanctorum Communio« behauptete Identität von Reich Christi und Kirche preisgegeben. Die Christusherrschaft ist mehr als die Kirche, sie ist die Weise, wie die Wirklichkeit Christi das Ganze der Weltwirklichkeit in jedem Augenblick angeht, versöhnt, überwindet und in Anspruch nimmt. Und das geschieht in den göttlichen *Mandaten:* Arbeit, Ehe, Obrigkeit, Kirche[42]. Der Mandatscharakter liegt aber nicht in der Faktizität dieser Bezugsfelder, nicht in ihnen selbst als »Ordnungen«, sondern darin, daß sie durch Christus, auf Christus hin und in Christus bestimmt sind. Die Mandate sind also »Gliederungen der Christuswirklichkeit« (E 306), d. h. der Wirklichkeit der Liebe Gottes zur Welt und zu den

Menschen, die in Jesus Christus offenbar ist. Nicht in jedem dieser Mandatsbereiche für sich, sondern zwischen ihnen, in dem durch ihr Miteinander, Füreinander und Gegeneinander konstituierten Kraft- und Beziehungsfeld wird der Ganzheits- und Ausschließlichkeitsanspruch Jesu Christi erkennbar und wirksam. »Gott hat die Menschen unter alle diese Mandate gestellt, nicht nur jeden Einzelnen unter je eines derselben, sondern alle Menschen unter alle vier. Es gibt also keinen Rückzug aus einem ›weltlichen‹ in einen ›geistlichen Raum‹, es gibt nur ein Einüben des christlichen Lebens unter jenen vier Mandaten Gottes« (E 220). Für uns ist hier lediglich wichtig, wie Bonhoeffer das Mandat der Kirche in das Wechselspiel der Mandate einordnet. Die Kirche ist, heilsgeschichtlich gesehen, das »späteste« der vier Mandate, sie ist aber auch das zentrale, sofern erst in ihr und von ihr her die Christuswirklichkeit als das Ganze der Wirklichkeit angehend erkennbar und wirksam wird. Das Mandat der Kirche ist der Auftrag, die Wirklichkeit Jesu Christi in Verkündigung, kirchlicher Ordnung und christlichem Leben wirklich werden zu lassen. Es wird aber, ethisch, d. h. auf den Glaubensgehorsam des einzelnen Christen gesehen, nicht in einem besonderen Raum wahrgenommen, sondern »innerhalb aller anderen Mandate«. »Wie der Mensch zugleich Arbeiter, Ehegatte, Untertan ist, wie sich hier ein Mandat mit dem andern im Menschen überschneidet und wie es dabei um die gleichzeitige Erfüllung aller dieser Mandate geht, so greift auch das kirchliche Mandat in alle diese genannten Mandate hinein, wie umgekehrt der Christ zugleich Arbeiter, Ehegatte, Untertan ist.« Nur theoretisch erscheinen die Mandate als in Spannung, im möglichen Dauerkonflikt miteinander. Faktisch erweist sich im konkreten Leben und Handeln, im alltäglichen Glaubensgehorsam des Menschen ihr Zusammenklang, ihre Einheit in Christus. »Der ganze Mensch steht dann vor der ganzen irdischen und ewigen Wirklichkeit, wie sie Gott in Jesus Christus für ihn ausgebreitet hat. Nur in der vollen Erwiderung auf das *Ganze* des Angebots und des Anspruchs kann der Mensch dieser Wirklichkeit entsprechen« (E 224).

3. Die Unterscheidung von Verkündigungsamt und christlichem Gemeinwesen. »Das der Kirche gegebene Mandat ist das der

Verkündigung« (E 310). Indem das in Jesus Christus vom Himmel gekommene Wort fort und fort wiederkommen will in Gestalt menschlicher Rede, setzt es ein »klares Gegenüber von Oben und Unten«. »Oben ist das Amt der Verkündigung, unten die hörende Gemeinde« (E 310). Hatte es in »Sanctorum Communio« im Interesse der Identität von realisierter, aktualisierter und empirischer Kirche, im Interesse also der Formel vom »Christus als Gemeinde existierend« konsequent gelten müssen, daß das Amt das Amt *der* Gemeinde sei[43], so heißt es nun: Das »Amt ist unmittelbar von Christus gesetzt«, es ist »gleichzeitig mit der Gemeinde« (E 311), und zwar in diesem unaufhebbaren Gegenüber, das von der Gemeinde das Untensein und Untenbleiben im Glauben fordert. So schroff werden nun Amt und Gemeinde voneinander unterschieden, daß Bonhoeffer allen Ernstes sagen kann, die Bibel, weil sie ja ausgelegt werden müsse, sei nun eben doch in erster Linie das Buch des Predigers, nicht das der Gemeinde. »Das Predigtbuch und das Gebetbuch als die vornehmlichen Bücher der Gemeinde, die Heilige Schrift als Buch des Predigers, das könnte wohl ein angemessener Ausdruck des göttlichen Gegenübers von Gemeinde und Amt sein. Dabei muß es deutlich sein, daß diese Gedanken nicht einer pfäffischen Volkspädagogik, sondern der Offenbarung Gottes selbst entspringen« (E 312).

Diese überraschende Wendung im Amtsbegriff Bonhoeffers, die sich freilich in der »Nachfolge« schon vorbereitet hatte, ist von erheblicher Relevanz für unser Thema. Ihr eigentliches Interesse ist es nämlich, trotz der engen Wechselwirkung der Mandate, trotz des konservativen Bildes von der zukünftigen Ordnung, das Bonhoeffer sich macht und in dem dem Mandat der Kirche ganz zwangsläufig konstitutive Bedeutung zukommt, eine neuerliche Verkirchlichung und Klerikalisierung des gesellschaftlichen Lebens, eine Neuauflage des Corpus Christianum auszuschließen. Darum muß das Amt der Verkündigung vom kirchlichen Gemeinwesen unterschieden werden. »Das Wort Gottes, wie es kraft göttlichen Mandats verkündigt wird, herrscht und regiert über alle Welt; das ›Gemeinwesen‹, das um dieses Wort herum entsteht, herrscht *nicht* über die Welt, sondern es dient ganz der Erfüllung des göttlichen Mandates« (E 317). Der in der Christusverkündigung liegende Weltbezug und Weltanspruch gefährdet die Weltlichkeit der Welt nicht nur nicht, sondern er begründet sie als echte Weltlichkeit, er ist ihre conditio sine qua non. Das »Gesetz« der Kirche als Gemeinwesen aber würde, als Norm der Weltgestaltung aufgerichtet, ein freies Funktionieren der anderen Mandate in echter Weltlichkeit unmöglich machen[44].

Was ist der Sinn dieses besonderen Gemeinwesens Kirche? Es dient der Erfüllung des göttlichen Mandats der Verkündigung in doppelter Weise: einmal ist in diesem Gemeinwesen alles, also Wort, Ordnung und Leben, bezogen auf die *wirksame* Ausrichtung der Christuspredigt an alle Welt, – dieses Gemeinwesen ist also ein Mittel zum Zweck; zum andern aber darin, daß es ganz dem Christuswort ergeben, bereits repräsentiert, was dieses Wort mit *aller* Welt will. Als »Gemeinde unter dem Wort« ist die Kirche das, was die Menschheit werden soll. Stellvertretend steht sie vor Gott für die Menschheit und vor der Menschheit für Gott, Gott vor der Welt und die Welt vor Gott verantwortend. Und insofern *ist* sie die erneuerte Menschheit, das »Ziel der Wege Gottes auf Erden« (E 318), ist sie also nicht mehr ein Mittel, sondern der Zweck selbst. Sie ist aber Selbstzweck, gerade indem sie *selbst* nur Werkzeug und Mittel zum Zweck sein will, – in »Sanctorum Communio« war das Verhältnis noch durchaus umgekehrt akzentuiert.

Die Problematik dieser dritten Position Bonhoeffers kann hier nur flüchtig angedeutet werden. Kann man das traditionelle kirchliche Amt in dieser unkritischen Weise mit dem Amt der Verkündigung, das Bonhoeffer im Auge hat und auf dessen Wechselwirkung mit den anderen Mandaten alles ankommt, identifizieren? Wie steht es mit der Reichweite dieses traditionellen Amtes angesichts der »soziologischen Gefangenschaft der Kirche«, mit seiner *Zuständigkeit* für die anderen Mandatsbereiche, die ja nach Bonhoeffer selbst unbedingte Voraussetzung vollmächtiger Verkündigung der Verheißung und des Geheißes Jesu Christi ist? Ist hier nicht die ganze Tragweite des von Bonhoeffer selbst konstatierten Zerfalls des Corpus Christianum in seine Elemente – das Corpus Christi und die Welt –, das Gewicht des Säkularisationsprozesses und der damit zusammenhängenden Kommunikationskrise für das Mandat der Kirche verkannt? Für den Bonhoeffer der »Ethik« steht die Kirche, die empirische Kirche, im Grunde immer noch mitten im Dorf, kommunikationsfähig nach allen Seiten und in jeder Beziehung. Wie, wenn sich herausstellte, daß sie mit ihrem Binnenleben längst so an den Rand des gesellschaftlichen Geschehens geraten war, daß sie im Grunde nur noch jenseits der Versammlung, im Alltag ihrer zerstreuten Glieder in den anderen Mandatsbereichen Präsenz und Kommunikationsfähigkeit gewann? Wenn aber die Wahrnehmung des Mandates der Verkündigung eben doch die ganze Gemeinde in ihren sich zerstreuenden Gliedern einschloß, was bedeutete das dann für das kirchliche Binnenleben?

Gleichviel, der Ertrag dieser dritten Phase im Denken Bonhoeffers ist jedenfalls, daß die Gestalt der Kirche eine Funktion ihres Mandates ist. Das Mandat der Kirche aber ist die Bezeugung der Wirklichkeit Christi, wie sie im Zusammenspiel der Mandate die ganze gesellschaftliche Wirklichkeit angeht, versöhnt, in Anspruch nimmt und überwindet. Das gesamte Binnenleben des Gemeinwesens Kirche ist im Licht dieses Weltauftrags der Verkündigung zu sehen und zu gestalten[45].

IV

Es liegt auf der Hand, daß die Position Bonhoeffers in der Frage nach der Gestalt der Kirche sofort wieder in Bewegung kommen muß, wenn sich seine Einschätzung der gesellschaftlichen Situation ändert. Das Mandat bezieht die Kirche auf die Welt. Ist nun die Welt nicht mehr einfach unterzubringen im Denkzusammenhang »Erbe, Verfall und Bewahrung der abendländischen Einheit«, dann wird damit auch der Welt-Auftrag der Kirche und ihre auftragsgemäße Gestalt wieder zum Problem. Das führt uns zur letzten Phase des Bonhoefferschen Denkens, zu »Widerstand und Ergebung«[46].

Auch hier sind es mit Gewißheit wieder veränderte Erfahrungen, eine veränderte Verantwortungslage, die das Umdenken auslösen. Nur sind sie diesmal außerordentlich schwer zu greifen. Nach

Eberhard Bethge ist der eigentliche Wendepunkt in der Hafterfahrung Dietrich Bonhoeffers im Brief vom 11. 4. 1944 zu suchen. Bonhoeffer notiert: »Ich habe den Eindruck, daß wir beide – ich meine Du und ich – erst zur gleichen Zeit wieder nach Hause kommen« (WE 172). Bis dahin hatte er die Hoffnung hegen können, daß die Anklage niedergeschlagen würde, man hatte ihm alle vierzehn Tage neue Versprechungen gemacht. Jetzt muß er sich auf eine lange Haftdauer, womöglich auf Schlimmeres einstellen. Es ist ganz selbstverständlich, daß das Nachdenken über die eigene Situation damit grundsätzlicher wird. »Ich habe«, heißt es im gleichen Brief, »noch nie meine Entscheidung im Sommer 1939 (Rückkehr von Amerika) bereut, sondern stehe ganz unter dem Eindruck, daß mein Leben ... völlig geradlinig und ungebrochen verlaufen ist, jedenfalls was die äußere Führung ... angeht ... Wenn mein gegenwärtiger Status der Abschluß meines Lebens wäre, so hätte das einen Sinn, den ich zu verstehen glauben würde«[47]. Im übernächsten Brief beginnt dann die große Bestandsaufnahme des Christentums und seiner gegenwärtigen Lage in der Welt. »Was mich unablässig bewegt, ist die Frage, was das Christentum oder auch wer Christus heute für uns eigentlich ist« (WE 178).

Man wird allenfalls einige Fragen stellen dürfen nach dem möglichen Zusammenhang der persönlichen und der sachlichen Wende. Anfangs hatte Bonhoeffer unter der Anfechtung gelitten, »ob es wirklich die Sache Christi sei, um derentwillen ich euch allen solchen Kummer zufüge« (WE 92). Er hatte sich die Anfechtung aus dem Kopf geschlagen und »wurde gewiß, daß grade das Durchstehen eines solchen Grenzfalles mit all seiner Problematik mein Auftrag sei«. Ob Bonhoeffer mit dem Wendepunkt zu erkennen beginnt, daß es in seinem politischen Engagement aus christlicher Verantwortung und dem daraus entstehenden Leid keineswegs um einen problematischen Grenzfall, sondern um ein Geschick gehe, das in gewisser Weise prototypisch sein könne für eine neue Lage der Kirche in der Welt? Noch am 9. 3. 1944 hatte er sich irritiert gegen die Verwendung des Begriffes »Leiden« für seine Lage gewehrt. »Leiden muß etwas ganz anderes sein, eine ganz andere Dimension haben, als was ich bisher erlebt habe« (WE 160f).

Nach dem 11. April 1944 aber wird die Wendung vom »Teilnehmen am Leiden Gottes, am Leiden Jesu«[48] immer häufiger werden; gewiß nicht im Sinne einer Selbstdramatisierung, die bei Bonhoeffer völlig ausgeschlossen ist; vielleicht aber doch so, daß er seinen eigenen Weg nun im größeren Zusammenhang eines neuen Verständnisses von Christsein und Kirchesein als »Sein-für-andere« zu sehen und zu verstehen wagt?

Jedenfalls gibt es für die großen Perspektiven, die sich in den letzten Briefen entfalten, kleine persönliche Widerfahrnisse, die als Kristallisationspunkte für die neue Sicht in Frage kämen.

Bonhoeffer registriert an seinen Haftgenossen, was an Restbeständen christlich-religiöser Welterfahrung noch bei ihnen vorhanden, in ihnen flüssig sei, und kommt zu einem erschütternden Ergebnis (WE 159f). Nach dem Wendepunkt wird er formulieren: »Wir gehen einer völlig religionslosen Zeit entgegen; die Menschen können einfach, so wie sie nun einmal sind, nicht mehr religiös sein. Auch diejenigen, die sich ehrlich als ›religiös‹ bezeichnen, praktizieren das in keiner Weise« (WE 178).

Er gerät in eine zunehmende Distanz zu seiner eigenen Religiosität. Er gesteht, daß er den Gottesdienst merkwürdig wenig vermißt (WE 119), er geht durch Wochen, in denen er kaum in der Bibel liest und hat keine Schuldgefühle (WE 163). Die Frage nach dem persönlichen Seelenheil wird ihm merkwürdig gleichgültig (WE 184). Er notiert, daß er sich bei Tisch mit dem Kreuz segnet, fügt aber sofort hinzu: »Mein Mißtrauen und meine Angst vor der ›Religiosität‹ sind hier noch größer geworden als je. Daß die Israeliten den Namen Gottes *nie* aussprachen, gibt mir immer wieder zu denken, und ich verstehe es immer besser« (WE 104). Nach dem Wendepunkt wird es heißen: »Ich erfahre es bis zur Stunde, daß man erst in der vollen Diesseitigkeit des Lebens glauben lernt. Wenn man völlig darauf verzichtet hat, aus sich selbst etwas zu machen, sei es einen Heiligen oder einen bekehrten Sünder oder einen Kirchenmann ..., einen Gerechten oder Ungerechten, einen Kranken oder einen Gesunden – und dies nenne ich Diesseitigkeit, nämlich in der Fülle der Aufgaben, Fragen, Erfolge und Mißerfolge, Erfahrungen und Ratlosigkeit leben, – dann wirft man sich Gott ganz in die Arme, dann nimmt man nicht mehr die eigenen Leiden, sondern das Leiden Gottes in der Welt ernst, dann wacht man mit Christus in Gethsemane, und ich denke, das ist Glaube, das ist ›Metanoia‹, und so wird man ein Mensch, ein Christ« (WE 247f).

Und schließlich erfährt Bonhoeffer in vielfacher Weise die Fragwürdigkeit spezifisch religiös-christlicher Kommunikation in der Tegeler Lage. Er erneuert die Erfahrung seiner Hilfspredigerzeit, daß er dem traditionellen Anspruch der Seelsorge nicht mehr entsprechen kann: »Ich bin ein schlechter Tröster. Zuhören kann ich, aber sagen kann ich fast nie etwas ...«[49] Es erscheint ihm wichtiger, daß eine bestimmte Not wirklich *erlebt* wird: »So lasse ich die Not uninterpretiert ...« Als er Zeuge eines Stoßgebetes während eines Fliegeralarms wird und, wie er selbst spürt, eigentlich geistlich reden müßte, sieht er nach der Uhr und sagt: »es dauert höchstens noch zehn Minuten«, – man darf den Augenblick der Grenzerfahrung nicht zu religiösen Erpressungen benutzen (WE 140). Nach dem Wendepunkt wird es heißen: »Die Religiösen sprechen von Gott, wenn menschliche Erkenntnis ... zu Ende ist oder wenn menschliche Kräfte versagen – es ist eigentlich immer der Deus ex machina, den sie aufmarschieren lassen ... ich möchte von Gott nicht an den Grenzen, sondern in der Mitte, nicht in den Schwächen, sondern in der Kraft, nicht also bei Tod und Schuld, sondern im Leben und im Guten des Menschen sprechen« (WE 181f).

Gewiß kann es sich nicht darum handeln, das Beunruhigende der letzten Perspektiven gleichsam biographisch aufzulösen. Wohl aber sollten diese vielfältigen Notizen ernstgenommen werden als Ausdruck eines sich immer mehr sensibilisierenden Zeitgefühls, eines immer stärker erwachenden Problembewußtseins. Was Bonhoeffer mit ›Religionslosigkeit‹ meint, ist mindestens so sehr praktische Erfahrung des Zusammenbruches religiösen Selbstverständnisses und religiöser Kommunikationsmöglichkeiten wie theoretische Erkenntnis.

Parallel zu diesen Erfahrungen freilich geht eine höchst zielbewußte Lektüre. Er studiert das Alte Testament, speziell die weisheitlichen Schriften, und entdeckt, wie alttestamentlich er empfindet; er bezweifelt, ob ein Mensch, der – die Treue zur Erde, zum Diesseits, zur irdischen Wirklichkeit überspringend – zu rasch neutestamentlich empfinde und rede, überhaupt ein Christ sein könne. »Man kann und darf das letzte Wort nicht vor dem vorletzten sprechen. Wir *leben* im Vorletzten und *glauben* das Letzte, ist es nicht so?« (WE 113). Er stößt auf die Tradition einer »christlichen, aber antiklerikalen Weltlichkeit« vom 13. Jahrhundert an, nennt Lessing, Goethe, Stifter, Mörike, Claudius, Gotthelf als ihre Vertreter in den letzten beiden Jahrhunderten und gibt zu erkennen, daß er hier seine eigene Ahnenreihe gefunden hat (WE 156f). Er läßt sich immer tiefer auf die Geistesgeschichte des 18. und 19. Jahrhunderts ein und kommt in diesem Zusammenhang zu seiner neuen Deutung des Säkularisierungsprozesses als einer irreversiblen Bewegung zur Autonomie, zur Mündigkeit des Menschen in allen seinen Weltbezügen, zur Abschaffung aller religiösen Arbeitshypothesen, die auch im Licht der biblischen Verkündigung als legitim gelten müsse (WE 215–221). Er stellt schließlich fest: »Die Kirche muß aus ihrer Stagnation heraus. Wir müssen wieder in die freie Luft der geistigen Auseinandersetzung mit der Welt... Ich fühle mich als ein ›moderner‹ Theologe, der doch noch das Erbe der liberalen Theologie in sich trägt, verpflichtet, diese Fragen anzuschneiden« (WE 257).

Heißt das nicht, daß Bonhoeffer in der Auseinandersetzung mit den neuen Erfahrungen im Grunde wieder zurückgeworfen ist auf seinen Ausgangspunkt? Denn unter dem Druck der Differenz zwischen der kirchlichen Tradition und dem zeitgenössischen Denken, der zeitgenössischen Welterfahrung hatte Troeltsch einst nach der Kirche gefragt und über der Kirche resigniert. Dietrich Bonhoeffer hatte dagegen in »Sanctorum Communio« das Postulat eines Maximums von Kirche, von sichtbarer, sich selbst als nova societas glaubender und wahrnehmender Kirche gesetzt und scharfsinnig begründet. Jetzt aber, am Ende seines Weges und im Licht der Erkenntnis, daß die Krise, der Ernst Troeltsch zu entsprechen versucht hatte, nicht nur nicht überwunden sei, sondern sich unendlich verschärft und in ihren eigentlichen Dimensionen als das Ende religiöser Weltbewältigung enthüllt habe, scheint auch Bonhoeffer zu der Erkenntnis durchzustoßen, daß das Gebot der Stunde ein »Minimum von Kirche« sei. Freilich meint er das anders als Troeltsch.

1. Greifbar ist zunächst eine ganz scharfe Kritik aller gegenwärtigen Kirche und Kirchlichkeit. Im Entwurf einer Arbeit notiert er als Bestandsaufnahme des Christentums: »Die evangelische Kirche: Pietismus als letzter Versuch, das evangelische Christentum als Religion zu erhalten; die lutherische Orthodoxie, der Versuch, die Kirche als Heilsanstalt zu retten; Bekennende Kirche: Offenbarungstheologie; ein δός μοι ποῦ στῶ gegenüber der Welt; um sie herum ein ›sachliches‹ Interesse am Christentum; Kunst, Wissenschaft auf der Suche nach ihrem Ursprung. Allgemein in der Bekennenden Kirche: Eintreten für die ›Sache‹ der Kirche etc., aber wenig persönlicher Christusglaube. ›Jesus‹ entschwindet dem Blick. Soziologisch: keine Wirkung auf die breiten Massen; Sache der Klein- und Großbürger. Starke Belastung mit schweren tradierten Gedanken. Entscheidend: Kirche in der Selbstverteidigung. Kein Wagnis für andere« (WE 258f). Zwar habe die Bekennende Kirche die großen Begriffe der christlichen Überlieferung durchgehalten, sei aber dabei vom Offenbarungspositivismus in die konservative Restauration geraten. Elemente echter Prophetie und echten Kultus seien in ihr bewahrt: »Aber beides bleibt unentfaltet, fern, weil ihnen die Interpretation fehlt« (WE 220). Man könne sich nicht länger hinter dem »Glauben der Kirche« verschanzen, müsse vielmehr ehrlich fragen, »was man selbst eigentlich glaubt«. Weil diese Frage ständig kirchlich oder dialektisch überspielt werde, wehe in der BK »nicht ganz freie Luft«. »Wir können uns nicht, wie die Katholiken, einfach mit der Kirche identifizieren« (WE 260f).

Es geht hier nicht um die Frage, wieweit diese Kirchenkritik gerecht sei. Entscheidend ist, in welchem Maße sich die Revision eigener früherer Positionen ankündigt. Nicht nur das »sentire cum ecclesia« der Erstlingsschrift, nicht nur die Nachfolge als entschlossene Kirchlichkeit ist problematisch geworden, sondern, viel grundlegender, die Frage nach der Selbstzwecklichkeit der Kirche ist in »Widerstand und Ergebung« noch einmal eröffnet. Die These, daß die Kirche in ihrer Sichtbarkeit nicht nur Mittel zum Zweck, sondern selbst Zweck sei, hatte sich durch alle Positionen Bonhoeffers durchgehalten; in der Ethik in der dialektischen Form, daß nur die Kirche, die sich in Predigt, Ordnung und gemeinsamem Leben ganz und gar zum Werkzeug der Christusverkündigung an die Welt mache, in verborgener Weise selbst schon das Ziel der Wege Gottes sei. Nun aber heißt es in der Taufansprache für DWR: »Wir sind wieder ganz auf die Anfänge des Verstehens zurückgeworfen. Was Versöhnung und Erlösung, was Wiedergeburt und Heiliger Geist, was Feindesliebe, Kreuz und Auferstehung, was Leben in Christus und Nachfolge Christi heißt, das alles ist so schwer und so fern, daß wir es kaum mehr wagen, davon zu sprechen... Das ist unsere eigene Schuld. Unsere Kirche, die in diesen Jahren nur um ihre Selbsterhaltung gekämpft hat, als wäre sie ein Selbstzweck, ist unfähig, Träger des versöhnenden und erlösenden Wortes für die Menschen und für die Welt zu sein. Darum *müssen* die früheren Worte kraftlos werden und verstummen« (WE 206f).

Einst hatte Bonhoeffer die soziale Intention aller dogmatischen Grundbegriffe erkannt und nachzuweisen versucht, daß sie an der empirischen Kirche und ihrem Leben relevant werden. Und noch in der Ethik hatte er dem Gemeinwesen Kirche die Rolle der Bürgschaft für die Verkündigung zugewiesen (E 318ff). Eben in dieser Bürgschaftsrolle ist ihm die Kirche nun fraglich geworden. Von der sichtbaren Kirche her und auf die Kirche hin lassen sich die Schlüsselworte christlicher Überlieferung für die heutige Welt und die heutigen Menschen nicht mehr auslegen. Und angesichts dieser Kommunikationskrise, die für Bonhoeffer, wie Harbsmeier gezeigt hat[50], nicht zuerst eine hermeneutische Krise ist, sondern eine Krise des Kirche-Welt-Verhältnisses, ist eben erneut und in einem sehr grundlegenden Sinn die Frage zu stellen, mit der wir begannen: Was bedeutet Kirche, Gemeinde, Gottesdienst, Predigt, Liturgie in einer religionslosen Welt?

2. Bonhoeffer sucht nach einer Antwort auf diese Frage mit dem Satz: »Die Kirche ist nur Kirche, wenn sie für andere da ist« (WE 261). Er fährt fort: »Um einen Anfang zu machen, muß sie alles Eigentum den Notleidenden schenken. Die Pfarrer müssen aus-

schließlich von den freiwilligen Gaben der Gemeinden leben, evtl. einen weltlichen Beruf ausüben. Sie muß an den weltlichen Aufgaben des menschlichen Gemeinschaftslebens teilnehmen, nicht herrschend, sondern dienend ... nicht durch Begriffe, sondern durch ›Vorbild‹ bekommt ihr Wort Nachdruck und Kraft...« (WE 261f). Kaum eine Stelle in »Widerstand und Ergebung« ist bisher so wenig ernstgenommen worden wie diese. Zu naiv, zu wirklichkeitsfremd, zu schwärmerisch erschienen solche Vorschläge. Selbst Gerhard Ebeling überspielt den Anstoß in einer fast beiläufigen Weise: »Ausgezeichnet als Test, wie es mit der Kirche in Wahrheit bestellt ist, auch ohne daß dieses Experiment durchgeführt wird«![51] Bonhoeffer hat mit Gewißheit – im »Entwurf einer Arbeit«, immerhin einer ersten systematischen Zusammenfassung seiner Gedanken – mehr im Sinn gehabt als eine interessante Randbemerkung, ein Gedankenexperiment. Ihm ging es auch hier, gerade hier um die fundamentale Frage der Kommunikationsfähigkeit der Kirche in einer religionslosen Welt. Und seine Meinung ist, daß, lange vor allen Übersetzungsproblemen und ihrer möglichen Bewältigung, die Kommunikationsfähigkeit der Kirche sich *jenseits* ihrer selbst, *jenseits* ihrer Versammlungen, in ihrem Hinausgehen über sich selbst, mithin in ihrer Bereitschaft, sich in die Diaspora zu begeben, entscheidet. Denn dies scheint mir deutlich zu sein, auch wenn Bonhoeffer es nicht ausspricht, daß mit dem Stichwort »Teilnahme der Kirche an den weltlichen Aufgaben des Gemeinschaftslebens« nicht oder nicht zuerst die Kirche qua Versammlung, sondern eben die Kirche in ihren Gliedern, wie sie jenseits der Versammlungen am Leben der Gesellschaft teilhaben, gemeint ist. Und dies, meine ich, könnte der Punkt sein, an dem für Bonhoeffer sein eigenes Geschick nach dem Wendepunkt gleichsam ekklesiologische und praktisch-theologische Relevanz bekommt: Es wird ihm zunehmend klar, daß eben dieses Herausgesprengtsein aus allen religiösen und kirchlichen Bezügen im »Sein für andere« Kirche *ist*, denn Kirche ist ja die Weise, wie Christus in der Wirklichkeit dieser Welt Gestalt gewinnt. Christus aber *ist* der »Mensch für andere«, seine Bewegung der »Selbstpreisgabe für« bis zum Kreuz ist die Transzendenzerfahrung (WE 259f). Und darum gilt: »*Nicht* der religiöse Akt macht den Christen, sondern das Teilnehmen am Leiden Gottes im weltlichen Leben« (WE 244). Darf man diesen Satz auf die Frage nach der Kirche umformulieren und sagen: nicht der religiöse Akt, nicht also ihr religiöses Binnenleben macht die Kirche zur Kirche, sondern ihr »Sein für andere«? Dann hätte Bonhoeffer in dieser Sache eine Wendung um 180 Grad vollzogen. Denn einst hatte er gesagt: Das Fürsein der Kirche entscheidet sich in ihrem Kirchesein. Jetzt aber würde er sagen: Das Kirchesein der Kirche – und das heißt ihre Kommunikationsfähigkeit, die Relevanz ihrer Rede von Gott, ihrer Ordnung und ihres gemeinsamen Lebens – entscheidet sich in ihrem Fürsein für die Welt.

3. Eberhard Bethge stellte Bonhoeffer die naheliegende Frage, wo bei dem allen denn der »Raum« der Kirche bleibe, ob er nicht gänzlich verloren gehe (WE 221). Was bedeutet, fragte Bonhoeffer selbst, in der Religionslosigkeit der Kultus und das Gebet? (WE 180). Er hat diese Fragen nicht beantwortet. Auch der Abschnitt 2d im »Entwurf einer Arbeit« bleibt unausgeführt (WE 260). Eine spätere Darlegung zum Thema »Kultus und Religion« wird angekündigt. Sie ist nicht erfolgt. Die Frage ist, ob sie überhaupt erfolgen konnte? Wenn Bonhoeffers These die ist, daß über Sinn und Gestalt von Kirche, Gemeinde, Predigt, Liturgie etc. konkret erst da entschieden wird, wo die Kirche in ihren Gliedern dienend teilnimmt an den weltlichen Aufgaben des menschlichen Gemeinschaftslebens, wenn aber die Weise dieser Teilnahme noch strittig ist, weil das Verständnis dieser Welt, der »mündigen Welt« selbst strittig ist (und das zeigt sich doch daran, daß Bonhoeffer mit der Frage der »weltlichen Interpretation« nicht zurandekommt), dann muß die Frage nach dem Innenleben der Kirche vorerst offen bleiben, dann muß es zunächst bei dem Vorschlag der kirchlichen Selbstentäußerung bleiben, mit dem der »Entwurf einer Arbeit« abschließt[52].

Drei Stellen führen einen Schritt weiter. Die erste deutet an, daß in einer Welt, in der das ganze gesellschaftliche Leben im strengen Zeichen der Macht stehe, die *Kirche* möglicherweise der Schutzraum der ästhetischen Existenz, ein Spiel- und Übungsraum der

Freiheit, konkret der Kunst, der Bildung, der Freundschaft, des Spielens werden könne (WE 136). Hier erscheint aber die Kirche wieder in diakonischer Funktion, und über den Sinn und die Gestalt ihrer Versammlungen, ihrer Gottesdienste ist damit noch nichts gesagt. An zwei anderen Stellen erscheint das Stichwort »Arkandisziplin« (WE 180, 184), der Raum der Kirche als Raum der Arkandisziplin. Aber was heißt das? Gisela Meuss hat versucht, diesen Begriff aus den früheren Schriften Bonhoeffers zu deuten. Sie kommt zu einem möglichen Ergebnis, aber dieses Ergebnis unterliegt eben derselben Problematik wie viele andere Bonhoefferinterpretationen, die versuchen, die Briefe in das frühere Opus zurückzunehmen und darum schon methodisch die Frage, wieweit Bonhoeffer in den Briefen an sich selbst Korrektur übt, über sich selbst hinausgeht, nicht beantworten können. So können die Stellen für unsern Fragezusammenhang nur in ihrem Eigengewicht in Frage kommen. Sie zeigen »Arkandisziplin« als Schutzfunktion und zwar in doppelter Weise. An der einen Stelle geht es um die Frage: »wie sind wir religionslos-weltlich Christen, wie sind wir ek-klesia, Herausgerufene, ohne uns religiös als Bevorzugte zu verstehen, sondern vielmehr als ganz zur Welt Gehörige?« (WE 180). Christliche Versammlung in Arkandisziplin wäre danach eine Versammlung, die nach Form und Inhalt verhindert, daß der Christ sich mit ihrer Hilfe von seiner Weltzugehörigkeit entlastet, die ihn vielmehr gerade in diese seine Weltzugehörigkeit einweist und in ihr trägt, eine Versammlung, die ebenso sehr darauf ausgerichtet ist, daß die Ekklesia gerade in ihrem Ausgestreutsein Ekklesia bleibt, wie darauf, daß die Ausgestreuten ihre Weltzugehörigkeit nicht an eine Kirchlichkeit, die sich selbst zum Zweck macht, verraten. Die andere Stelle erscheint im Zusammenhang der Kritik am Offenbarungspositivismus des »Friß, Vogel, oder stirb!« Da heißt es: »Es gibt Stufen der Erkenntnis und Stufen der Bedeutsamkeit; d. h. es muß eine Arkandisziplin wiederhergestellt werden, durch die die *Geheimnisse* des christlichen Glaubens vor Profanierung geschützt werden. Der Offenbarungspositivismus macht es sich zu leicht, indem er letztlich ein Gesetz des Glaubens aufrichtet. An der Stelle der Religion steht nun die Kirche, aber die Welt ist gewissermaßen auf sich selbst gestellt und sich selbst überlassen« (WE 184f). Hier hat, so dunkel die Stelle ist, Arkandisziplin offenbar u. a. die Funktion, die Welt gegen eine Kirche in Schutz zu nehmen, die sich selbst zum Gesetz macht. Kommunikation des Evangeliums in der religionslosen Welt kann offenbar nicht heißen, unterschiedslos und pauschal das »sentire cum ecclesia« und die Eingliederung in die Kirche zu fordern. Anders ausgedrückt: das Wort Gottes als Evangelium und Gebot darf nicht einfach an der Kirche in ihrer Kirchlichkeit und auf die Kirche hin ausgelegt werden. Hier gibt es Stufen der Kommunikation, die gewahrt bleiben müssen, soll nicht die Welt, vor das Entweder-Oder der zu sich selbst rufenden Kirche gestellt und dadurch überfordert, im Stich gelassen werden.

Aber das sind nur Andeutungen. Letztlich bleibt die Frage nach dem »Raum« der Kirche, nach der Relevanz von Kirche, Gottesdienst, Predigt, Liturgie in der gegenwärtigen Welt ungelöst[53]. Und eben dies ist von Gewicht. Denn Bonhoeffer hat in mehreren Ansätzen versucht, diese Frage denkend und gestaltend zu bewältigen, und eine ganze Reihe von Antworten faktisch hinter sich gelassen. Nur soviel ist klar: Das Kirchesein der Kirche entscheidet sich in ihrem Fürsein für die Welt. Bonhoeffer bleibt dabei, daß alle dogmatischen Grundbegriffe, daß alle Schlüsselworte der Verkündigung soziale Intention haben und nur im Hinblick auf ein soziales Geschehen in der Wirklichkeit dieser Welt Relevanz haben. Aber – das ist seine letzte Erkenntnis – dieses soziale Geschehen ist nicht die Kirche in ihrem Eigenleben, nicht die Kirche in ihrem Bei-sich-selbst-Sein, sondern die Kirche in ihrem Sein-für-andere. Was dieses Sein-für-andere konkret bedeutet, wie sich daher die Grundworte der christlichen Verkündigung an der Wirklichkeit auslegen und wie die Kirche aussieht, die dieser Verkündigung dient, hat Bonhoeffer nur in Andeutungen sagen können. Es gibt aber eine Auslegung, die, wie ich meine, mit aller wünschenswerten Klarheit zeigt, worauf er hinauswollte: seine eigene Existenz, sein Weg.

Anmerkungen

[1] »Widerstand und Ergebung« (WE), München 1955, 180.

[2] »Sactorum Communio« (SC), Theol. Bücherei, Bd. 3, München 1969[4]: Bonhoeffers Dissertation.

[3] »Gemeinsames Leben«, München 1939[16].

[4] »Ethik« (E), posth., München 1949.

[5] *H. Chr. v. Hase*, »Begriff und Wirklichkeit der Kirche in der Theologie Dietrich Bonhoeffers«, in: Die mündige Welt, Bd. I, 3. Aufl., München 1959, 27.

[6] Vgl. *W. Köhler*, Ernst Troeltsch, 1941, zit. nach *M. Honecker*, Kirche als Gestalt und Ereignis, München 1963, 31.

[7] Vgl. *Honecker*, aaO, 36.

[8] AaO, 50.

[9] AaO, 46.

[10] Troeltsch zitiert R. Rothe, vgl. *Honecker*, aaO, 47.

[11] *Fr. Gogarten*, »Zwischen den Zeiten«, jetzt in Theol. Bücherei, Bd. 17, München 1963, 97.

[12] *K. Barth*, Das Wort Gottes und die Theologie, München 1929, 158.

[13] Ebd.

[14] So der Untertitel.

[15] »Echte Liebe zur Kirche wird ihre Unreinheit und Unvollkommenheit mittragen und mitlieben; denn diese empirische Kirche ist es ja, in deren Schoß das Heiligtum Gottes, seine Gemeinde wächst.« SC 165.

[16] »Der Begriff der Kirche ist nur denkbar in der Sphäre der gottgesetzten Realität, d. h. er ist nicht deduzierbar. Die Realität der Kirche ist eine Offenbarungsrealität, zu deren Wesen es gehört, entweder geglaubt oder geleugnet zu werden« (SC 85).

[17] SC 218; vgl. zur Formel »Christus als Gemeinde existierend« auch SC 92; 145 u. ö.

[18] SC 16–34, vgl. bes. 32/33.

[19] SC 96; vgl. auch SC 103 u. ö.

[20] Das Ich empfängt sich als Person in der Begegnung mit dem Du, weil im Du des andern das Du Gottes begegnet, je und je das Ich am Du erschaffend; Personalität, Sozialität und Gottesgemeinschaft verwirklichen sich ineinander, sind drei Aspekte desselben Vorgangs, der Menschwerdung des Menschen; vgl. SC 32f; 37 u. ö.

[21] Vgl. SC 132; siehe auch etwa 136.

[22] Vgl. *Tönnies* »Gemeinschaft und Gesellschaft«, 1. Aufl. 1886.

[23] Vgl. SC 49, Anm. 2 und 64–71; 77–80.

[24] SC 163ff, vor allem SC 186; vgl. hierzu und zum Folgenden u. a. *T. Rendtorff*, »Die soziale Struktur der Gemeinde«, Hamburg 1958.

[25] »Akt und Sein«, Bonhoeffers Habilitationsschrift, jetzt Theol. Bücherei Bd. 5, München 1976[4].

[26] Vgl. Gesammelte Schriften (GS) Bd. I, München 1978[3], 17–65.

[27] In Bonhoeffers Vortrag »Zur theologischen Begründung der Weltbundarbeit« auf der Jugendfriedenskonferenz in Ciernohorské Kúpele 1932, vgl. GS I, 154.
[28] Nachfolge (N), München 1976[11].
[29] Bonhoeffer gebraucht dieses Bild selbst, N 191.
[30] »Die Christen sind in der Welt... Sie tun weltliche Dinge. Sie heiraten, aber ihre Ehe wird anders aussehen als die Ehe der Welt... Sie wird ein Gleichnis sein der entsagenden Liebe Christi zu seiner Gemeinde. Ja, ihre Ehe wird ein Teil des Leibes Christi sein. Sie wird Kirche sein.« Vgl. N 190.
[31] *H. Müller*, Von der Kirche zur Welt, Leipzig und Hamburg 1961.
[32] »Widerstand und Ergebung« (WE), München 1955, 220.
[33] Ethik (E), München 1975[8].
[34] Als er 1941, in der Zeit der ersten großen Siege Hitlers in Rußland, nach Genf kommt, erklärt er Visser t'Hooft: »Nun ist es aus, nicht wahr?« Visser t'Hooft ist bestürzt: begrüßt B. ihn mit der Ankündigung eines deutschen Sieges? Aber B. fährt fort: »Ich meine, daß wir beim Anfang vom Ende stehen. Denn da kommt Hitler niemals mehr heraus.« Vgl. *E. Bethge*, Aus Bonhoeffers konspirativen Reisen, in: Die mündige Welt IV, München 1963, 110.
[35] AaO, 120.
[36] E. Bethge in seinem Vorwort zur »Ethik«, E 12.
[37] E 94ff, vgl. zum Begriff der Gestalt auch E 85ff.
[38] E 112, vgl. zum Folgenden E 112–116.
[39] E 115/116, vgl. dazu WE 258/259.
[40] »Allein in der göttlichen Rechtfertigung der Kirche, die diese in das volle Schuldbekenntnis, in die Kreuzesgestalt hineinführt, liegt die Rechtfertigung des von Christus abgefallenen Abendlandes. Allein in der göttlichen Erneuerung der Kirche, die diese in die Gemeinschaft des auferstandenen und lebendigen Jesus Christus führt, liegt die Erneuerung des Abendlandes.« E 124.
[41] E 209, vgl. zum Folgenden den Abschnitt 208–220.
[42] Bonhoeffer bestimmt die Reihe der Mandate in der »Ethik« an zwei Stellen unterschiedlich. Im Denkzusammenhang »Christus, die Wirklichkeit und das Gute« spricht er von »Arbeit, Ehe, Obrigkeit und Kirche«, E 220ff. Bei der Frage nach dem »konkreten Gebot« unterscheidet er »Kirche, Ehe und Familie, Kultur und Obrigkeit«, E 303. Die zweite Reihe ist umfassender und elastischer. Bedeutsamer ist der Unterschied der Reihenfolge.
[43] »Predigt ist gottverordnete Tätigkeit der Gemeinde für die Gemeinde«, SC 170; vgl. auch SC 174ff.
[44] Vgl. hierzu E 318ff.
[45] Die Funktion des Gemeinwesens Kirche und seiner Gestalt im Zusammenhang des Verkündigungsmandats ließe sich vielleicht mit dem außerordentlich fruchtbaren Stichwort »Wegbereitung« beschreiben, das B. in anderem Zusammenhang – bei der Frage nach der Beziehung von »Letztem« und »Vorletztem« – verwendet. B. selbst hat diese Brücke nicht geschlagen, aber seine Ausführungen zu dem Problem, welche »äußeren Voraussetzungen« erfüllt sein müssen, damit der Ruf zur Predigt gehört

werden kann, legen die Verbindung der Gedankengänge nahe, vgl. dazu E 142–152, bes. E 148f.

[46] »Widerstand und Ergebung« (WE), München 1955.

[47] WE 173; im darauffolgenden Brief vom 22. 4. 44: »Alles erscheint mir zwangsläufig, notwendig, geradlinig, von höherer Führung bestimmt«, WE 175.

[48] WE 244; 245; 247 u. ö.

[49] WE 142, vgl. dazu aber den Brief vom 14. 8. 44, WE 263.

[50] *G. Harbsmeier*, Die »nichtreligiöse Interpretation biblischer Begriffe« und die Entmythologisierung, in: Die mündige Welt II, 74–91.

[51] In: »Die nichtreligiöse Interpretation biblischer Begriffe«, Die mündige Welt II, 36.

[52] In der Taufansprache für D. W. R. steht die unüberhörbare und immer noch aktuelle Warnung: »... unser Christsein wird heute nur in zweierlei bestehen: im Beten und im Tun des Gerechten unter den Menschen. Alles Denken, Reden und Organisieren in den Dingen des Christentums muß neugeboren werden aus diesem Beten und aus diesem Tun. Bis du groß bist, wird sich die Gestalt der Kirche sehr verändert haben. Die Umschmelzung ist noch nicht zu Ende, und jeder Versuch, ihr vorzeitig zu neuer organisatorischer Machtentfaltung zu verhelfen, wird nur eine Verzögerung ihrer Umkehr und Läuterung sein«, WE 207.

[53] So strittig und rätselhaft der Begriff und die Forderung der »nichtreligiösen Interpretation biblischer Begriffe« vorläufig bleiben wird, dies scheint gewiß: gemeint ist auf jeden Fall eine »nichtekklesiozentrische« Auslegung, eine Auslegung, die nicht oder jedenfalls nicht in erster Linie auf den »Raum«, auf das religiöse Binnenleben der Kirche hin, sondern auf das »Sein-für-andere«, auf den »vernünftigen Gottesdienst« der Christen jenseits organisierbarer Kirchlichkeit hin geschieht, vgl. dazu WE 206–208.

2. Aus der »Bilanz 65«

Vorbemerkung: Ernst Lange und das Experiment »Ladenkirche«

Zwanzig Jahre nach Gründung der Ladenkirche am Brunsbütteler Damm 17 in Berlin-Spandau wird dort kaum von dem Mann geredet, der das ganze Experiment geplant und in Gang gebracht hat. Mitarbeiter, die ihn noch gut genug kennen, denken wohl auch an seine Empfindlichkeit gegen Symbole und Symbolfiguren. Im weiten Kreis derer, die Ernst Lange wichtige Anstöße verdanken, ist vermutlich ein Prozeß gelaufen, der schon vor Jahren eine Formel gefunden hat: »Wir wollen keine Ernst-Lange-Gedächtnis-Gemeinde sein.«

Um so erstaunlicher ist die Beobachtung, daß viele Versuche, die zu Anfang der 60er Jahre nicht gelungen sind, heute auf eine Weise verwirklicht werden, die sehr stark den Entwürfen von Ernst Lange entspricht. Bei Beginn seiner Gemeindearbeit stellte er sieben Leitsätze zur Diskussion, die später in der »Bilanz 65« wieder auftauchten und eine Kontrolle des bisherigen Weges ermöglichten:

1. Wir wollen mit unserem Gottesdienst weg von der »Kultfeier« und hin zur lebendigen Gemeindeversammlung im Sinne von Mt 18,20: »Wo zwei oder drei versammelt sind in meinem Namen, da bin ich mitten unter ihnen.«

2. Wir wollen weg vom anonymen »Kirchenbesuch« und hin zum gemeinsamen Leben in der Gegenwart des Herrn.

3. Wir wollen weg von der aufgeregten Betriebsamkeit perfekter Gemeindeprogramme und hinein in den Spielraum bei Gott und den Brüdern.

4. Wir wollen weg von der Almosenfrömmigkeit und hin zum nachbarschaftlichen Dienst.

5. Wir wollen weg von der »Rednerpult-Mission« und hin zur stetigen Verantwortung unseres Glaubens vor den Gefährten unseres Alltags.

6. Wir wollen weg von der »Verschulung des Glaubens« und hin zu einer gegenseitigen Einübung im Glauben.

7. Wir wollen weg vom Konsumchristentum und hin zur christlichen Haushalterschaft, die für Gott verfügbar ist mit allem, was sie hat.

Unsere gemeinsame Mühe, die Predigt in einen Dialog zu überführen, hatte nur ganz selten Erfolg. Das nie erreichte Ziel war die Kommunikation der Gemeinde im Gottesdienst. Der Prediger sollte nur Hilfen geben und dann Moderator sein für das Gespräch der Gemeinde. Genau diese Form des Gottesdienstes ist heute in der Ladenkirche möglich; selten genug und oft recht unbeholfen, aber doch so, wie Lange sie sich gewünscht hat.

Die Gemeinde sollte ihren kirchlichen Dienst nicht in besonderen Räumen und zu heiligen Zeiten ableisten. Der Ernstfall des Glaubens ereignet sich draußen, im

Leben der Nachbarschaft und im Geschick unserer Stadt. Der Gemeindekirchenrat des Ladens gehört heute zu einer Bürgerinitiative, in der Angehörige der Gemeinde wichtige Beiträge leisten. Und was auf der Straße vorgeht, wird im Gottesdienst verhandelt.

Die Gemeinde betreibt einen »Dritte-Welt-Laden« und versucht, den ökumenischen Horizont zu gewinnen, ohne den Ernst Lange eine Christengemeinde immer für einen kirchlichen Ortsverein gehalten hat.

Besuchsweise hat Lange noch spärliche Anfänge dieser Entwicklungen kennengelernt, aber er hat nicht erleben können, daß seine Anregungen so lange und so praktisch wirksam sind.

Wir müssen also doch von diesem Mann reden, wenn wir die alltägliche Praxis der Gemeinde beschreiben und wenn wir nach der theologischen und pädagogischen Begründung dieser Praxis fragen.

Zu Pfingsten 1960 wurde der binnenkirchlichen Öffentlichkeit eine Gemeinde vorgestellt, die sich auf den ersten Blick nur durch die Anmietung eines Ladenlokals von anderen Kirchengemeinden unterschied. Alle übrigen »Neuerungen« hatten das Sieb der Stellenpläne und der Bewilligungsverfahren nicht passieren können. Es blieb auch keine Lücke, um später zu ergänzen, was auf Anhieb nicht zu erreichen war. – Uns dämmerte damals die Erkenntnis, daß wir die Kraft unserer eigenen Pläne und wohl auch die Verläßlichkeit kirchlicher Versprechungen erheblich überschätzt hatten.

Die Anfänge dieses Unternehmens reichen bis in die unmittelbare Nachkriegszeit hinein. Aber erst um die Mitte der 50er Jahre kam es zu konkreten Plänen: eine »evangelische Dienstgruppe« aus Angehörigen verschiedener Berufe sollte von einer gemeinsamen Wohnung aus im Bereich einer überschaubaren Nachbarschaft missionarisch wirksam werden. Die missionarische Wirkung sollte nicht in einem Programm deutlich werden, sondern durch Teilhabe der Dienstgruppe am Leben der Nachbarschaft.

Schon in der Planungsphase wechselte die Gruppe ihre Zusammensetzung und Größe, blieb aber darin immer gleich, daß Ernst Lange gewöhnlich die ersten Anstöße und die letzten Formulierungen einbrachte. Das führte sehr viel später dazu, daß alle Hoffnungen und Enttäuschungen nur zu leicht mit der Person des Vor-denkers verbunden wurden. Damals begann in der Gemeinde ein Lernvorgang, der auch heute noch weiter läuft: in Zustimmung und Widerstand verselbständigen sich immer mehr Mitarbeiter von den Theologen, und diese Verselbständigung lehrt wiederum die Pfarrer, den eigenen theologischen Beitrag der immer noch sogenannten Laien zu erkennen und anzunehmen.

Die »Bilanz 65« beschreibt die ersten wichtigen Schritte der Gemeinde in der Ladenkirche; zugleich gibt sie aber auch Einblick in Ernst Langes theologische Entwicklung. Was er bei der Predigt für notwendig hält, vollzieht sich auch im Leben mit der Gemeinde. Theologische Entwürfe und Vorstellungen werden immer wieder in die Gemeinde eingebracht und im Gespräch oder auch nur im Schweigen der Verweigerung geprüft und verändert. Was im Kopf und auf dem Papier stimmt, bricht sich an der alltäglichen Erfahrung von Christen, die in der Diaspora des Arbeitslebens wohnen. Was am Ende dieser Begegnung herauskommt, kann zu neuen theologischen Aussagen und Versuchen führen. In der »Bilanz 65« ist fast immer nur eine Seite dieses Prozesses beschrieben, die andere Seite kommt im Leben der Gemeinde zur Sprache und hat sich in den Berichtsteilen der Bilanz niedergeschlagen, die allerdings nicht von Ernst Lange allein geschrieben und verantwortet werden konnten. Notwendig wäre für uns heute eine neue Bilanzierung, bei der auch spätere Anregungen von Ernst Lange aufgenommen und weitergeführt werden müßten.

Alfred Butenuth

Versuch einer Bilanz

Zum 1. Februar 1960 wurde im Kirchenkreis Berlin-Spandau eine neue kreiskirchliche Pfarrstelle errichtet. Der von der Kirchenleitung und dem Kirchenkreis für diese Pfarrstelle formulierte Arbeitsauftrag war die »Erprobung neuer Formen der Gemeindearbeit«. Es war nicht ein »paragemeindliches« Experiment vorgesehen, sondern es sollte gehen um den Versuch einer die neue Lage der Kirche in der Industriegesellschaft berücksichtigenden Verflüssigung und Verwandlung der herkömmlichen parochialen Strukturen.

Dieser Auftrag und die daraufhin am Brunsbütteler Damm begonnene Gemeindearbeit gingen von einigen Voraussetzungen aus, die bedacht sein wollen, wenn man sich ein zutreffendes Urteil über den Verlauf des Experiments bilden will.

I. Die Voraussetzungen des Vorhabens

a) Das Experiment setzt voraus den Tatbestand eines außerordentlich weitreichenden Funktionsverlustes der traditionellen Ortsgemeinde und ihrer Wirkformen und der im wesentlichen ortsgemeindlich verfaßten evangelischen Kirche in der modernen Industriegesellschaft. Dieser Tatbestand und seine sozialgeschichtlichen Ursachen sind in den letzten zehn Jahren durch die Religions- und Kirchensoziologie so oft und so erhellend untersucht und beschrieben worden, daß er hier einfach vorausgesetzt werden kann. Es genügt, einige wichtige Konsequenzen für alle heutige ortsgemeindliche Arbeit zu nennen:

1. Die Ortsgemeinde und die ortsgemeindlich verfaßte Kirche haben keine selbstverständliche Präsenz mehr im Leben ihrer Glieder.

In der traditionellen Parochie als der uneingeschränkten Symbiose von Christengemeinde und Bürgergemeinde innerhalb eines geschlossenen kleingesellschaftlichen Lebenszusammenhanges (Dorf, Markt, Kleinstadt) spielt sich das gesamte bürgerliche Leben in seinen Aspekten (Familie und Sippe, Wirtschaft, kommunale Politik, Erziehung, kulturelles Leben etc.) buchstäblich im Schatten des Kirchturms ab. Es ist als bürgerliches Leben bereits gemeindliches Leben, es ist vom Gottesdienst der Kirche her eröffnet und auf den Gottesdienst der Kirche angewiesen und ausgerichtet. Die Kirche hat mit ihren Verheißungen und Ordnungen kraft der parochialen Symbiose eine Art Allgegenwart im Denken und Empfinden, im Zusammenleben und Zusammenarbeiten der Menschen, die ihr angehören.

Heute spielt sich das bürgerliche Leben in der Mehrzahl seiner Funktionen völlig außerhalb der Reichweite der Kirchengemeinde ab, und zwar sowohl räumlich als auch vor allem sachlich, seiner ganzen Funktions- und Organisationsweise nach: die Organisationen der Wirtschaft, die Institutionen des politischen Lebens und der Erziehung und die Verbände und Vereine des Freizeitraumes sind zweckrational aufgebaut und wurzeln nur noch in einer sehr vermittelten, für den einzelnen kaum wahrnehmbaren Weise in der christlichen Tradition. Eine Präsenz der ortsgemeindlich verfaßten Kirche in diesen wesentlichen Lebensbereichen ist nicht nur nicht mehr gegeben, sondern auch grundsätzlich nicht mehr denkbar, es sei denn in der Gestalt des Glaubensgehorsams einzelner Christen und ihrer möglichen Zusammenschlüsse jenseits des parochialen Rahmens.

Präsent, erreichbar, sichtbar, erfahrbar ist die ortsgemeindlich verfaßte Kirche nur noch in der Wohnwelt des Menschen, da wo er sein Heim hat, seine Ehe führt, seine Kinder erzieht, wo er Nachbarschaft übt, konsumiert und mindestens noch einen Teil seiner freien Zeit verbringt. Auch diese eingeschränkte Präsenz ist ja im Grunde nur der *Möglichkeit* nach gegeben. Denn in der parzellierten Existenz des Menschen von heute bedeutet rein räumliche Nähe keineswegs von vornherein die Chance der Begegnung. Erst ein wie auch immer geartetes *Bedürfnis* der Menschen (sei es ein im engeren Sinn religiöses, sei es ein Angewiesensein auf Lebenshilfe in Krankheit, Ehe, Erziehung etc.) und ein aus diesem Bedürfnis geborener Entschluß macht aus der rein räumlich noch gegebenen Nähe der örtlichen Gemeinde zur

Wohnwelt des Menschen eine wirkliche Begegnungs- und Kommunikationschance.

2. Dem Verlust an Präsenz entspricht ein Verlust an Kompetenz, an Zuständigkeit. In der traditionellen Parochie ist die Situation, die die Predigt des Evangeliums herausfordert, dem Pfarrer, dem Prediger, dem Seelsorger bis in alle Einzelheiten vertraut. Das gilt für die Situation der Familien, der Häuser, des Gemeinwesens, das gilt auch für die »geistige Situation«, für den ganzen Horizont des Denkens und Empfindens, der Welterfahrung und der Weltbewältigung. Der Pfarrer ist von Amts wegen und der Sache nach umfassend zuständig: die Ordnungen, in die er einweist und auf die hin er die Verheißung des Evangeliums geltend macht, sind immer schon von der Kirche mit entworfen worden und von Kirche und Gesellschaft gemeinsam verantwortet.

Für die ortsgemeindlich verfaßte Kirche *heute* ist die Lebenssituation der Mehrzahl der Menschen, die ihr um der volkskirchlichen Taufe willen angehören, eine terra icognita, und das gilt wiederum in einem äußeren und in einem inneren Sinn: nicht nur lebt jeder einzelne Mensch, jede einzelne Familie, jede einzelne Gruppe in einer mit anderen in wesentlichen Punkten nicht vergleichbaren (beruflichen, wirtschaftlichen, familiären) Situation, auch das Denken und Empfinden, die Welterfahrung und die Weltbewältigung der modernen parzellierten Existenz sind für die »Funktionäre« der Kirche, die ihr Dasein in der relativ einheitlichen Welt der kirchlichen Binnenzone verbringen, zunehmend unbekannt.

Predigt ist aber *bezeugende* Interpretation der biblischen Überlieferung. Das heißt, die Predigt kann, wenn sie ihrem Auftrag entsprechen will, sich nicht darauf beschränken, zu sagen, was *da steht*. Sondern sie kann das, was da steht – das liegt schon in der Struktur und der Intention der Texte selbst –, nur sachgerecht interpretieren, wenn sie zugleich sagen kann, wie es jetzt und hier angeht, was es jetzt und hier eigentlich bedeutet. Nur wenn sie bezeugen kann, wie das in der Überlieferung Bezeugte die gegenwärtige Situation des Hörers trifft und klärt und verändert, redet sie textgerecht und redet sie verständlich, und nur dann hat ihr Reden Verheißung.

Das heißt aber, daß die Unkenntnis der Situation der Hörer, die sich aus der exzentrischen Lage der ortsgemeindlich verfaßten Kirche in der heutigen Gesellschaft ergibt, die Kirche zunächst einmal unzuständig und sprachlos macht. Sie *kann* nur reden, wie sie reden soll, *wenn sie zunächst mit sich reden läßt.* Sie muß sich im eigentlichen Sinn des Wortes herausfordern, heraus-fordern, in die ihr unbekannten Lebenssituationen der Hörer einberufen, über sie informieren und hinsichtlich der Relevanz ihrer Botschaft für diese Situation befragen lassen, wenn sie das notwendige Wort finden soll, in dem Verheißung durchbricht. Voraussetzung auftragsgemäßen Redens für die Kirche ist mithin ein immer neu zu vollziehender Akt bewußter Partizipation am Dasein der Hörer.

3. Mangel an Präsenz und Zuständigkeit bedeutet Mangel an Halte- und Bindekraft im innergemeindlichen Leben. Erst das *Bedürfnis* eröffnet der Kirche die Chance der Begegnung. Erst die Provokation, die Einberufung in ihr fremde Situationen eröffnet ihr die Chance sachgerechten und also verheißungsvollen Redens. Wo sie dem Bedürfnis nicht entspricht und nicht eingeht auf die Situationen, in die Situationen, die die Predigt herausfordern, da wird sich in ihrem inneren Leben ständig die Gefahr der qualitativen und quantitativen Auszehrung zeigen, da wird sie nur noch ganz bestimmte Menschengruppen (nämlich die, deren Bedürfnis sie mit ihren traditionellen Lebensformen noch entspricht, weil es eben selbst noch ein traditionelles Bedürfnis ist) in ihren Gottesdiensten und Gemeindekreisen auf die Dauer beheimaten können. Die entscheidende Erkenntnis ist die, daß die Ortsgemeinde in ihren traditionellen Wirkformen dem Bedürfnis der Mehrheit der Menschen von heute nicht nur nicht mehr entspricht, sondern nicht mehr entsprechen *kann;* daß sie die Partizipation am Leben der Hörer, die die Voraussetzung verheißungsvollen Redens ist, nicht nur nicht mehr leistet, sondern nicht mehr leisten *kann.* In diesem »nicht können« meldet sich die strukturelle Problematik. Es ist kein Mangel an Phantasie und kein Mangel an gutem Willen, wenn soviele Gemeindepfarrer und Gemeindekerne angesichts des erwähnten Auszehrungsprozesses trotz vieler guter Ansätze rasch müde werden. Vielmehr entsprechen die parochialen Wirkformen

der Bedürfnislage als *solcher* nicht mehr. Es ist ein Wandel in den Strukturen der Kirche selbst, daß heißt im Grundansatz und in der Gestalt ihres Wirkens in der Gesellschaft und damit im Schema ihrer Organisations-, Lebens- und Arbeitsformen erforderlich. Und dieser Wandel ist – wenn man bedenkt, wie die Kirche sich in Kirchentagen, Akademien, im Bereich der öffentlichen Meinung, der großen gesellschaftlichen Verbände etc. auf »neue Öffentlichkeit« einzustellen beginnt – längst im Gang, er wird nur in seiner kategorialen Bedeutung auch für die traditionelle Grundgestalt der Kirche in der Ortsgemeinde noch nicht ernst genommen.

b) Das Experiment am Brunsbütteler Damm setzt, im unmittelbaren Zusammenhang der Erkenntnis des Funktionsverlustes, ferner die Einsicht voraus, daß es schlechterdings keine Monopolstellung der Ortsgemeinde in der Kirche mehr geben kann. Die Pluralität der gesellschaftlichen Herausforderungen der Predigt erzwingt eine Multiformität kirchlicher Reaktionen und Gestaltungen. Geht es um Präsenz und Kompetenz als unabdingbare Voraussetzung verheißungsvoller Kommunikation, dann gibt es heute weite Bereiche gesellschaftlichen Lebens, die von der Gemeinde am Wohnort in keiner Form mehr wahrgenommen werden können. Geht es um das Aufsuchen der Menschen in der jeweils konkreten Anfechtung ihres Glaubens, dann muß die Kirche sich im Hinblick auf den Bereich der industriellen Arbeit, des kulturellen Lebens und der Erziehung, der kommunalen, nationalen und übernationalen Politik, der öffentlichen Meinung und der Freizeitgestaltung in einer Weise äußern und formieren, die der nicht mehr lokalen, ja zu einem großen Teil überhaupt nicht mehr territorial faßbaren Struktur und Organisationsweise des gesellschaftlichen Lebens in diesen Bereichen entspricht. Die Kirche am Wohnort kann nicht nur nicht an ihrem – ohnehin nur angemaßten – Erstgeburtsrecht festhalten, sie muß vielmehr der Tatsache Rechnung tragen, daß sie nur noch in Koordination und Kooperation mit solchen nichtparochialen Wirkformen der Kirche überhaupt arbeiten kann. Denn *keine* der Lebensfunktionen der Menschen von heute (und das heißt, der Begegnungschancen der Kirche mit ihnen) ist lokal in dem Sinn, in dem früher des Menschen Leben lokal gebunden war: auch die Erziehung der Kinder, auch das nachbarschaftliche Leben, auch der Konsum und die Freizeitgestaltung reichen weit über die umschreibbare Wohnwelt hinaus, so gewiß diese Funktionen dort ihr Schwergewicht haben. Selbst im Bereich der Erziehung, z. B., muß die Kirche also immer zugleich lokal und übergemeindlich reagieren, was bekanntlich zu kaum lösbaren Koordinationsproblemen der Kirche am Wohnort mit der Kirche in der Schule führt.

c) Das Experiment am Brunsbütteler Damm setzt weiter voraus, daß im Spektrum dieser multiformen Antwort der Kirche auf die gesellschaftlichen Herausforderungen auch weiterhin das kontinuierliche Gemeindeleben in der Wohnwelt eine wesentliche Bedeutung und eine Schlüsselfunktion haben wird.

Denn das »Zuhause« – mit allem, was dieses Bildwort umschließt – hat in den komplizierten und zum großen Teil versachlichten Lebensverhältnissen des modernen Menschen nach wie vor ein entscheidendes Gewicht. Es ist zum Beispiel eine gefährliche Illusion zu meinen, im Leben eines Industriearbeiters sei der »Betrieb« das zentrale Erlebnisfeld und das zentrale Problem, so daß er sich selbst von daher verstehe und also auch durch die Kirche von daher verstanden werden müsse. Der Betrieb ist zwar der Ort des Lebensunterhalts, das *Leben* aber ist jenseits dieser Zone und jenseits ihrer sind auch seine entscheidenden Bedrohungen. Das gilt um so mehr, je befriedigender die dringendsten Probleme der industriellen Arbeit (Vollbeschäftigung, progressive Verkürzung der Arbeitszeit und Erweiterung der Freizeit, Aufwertung des sozialen Status der Arbeitnehmer) gelöst sind. Wie gewichtig das Leben »zu Hause« demgegenüber ist, dafür gibt es mancherlei Indizien und handfeste Beweise, nicht zuletzt die von vielen Sozialpsychologen konstatierte, immer weiter um sich greifende Ideologie, ja geradezu Ersatzreligion des Familismus.

Die *Wohnwelt* ist der Ort des vermutlich prekärsten und riskantesten Lebensauftrags, den es für den Menschen von heute gibt: die *Ehe*.

Die *Wohnwelt* ist der Ort der Kindererziehung, sie ist es nach wie vor mit einer gewissen Ausschließlichkeit gerade in der Phase der ersten Jahre im Leben eines Kindes, die für die Ausbildung seiner Persönlichkeitsstruktur entscheidend sind.

Die *Wohnwelt,* freilich nun erweitert um den schwer greifbaren Bereich der »Straße«, ist weithin noch der Ort der Adoleszenz, der zweiten lebensentscheidenden Phase im Leben eines Heranwachsenden (Wölber: Gründerzeit des Lebens). Die *Wohnwelt* ist der Bereich, in dem das immer gefährlicher anwachsende Problem der funktionslos gewordenen alten Leute seine eigentliche Lösung finden muß. So gewiß die öffentliche Hand hier den Rahmen jeder möglichen Lösung schaffen muß, so gewiß ist das eigentliche Defizit im Leben der Alten, der Mangel an Gebraucht- und Geliebtwerden, nicht institutionell, sondern nur personal, in unmittelbarer Verantwortung von Mensch zu Mensch abzudecken.

Die *Wohnwelt* ist der Bereich, in dem nach wie vor ein großer Teil der freien Zeit verbracht wird. Hier vornehmlich wirken sich die Belastungen der Wohlstandsgesellschaft – Leere, Langeweile, Einsamkeit, Lebensüberdruß etc. – aus.

Ist für die Kirche die Bedürfnislage des Menschen (und der Begriff des Bedürfnisses, das nicht identisch ist mit subjektiver Erwartung, sondern eine objektive Notlage beschreibt, bedarf dringend einer theologischen und kirchlichen Aufwertung) von Belang, weil sie die Chance der Begegnung, des Dienstes und dann also auch der Kommunikation enthält, dann kann die weitergehende Notwendigkeit einer Gemeindearbeit in der Wohnwelt schlechterdings nicht strittig sein. Anders ausgedrückt: es gibt auch weiterhin, trotz der unbestreitbaren Flüssigkeit und Flüchtigkeit der Lebensverhältnisse in vielen Bereichen heutigen gesellschaftlichen Lebens, langfristige Probleme, Aufgaben und Beziehungen im Leben jedes Menschen. Sie konzentrieren sich nicht ausschließlich, aber vornehmlich in der Wohnwelt. Darum bleibt die Bezeugung der Christusverheißung in Koinonia, Diakonia und Martyria auch in diesen Lebensbereich hinein ein unabdingbarer Auftrag der Kirche.

d) Das Experiment am Brunsbütteler Damm setzt voraus, daß die Forderung der Multiformität nicht nur die Arbeit der Kirche im Ganzen, sondern auch im besonderen ihre Arbeit im Wohnbereich betrifft. Der Begriff »örtliche Gemeinde« beschreibt also nicht *eine*, einheitliche, pauschal in allen Situationen darzustellende und durchzusetzende Wirkform der Kirche, sondern ein ganzes Bündel möglicher Gestaltungen. Entscheidend für die Ausbildung dieser unterschiedlichen Formen örtlicher Gemeindearbeit ist wiederum die Situation, auf die die Kirche mit ihrem Gemeindeaufbau zu antworten versucht.

Nicht nur muß man weiterhin und noch sehr viel bewußter zwischen Landgemeinde, Vorortgemeinde, Siedlungsgemeinde, Citygemeinde etc. unterscheiden; nicht nur gilt es, den charakteristischen Unterschieden in der Altersstruktur und der Sozialstruktur eines Wohnbereiches Rechnung zu tragen, und zwar nicht ein für allemal, sondern der raschen Veränderung solcher Tatbestände entsprechend: alle diese Differenzierungen bezeichnen in der Tat wesentliche Bedürfnisunterschiede, deren Wahrnehmung sich bis in die Personal- und die Baupolitik einer Kirche auswirken wird. Es gibt jedoch sehr viel schwerer beschreibbare und doch nicht minder wichtige Bedingungen einer situationsgerechten Gemeindearbeit. Jede Gemeinde hat schließlich nicht nur ihre gegenwärtige Situation, sondern auch ihre eigene Herkunftsgeschichte aufzuarbeiten. Nirgends wird im Nullpunkt begonnen, selbst in neuentstehenden Siedlungen wird die Kirche alsbald mit den Niederschlägen ihrer eigenen Predigt von gestern und vorgestern in allen Stadien der Bewahrung und des Verfalls konfrontiert. Wieviel mehr gilt das von örtlichen Situationen, in denen solche radikalen baulichen und bevölkerungsmäßigen Neueinsätze nicht gegeben und auch nicht denkbar sind. Es gibt keine pauschale Verflüssigung der festgefahrenen Parochie. Sondern es gibt nur eine auf die einzelne Gemeinde, besser, auf eine bestimmte Konstellation von Gemeinden bezogene behutsame Neuorientierung, die nicht nur den Begabungen der »Funktionäre« und der versammelten Kerngemeinde, sondern auch der Gemeinde der Distanzierten Rechnung trägt. Und was hier zu geschehen hat, ist in seiner strukturellen Bedeutung oft zunächst gar nicht erkennbar. Es erscheint nicht als Neuorganisation, Neueinteilung, neue Aufgliederung, sondern es setzt viel früher ein: in einer neuen Ausbildung der Hauptamtlichen, in einer phantasievolleren Personalpolitik, in der Stiftung von Gespräch zwischen Amtsträgern, Gemeinden, Gemeindekreisen, zwischen der einzelnen Gemeinde und Instanzen ihrer Umwelt, in einer situationsgerechteren Wahrnehmung der Predigt, des Katechumenats etc.... Mannigfache Übergänge sind also, der Situation entsprechend, denkbar und nötig. Aber das Ziel ist freilich auch in diesen Übergängen eine »qualitative Veränderung«: die Gewinnung von je ihrem spezifischen Auftragsfeld gewachsenen und also durchaus unterschiedlich organisierten und in verschiedenen Wirkformen auftretenden örtlichen Gemeinden.

e) Damit ist aber im Grunde schon eine fünfte Voraussetzung genannt, die einzige, über die im Kreis derer, die über das Problem der kirchlichen Strukturen nachdenken und arbeiten, ein ernstlicher Streit ist. Das Experiment am Brunsbütteler Damm geht nämlich aus von der Hypothese, daß die einzelne örtliche Gemeinde im Rahmen der parochial verfaßten Kirche überhaupt noch in sich selbst handlungs- und wandlungsfähig sei.

Es gibt ernsthafte Gründe, das in Zweifel zu ziehen. Nicht nur wird immer wieder darauf hingewiesen, daß sich die Kerngemeinde ebenso wie die Gemeinde der Distanzierten (und diese noch leidenschaftlicher) gegen jede ernstliche Veränderung dessen, was sie als Kirche von jeher kennen und lieben, zur Wehr setzt. Es gibt gewichtigere Gründe.

Situationsgerechte Gemeindearbeit setzt zum Beispiel – jedenfalls auf die Dauer – mit Sicherheit eine völlige Neueinteilung der gemeindlichen Grenzen und wahrscheinlich auch der Grenzen der Kirchenkreise, Sprengel etc. voraus. Denn nur durch eine solche Neueinteilung und die ihr notwendig vorangehende Sichtung des Gebietes werden Situationen, auf die es sich einzustellen gilt, faßbar. Einer solchen Neueinteilung, die nur den äußerlichsten Aspekt des Problems bezeichnet, stehen aber nicht nur die Bauten der Kirche, und zwar die neuen wie die alten, im Weg. Auch eine sehr tief im Theologischen und Vortheologischen verwurzelte Auffassung von der unantastbaren Selbständigkeit der Gemeinde und ihres Amtes leistet Widerstand, die Grundordnungen eröffnen kaum eine Möglichkeit situationsgerechten Handelns dieser Art. Und dabei ist diese Neugliederung des Raumes nur eines von einer ganzen Fülle von Problemen, die alle auf die objektive Unbeweglichkeit und Unverwandelbarkeit der traditionellen Parochien zurückverweisen. Handlungs- und wandlungsfähig wären offenbar, strukturell gesehen, nicht einzelne Gemeinden, sondern nur ganze Gemeindeverbände, die sich gemeinsam in die Verantwortung für ein ganzes Gebiet teilen, in dem die Mehrzahl der Bürger nicht nur wohnen, sondern auch arbeiten, den Großteil ihrer kulturellen und Freizeitbedürfnisse befriedigen, ein Gebiet, das auch, was die kommunale Politik und die Verbände anlangt, als ein in sich geschlossenes Beziehungsfeld anzusprechen ist. Wenn sich die Gemeinden eines solchen Gebietes, in dem die Kirche also der Gesellschaft in ihrer Differenziertheit und in ihrer Einheit ernstlich konfrontiert ist, in dem der Mensch wirklich noch als Ganzes sichtbar, die Bedürfnislage als Ganze beantwortbar wäre, zusammentäten, auf *dieser* Ebene eine gemeinsame Strategie entwürfen, den Raum neu sichteten und gliederten, neue nichtparochiale Institutionen und Kooperationsformen entwickelten, dann könnten sie auch – und nur dann: so die Argumentation – zu einer situationsgerechten Beschreibung der Bereiche und der Funktionen neuzubildender Wohnortgemeinden kommen. Die Ebene der kirchlichen Handlungs- und Wandlungsfähigkeit liegt also eine ganze Stufe *über* der Parochie, im Kirchenkreis etwa, obwohl auch diese traditionelle Einteilung erheblicher Korrekturen bedürfte.

Mindestens was die gesellschaftlichen Verhältnisse anlangt, ist diese Argumentation durchaus schlüssig. Sofern aber daraus die Nutzlosigkeit jeden Neuansatzes im nun einmal gegebenen parochialen Rahmen erschlossen wird, sofern man meint, es gebe die notwendige Verwandlung der kirchlichen Wirkformen nur gleichsam an der Parochie vorbei, im grundlegenden Neuansatz, im Aufbau einer nicht mehr parochial verfaßten Kirche jenseits der traditionellen Kirche, denkt und handelt man in einem außerordentlich gefährlichen Maße wiederum situationslos. Es gibt keine solchen Nullpunktausbrüche, es gibt keinen Exodus aus der Geschichte. Das Problem der Verwandlung der kirchlichen Strukturen ist auf jeden Fall ein Problem des *Übergangs,* vieler verschiedener und verschieden weit reichender Übergänge, die das Erbe auf die neue Situation hin verflüssigen. Wer die Möglichkeit des Übergangs bestreitet, bestreitet die Möglichkeit der Erneuerung schlechthin. Wer die überkommene Ortsgemeinde für grundsätzlich handlungs- und wandlungsunfähig hält, hält die Kirche selbst für handlungs- und wandlungsunfähig und bestreitet damit seine eigene Voraussetzung. Denn die ortsgemeindlich verfaßte Kirche ist heute in einem ganz hohen, in einem fast ausschließlichen Sinn, die Kirche. Multiform muß angesetzt werden, das ist unbestreitbar. Aber einer der Bereiche, in dem der neue Ansatz gesucht und erprobt werden muß, *ist* die Parochie.

II. Leitvorstellungen

Abgesehen von diesen Grundvoraussetzungen hat das Unternehmen mit ganz wenigen Leitvorstellungen gearbeitet, die durchaus den Charakter von korrigierbaren Hypothesen hatten.

a) Verantwortliche Gemeinde

»Verantwortlichkeit« bezeichnet in dieser Leitvorstellung nicht so sehr und jedenfalls nicht in erster Linie die Mithilfe und die Mitverantwortung möglichst vieler Laien im kirchlichen Binnenraum. Das Konzept der in diesem Sinn »mitarbeitenden Gemeinde« kann ein gefährliches Mißverständnis sein, denn es lebt von der Vorstellung der Selbstzwecklichkeit des vereinskirchlichen Innenlebens, es appelliert an die Teilnahme-Frömmigkeit und ist in der Gefahr, die Funktion der Laien in der Gemeinde wiederum vom Pfarramt her, als »Arbeitsmannschaft des Pfarrers« zu definieren und radikal mißzuverstehen.

Die verantwortliche Gemeinde ist zunächst die Gemeinde, deren Glieder bereit und fähig sind zur »Verantwortung ihrer Hoffnung vor jedermann« (1. Petr 3,15), zur Bezeugung des Glaubens in Wort und Dienst. Der Ernstfall dieser Verantwortung, dieser Bezeugung und also des Glaubensgehorsams liegt aber heute eindeutig jenseits des organisierbaren kirchlichen Innenlebens im Beruf, im Konsum, im Familienbereich, im Freizeitbereich, in der Zone bürgerlicher Mitverantwortung. Dieser Ernstfall ist heute für die Mehrzahl der Menschen gekennzeichnet durch ein prinzipielles Auf-sich-selbst-Gestelltsein. Nicht nur ist der Christ hier ohne Gefährten im Glauben, die Entscheidungen seines Gehorsams können ihm auch prinzipiell nicht mehr in Regeln und Rezepten vorgegeben werden, weil das in ständigem raschem Wandel befindliche gesellschaftliche Leben von heute sich solchen Regeln und Rezepten nicht mehr fügt. So kommt es unvertretbar und Tag für Tag neu auf seine eigene Urteilsfähigkeit im Glauben und seine Bereitschaft an, sich seiner Umwelt in Liebe und Hoffnung anzunehmen, wie es jetzt und hier notwendig ist.

Verantwortliche Gemeinde ist die Gemeinde, deren Glieder der Diaspora des Glaubens gewachsen sind. Gemeindeaufbau mit dieser Leitvorstellung wird also das gesamte kirchliche Binnenleben dieser Diasporasituation des Glaubensgehorsams zuordnen und die Laien nicht *mehr*, als um der Ausbildung und der Beratung willen unbedingt notwendig, im kirchlichen Innenraum binden.

Der zweite Aspekt der Leitvorstellung »Verantwortliche Gemeinde« betrifft die Mitverantwortung der Laien für die innergemeindliche Kommunikation des Evangeliums in ihren verschiedenen Formen, von der Predigt bis zum Jugendkatechumenat und zur Seelsorge. Zu den Voraussetzungen jeder ortsgemeindlichen Arbeit heute gehört, wie schon ausgeführt, die Einsicht, daß die Kirche in ihrer Predigt an einem strukturell begründeten Mangel an Präsenz und Kompetenz im Leben der Hörer leidet und daß sie nur so zum notwendigen Wort kommt, daß sie sich zuvor in die Situationen, die die Predigt herausfordern, einberufen und einweisen läßt. Diese Einberufung und Einweisung ist die Verantwortung der Laien. Indem sie ihre Erfahrungen aus der Diaspora einbringen in das Gespräch um die Predigt, eröffnen sie das notwendige Wort. Gemeindearbeit, die mit dem Leitbild »verantwortliche Gemeinde« arbeitet, wird ihre Laien darum nicht als »Helfer« der Hauptamtlichen für das kirchliche Gruppenleben, sondern als Sachkundige der

Diaspora für das Gespräch um die Predigt im weitesten Sinn beanspruchen und ausbilden. Erst von der Verantwortung der Laien in der Diaspora und im Gespräch um die Predigt her wird sich ergeben, daß es in der Tat auch eine unentbehrliche Mitverantwortung der Laien im Gottesdienst, im Unterricht, in der Leitung und Verwaltung und in der Diaspora der versammelten Gemeinde gibt und worin sie besteht.

b) Funktionsgemeinschaft der Ämter

Die Einsichten, die zur Leitvorstellung der verantwortlichen Gemeinde führen, nötigen zu einer neuen Sicht der Rollen und Funktionen des Pfarramts und der anderen Gemeindeämter. Die erzwingen vor allem eine andere Beurteilung und Gestaltung des Verhältnisses von »Hauptamtlichen« und »Laien«.

Die traditionelle Polarität von Amt und Gemeinde beschreibt nur noch *eine* Phase des Gemeindegeschehens, die Phase der *Versammlung,* und selbst hier ist durch die Aufgliederung der Verantwortung in einer Mehrzahl von Ämtern und Diensten sie unsicher geworden.

Grundlegend ist die Erkenntnis, daß das Geschehen von Kirche heute klarer denn je (es hat den Tatbestand immer gegeben, er war aber in der parochialen Symbiose verdeckt) *zweiphasig* ist. Gemeinde versammelt sich und wird zerstreut, sie ist zugleich Ekklesia und Diaspora, und die beiden Phasen sind vielfältig aufeinander bezogen. Die Präsenz der Kirche in ihrer Umwelt, ihre Mission, ihre Diakonie und damit der Auftrag der Kirche überhaupt steht heute vor allem in der Diaspora auf dem Spiel, im Glaubensgehorsam der »Laien-«. Andererseits: dieser Glaubensgehorsam der Diaspora lebt ganz und gar von der verheißungsvollen Kommunikation der *versammelten* Gemeinde.

So ist das entscheidende Problem der Zuordnung in der Kirche heute – den gesellschaftlichen Verhältnissen entsprechend – nicht das Verhältnis von Amt und Gemeinde, sondern das Verhältnis der kirchlichen Innenfunktionen zu den Außenfunktionen. Zwischen ihnen besteht eine Beziehung wechselseitiger Abhängigkeit. Die Laien (die Träger der Außenfunktionen) sind in ihrem alltäglichen

Gottesdienst angewiesen auf den »Dienst am Wort« in der Versammlung. Aber ohne daß die Laien ihre Welterfahrung in das Gespräch um die Predigt einbringen, kann dieser Dienst am Wort nicht geschehen. In der Organistion der Gemeinde entspricht diesem Verhältnis gegenseitiger Abhängigkeit das Prinzip partnerschaftlicher Zusammenarbeit. Es gibt verschiedene Verantwortungsbereiche, aber es gibt nur eine gemeinsame Wahrnehmung der Verantwortung. Aktionsfähig wird die Gemeinde nicht durch autoritäre Entscheidung, sondern im Gespräch. An die Stelle der institutionellen Autorität tritt die funktionale, die abhängig ist von der jeweiligen Sachkenntnis. Dem entspricht im Dienst der Hauptamtlichen das *Gruppenamt.* Alle Glieder des Gruppenamts, Theologen und Nichttheologen, sind gleichberechtigt. Im einzelnen Fall entscheidet das bessere Argument und die größere sachliche Zuständigkeit.

Dem entspricht in der Gemeindeleitung der Gemeindeausschuß, in dem die Hauptamtlichen keine Möglichkeit haben, die Laien zu dominieren. Den Vorsitz führt ein Laie. Das Beschlußverfahren ist demokratisch.

Dem entspricht in der Vorbereitung und Durchführung von Programmen und Aktionen die Arbeit in Ausschüssen und Trägerkreisen. Die Teilnehmer an den einzelnen Unternehmungen sind an der Verantwortung beteiligt.

Dem entspricht schließlich im Verhältnis des aktiven Gemeindekerns zur Gesamtgemeinde die unablässige Sorge darum, daß die Grenzen zwischen den beiden Gruppen fließend bleiben. Die Gesamtgemeinde repräsentiert ein charismatisches Angebot. Sache des Gemeindekerns ist es, dieses Angebot zu nutzen und also unablässig sich selbst zu verjüngen, zu erweitern und zu entlasten.

Alle Aufträge in der Gemeinde sind befristet.

c) Selbstbegrenzung des gemeindlichen Binnenlebens

Das innergemeindliche Leben ist kein Selbstzweck, sein Zweck ist der Gottesdienst, vor allem der Gottesdienst in der Diaspora. Wie alle Intimgruppen, alle »Gemeinschaften«, ist aber mindestens der

Gemeindekern, die Gruppe der regelmäßig Teilnehmenden ständig in der Versuchung, sich selbst zum Zweck zu machen, das Erlebnis ihrer selbst zu kultivieren. Selbsterhaltung, Selbsterbauung, Selbsterweiterung werden immer mehr zur eigentlichen Intention des Zusammenseins, das innergemeindliche Leben, das Programm fängt an zu wuchern, und für die, die außerhalb der Gruppe sind, wird vorbehaltlose »Teilnahme« an diesem wuchernden Gemeinschaftsleben zur conditio sine qua non, wenn sie an der Kommunikation des Wortes Gottes teilhaben wollen. Dieser Gefährdung ihrer selbst hat die Gemeinde bewußt entgegenzuwirken. Sie hat nur so viel inneres Leben zu organisieren, nur so viel Programm zu machen, wie es um der innergemeindlichen Kommunikation des Evangeliums und um des Weltauftrags der Gemeinde, um ihrer Mission und Diakonie in der Umwelt willen unbedingt nötig ist.

An die Stelle des »Gemeindekreises« sollte daher, wo immer es möglich ist, die befristete Arbeits- oder Dienstgemeinschaft treten. Denn der Kreis erliegt erfahrungsgemäß der Versuchung, sich selbst zum Zweck zu werden oder dem Leiter zum Zweck zu werden, besonders leicht. Außerdem beruht die Arbeitsform des Gemeindekreises immer auf dem Gedanken einer Gruppierung Gleichartiger (der Männer, der Frauen, der Jugendlichen, der Ledigen, der Berufstätigen), was im Hinblick auf den biblischen Gemeinschaftsbegriff (Gal. 3,27) außerordentlich problematisch ist. Lediglich für eine bestimmte Altersgruppe in der Jugendarbeit und für die Altendiakonie ist der traditionelle Kreis möglicherweise eine unentbehrliche Arbeitsform. Außerdem sollte die Gemeinde streng darauf achten, daß sie in ihrer Programmgestaltung nicht der Gefahr der Verdoppelung oder der Konkurrenz des gesellschaftlichen Lebens in der Umwelt erliegt. Ist zum Beispiel im Bereich der Gemeinde eine kommunale oder von freien Wohlfahrtsverbänden getragene Altenarbeit, so müßte es das Bestreben der Gemeinde sein, diese benachbarte Unternehmung zu unterstützen und nicht zu verdoppeln. Ein Angebot der allgemeinen Freizeitgestaltung Sport etc. oder allgemeiner Erwachsenenbildungsarbeit sollte die Gemeinde nur da machen, wo sie »Lücken« im gesellschaftlichen

Leben der Umwelt entdeckt. Das liegt nicht nur im Interesse ihres eigenen Kräftehaushalts, sondern auch im Interesse ihres diakonischen und missionarischen Auftrags.

d) Weitgehende »Inkarnation« des Gemeindelebens in vorgegebenen Sozialbeziehungen

Das unter c) Ausgeführte steht in einer deutlichen Spannung zum biblischen Koinoniabegriff. Koinonia meint mehr als Arbeitsgemeinschaft, Funktionsgemeinschaft. Die Kommunikation des Evangeliums stiftet dauerhafte mitmenschliche Beziehungen, die mehr sind als ein Mittel zu gottesdienstlichen, diakonischen oder missionarischen Zwecken. Das ist – trotz aller Gefahren – das relative Recht der Gruppen und Kreise der traditionellen Freiwilligkeitsgemeinde innerhalb der Volkskirche und ihres Gemeinschaftswillens.

Das Medium dieser in der Kommunikation des Evangeliums gestifteten Gemeinschaft ist aber die gegenseitige Lebenshilfe im Alltäglichen. Verliert die Gemeinschaft der Christen diesen ihren Wirkraum im Alltag, dann wird sie leiblos und krank. Die Exzentrität des kirchlichen Binnenraumes gegenüber dem allgemeinen gesellschaftlichen Leben heute macht diese Gefahr der Leiblosigkeit akut. Jenseits der kirchlichen Zone wirken sich die dort gestifteten Gemeinschaftsbeziehungen kaum aus. Situationsgerechte Gemeindearbeit muß also darauf zielen, die vorgegebenen Sozialbeziehungen (Familie, Nachbarschaft, auch wo sie nicht mehr lokal ist, Freundschaft, die Gruppenbildungen der Jugendlichen auf der Straße, Vereinsleben etc.) möglichst stark zu berücksichtigen und als solche für das Gemeindeleben aufzuschließen. Die Nachbarschaft mehrerer Familien, der durch ein gemeinsames Interesse oder einen Auftrag zusammengehaltene Freundeskreis im Haus eines Gemeindegliedes, der förmliche Hauskreis, im Idealfall die Hausgemeinde, – das wären die Wirkformen solcher »inkarnierter Gemeindearbeit«. Solche Beziehungen werden zwar in der Regel über das Gemeindehaus gestiftet oder für das Gemeindeleben aufgeschlossen, sollten aber, je länger, je mehr, von dieser Vermittlung unabhängig werden. Die Gemeinde rückt aus dem Gemeindehaus vor in die Häuser der Gemeinde.

e) Einung des Unvereinten

Es wurde schon darauf hingewiesen, daß der traditionelle Gemeindekreis in der Regel Gleichaltrige verbindet. Im Extremfall findet »Interkommunion« zwischen diesen Kleingemeinschaften (etwa zwischen Junger Gemeinde und Erwachsenengemeinde in ihren verschiedenen Gliederungen) dann so gut wie gar nicht mehr statt. Nun besteht in der Gesamtkirche durchaus ein Bedarf für eine solche gruppenweise Zusammenarbeit solcher, die in gleichen oder ähnlichen Situationen leben. Denn solche Gruppen sind nötig, um die Übersetzung der Predigt als des »Wortes für alle« in die spezifische Lebenssituation zu leisten.

Aber der Ort dieses mutuum colloquium fratrum ist in der Regel heute nicht mehr die örtliche Gemeinde. Denn die örtliche Gemeinde vermag meist nicht genügend Leute zusammenzubringen, deren berufliche Situation so ähnlich ist, daß sie einander bei dieser Übersetzungsarbeit wirklich helfen können. Das vermag die Evangelische Akademie für die führenden Gruppen der Gesellschaft, das Sozialpfarramt etwa für die Industriearbeiter und die einzelnen Industriezweige sehr viel besser. Die Ebene für fruchtbare Beratungsarbeit dieser Art ist eine andere als die der Ortsgemeinde. In der örtlichen Gemeinde geht es nicht um diese Aufgliederung (oder doch nur in bestimmten Fällen, etwa der Jugendarbeit), sondern um Zusammenfügung. »Der Geist wirkt in den Fugen«. Indem die Ortsgemeinde Menschen verschiedener Generationen, verschiedenen Geschlechtes, verschiedener religiöser oder weltanschaulicher Tradition, verschiedenen Einkommens und verschiedener Bildung miteinander ins Spiel bringt, macht sie die bestehenden Spannungen fruchtbar und stiftet Versöhnung. Die gemeinsame Studienarbeit und der gemeinsame diakonische Auftrag erleichtern diesen Prozeß.

f) »Gestaffelte Kontakte« (Wölber)

Daß die Gemeinde in der Gefahr ist, eine bestimmte Weise der »Kirchlichkeit«, eine bestimmte Intensität der Teilnahme und der Identifizierung mit dem Lebens- und Arbeitsstil des Gemeindekerns zur Bedingung der Begegnung mit dem Evangelium zu machen, wurde schon erwähnt. Dieser Gefahr ist nicht prinzipiell zu begegnen, denn eine Gemeinschaft von Menschen kann gar nicht umhin, in ihrem Zusammenwirken sich einen bestimmten Stil, eine bestimmte Sprache, eine bestimmte Atmosphäre zu schaffen, die sich nicht so sehr aus der Sache des Evangeliums, als aus dem Herkommen der Versammelten ergeben und eben darum jedem Außenstehenden eines anderen Herkommens das Heimischwerden erschweren. Und in der Gemeinde ist diese Gefahr darum besonders groß, weil zu anderen Eigenarten nun auch noch ein bestimmter Stil der Frömmigkeit (sei es der herkömmlichen, sei es der neugewonnenen) hinzukommt, der besonders leicht zum »Schibbolet« entartet. Die Gemeinde muß daher bewußt und planmäßig eine Staffel von mehreren Begegnungs- und Kontaktmöglichkeiten schaffen, deren jede in sich selbst sinnvoll und erfüllbar ist. So gibt es zum Beispiel in der Jugendarbeit die sogenannten »offenen«, »halboffenen« und »geschlossenen« Arbeitsformen, die einander nicht ausschließen, sondern ergänzen. Es sind verschiedene Gruppen von Jugendlichen, die die Gemeinde in der Weise des »Hauses der offenen Tür« oder in der Weise befristeter Arbeitsgemeinschaften und Seminare, die sich nach Abschluß der Arbeit wieder auflösen, oder in der Form fester, geschlossener Gruppen brauchen.

So gibt es auch in der Erwachsenengemeinde eine große Mehrheit von Menschen, die aus den verschiedensten Gründen nie zur vollen Teilnahme am Leben und an der Arbeit der örtlichen Gemeinde fähig und bereit werden, um so weniger, je stärker sich die Leitvorstellung der »verantwortlichen Gemeinde«, die ja relativ hohe Ansprüche an die Kontaktfähigkeit, die Phantasie und die Intelligenz der Menschen stellt, durchsetzt. Die Gemeinde hat solche Unterschiede im Bedürfnis und in der Teilnahmefähigkeit nicht zu bewerten, sondern ernstzunehmen, zumal sie sehr oft in der beruflichen oder familiären Situation der Menschen begründet sind. Zur Bezeichnung dieser Unterschiede sind also Ausdrücke wie »Kerngemeinde« und »Randsiedler« oder »Fernstehende« völlig ungeeignet. Man muß vielmehr mit einer Fülle von verschiedenen Distanzen zur Präsenzgemeinde rechnen. Es gibt Gruppen, die am ehesten über den nachbarschaftlichen Kontakt zu einer Familie oder zu einem einzelnen Mitarbeiter Verbindung zur Kirche halten können, andere, die an gelegentlichen geselligen oder gottesdienstlichen Veranstaltungen gern teilnehmen, ohne sich stärker binden zu können, wieder andere, die um ihrer Bedürfnislage willen den diakonischen Kontakt mit der Gemeinde brauchen (offene Kinderarbeit, offene Jugendarbeit), die Gemeinde als Beratungsstelle in Anspruch nehmen (Ehe- und Familienseminare). Jede dieser verschiedenartigen Beziehungen hat ihren Sinn und ihre mögliche Erfüllung (in der Kommunikation des Evangeliums) in sich selbst und darf nicht als »Vorhofarbeit« abqualifiziert werden, nicht zuletzt darum, weil es ja durchaus denkbar ist, daß diese große Distanz nur zur Kirche als örtlicher Gemeinde besteht, nicht aber zur Kirche in anderen Gestalten.

III. Die äußeren Bedingungen der Arbeit

a) Der Bezirk, für den die Gemeinde zuständig ist, setzt sich zusammen aus den südlich der Stadtbahn (Westkreuz-Falkensee; Westkreuz-Staaken) gelegenen Gemeindeteilen der Spandauer Kirchengemeinden Klosterfelde und St. Nikolai. Er wird im Osten durch die Havel, im Süden und Westen durch den Bullengraben, im Norden durch die S-Bahn-Anlagen begrenzt. Zu Beginn der Arbeit überwogen im Ostbereich dieses Gebiets Altbauten östlich und westlich der Klosterstraße (eine zunächst kleine Siedlung von Neubauten war um die Altonaer Straße herum im Entstehen, mit vielen Zuzügen aus Westdeutschland), im Westteil des Bezirkes Industriegelände und dauernd bewohnte Lauben. Seither haben sich die Neubauten an der Altonaer Straße auf Kosten des Laubengeländes rapide ausgedehnt und werden es schließlich völlig verdrängen, und das Industriegelände ist nun fast völlig ausgebaut. Zu Beginn der Arbeit überwogen noch seit langem bestehende städtische Haus- und Nachbarschaftsgemeinschaften fast kleinstädtischen Charakters, mit dem Anwachsen der Neubauten wird das Gebiet zunehmend zur Vorstadtsiedlung mit all ihren Problemen (hohe Mobilität, geringer nachbarschaftlicher Zusammenhalt, trotz großzügiger Bauweise wenig Spielraum für Kinder etc.).

Der Gemeindebezirk ist in keiner Weise homogen, weder der Lage, noch der Bauweise, noch der Bevölkerungsstruktur nach. Das soziale Niveau ist kleinbürgerlich: qualifizierte Arbeiter, Angstellte und kleine Beamte überwiegen, wenn man von den noch bewohnten Lauben, die wie alle Laubenkolonien ihren besonderen Charakter haben, absieht; in den Altbauten besonders viele alte Leute; viele Schlüsselkinder und Halbwüchsige mit geringem Familienanhalt. In der Nähe der Klosterstraße ein höherer Anteil an selbständigen Geschäftsleuten und freien Berufen.

Zu Beginn der Arbeit waren etwas über dreitausend Menschen im Bezirk ansässig, jetzt dürften es bald fünftausend sein. Es handelt sich aber nicht um ein einfaches Anwachsen der Bevölkerung, sondern um einen sehr weitgehenden Austausch: die Laubenbewohner sind fast völlig aus dem Bezirk verzogen, andere sind hinzugezogen. Für die Arbeit der Gemeinde bedeutet dieser Austausch ein, wenn auch nicht allzu schwerwiegendes Kontinuitätsproblem.

b) Kirchenrechtlich gesehen handelt es sich bei der »Evangelischen Gemeinde am Brunsbütteler Damm« nicht um eine selbständige Kirchengemeinde. Ausgangspunkt der Arbeit ist eine kreiskirchliche Pfarrstelle, die im Auftrag der Spandauer Kirchengemeinden arbeitet und in Fragen der Kirchenaufsicht dem Superintendenten und dem Kreiskirchenrat von Spandau zugeordnet ist. Die beiden, rechtlich gesehen, für den Bereich zuständigen Kirchengemeinden St. Nikolai und Klosterfelde haben dem Inhaber (den Inhabern) der kreiskirchlichen Pfarrstelle ein Generaldimissoriale für alle volkskirchlichen Amtshandlungen erteilt. Für Konflikte im Aufgabenbereich der Amtshandlungen und für die Eintragung in die Kirchenbücher sind die Gemeindekirchenräte der jeweils zuständigen Gemeinde verantwortlich.

c) Gleichwohl handelt es sich, was die faktische Arbeit anlangt, um ein parochiales Experiment. Der Inhaber (die Inhaber) der kreiskirchlichen Pfarrstelle sind innerhalb ihres Bezirkes für alle volkskirchlichen Aufgaben – Taufen, Trauungen, Beerdigungen,

Konfirmationen etc. – zuständig. Eine stillschweigende Vereinbarung sagte, daß Menschen, die in Nikolai oder Klosterfelde bereits kirchlich gebunden waren, nicht an den Brunsbütteler Damm abgezogen werden sollten. Die Zahl dieser Menschen war besonders in den ersten Jahren ziemlich groß. Dafür war am Brunsbütteler Damm zu Anfang die Teilnahme von Menschen, die nicht im Bezirk der Gemeinde wohnten, wesentlich höher als in anderen Spandauer Gemeinden. Die Entwicklung in dieser Hinsicht ist rückläufig.

d) Der Personalaufwand am Brunsbütteler Damm ist nicht extrem hoch: im ersten Jahr gab es einen Pfarrer, einen Vikar und gegen Ende des Jahres eine Gemeindehelferinnenstelle, die mit einer Fürsorgerin besetzt war. Im zweiten Jahr kam eine Kirchwartsstelle hinzu, mit der auch bestimmte Küster- und Bürofunktionen verbunden waren. Diese Kirchwartsstelle besteht heute nicht mehr, die Gemeinde muß mit einer festangestellten Raumpflegerin auskommen. Die Gemeindehelferinnenstelle wurde später zweimal neu besetzt. Der ursprüngliche Inhaber der kreiskirchlichen Pfarrstelle schied nach drei Jahren aus dem regulären Personal aus und arbeitete weiter im Rahmen eines Predigtauftrags. Statt seiner haben Vikare ausgeholfen. In den letzten Jahren bildete die Gemeinde zwei Diakonenschüler im Praktikum aus. Faktisch haben also nie mehr als vier Personen hauptamtlich am Brunsbütteler Damm gearbeitet und nie mehr als ein ordinierter Theologe.

e) Die Arbeit begann im Raum einer vom Roten Kreuz unterhaltenen Altentagesstätte am Brunsbütteler Damm. Wenige Häuser weiter befand sich eine unbenutzte Bäckerei. Nach langwierigen Verhandlungen gelang es, in den Mietvertrag des in Konkurs gegangenen Bäckers einzutreten. Die Räumlichkeiten wurden so umgebaut, daß ein Versammlungsraum entstand, der im äußersten Notfall bis zu 120 Menschen faßt. Außerdem stehen ein Arbeitsraum vor allem für die Kinderarbeit, ein Büro, eine Küche, Toiletten und ein großer Keller zur Verfügung. Der Ladeneingang und das Schaufenster wurden erhalten. Die Wahl und der Ausbau des Bäckerladens als Gemeindezentrum hatten keine grundsätzliche Bedeutung. Es war nur von vornherein klar, daß nicht mit einem gemeindeeigenen Bau begonnen werden sollte, bevor eine Gemeinde gesammelt war. Außerdem erschien ein Raum ohne vorgegebene »kirchliche« Atmosphäre günstig, der Weg in den Laden war für die Nachbarn nicht weit, weder äußerlich, noch innerlich. Der begrenzte Raum zwang zur Beweglichkeit, zur Sparsamkeit, zur Phantasie in der Nutzung. Ein Programm war die Wahl des Gemeindestützpunktes jedenfalls nicht, trotz bedeutsamer Vorbilder bei der Stadtmission, im amerikanischen Sektenwesen und bei den modernen amerikanischen Inner City Missions (East Harlem Protestant Parish). Trotzdem war es eine folgenreiche Entscheidung, positiv und negativ. Der Raum erzwang zum Beispiel eine bestimmte Gestaltung der gottesdienstlichen Versammlungen und legte doch einen »unkultischen« Stil zumindest sehr nahe. Außerdem eignete sich der »Laden« vorzüglich als Gemeindewohnung, als Haus der offenen Tür für die Kinder und die Halbwüchsigen. Die Versammlungen bekamen von vornherein, nicht zuletzt des Raumes wegen, einen eher familiären Stil. Der Zwang zur dauernden Improvisation wirkte sich positiv aus.

Auf der anderen Seite stand die Gemeinde ihrer Räume wegen vor nicht endenden Schwierigkeiten. Der Straßenverkehr und die Horden der Kinder und Halbwüchsigen störten die Versammlungen. Besonders bei Festlichkeiten gab es Ärger mit den unmittelbaren Nachbarn. Die Miete, die zunächst außerordentlich gering war, stieg immer mehr an, die Verhandlungen mit dem Hauswirt über diesen und andere Punkte waren kompliziert und langwierig. In die Normen kirchlicher Etatgestaltung wollte das ganze Projekt schlecht passen.

Gleichwohl ist der Gedanke eines Kirchenbaus in den fünf Jahren des Bestehens der Gemeinde nie ernstlich aufgetaucht, obwohl die Schwierigkeiten, zum Beispiel mit Leuten, die ihre Taufen und Konfirmationen in einer »richtigen Kirche« haben wollten, nicht abrissen.

Ein wirkliches Bedürfnis für eigene Räumlichkeiten tauchte nicht im Blick auf die Gottesdienste und andere spezifische Gemeindeversammlungen auf, sondern einmal im Blick auf die Arbeit der Offenen Tür, zum anderen im Blick auf den regen Freizeitbetrieb der Gemeinde (Jugendfreizeiten, Familienfreizeiten, Glaubensseminare etc.): es erwies sich als immer schwieriger, geeignete Räume zu finden, die auch bereit waren, die Kinder der teilnehmenden Familien bei sich aufzunehmen, und die einigermaßen preiswert waren. In dieser Hinsicht ist das Raumproblem der Gemeinde noch völlig ungelöst. Was aber die unmittelbaren Funktionen eines Gemeindestützpunktes (Gottesdienst, Jugend- und Gemeindekatechumenat, Geselligkeit, Seelsorge, Kinderarbeit) anlangt, so hat sich die Ladenkirche durchaus bewährt. Nur in Zeiten besonders regen Gemeindelebens werden die Räume zu eng. Indessen lag die Ladenkirche am Brunsbütteler Damm in dem sehr weit nach Westen sich erstreckenden Gemeindebezirk zu weit östlich. Im Westteil des Bezirks war die Gemeinde in den ersten Jahren fast unsichtbar und unwirksam. So wurde im April 1963 aus freiwilligen Spenden der Gemeinde ein zweiter kleiner Gemeindestützpunkt in der Staakener Straße ermietet und eingerichtet. Die Räumlichkeiten sind ungünstiger als die am Brunsbütteler Damm. Nur zwei kleine Zimmer stehen zur Verfügung, die ursprünglich einer Wäscherei, dann einem Papiergeschäft dienten. Es gibt keinen Zugang von der Straße, eine Toilettenanlage nur im Treppenhaus. Die in der Gemeinde übliche Bewirtung fiel hier fast völlig aus, nur eine Heizplatte stand zur Verfügung. Für die unmittelbar notwendigen Dinge – Kinder- und Altenarbeit – war die Staakener Straße bisher ausreichend, obwohl in Zeiten hohen Besuchs der Kinderstunde (25–30 Kinder aller Altersstufen) ausgesprochener Platzmangel eintrat. Die Gottesdienste sind schwach besucht, Platzmangel gibt es hier nicht.

Ein eigener Bau steht bis heute nicht zur Debatte, es gäbe im Bezirk auch keinen Bauplatz. Zweifellos wäre es möglich, noch einen dritten kleinen Stützpunkt in der rasch anwachsenden Siedlung – vielleicht eine Wohnung – sinnvoll in Betrieb zu nehmen. Ein Gemeindeheim außerhalb des Bezirks, aber möglichst in Spandau wäre dringend nötig, außerdem ein großer, gutausgestatteter Kinderspielplatz. Im übrigen reichen die Räume – für die gegenwärtigen Funktionen der Gemeinde – aus.

IV. Zur »Geschichte« der Gemeinde

a) Der Plan entstand in Westdeutschland in den Jahren 1958 und 1959. Die Initiatoren waren Pfarrer Ernst Lange, damals Gelnhausen, und stud. theol. Alfred Butenuth, damals Tübingen. Wesentliche Impulse zu dem Unternehmen ergab ein Amerikabesuch von Lange, bei dem er East Harlem Protestant Parish in Chicago kennenlernte. Über den entscheidenden Unterschied zwischen diesen revolutionären amerikanischen Versuchen und jedem möglichen Versuch in Deutschland bestand von Anfang an Klarheit. Die amerikanischen Versuche setzten ein in einer Situation extremer Not, in der die Kirchen bis dahin völlig versagt hatten: der Aufbruch war dramatisch und erweckte die Phantasie vieler erstklassiger Mitarbeiter. Er hatte die Unterstützung einer ganzen Reihe von Denominationen. Er lebte und lebt bis heute von dem großartigen Pathos evangelischer Solidarität mit den Elenden. Jedes ortsgemeindliche Experiment in Deutschland mußte mit der gänzlich andersartigen, undramatischen Situation relativen Wohlstandes rechnen. Die ersten Pläne der beiden deutschen Theologen waren freilich dramatisch genug. Sie reduzierten sich rasch auf ein eher konservativ angelegtes Experiment innerhalb der herkömmlichen parochialen Strukturen mit dem Ziel ihrer allmählichen Wandlung. Wesentliche Impulse kamen außer von Amerika durch die paragemeindliche Arbeit der Evangelischen Jugend in Deutschland und die theoretische Arbeit eines Kreises von jungen Mitarbeitern der Jugend- und Studentenarbeit, des »Orbishöher Kreises«.

Der Versuch, schon in Westdeutschland ein aktionsfähiges group ministry aus mehreren Personen, Theologen, Sozialarbeitern und einem Arzt zu bilden, schlug fehl. Nur die beiden Initiatoren blieben übrig. Stud. theol. Butenuth mußte erst noch sein erstes theologisches Examen absolvieren.

b) Eine erste Fühlungnahme mit dem Konsistorium in Berlin-Brandenburg ergab freundliches Interesse. Zwei Kirchenkreise schienen in Frage zu kommen: Neukölln und Spandau. Das Gespräch mit dem Superintendenten von Spandau, Schutzka, führte rasch zu konkreten Plänen. Auch der Kreiskirchenrat

Spandau und die Spandauer Pfarrerschaft waren dem Vorhaben gegenüber erstaunlich offen. Allerdings blieb es lange ungeklärt, welches Wohngebiet in Spandau zur Verfügung gestellt werden könnte. Zwei größere Siedlungsgebiete, das eine in Staaken, das andere im Gebiet der Nikolaigemeinde wurden zunächst ins Auge gefaßt; beide hätten den Vorteil homogener und geschlossener Bebauung gehabt. Das eine Gebiet war erst in der Entstehung, und die zuständige Gemeinde hatte noch keine nennenswerten Kontakte gemacht; das andere war ein wenig älter, dafür wesentlich größer, und es gab erste Gemeindebeziehungen.

Schließlich wurde eine ganz andere Lösung realisiert, siehe IIIa). Es sprach für sie, daß das in Frage stehende Gebiet durch die natürliche Grenze der S-Bahn fast ganz außerhalb des Aktionsbereiches der eigentlich zuständigen Gemeinden lag; daß es rein rechtlich am leichtesten und im Grunde ohne jede Verärgerung von bestehenden Gemeinden realisierbar war. Besonders der letzte Grund hatte Gewicht, da ein ortsgemeindliches Experiment ganz und gar angewiesen ist auf gute Beziehungen zu den Nachbargemeinden. Gegen die Lösung sprach, daß es sich um einen weitauseinandergezogenen, völlig inhomogenen Bezirk handelte, der zudem eine nicht unbeträchtliche kirchliche Tradition hatte (eine Gemeinde der Bekennenden Kirche – Sup. Albertz – hatte in den gleichen Räumen Gottesdienste gehalten, in denen die Versammlungen des Brunsbütteler Damms anfingen; außerdem hatte eine besonders fruchtbare Jugendarbeit, die von Klosterfelde unter Pfarrer Zillich, weit in den Westteil des Bezirks hineingereicht). Wenn trotz dieser erheblichen Nachteile das Projekt schließlich zur Durchführung kam, hing das damit zusammen, daß die Initiatoren, denen an dem Nachweis der Wandlungsfähigkeit der *normalen* Ortsgemeinde lag, an einer *normalen* Ausgangslage durchaus interessiert waren. Dieser Bezirk war nicht inhomogener und nicht schwieriger als andere Gemeindebezirke, er war freilich auch keinen Deut besser.

c) Zwei Dinge geschahen zur Vorbereitung der eigentlichen Arbeit am Brunsbütteler Damm.

1. Pfarrer Lange absolvierte ein knapp halbjähriges Industriepraktikum als Hilfsarbeiter in der Maschinenfabrik Orenstein und Koppel (Waggon- und Baggerbau), die im Gebiet der aufzubauenden Gemeinde lag. Das Praktikum war für den Praktikanten selbst von unschätzbarem Wert: er vermochte sich auf die Menschen einzustellen, mit denen er es zu tun haben würde, er überprüfte seine Sprache und sein Denken an der industriellen Realität. Ein Praktikum dieser Art ist ganz ohne Frage eine ernstliche Chance zur »Konversion zur Welt« (Hans Jürgen Schultz), die die Probe auf die Tragfähigkeit jeder Frömmigkeit ist.

Die gleiche Erfahrung machten später noch zwei andere Mitarbeiter des Brunsbütteler Damms. Frl. Brigitte Henschel, die erste Gemeindehelferin, machte ein dreimonatiges Praktikum in einer Strumpffabrik im Gemeindebezirk und später, nach ihrem Ausscheiden aus der hauptamtlichen Mitarbeit, ein halbjähriges Industriepraktikum in einer Fabrik im Süden Berlins. Frl. Marina Hintze, ihre Nachfolgerin, machte einen Kursus für Sozialsekretäre in Friedewald und dann ein halbjähriges Industriepraktikum bei Nino in Nordhorn. Es bestätigte sich in allen Fällen, daß solche Erfahrungen eine Fülle von neuen Perspektiven ergeben und eigentlich zum normalen Ausbildungsgang kirchlicher Mitarbeiter gehören sollten.

Für die eigentliche Arbeit der »Gemeinde am Brunsbütteler Damm« aber erbrachten diese Praktika, auch soweit sie in Spandau stattfanden, fast nichts. Pfarrer Lange bekam und behielt guten Kontakt zu einer ganzen Reihe von Kollegen aus der Fabrik. »Gemeindlich auswerten« ließen sich diese Kontakte nicht. Nur zwei der Kollegen nahmen an der neuen Initiative vorbehaltlos teil. Einer verzog später, der andere ist jetzt an der Gemeindeleitung beteiligt. Das Praktikum hatte freilich auch nie diesen »volksmissionarischen« Sinn. Es war als Ausbildung gedacht, nicht als Missionschance. Es gibt keine Missionschance über die Schranke zwischen Wohnwelt und Werkwelt hinweg.

2. Auf Anregung von Superintendent (jetzt Probst) Schutzka hielt Pfarrer Lange während seines Industriepraktikums ein erstes

und zwar kreiskirchliches Familienseminar. Etwa zwanzig Ehepaare aus ganz Spandau nahmen daran teil. Das Seminar war eine Art »Erfolg der ersten Stunde«, und zwar in zwei Richtungen: einmal für den Brunsbütteler Damm selbst; eine ganze Reihe von Familien aus diesem Seminar gehörten vom ersten Tag an zur Gründergruppe des Brunsbütteler Damm und nehmen noch heute verantwortlich an der Gemeindearbeit teil. Zum anderen war das Seminar ein Impuls für eine rasch sich ausweitende, mehrere Spandauer Gemeinden ergreifende Familienarbeit in Seminarform, die erst im Jahr 1965 ins Stocken kam.

d) Am 1. Februar 1960 fing die Arbeit der »Dienstgruppe« (so der Name in den ersten Monaten) förmlich an. Am 21. Februar war der erste Gottesdienst in den Räumen der Altentagesstätte am Brunsbütteler Damm 21. Von vornherein war, abgesehen von den Familien aus dem Familienseminar, der Anteil traditionell kirchlicher Menschen an der sich bildenden Gottesdienstgemeinde relativ groß. Es kamen alte Bekannte: Pfarrer Lange war 1953 schon einmal ein Jahr Hilfsprediger in Spandau gewesen. Es kamen einige junge Menschen. Es kamen Zaungäste aus den unmittelbar benachbarten Häusern. Die sich bildende Gemeinde dürfte zu zwei Dritteln aus Menschen bestanden haben, die jenseits des Gemeindebezirks wohnten. Das erste Gottesdienstformular sah eine Dialogpredigt vor und war von barocker Fülle. Es reduzierte sich sehr rasch auf das heutige Maß. Über den ersten Versammlungen in der Altentagesstätte lag eine ausgesprochene Gründer- und Aufbruchsatmosphäre, ein Stück Enthusiasmus. Manche von den Teilnehmern der ersten Stunde sind über den Verlust dieses Enthusiasmus im Lauf des ersten Jahres der Arbeit nie hinweggekommen und später weggeblieben.

Da Pfarrer Lange in den ersten Monaten allein und ohne alle Hilfsmittel arbeitete, war die Mitarbeit einer kleinen Gruppe von Laien von Anfang an die conditio sine qua non des Überlebens dieser Anfänge. Und an solchen Mitarbeitern, die sich vorbehaltlos als Glieder des Gruppenamts betrachteten, ohne daß dieses sich je als solches formiert hatte, hat es der Gemeinde bis heute nie gefehlt.

Aber die Gruppe war zu Beginn sehr klein. Der eigentliche

Durchbruch zur Nüchternheit war der erste Gemeindetag zu Pfingsten 1960, mit dem die inzwischen von Dipl.-Ing. Peter Pfankuch vorbildlich umgebaute Ladenkirche eingeweiht wurde. Ein umfangreiches Dienstgruppenprogramm, das mehr als zwölf Arbeitsgruppen vorsah, brach angesichts der kleinen Teilnehmerzahl restlos zusammen. Erst dieser Zusammenbruch, der freilich als solcher damals nicht recht zur Kenntnis genommen wurde, da der Gemeindetag sehr gelungen war, eröffnete die Möglichkeit nüchterner, langfristiger Arbeit.

Das erste Jahr in der neuen Ladenkirche stand ganz im Zeichen der Arbeit am Gottesdienst, im Predigtvorbereitungskreis und im ersten gemeindlichen Familienseminar. Nach mancherlei mehr oder weniger »wilden« Experimenten spielte sich der Familiengottesdienst auf eine hantierbare Ordnung ein, die in den Grundzügen heute noch geübt wird. Die Teilnehmerzahlen stiegen sprunghaft an, nicht zuletzt, weil das ganze erste Jahr im Zeichen einer Predigtreihe über die Bergpredigt stand, die viele Teilnehmer, nun auch aus dem Gemeindebezirk selbst, sehr fesselte. Am 1. September stieß Vikar Butenuth zur Gemeinde, am 1. November als Gemeindehelferin Frl. Brigitte Henschel. Mit ihr beginnt die für den Brunsbütteler Damm typische und wichtige offene Kinderarbeit, für die in der Gegend ein nicht nachlassendes Bedürfnis bestand.

Während Pfarrer Lange erst im Winter 1960/61 Wohnung in Spandau fand, wohnte Vikar Butenuth in der Ladenkirche selbst. Die Dauerpräsenz eines Mitarbeiters half, die Gemeindeglieder in der Ladenkirche als Gemeindewohnung heimisch zu machen. Es ist bis heute zu spüren, daß die Gemeinde von dem Prinzip, daß einer ihrer Mitarbeiter im Laden wohnen müsse, schließlich abgehen mußte, weil der Platz nicht ausreichte.

e) Die Zeit von der Gemeindeversammlung im Juli 1961 bis zur Gemeindeversammlung im Sommer 1963 war eine Zeit rascher, im Rückblick deutlich allzu rascher und allzu vielfältiger Expansion, und zwar in mehrfacher Hinsicht:

1. In rascher Folge wurden eine ganze Anzahl neuer Arbeits- und Wirkformen entwickelt und erprobt: das Familienseminar entfalte-

te sich in sieben Grundtypen, von denen immerhin vier in kurzer Folge am Brunsbütteler Damm selbst mehrfach erprobt wurden; die Arbeitsform des Jugendseminars wurde einige Male mit Erfolg durchgespielt; die Familienerholung in Villar Pellice absorbierte eine Menge Kraft; der Gemeindeausschuß nahm seine Arbeit auf; die Arbeit der Gemeindestunden (Gemeindeabende) in dem für sie jetzt noch charakteristischen Rhythmus von biblisch-theologischer Arbeit, politischer und anderer aktueller Information und Bildungsarbeit erlangte ihre höchste Intensität, die Glaubensseminare (drei Wochenenden den Winter hindurch) wurden zu den eigentlichen Zentren des Gemeindekatechumenats; die Laienspielarbeit (Spandauer Spielkreis) zog eine Menge der besten Kräfte der Gemeinde an sich; außerdem wurde mit besonderen Formen der Familienarbeit, der Mitarbeiterschulung, des Konfirmandenunterrichts und mit der Hauskreismethode mit sehr wechselndem Erfolg experimentiert. Das gesellige Leben der Gemeinde verlangte mit vielen großen Festen sein Recht; zwei überbelegte Tanzkurse für Erwachsene und für Jugendliche wurden gehalten etc.

2. Die Notwendigkeit, im Westteil des Bezirks einen zweiten Stützpunkt zu eröffnen, war seit langem klar. Im Frühjahr 1963 wurden die Gemeinderäume in der Staakener Straße nach langwierigen Vorbereitungen in Betrieb genommen. Kinderstunde, Gottesdienst und Besuchsarbeit verlangten viel ehrenamtliche Arbeit.

3. Mit einer Reihe von Aktionen begann die Gemeinde über ihre Grenzen hinauszuwirken und Verantwortung zu übernehmen. Vor allem waren es drei Dinge: die großangelegte Sammelaktion für Riese/Sizilien, wo der Waldenserpfarrer Tullio Vinay eines der aufsehenerregendsten Experimente unter dem Stichwort der »Kirche für die Welt« begann; der Kirchenkreis Spandau nahm die Initiative des Brunsbütteler Damm im Rahmen der Sammlung »Brot für die Welt« auf. Dann begannen eine ganze Reihe von Spandauer Gemeinden die Arbeitsformen des Familienseminars mehrere Winter hindurch zu erproben; bis zu siebzehn Seminare pro Winter wurden von einer kreiskirchlichen Arbeitsgruppe organisiert, bzw. in der Vorbereitung unterstützt; dabei war der Brunsbütteler Damm stark beteiligt. Schließlich wurde der »Span-

dauer Spielkreis« zu einer übergemeindlichen Aktion, besonders mit »Ein Brief«, einem »Musical« über den Philemonbrief und einem Kabarettprogramm, – beides wurde viele Male in Berliner Bezirken und in Westdeutschland gespielt.

4. Der Gipfelpunkt des Betriebs und der Betriebsamkeit spiegelt sich in dem ansprechend gedruckten Programm für die Winterarbeit 1962/63. Der Laden war in dieser Zeit praktisch jeden Nachmittag und jeden Abend, manchmal mit zwei parallel laufenden Unternehmungen belegt. Auch die Arbeit der Offenen Tür florierte. Die wenigen Kräfte, die der Brunsbütteler Damm trotz einer gerade in diesen Jahren relativ großen Reichweite auch im Bezirk selbst für die selbständige Arbeit zur Verfügung hatte, waren durch die Masse der Vorhaben überfordert.

5. Eine Reihe von besonderen Aufträgen und inneren Problemen machte diese Zeit der Expansion zusätzlich unruhig. Der Kirchentag 1961 forderte sein Recht, die Gemeinde war wesentlich an der Gestaltung des Ökumenischen Gottesdienstes im Hertha-Stadion beteiligt, wochenlang war die Ladenkirche Wohnung für Flüchtlinge. Pfarrer Lange arbeitete mit bei einer ökumenischen Studienarbeit über »missionarische Strukturen in der Gemeinde« und mußte eine Reihe von Vorträgen in Berlin und Westdeutschland übernehmen. Vikar Butenuth hatte sein zweites Examen zu machen und heiratete. Herr Müller hörte als Kirchwart auf und begann eine Ausbildung als Fürsorger. Frl. Henschel schied aus, um ein weiteres Industriepraktikum zu machen. Einige wichtige Mitarbeiter des Predigtvorbereitungskreises und anderer Gemeindevorhaben verzogen nach Westdeutschland, andere mußten übergemeindliche kirchliche und bürgerliche Verantwortung übernehmen.

6. Diese Zeit war schließlich die Periode der größten Publizität der »Gemeinde am Brunsbütteler Damm«. Für ein paar Monate war die Gemeinde, sehr gegen ihren Willen, in der Presse und in den Illustrierten aktuell; Fernsehen und Rundfunk zogen nach. Zum Sonntagsgottesdienst kamen die Gäste aus Westdeutschland gruppenweise, manchmal waren es mehr Gäste als Teilnehmer aus der Gemeinde.

7. Eine Fülle von Einsichten und Ansätzen zu systematischer

Arbeit ergab sich in dieser Zeit. Auf die Dauer konnte eine derart nach allen Seiten wuchernde Aktivität bei hoher Instabilität des inneren Kreises der Gemeinde nicht gut bekommen. Es gab Fehlschläge, Rückschläge (bei den Seminaren, in der Spielarbeit etc.) und rückläufige Tendenzen in der Teilnahme am Gottesdienst und den Wochenveranstaltungen, vor allem ein Nachlassen der Bereitschaft zur Mitarbeit. Man lebte und arbeitete nicht mehr aus der Freude am Experimentieren und Dabeisein, sondern aus der Nötigung und wurde müde. Die Gemeinde hatte der Fülle der Chancen unkritisch nachgegeben, hatte sich selbst überschätzt und einen wesentlichen Vorsatz, daß nämlich niemand, weder Hauptamtlicher noch Laie, über seine Kräfte und über seine innere Bereitschaft in Anspruch zu nehmen sei, faktisch preisgegeben. Der Dauerappell aber ist kein gutes Motiv für gemeindliche Arbeit.

f) So erzwang der Gemeindeprozeß selbst eine Phase der Selbstbeschränkung und der inneren Konsolidierung, die im Grunde bis zur Stunde andauert, wobei sich freilich die Anzeichen mehren, daß es Zeit ist für eine neue, planmäßigere und selbstkritischere Expansion.

1. Durchaus noch im Zug der Expansion lag eine für alle Beteiligten ziemlich folgenschwere Entscheidung. Pfarrer Lange erhielt einen Ruf als Praktischer Theologe an die Kirchliche Hochschule. Nach ausführlichen Beratungen mit der Gemeinde, den Instanzen des Kirchenkreises und der Kirchenleitung nahm er den Ruf an. Es bestand aber die klare Absprache, daß die Arbeit an der Hochschule für Pfarrer Lange kein Ausscheiden aus der Mitarbeit am Brunsbütteler Damm bedeuten dürfe. Diese Absprache schlug sich nieder in einem Predigtauftrag für Pfarrer Lange, in dem klar definiert war, welche Pflichten er am Brunsbütteler Damm weiter wahrzunehmen hätte. Pfarrer Butenuth wurde nun, nach seinem Examen, der Inhaber der kreiskirchlichen Pfarrstelle.

Das Einverständnis der Gemeinde zu diesem Schritt kam zustande, weil man hoffte, daß die Erfahrungen am Brunsbütteler Damm zu einer Chance für die Ausbildung des theologischen Nachwuchses und umgekehrt die Arbeit an der Hochschule, mindestens auf die Dauer, zu einer Chance für den Brunsbütteler

Damm werden könne und müsse. Faktisch hat der Schritt die Gemeinde aber schwer belastet und noch energischer zur Konsolidierung gezwungen. Zwar blieb es bei dem weitergehenden Engagement von Pfarrer Lange in der Arbeit der Gemeinde, aber wirklich kontinuierlich und fruchtbar konnte das nun nur noch in den Semesterferien sein. Außerdem bedeutete das Durchhalten dieses Engagements für beide Teile einen erheblichen Kraftaufwand. Als wirklich belastend erwies sich dann weniger die Arbeit an der Hochschule, als vielmehr zwei langwierige Erkrankungen, durch die Pfarrer Lange sowohl an der Hochschule als in der Gemeinde fast ein ganzes Jahr ausfiel. Pfarrer Butenuth hatte in dieser Zeit Unterstützung von zwei Vikaren aus Westdeutschland, die aber, als Theologen in der Ausbildung, selbstverständlich nicht nur Hilfe leisteten, sondern auch in erheblichem Umfang Hilfe beanspruchten. Ähnlich verhielt es sich mit den beiden Diakonenschülern, die das Johannesstift ins Praktikum an den Brunsbütteler Damm gab. Einer der beiden Schüler wurde im Lauf seines Praktikantenjahres allerdings zu einer wirklich tragenden Kraft für das Gemeindeleben.

2. Konsolidierung bedeutete: keine neuen Projekte, sondern Ausbau der inzwischen gefundenen neuen Wirkformen, insbesondere der Arbeitsformen des Gemeindekatechumenats und der Gemeindeleitung. Die entscheidenden Durchbrüche in Richtung der Leitvorstellung »Verantwortliche Gemeinde« (s. o.) erfolgen mit vielen Krisen und Rückschlägen erst jetzt. Der Gemeindeausschuß gewinnt an Autorität. Eine Reihe von Arbeitsvorhaben werden ganz zum Laienauftrag. Das Gemeindeleben gewinnt wirkliche Stützpunkte in einer Reihe von Familien und Häusern, die spontane Diakonie nimmt zu. Besonders in Krisen und Notsituationen erweist sich die Gottesdienstgemeinde und der Kreis der ehrenamtlichen Mitarbeiter als erstaunlich elastisch und einsatzfreudig (Ausstattung und Erhaltung der beiden Ladenkirchen, Laienpredigt, Mitarbeit bei Gemeindestunden und Glaubensseminaren, bei der Kinderarbeit, Basar etc.).

3. Konsolidierung bedeutete: Stabilisierung des Mitarbeiterkreises und seiner Zusammenarbeit im Gruppenamt, Ordnung des

Geschäftsbetriebes der Gemeinde. Der Kreis der hauptamtlichen Mitarbeiter, der ja zu einem Teil aus »Lehrlingen« besteht, bedarf ständiger Besprechungen, klarerer Kompetenzverteilung, theologischer Beratung. Zum ersten Mal gibt es »freie Tage«, die ermüdende Dauerbeanspruchung hört auf. Der Kreis der ehrenamtlichen Mitarbeiter wird regelmäßiger besucht und beraten, die Bedeutung des Ladens als Gemeindewohnung nimmt zu, weil die Präsenz wieder geregelter ist.

Der Geschäftsbetrieb der Gemeinde war in der Zeit der Expansion im Grunde eine reine Improvisation, die immer wieder zu Krisen führte. Jetzt wird ordentlich abgelegt, abgerechnet, Buch geführt, die Sprechstunden werden eingehalten, der mit den Amtshandlungen verbundene Schriftverkehr wird pünktlich abgewickelt, Karteien werden geführt, Einladungen gehen rechtzeitig heraus.

4. Ein weiterer Zug zur Konsolidierung ergab sich weniger als Rückschlag der Expansion der Jahre vorher, als vielmehr durch ein deutliches Vordringen der volkskirchlichen Ansprüche und Notwendigkeiten im Gemeindeprozeß. Die Zahl der ordentlichen Amtshandlungen und der Vertretungen wuchs an, die Bevölkerung hatte offenbar die Ladenkirche als Sitz des zuständigen Pfarramtes akzeptiert. Es bestätigte sich die Vermutung, daß die volkskirchlichen Amtshandlungen, sofern man sie unter vornehmlich diakonischem Aspekt sieht und die Bedürfnislage ernst nimmt, ein keineswegs hoffnungsloses Geschäft sind. Auch wenn die unmittelbare missionarische Auswirkung (im Blick auf Gottesdienstbesuch und Teilnahme) fast gleich null ist, so steigt doch durch sorgfältige, regelmäßige Hausbesuche, intensive Vor- und Nachgespräche, genaue Verfolgung der seelsorgerlichen und diakonischen Eröffnungen, die bei Amtshandlungen sich ergeben, ernsthafte Predigtvorbereitung langsam und sicher der Pegelstand des Vertrauens zwischen der Kirche und ihren distanzierten Gliedern und also die Kommunikationschance auf lange Sicht. Zum ersten Mal wird die Gemeinde nun in nahezu allen Haushaltungen des Bezirks gekannt und akzeptiert. Zum Ausbau der volkskirchlichen Funktionen gehört auch die Intensivierung des Konfirmandenunterrichts. Es

wird nun teilweise in vielen ganz kleinen Arbeitsgruppen gearbeitet, was zeitraubend, aber sehr viel ergebnisreicher ist.

5. Konsolidierung heißt schließlich: Ausweitung der Seelsorge- und Lebenshilfedimension. Die Zeit der hektischen Expansion war durchaus auf Kosten mancher Glieder der Präsenzgemeinde gegangen, die im Grunde eher Hilfe brauchten, als zur Hilfeleistung imstande waren. Diese Glieder kommen nun mehr zu ihrem Recht. Wahrscheinlich ist sogar diese Beziehung gegenseitiger Lebenshilfe, die zum Teil ganz erhebliche Opfer erfordert, das entscheidende Medium, in dem die Gemeinde in den letzten Jahren zur »Verantwortlichkeit« im beschriebenen Sinn durchgedrungen ist.

6. Wenn es auch in den letzten beiden Jahren im wesentlichen um Konsolidierung und Ausbau des Gewonnenen ging, so hat es doch auch Ausweitungen gegeben, wo die Chance sich ergab und die Kräfte ausreichten. In der Staakener Straße wurde eine Altenarbeit begonnen, die erste Gemeinde, die seither langsam und stetig gewachsen ist und gerade jetzt sich durch die Forderung eines regelmäßigen Abendmahlsgottesdienstes zusehends vergemeindlicht. Ebenfalls in der Staakener Straße arbeitete zeitweise ein Schularbeitszirkel, der sich gegenwärtig auf individuelle Förderung einzelner Kinder reduziert hat, weil das Bedürfnis der Kinder diese Arbeitsweise geratener erscheinen läßt. Am Brunsbütteler Damm ist die Arbeit der Offenen Tür für die Halbwüchsigen stark angewachsen und hat zu einer Gruppenbildung geführt (Club 17), die einiges verspricht. Pfarrer Butenuth unterrichtet im Verfolg der Praktikantenausbildung nun im Johannesstift das Fach »Predigt«. Neben der Ausweitung der Laienpredigt hat es auch mit voller Billigung der Gemeinde die regelmäßige Predigt von Studenten des homiletischen Seminars an der Kirchlichen Hochschule in den Gottesdiensten der Gemeinde gegeben. Es finden jetzt sonntäglich drei Gottesdienste statt, um 9.30 Uhr, um 10.30 Uhr an der Staakener Straße und um 11.30 Uhr wiederum am Brunsbütteler Damm. Außerdem arbeitet die Gemeinde an der Ordnung eines Wochengottesdienstes, in dem die Erfahrungen des Familiengottesdienstes noch einmal von Grund auf überprüft werden.

7. Einiges gibt zur Besorgnis Anlaß. Die Teilnahme an den

Gottesdiensten ist etwas zurückgegangen, während die Beteiligung an den Gemeindestunden und an den Veranstaltungen der Offenen Tür aufs Ganze gesehen zunahm. Freilich ist der Rückgang der Gottesdienste nicht allzu schwer zu erklären. Erstens haben die Gruppenbesuche aus Westdeutschland fast völlig aufgehört, die natürlich die Gottesdienststatistik verzerrten. Zweitens ist auch für die gelegentlichen Gäste aus anderen Bezirken und Gemeinden in Berlin der »Reiz der Neuheit« im wesentlichen vorbei, obwohl dieser Anteil an der Gottesdienstgemeinde immer noch verhältnismäßig groß ist. Schließlich hat die Gemeinde seit einiger Zeit bewußt darauf verzichtet, den Gottesdienstbesuch der Konfirmanden zu forcieren, weil sie das Stempelwesen für unwürdig und der Sache unangemessen hält. Freilich kann es, das ist allen Verantwortlichen klar, bei diesem bloßen Verzicht nicht bleiben. Es wird einmal darum gehen, daß die Konfirmanden regelmäßig am Gottesdienst der Gemeinde aktiv teilhaben, wie es auch bei den Kindern durch den Kinderbericht der Fall ist. Zum anderen wird die Gemeinde um die Einrichtung eines besonderen Jugendgottesdienstes auf die Dauer nicht herumkommen. Mit dem Rückgang der Gottesdienstzahlen hängt auch ein leichter Rückgang der Kollekten in mancher Hinsicht zusammen. Darüber ist an anderer Stelle in dieser Dokumentation ausführlicher berichtet. Die Gemeinde ist in dieser Sache in gewisser Hinsicht ein Gefangener ihrer eigenen Prinzipien. Sie hat bewußt darauf verzichtet, die Assoziation »Gemeinde – Bezahlen« zu fördern. Darum wird häufig für die Kollekten zu wenig geworben, und der Gemeindebeitrag lebt fast ausschließlich aus seinem Anfangsimpuls und nimmt daher ab, zumal einige für die Bilanz wichtige Teilnehmer verzogen sind. Dieser Rückgang ist vor allem darum nicht so bedrohlich, wie er scheint, weil er mit zwei sehr positiven Erscheinungen verbunden ist. Einmal unterscheidet die Gemeinde zunehmend genau zwischen Kollekten, die ihr einleuchten, und anderen, die es nicht tun. Zum anderen ist die Bereitschaft zur direkten Leistung, sei es sachlich, sei es finanziell, in dem Maße gestiegen, in dem die Kollekten abnehmen. Schließlich ist noch zu bedenken, daß die Gemeinde bei der Teilnahme an Glaubensseminaren, Gemeindefreizeiten, Familienurlaub etc., heute ganz erheblich höhere Summen aufbringen muß als bisher.

8. Immerhin gibt es deutliche Anzeichen, daß die Gemeinde für eine neue, gezieltere und sorgfältiger geplante Expansionsbewegung bereit ist. Die Rückschläge am Anfang dieser letzten Phase in der Geschichte der Gemeinde sind im wesentlichen überwunden. Das Potential an ehrenamtlicher Mitarbeit ist stark angewachsen. Die bisher entwickelten Arbeitsformen sind im wesentlichen eingeübt. Der Bezirk wächst ebenso wie die Chancen zu Aktionen mit größerer, zum Teil übergemeindlicher Reichweite. Sofern sich die baulichen, finanziellen und personalen Voraussetzungen schaffen lassen, wäre es Zeit für einen Vorstoß in der individuellen und der sozialen Diakonie und für Maßnahmen des Gemeindekatechumenats und der Mitarbeiterausbildung, die einen relativ hohen Multiplikator enthalten.

V. Kommunikation des Evangeliums

Wir sprechen von Kommunikation des Evangeliums und nicht von »Verkündigung« oder gar »Predigt«, weil der Begriff das prinzipiell Dialogische des gemeinten Vorgangs akzentuiert und außerdem alle Funktionen der Gemeinde, in denen es um die Interpretation des biblischen Zeugnisses geht – von der Predigt bis zur Seelsorge und zum Konfirmandenunterricht – als Phasen und Aspekte ein- und desselben Prozesses sichtbar macht.

a) Der Prozeß ist prinzipiell dialogisch. Es geht in der Kommunikation des Evangeliums immer und überall um das not-wendige Wort. Das notwendige Wort stellt sich ein, wenn die in der biblischen Tradition bezeugte Christusverheißung in bestimmten Situationen menschlicher Schuld oder menschlicher Not, in Situationen der Anfechtung oder des Zweifels, der Auftrags-Ungewißheit oder der Hoffnungslosigkeit so nachgesprochen werden kann, daß der Hörer versteht, wie sie ihn jetzt und hier angeht und seine Situation trifft, klärt und verändert. Mithin geht die Situation des Hörers als die Situation, die die Predigt herausfordert, in das notwendige Wort ebenso ein wie die biblische Tradition, eins provoziert das andere. Ist nun die Situation des Hörers für die predigende Kirche nicht mehr ohne weiteres Pluralität von Lebenssituationen, weil die Kirche mit ihren Vollzügen an den Rand des gesellschaftlichen Geschehens gedrängt ist, dann setzt die Kommunikation des Evangeliums Akte bewußter Partizipation an der Lage des Hörers und also das kontinuierliche Gespräch mit ihm voraus. Die Predigt eröffnet sich im Gespräch und führt wiederum ins Gespräch.

Selbstverständlich gibt es Konstanten in der Situation des Menschen vor Gott in der Welt. Und insofern mag die Formel, »der Hörer stecke im Text«, eine eingeschränkte Gültigkeit haben. Nur darf sie nicht in der Weise als selbstverständlich vorausgesetzt werden, daß der Prediger sich um das Besondere der Situation seines Hörers nicht zu kümmern habe, sondern nur um den Text. Eben dies steht in dem Prozeßgeschehen zwischen Tradition und Situation immer neu auf dem Spiel, ob das in den Texten Bezeugte im hic et nunc seine Relevanz erweisen, es verständlich und unausweichlich zur Sprache kommen wird. Darum ist für die Kommunikation des Evangeliums gerade das Variable in der menschlichen Situation vor Gott und in der Welt, ihre Geschichtlichkeit, ihre Veränderlichkeit, ihre Jeweiligkeit ganz ernst zu nehmen.

b) Unter dem Stichwort »Kommunikation des Evangeliums« wird das Ganze des Lebens und Arbeitens einer Gemeinde, soweit es darin um die Interpretation der biblischen Botschaft geht, in seiner Einheit und in seiner Differenziertheit greifbar. Es gibt eine ganze Reihe von verschiedenen Lebensvollzügen in der Gemeinde, die der Kommunikation des Evangeliums dienen: den sonntäglichen Gottesdienst, den Kasualgottesdienst mit seiner Vor- und Nacharbeit, den Kinder- und Jugendunterricht, den Gemeindekatechumenat, die Seelsorge etc. Diese Vollzüge sind alle aufeinander bezogen und unterscheiden sich nicht dem Rang oder der Bedeutung nach. Sie unterscheiden sich vielmehr der Situation nach, die jeweils die Interpretation des biblischen Zeugnisses herausfordert. Sie unterscheiden sich nach der Bedürfnislage, auf die sie antworten. Für den Zweck der Darstellung der Evangelischen Gemeinde am

Brunsbütteler Damm ist es sinnvoll, vier Stufen der Interpretation zu unterscheiden:

1. In der Vollversammlung der Gemeinde, deren traditionelle Form der sonntägliche Gottesdienst ist, geht es um das »Wort für alle«. Und eben das ist der besondere Charakter und die besondere Problematik dieser ersten Stufe.

Es bedarf dieses »Wortes für alle«, weil das Evangelium selbst eine Botschaft »für alle« ist, und zwar in einem qualifizierten Sinn. Es betrifft nicht nur jeden einzelnen in jeder Situation, sondern es betrifft die Mitmenschlichkeit des Menschen in allen ihren Bezügen. In der Christusverheißung ist in, mit und unter der Versöhnung des Menschen mit Gott zugleich die Versöhnung der Menschen untereinander eröffnet und aufgegeben. Im biblischen Geheiß ist der Gottesdienst als Nächstendienst und der Nächstendienst als Gottesdienst angewiesen. Indem das Evangelium als »Wort für alle« erklingt, verbindet es alle, die hören, und macht sie einander als Nächste verbindlich, und eben diese Kommunikation aller im Namen Jesu Christi hat die Verheißung seiner Gegenwart.

Aber das Problem des »Wortes für alle« ist, daß es seiner Situation prinzipiell – und heute in der parzellierten modernen Existenz mehr denn je – unsicher ist. Als Wort für alle droht es immer ein Wort zu sein, das keinem ganz begegnet. Eben darum muß die gottesdienstliche Predigt aus dem Gespräch mit den Betroffenen hineinführen. Und eben darum bedarf es weiterer »Über-Setzung«.

2. Um diese weitere Übersetzung geht es in der zweiten Interpretationsstufe, der Interpretationsstufe des Katechumenats. Der Sinn dieser Stufe ist es, den Hörer an der notwendigen Übersetzung des »Wortes für alle« in seine besondere Situation hinein zu beteiligen, ihn für diese besondere Übersetzung instandzusetzen. Denn nur er selbst kann sie im Blick auf *seinen* Beruf, *seine* Familie, *sein* bürgerliches Engagement letztlich leisten, seit die Kirche ihm nicht mehr mit allgemein verbindlichen Ordnungen seinen Gehorsam vorgeben kann. So geht es in dieser Interpretationsstufe um Unterricht, Lehre, »Theologie für Nichttheologen«, um Information des Glaubens, um ein Bedenken der biblischen und

kirchlichen Überlieferung im Licht heutiger Wirklichkeit und heutiger Wirklichkeit im Licht der biblischen Überlieferung; beide Denkwege sind nötig. Ziel des Unterrichts ist es, daß der Hörer selbst zum Sehen, Urteilen und Handeln im Glauben fähig wird.

Eben darum bedarf es hier der Differenzierung, denn die Bedürfnislage ist im Blick auf diese Verstehensaufgabe ganz unterschiedlich. Es gibt von jeher einen besonderen Kinder-, einen besonderen Jugend- und einen besonderen Gemeindekatechumenat, obwohl man über die ganz unterschiedliche Bedürfnislage und die ihr entsprechende Arbeitsmethodik, besonders hinsichtlich des Gemeindekatechumenats, noch viel zu wenig nachgedacht hat. Aber auch *innerhalb* dieser drei großen Katechumenatsbereiche wird es sowohl nach der Bedürfnislage (unterschiedliche Distanzen zur Kirche, verschiedene Lebensaufträge, verschiedene Bildungsvoraussetzungen), als auch nach dem zu verhandelnden Gegenstand differenzieren müssen. Hier meldet sich eine wichtige Erkenntnis. Während das »Wort für alle« und der Kinderkatechumenat sinnvoll der örtlichen Gemeinde zugeordnet sind, werden beim Jugendkatechumenat bereits Aufgaben sichtbar, die die Kräfte einer örtlichen Gemeinde im Grunde übersteigen (auch wenn man vom Unterricht in den weiterbildenden Schulen absieht, der ohnehin nicht ortsgemeindlich ist): ein wirksamer Katechumenat hinsichtlich der drei Hauptaufträge im Übergang zum Erwachsensein – Berufsfindung und Berufsausübung, Familiengründung und Übernahme der bürgerlichen und politischen Verantwortung – setzt im Grunde bereits besonders ausgebildete Lehrkräfte und Unterrichtsmethoden voraus, die eigentlich nur noch ein Verband von mehreren Gemeinden sinnvoll und rationell aufbringen kann. Erst recht ist das im Gemeindekatechumenat der Fall. Zwar gibt es auch hier Aufgaben, die ortsgemeindlich gelöst werden können. Aber »Theologie für Nichttheologen« höherer Bildung und breiter gesellschaftlicher Verantwortung ist eine Aufgabe, der Gemeindepfarrer und andere Gemeindeangestellte im Grunde nicht mehr gewachsen sind, selbst wenn man in Rechnung stellt, daß hier ohnehin nicht mehr an Unterricht, sondern nur noch an gemeinsame Studienarbeit zu denken ist. Für diese Katechumenatsaufgaben wird es ohne die Hilfe besonders geschulter und begabter Theologen und anderer Fachkräfte, wie sie heute etwa an den Evangelischen Akademien arbeiten, nicht abgehen.

3. Es gibt aber im Übersetzungsvorgang noch eine dritte Stufe, die am ehesten mit dem alten Begriff des mutuum colloquium fratrum (gegenseitige brüderliche Beratung) bezeichnet ist. In dieser Stufe geht es nicht mehr um die allgemeinen Voraussetzungen des Verstehens des Glaubens und seines Gottesdienstes im Alltag. Hier ist die besondere Situation, die besondere Anfechtung, die besondere Not, der besondere Auftrag im Blick, und das »Wort für alle« wird nun zum »Wort auf den Kopf zu«, zur konkreten Verheißung und zum konkreten Geheiß.

In diese dritte Stufe gehören zunächst wieder einige Funktionen der örtlichen Gemeinde: die Seelsorge und Lebenshilfe in Fällen persönlicher Anfechtung und persönlicher und familiärer Not; der ganze Bereich der Amtshandlungen, sofern man nicht nur den Kasualgottesdienst selbst, sondern auch den Zusammenhang der Vorgespräche (die Katechumenatscharakter haben) und der Nacharbeit (die häufig Seelsorge- und Lebenshilfecharakter hat) im Auge hat.

Ein wesentlicher Teil der Gespräche dieser dritten Stufe ist aber offenkundig transparochial. Denn »das Wort auf den Kopf zu« setzt heute, wo es um berufliche, politische und andere Entscheidungen von hoher gesellschaftlicher Reichweite geht, um die »Erschaffung der Zukunft« in Wissenschaft, Technik und gesellschaftlicher Organisation, ein hohes Maß an Sachkenntnis voraus und ein Minimum an Verständigungsschwierigkeiten zwischen denen, die sich gegenseitig beraten und zur Entscheidung helfen. Solche Gespräche finden entweder gänzlich unorganisierbar, unterhalb der Ebene der Ortsgemeinde, in häuslichen Gesprächsgruppen oder Kommunitäten von Menschen statt, die engen persönlichen und sachlichen Anteil aneinander haben, oder weit oberhalb der Ortsgemeinde, bei Tagungen, auf Akademien, bei speziell einberufenen Konferenzen, an Universitäten und anderen Forschungs- und Ausbildungsstätten, wo Spezialisten desselben Gebiets einander beraten. Beratungsstellen und Treffpunkte dieser Art werden zu den ganz wichtigen, neuzubildenden Einrichtungen auf der Ebene der Kirchenkreise gehören, weil da die Distanz zur Situation, die besprochen wird, nicht zu groß, andererseits die Chance, die richtigen Leute zusammenzubringen, größer ist als in der örtlichen Gemeinde.

4. Auch im alltäglichen Gottesdienst des Glaubens, der Liebe und der Hoffnung geschieht ja noch einmal und nun ganz konkret Interpretation des Evangeliums. Aber hier ist in der Regel jeder Christ für sich allein und steht ganz auf sich selbst, auf dem, was ihn im »Wort für alle« getroffen, was er im Katechumenat bedacht und im mutuum colloquium fratrum im Blick auf die fälligen Entscheidungen mit anderen beraten hat. In die Entscheidung des Gehorsams selbst kann ihn niemand mehr begleiten. Trotzdem muß auch diese vierte Stufe der Interpretation hier genannt werden. Denn sie steht in einem doppelten Zusammenhang mit den anderen Stufen. Sie ist der Ernstfall des Glaubens, der Ernstfall der Anfechtung. In ihr steht die Mission der Kirche, ihre Präsenz in der Umwelt, ihr Dienst an der Umwelt, ihre Kommunikation mit der Umwelt auf dem Spiel. Insofern sind alle anderen Interpretationsstufen auf diesen Ernstfall bezogen, haben in ihm ihren Sinn und ihre Erfüllung. Andererseits ist es dieser Ernstfall, als Ernstfall der Anfechtung, der immer neu das Wort für alle im Gottesdienst letztlich herausfordert und darum, soweit das irgend möglich ist, im Gespräch um die Predigt mit allem, was er an Fragen, Zweifeln, Verzweiflungen, Erkenntnissen und Chancen des Gehorsams eröffnet, zur Sprache kommen muß, damit die Predigt notwendiges Wort sein kann. So schließt sich der Ring. Die vierte Interpretationsstufe, der Gottesdienst, setzt immer schon alle anderen und vor allem diesen »Ernstfall« voraus.

zu 1: Die erste Stufe: Gottesdienst und Predigt.

Es sind im wesentlichen drei Ziele, die sich der Gottesdienst am Brunsbütteler Damm und die Arbeit an seiner Ordnung stellt und an denen das Ergebnis zu messen ist: Einfachheit und Verständlichkeit – Aktualität – aktive Beteiligung aller oder doch möglichst vieler Teilnehmer.

1. Der Gottesdienst der Gemeinde ist ein Kommunikationsvorgang.

Kommunikation ist Einverständnis durch Verständigung. Zum *Einverständnis* des Glaubens kommt es, ubi et quando visum est Deo, es entzieht sich menschlicher Verfügbarkeit. Die *Verständigung* dagegen ist voll und ganz die gemeinsame Verantwortung der Versammelten. So wird *Verständlichkeit* ein Theologisches Kriterium der Gemeindeversammlung, ihrer Ordnung, ihrer Sprache und aller Handlungen, die in ihr stattfinden.

Gerät die Kirche in Sprachnot, weil sie in vieler Hinsicht den Kontakt mit der gesellschaftlichen Wirklichkeit verloren hat, auf deren Problematik hin und in deren Sprache sie das Evangelium bezeugen soll, dann ist die Verständlichkeit ihrer herkömmlichen Liturgie in Gefahr. Und dann ist Interpretation, dann ist Vereinfachung des Herkömmlichen (nicht Verkürzung!), dann ist in manchen Dingen Neuformung unerläßlich. Von jeher ist die Liturgie die große Sprachschule des Glaubens gewesen. Die Glaubenden sollen aber in der Liturgie nicht eine Fremdsprache, sondern ihre eigene Sprache im Glauben zu gebrauchen lernen. Auf diesem theoretischen Hintergrund sind eine ganze Reihe von Eigenarten des Gottesdienstes am Brunsbütteler Damm zu sehen und zu werten:

Der Versammlungsraum am Brunsbütteler Damm ist kein Sakralraum (wobei die Frage, ob die Unterscheidung von sakralen und profanen Räumen je ein evangelisches Recht für sich gehabt hat, offenbleiben kann). Er dient verschiedenen Aufgaben, der Not gehorchend und aus Prinzip. Er ist intim, hat wenige Plätze. So fehlen die meisten Merkmale des Kultraums. Es wäre im eigentlichen Sinn des Wortes »unverständlich«, wollte man diese Merkmale der »Kirche« schematisch auf einen ganz anders gearteten Raum übertragen. Die Stuhlanordnung liegt nicht fest. Sie wird verändert je nach der erwarteten Zahl der Teilnehmer und dem besonderen Inhalt der Versammlung (bei Abendmahlsfeiern steht der Tisch etwa in der Mitte, die Gemeinde sitzt im Kreis darum herum). Es gibt keinen Altar, ein (durchaus mit Blumen und Kerzen geschmückter) beweglicher Tisch dient als Abendmahlstisch, als

Ablage für die Bücher der Liturgen, aber auch für andere Zwecke. Für die Taufe gibt es keinen festen Stein, sondern eine kleine leicht hantierbare Silberschale. Das Abendmahlsgerät entspricht so weit wie möglich dem Gerät einer normalen Mahlzeit. Die Liturgen tragen keinen Talar, kein Pult schützt den Redner vor der Gemeinde: das erzwingt eine möglichst freie und direkte Rede. Es gibt kein Musikinstrument, schon gar keine Orgel. Die Gemeinde kann sich auf nichts verlassen als auf ihren eigenen Gesang. Das alles ist, jedenfalls in den Details, ganz ungrundsätzlich, im Hinblick auf die besonderen Gelegenheiten der Ladenkirche und der dort versammelten Gemeinde entschieden. Grundsätzlichen Wert hat nur die Erkenntnis, daß es solcher situationsbezogener Entscheidungen auch in liturgischen Dingen bedarf und daß sie heute vor allem auf der Linie der Vereinfachung, der »Ver-Alltäglichung« der Gemeindeversammlungen liegen werden.

Wesentlich entscheidender sind andere Dinge: der Gottesdienst am Brunsbütteler Damm verzichtet auf die große Gebetstradition der Kirche, wie sie in der Agende erscheint, obwohl alles, was die Liturgen von Sonntag zu Sonntag selbst formulieren, gegen die großen Gebete der Kirche wirkt wie eine Bastelei im Verhältnis zu einem wirklichen Kunstwerk. Im Gemeindegebet antwortet die Gemeinde von heute auf das heute an sie ergehende Wort. Sie muß ihre Antwort verstehen und vollziehen können. Die Kriterien der Verständlichkeit und der Aktualität (s. u.) erzwingen es, in beharrlicher Arbeit von Sonntag zu Sonntag zu einer eigenen Gebetssprache vorzudringen, mag sie im Vergleich zur Sprachmacht früherer Generationen noch so armselig sein.

Statt dreier Lektionen hält man am Brunsbütteler Damm nur die eine Textlesung, auf die sich die Predigt bezieht. Für diesen Text wird auf Sonntag für Sonntag zusammenzustellenden und zu vervielfältigenden Gottesdienstzetteln eine moderne Übersetzung geliefert, die die Gemeinde also in der Hand hat. Außerdem enthält dieser Zettel auch, wie die Schlußliturgie, eine geformte Zusammenfassung der Predigtaussage, die in der Liturgie des kommenden Sonntags Verwendung finden wird. Das Glaubensbekenntnis spricht die Gemeinde als Antwort auf die gerade abgeschlossene

Predigt. Die Abendmahlsliturgie ist auf die, dem Abendmahlsverständnis unserer Kirche entsprechend *notwendigen* Elemente reduziert und in der Gestaltung einer normalen gemeinsamen Mahlzeit möglichst angenähert (Tischrunde, Tischgebet etc.). Auf diese Weise ist der »Vollgottesdienst« möglich, ohne daß das Abendmahl auf Kosten der Predigt geht und ohne daß das gebotene Zeitmaß überschritten wird.

Alle diese Maßnahmen bedürfen unter dem Kriterium der Verständlichkeit kaum eines weiteren Kommentars. Die Gottesdienstordnungen, die am Brunsbütteler Damm gelten, sind an anderer Stelle in dieser Dokumentation notiert.

2. Mit dem Stichwort »Aktualität« ist der nun schon von vielen Seiten her beleuchtete unabdingbare Situationsbezug in der Kommunikation der Gemeinde bezeichnet. Um Aktualität, das heißt um einen möglichst genauen Bezug zu der Situation, die die Predigt herausfordert (und in die viele Elemente eingehen: Geschehnisse der Gemeinde und Geschehnisse der Zeit, der Kirchenjahresbezug etc.), bemüht sich die Gemeinde in den Gebeten der Eingangsliturgie (die einerseits die Ereignisse der vergangenen Woche aufnehmen, andererseits die Predigt präludieren), in der Predigt selbst, im Nachrichtenteil nach dem Glaubensbekenntnis (der immer einen gemeindlichen, einen gesamtkirchlichen und einen im weitesten Sinn politischen Abschnitt haben soll) und in der Fürbitte, die von den Sprechern des Nachrichtenteils frei gehalten wird und sich auf die in den Nachrichten genannten Gegenstände bezieht, ohne sich darauf zu beschränken. Aktualität im eigentlichen Sinn ist freilich mit äußeren Mitteln nicht zu gewährleisten. Sie hängt letztlich allein an der Frage, ob es in der Predigt gelingt, zum notwendigen Wort zu kommen, mit allem, was das an Vorbereitung und Nacharbeit bedingt. Ist die Predigt in diesem Sinn aktuell, dann ist auch der traditionellste Gottesdienst aktuell. Geht die Predigt über die Situation hinweg, dann ist auch eine Liturgie wie die am Brunsbütteler Damm inaktuell und realitätsfern.

3. Die Liturgie am Brunsbütteler Damm bemüht sich schließlich um die aktive Beteiligung möglichst vieler Gemeindeglieder. Auch hier muß man wieder zwischen der eigentlichen Intention und dem

äußeren Ausdruck, den sie sich in der Gottesdienstordnung verschafft, unterscheiden. Rein äußerlich ist die aktive Beteiligung mehrerer durch folgende Dinge gewährleistet: Gottesdienst und Predigt werden in einem Gemeindekreis vorbereitet und nachher kritisiert. Die Liturgie halten immer ein Laie und ein Theologe gemeinsam. Am Nachrichten- und Fürbitt-Teil ist meist noch ein weiterer Laie, wenn nicht mehrere, beteiligt. Die Kinder kommen durch ihre Kinderarbeit zu Wort. Der unbegleitete Gesang und das Psalmengebet sowie das »Amen« der Gemeinde, das in der Form des Gemeinderufes: Herr, erbarme dich! alle Gebete abschließt, sorgen für die äußere Beteiligung aller.

Aber mit alldem ist noch nichts darüber ausgesagt, ob es auch zu einer inneren Partizipation kommt. Das hängt, abgesehen von der Frage, ob das Wort der Predigt trifft, an vielen nicht organisierbaren Dingen: wie der einzelne vom Empfang an aufgenommen ist in der Versammlung; ob die Versammlung beherrscht wird von einem Klima der Redlichkeit, der Menschlichkeit, der Freude und des Ernstes, oder ob hier eine »Veranstaltung« abläuft, die letztlich gleichgültig ist gegen ihre »Besucher«; ob gelacht werden kann; ob Zustimmung, Ärger, Unverständnis sich äußern können; ob die Versammlung mit allem, was dabei geredet und getan worden ist, sich in der anschließenden Teestunde im weitergehenden Gemeindeleben auswirken kann. Oft genug ist auch am Brunsbütteler Damm der Kinderbericht ein Fremdkörper in einem Geschehen, das im übrigen keinen Platz und keine Aufmerksamkeit für kleine Kinder hat. Und mindestens einer Teilnehmergruppe gegenüber hat dieser Gottesdienst bisher fast völlig versagt: den Konfirmanden gegenüber.

4. Am klarsten wird die liturgische Intention der Gemeinde vielleicht an dem bisher nur wenige Male praktizierten »Wochengottesdienst«. In den vier Elementen dieses Gottesdienstes, dem »Treffen« der Teilnehmer bei einem Glas Saft (in dem der Agapecharakter der christlichen Gemeindeversammlung, der »Frieden«, die »Wiedervereinigung« Ausdruck finden soll), dem Informationsteil (in dem drei Gemeindeglieder die gemeindliche, die kirchliche und die öffentliche Lage erörtern und die Gemeinde

hinzufügt, was ihr wichtig ist), dem Predigtteil (in dem die biblische Verheißung im Licht der eben besprochenen Lage interpretiert und diese Lage ins Licht der Verheißung gerückt wird) und dem Gebetsteil (in dem die Gemeinde sich nach Matthäus 18 auf Grund des Gehörten einigt, worum sie bitten will), ist wahrscheinlich das bisher sichtbare Optimum eines situationsnahen Gottesdienstes erreicht. Interessant ist, daß sich in ganz anderen Zusammenhängen und von ganz anderen Voraussetzungen her, also etwa in East Harlem Protestant Parish, aber auch in einer Kommunität wie dem Laurentiuskonvent, ein sehr ähnlicher Grundriß des Gottesdienstes herausbildet. Indessen ist der Wochengottesdienst bisher zu wenig praktiziert, um schon ein Urteil zu erlauben.

5. Über die Voraussetzungen der Predigtarbeit am Brunsbütteler Damm ist in den Abschnitten II und III dieser Auswertung ausführlich gesprochen worden. Auch hier ist die Grundkenntnis die, daß es um Kommunikation geht, um Einverständnis durch Verständigung. Darum ist *Verständlichkeit* (im weitesten Sinn, der Situationsbezug geht hier ein) ein entscheidendes Merkmal auftragsgemäßer Interpretation der biblischen Überlieferung.

Eine ganze Reihe von Maßnahmen, die letztlich alle mit der Sorge um auftragsgemäße, d. h. textgemäße, situationsgemäße und verständliche Predigt zusammenhängen, müssen hier genannt werden.

a) Die Predigtvorbereitung und Predigtkritik in einem Gemeindekreis. Dieser Kreis arbeitet jetzt seit fünf Jahren ununterbrochen, in wechselnder Zusammensetzung. Seine Arbeitsverfahren sind unter »Querschnitte« geschildert. Predigt ohne das Gespräch mit einem solchen Kreis, in dem Beziehung und Distanz zwischen Text und Situation ständig diskutiert werden, und ohne die dabei geübte Kontrolle des Textverständnisses, der theologischen Kategorien und der Sprache der Predigt hinsichtlich ihrer Verständlichkeit ist für die Prediger des Brunsbütteler Damm nicht mehr vorstellbar. Gleichwohl ist diese Vorbereitungsarbeit nie problemlos gewesen. Oft ist der unmittelbare Ertrag dieser Diskussion für die Predigt, die ja erst danach in voller Verantwortung des Predigers entsteht und geschrieben wird, gering. Der Predigtvorbereitungskreis bewegt sich ständig zwischen der Szylla, eine Gruppe von auf diese

Aufgabe spezialisierten »Laientheologen« zu sein und also die Information und die Kontrolle gar nicht mehr zu leisten, die er eigentlich leisten soll, und der Charybdis, bei sich ändernder Zusammensetzung zu einer Art Gemeindebibelstunde zu werden, in der erst einmal die Voraussetzungen eines ergiebigen Gespräches geschaffen werden müssen. Aufs Ganze gesehen ist auch nur ein kleiner Teil der Gemeinde für diese Arbeit bereit. Das bekommt zwar dem Gespräch des Kreises, ist aber im Blick auf die Gemeinde, die *nicht* teilnimmt, durchaus problematisch. Die eigentliche Probe auf den Sinn und die Notwendigkeit dieser gemeinsamen Arbeit an der Predigt ist immer gewesen, daß der Predigtvorbereitungskreis wesentliche Leitungsfunktionen der Gemeinde immer ganz von selbst ausgeübt hat, einfach, weil sie zu seinem Thema gehörten.

b) Die Teestunde nach dem Gottesdienst. Sie ist noch an anderer Stelle zu besprechen. Eine ihrer Möglichkeiten war immer die Gelegenheit zur Besprechung der eben gehörten Predigt, zu Rückfragen, Protesten, Zustimmungen. Sie sollte ein Ort sein, an dem die Gemeinde ihr Amen zur Predigt konkret sagen oder verweigern kann. Faktisch kommt es im Rahmen der Teestunde dazu nur selten. Viel häufiger ist das Predigtgespräch des Predigers mit *einem* Gemeindeglied oder einer kleinen Gruppe, für das die Teestunde nur den äußeren Rahmen bietet. Am häufigsten machen Gäste von dieser Teestunde und Diskussionsmöglichkeit Gebrauch. Für den Prediger sind auch ihre Reaktionen von unschätzbarem Wert.

c) Gemeindestunden und Glaubensseminare, also die wesentlichen Wirkformen des Gemeindekatechumenats, stehen sehr oft in einem unmittelbaren, fast immer in einem mittelbaren Verhältnis zur Sonntagspredigt. Werden Textreihen gepredigt (ganze biblische Bücher und Buchteile), dann werden in der Gemeindestunde die geschichtlichen und theologischen Verstehenshilfen erarbeitet, die für diesen Textzusammenhang nötig sind. In den Glaubensseminaren sammelt die Gemeinde Informationen, die es ihr erlauben, die Predigt intensiver zu verarbeiten, zugleich gibt sie aber den Predigern bei den hier möglichen, oft viel gründlicheren Gesprächen Gelegenheit zur Einstimmung in das, was jetzt und hier für die Gemeinde an der Zeit ist.

6. Überblickt man das Ganze dieser ersten Interpretationsstufe am Brunsbütteler Damm und der in ihr geleisteten Arbeit, so wird man folgende Überlegungen anstellen müssen:

a) Es ist offenkundig, daß die am Brunsbütteler Damm geübte Art des um Einfachheit, Verständlichkeit, Aktualität und korporative Teilnahme bemühten Gottesdienstes einer nicht unwesentlichen Gruppe von Gliedern der heutigen Volkskirche entgegenkommt und gerecht wird, und zwar sowohl solchen mit einer starken kirchlichen Teilnahmetradition, die angesichts des liturgischen Traditionalismus und einer situationsvergessenen Predigt Unbehagen empfinden, als auch vielen Distanzierten. Es handelt sich sicher vor allem um junge und »jüngere« Menschen, um die Generation zwischen zwanzig und fünfzig Jahren. Als Alternative zum agendarischen Gottesdienst für solche Gruppen und als Ansatzpunkt heute flüssiger Liturgie wird man die Versuche am Brunsbütteler Damm und ähnliche Versuche sicher ernstnehmen müssen. Sie führen weiter als die dramatischen Versuche mit Jazzgottesdiensten und dergleichen, die ganz abgesehen von ästhetischen Fragen, immer nur die außerordentliche Versammlung, das »Christusfest« bei Kirchentagen, Jugendtagen etc. im Auge haben und für die normalen Wochenversammlungen der örtlichen Gemeinde so gut wie nichts austragen, weil sie mit viel zu großen Mitteln rechnen.

b) Gleichzeitig bleibt es bedenklich und bedenkenswert, daß es wichtige Gruppen gibt, die mit der Art, wie am Brunsbütteler Damm Gottesdienst gehalten wird, nicht recht vertraut werden können. Dabei darf man absehen von der Gruppe der Konfirmanden und jüngeren Jugendlichen, da es sich hier deutlich um ein Defizit handelt, das durch direkte Beteiligung der Konfirmanden (analog dem Kinderbericht) und die Einrichtung des Jugendgottesdienstes behoben werden kann. Ernster ist, daß im Unterschied zu anderen Gemeinden die alten Leute im Gottesdienst am Brunsbütteler Damm nicht zahlreich vertreten sind und daß einige Alte, nachdem sie es eine Zeitlang versucht hatten, wieder abgewandert sind. Ihnen ist es in der Ladenkirche (in der Staakener Straße ist es übrigens ein wenig anders) zu laut, zu unruhig. Es fehlen zu viele Merkmale, die für sie dem Herkommen nach zum Erlebnis »Kirche« gehören. Darin treffen sie sich mit einer großen Gruppe von Distanzierten, deren Teilnahme sich auf den Weihnachtsgottesdienst und die Amtshandlungen beschränkt (wie überhaupt das Vorurteil gegen Veränderungen in der Kirche direkt proportional mit dem Abstand zum kirchlichen und überhaupt zum gesellschaftlichen Engagement zuzunehmen scheint). Der Vorwurf, die Ladenkirche sei keine »richtige Kirche«, wird Jahr um Jahr mit einem Teil der Konfirmandeneltern erörtert und führt zur Abmeldung oder Ummeldung eines kleinen Teils der Kinder. Diesen Tatbestand zu verharmlosen und die Leute, die so empfinden, einfach abzuwerten, ist solange nicht erlaubt, wie die Kirche auch weiterhin Volkskirche zu sein beansprucht. Die Erkenntnis, die sich hier meldet und die endlich ernstgenommen werden sollte, ist die, daß die Volkskirche auch in ihren Gottesdiensten und ihren Versammlungsangeboten *multiform* werden muß. Es ist ebenso sinnlos, die Gottesdienstform in der Ladenkirche und ähnliche Versuche zum Ei des Kolumbus zu erklären, wie es sinnlos und situationsungemäß ist, alles über den Kamm des liturgischen Traditionalismus zu scheren. In der Gliedschaft der Volkskirche gibt es, weil nun einmal in der modernen Gesellschaft Tradition und Traditionszerfall sich auf mannigfache Weise mischen, verschiedene Bedürfnisse auch in Sachen Gottesdienst. Diese Bedürfnisse sind von einer Kirche, die um ihre Zeitgenossenschaft besorgt ist, weil sie Predigt schuldet, kritisch ernstzunehmen und aufzunehmen, *nebeneinander*. Liturgie ist Hilfe zum Verstehen der Botschaft und zum Gotteslob. Man kann in liturgischen Dingen nicht entscheiden, ohne sich darum zu kümmern, wo und wie die Zeitgenossen solche Hilfe brauchen.

c) Auf die Tatsache, daß die Teilnahme an den Gottesdiensten in der Ladenkirche gegenüber den ersten drei Jahren etwas abgenommen hat, wurde schon hingewiesen. Eine Reihe von Gründen wurde genannt.

Es sind noch mindestens – in diesem Zusammenhang – zwei Gründe hinzuzufügen. Einmal haben viele am Brunsbütteler

Damm – und sicher nicht nur dort – die Gewohnheit, zwar ganz regelmäßig, aber eben nicht sonntäglich, sondern vierzehntägig oder alle drei Wochen zum Gottesdienst zu gehen und in der Zwischenzeit an anderen Veranstaltungen teilzunehmen. Nach einer ersten Zeit erregter Beteiligung an der neuen Weise des Gottesdienstes hat sich diese Gewohnheit wieder stabilisiert. Sie ist, gerade bei den Berufstätigen, angesichts der neuen Bedeutung, die das lange Wochenende für die Wiedervereinigung der Familie und des über die Stadt hin verstreuten Freundeskreises, für Ausflüge, Weiterbildung etc. hat, durchaus verständlich, um so mehr, wenn man sich klarmacht, daß im Unterschied zur parochialen Symbiose Gottesdienst für die Heutigen nicht Heimkehr, sondern Anstrengung, nicht Selbstverständigung einer auch im Alltäglichen zusammenlebenden Gemeinschaft, sondern einen zusätzlichen Weltwechsel bedeutet. Der andere Grund ist für die Ladenkirche spezifisch. Ein Gottesdienst, der Sonntag für Sonntag in einer komplizierten Vorbereitungs- und Koordinationsarbeit ohne das schützende Geländer der Agende, der Kirchenmusik etc. neu entsteht, enthält unendlich viel mehr Möglichkeiten der »Panne«, sein »Gelingen« steht von Woche zu Woche viel stärker auf dem Spiel. Solange die Gemeinde in der Lage war, sehr viel Arbeit, Phantasie und Aufmerksamkeit auf diese Zentralversammlung zu konzentrieren, waren die Gottesdienste jedenfalls oft genug so »gelungen«, daß viele Leute öfter dabei waren, als es ihrem Lebensstil und Lebensrhythmus entsprach. Seit andere Funktionen der Gemeinde immer mehr Kraft verlangen und gleichzeitig wichtige Träger dieser liturgischen Arbeit ausfielen, hat die Attraktionskraft der Gottesdienste nachgelassen. Wichtig ist daran vor allem die Erkenntnis, daß sie eigentlich nur geringfügig nachgelassen hat. Es hat sich eben doch inzwischen soviel an guter und gewohnter, leicht vollziehbarer Ordnung gebildet, daß die Versammlung nicht mehr mit einem Höchstmaß von Aufmerksamkeit steht und fällt. Trotzdem ist hier sicher ein Punkt, an dem die Gemeinde ein wenig hinter sich selbst zurückgeblieben ist und wieder aufholen sollte.

d) Daß die Gottesdienste der Ladenkirche trotz oder gerade *in* dem Bemühen um Einfachheit, Verständlichkeit, Aktualität und korporative Beteiligung einen ziemlich hohen Anspruch an Liturgen und Teilnehmer stellen (nicht nur, was die Vorbereitung, sondern auch, was die Konzentration, die Beweglichkeit und die geistige Aufnahmefähigkeit anlangt), ist aufs Ganze gesehen doch kein Einwand gegen das Unternehmen. In der Tat, in die Rolle des »Kirchenpublikums«, des »Gottesdienstbesuchers« kann die Gemeinde am Brunsbütteler Damm nur schwer ausweichen. Das hängt mit dem Leitbild der »verantwortlichen Gemeinde« zusammen, und es sollte dabei bleiben. Zu überlegen wäre nur, ob nicht auch am Brunsbütteler Damm mit Rücksicht auf die verschiedenen Bedürfnisse und Distanzen zum kirchlichen Innenleben neben den bisher geübten Ordnungen anspruchslosere gottesdienstliche Versammlungen nötig wären. Gibt es nicht auch in liturgischen Dingen das Gebot der »gestaffelten Kontakte«?

zu 2: Die zweite Stufe: der Jugend- und Gemeindekatechumenat

1. Der Jugendkatechumenat ist wahrscheinlich das »unterentwickeltste« Gebiet der Arbeit am Brunsbütteler Damm. Das Problem hat verschiedene Dimensionen:

a) Trotz einer auch in diesem Punkt jedenfalls nicht ausdrücklich eingeschränkten Handlungsfreiheit ist bisher aus guten Gründen darauf verzichtet worden, die allgemein in der Landeskirche geltende Ordnung des Konfirmandenunterrichts und der Konfirmation zu durchbrechen. Der wichtigste Beweggrund ist die (sich an vielen Punkten meldende und gar nicht genügend ernstzunehmende) Erkenntnis, daß die einzelne Gemeinde in solchen Fragen, die die volkskirchliche Struktur als solche antasten, nicht handlungsfähig und nicht handlungsbevollmächtigt ist. Sie würde, wollte sie hier eigene Wege gehen, die Nachbargemeinde unerträglich belasten und besonders die distanziert Kirchlichen, die plötzlich vor einander widersprechenden Ordnungen stünden, verwirren. In diesen Dingen sind nur Verbände von Gemeinden, nur Kirchenkreise in der Lage, wirksam und verantwortlich zu experimentieren. Nur wird in der Tat auch hier auf das kontrollierte Experiment, auf den in vielen Erfahrungen kontrollierten und nicht nur in Synodalausschüssen erdachten Wandel nicht verzichtet werden können. Aber die Ebene, auf der solche Experimente möglich sind, liegt jenseits der Ortsgemeinde.

Am Brunsbütteler Damm wird also in dieser Sache gegen, wie die Verantwortlichen meinen, bessere Erkenntnis verfahren. Diese Erkenntnis besagt: Es ist im traditionellen Konfirmationsvorgang zwischen drei Funktionen zu unterscheiden. Da ist einmal die Aufgabe des Katechismusunterrichts, der sinnvollerweise mit einer öffentlichen Prüfung abschließen sollte. Diesen Unterricht schuldet die Kirche allen getauften Kindern. Er ist obligatorisch, sollte ein Jahr dauern und entsprechend der Lernfähigkeit der Kinder in der Vorpubertät liegen: Alter 10 bis 12 Jahre. Da ist zum andern die Aufgabe der Einübung in das innere Leben der Gemeinde, ihre Frömmigkeit, ihren Gottesdienst. Sie hat ihr natürliches Ziel in der Erstkommunion. Diesem Auftrag entspricht am ehesten die Arbeitsform des Gruppenlebens der jungen Gemeinde. Es sollte nach der Katechismusprüfung beginnen und etwa bis zum Alter von 16 Jahren angeboten werden. Es ist freiwillig, aber einjährige Teilnahme an diesem Gruppenleben ist Voraussetzung für die Zulassung zur Erstkommunion, über die im übrigen in seelsorgerlicher Entscheidung durch Pfarrer, Jugendleiter und Älteste von Fall zu Fall befunden wird. Trotz oft vorgebrachter entwicklungspsychologischer Erwägungen, die in der Regel mit einem sakramentalistischen Abendmahlsverständnis zusammenhängen, sollte die Erstkommunion nicht möglichst früh, sondern möglichst spät liegen. Und da ist schließlich als dritte Funktion die Einweisung in den »vernünftigen Gottesdienst« von Römer 12, in die Auftragsbereiche des Glaubens im Beruf, im öffentlichen Leben und in der Ehe. Diesem Ziel entspricht die Seminarform, die befristete Arbeitsgemeinschaft. Ihr Schwerpunkt läge bei 18 bis 20 Jahren. Die Teilnahme ist fakultativ. Sie führt zu einer »Freisprechung« für die Teilnahme am Dienst der Kirche in der Umwelt, zur Wahlfähigkeit und zur Zulassung zur christlichen Trauung.

Ein besonderer Konfirmationsakt ist bei diesem Aufriß überflüssig. Jede Phase hat ihren sinnvollen, durchaus festlich zu gestaltenden Abschluß. Der ganze Prozeß ist »confirmatio«.

Eine bruchlose Integration der jeweils heranwachsenden Generation in die Gemeinde der Erwachsenen ist, so meint man am Brunsbütteler Damm, nicht zu erwarten. Die Kirche gehört, wie sie es auch anstellt, zu den Traditions- und Erziehungsmächten. Indem der junge Mensch sich – notwendig – von den Vatermächten abstößt, um seinen eigenen Stil und sein eigenes Urteil zu gewinnen, muß er sich auch von der Kirche der Väter abstoßen. Daß Konfirmation heute weithin »Aussegnung« bedeutet, ist also keine Entartung, sondern ein notwendiger Prozeß, der der gesellschaftlichen Realität entsprechend über die Distanzierung zu einer neuen, nun aber persönlich verantworteten Nähe führen kann wie in der Familie auch. Gefährlich ist nicht dieser Bruch, sondern daß er in seiner Notwendigkeit einfach geleugnet wird und daß die Kirche es versäumt, der möglichen neuen Annäherung der jungen Erwachsenen entgegenzukommen.

Jedoch konnte, wie ausgeführt, am Brunsbütteler Damm nur innerhalb der gegebenen Ordnung nach besseren oder doch jedenfalls dem besonderen Ansatz der Ladenkirche entsprechenden Lösungen gesucht werden. Das ist in hohem Maß geschehen. Die Unterrichtspläne sind viel bedacht, eine Arbeitsschulmethode in ganz kleinen Gruppen ist herausgearbeitet worden. Die Disziplin dieses Unterrichts wird streng gehandhabt, der Lernstoff ist begrenzt. Viermal während eines zweijährigen Kurses wird das Angebot einer Konfirmandenfreizeit gemacht. Auf den erzwungenen Gottesdienstbesuch wurde verzichtet, statt dessen wird versucht, Unterricht und Gottesdienst so zu integrieren, daß Gottesdienstbesuch für die Konfirmanden von der Sache her sinnvoll wird. Arbeit und gemeinsames Leben nehmen mit herannahender Konfirmation an Intensität zu. Die Ordnung des Konfirmationsgottesdienstes zeigt, daß im Kern die Zulassung zum Abendmahl steht, die Konfirmationsfrage bezieht sich streng auf die Zulassung. Die Eltern der Konfirmanden werden regelmäßig eingeladen und mindestens zweimal während des Unterrichts (meist sehr viel öfter) besucht. Volle Kooperation der Eltern ist die Ausnahme.

Abgesehen von der Frage des Gottesdienstbesuches ist diese

Phase des Jugendkatechumenats so befriedigend, wie halbe Lösungen es sein können.

b) Im Kinder- und Jugendkatechumenat geht es um die traditio fidei zwischen den Generationen der Kirche. Diese ist – und zwar je rascher der Wandel der Gesellschaft und also der Situation zwischen Vätern und Söhnen, um so klarer – ein echter Missionsvorgang. Diese Mission der Väter kann nicht oder nur sehr eingeschränkt an bestimmte Funktionäre delegiert werden, sie ist und bleibt Sache der Erwachsenengemeinde als Ganzer. Die Vermittlung des Wissens von Glauben freilich verlangt geschulte Theologen und Pädagogen. Aber die Verheißung der traditio fidei liegt nicht bei dieser Wissensvermittlung, sondern in der Kommunikation der Väter mit den Söhnen in vorbehaltloser Gemeinschaft (Koinonia), unbedingter Verfügbarkeit (Diakonia) und verantwortlichem Zeugnis (Martyria).

Aus diesem Grund hat die Gemeinde am Brunsbütteler Damm der fast ideologischen Unterscheidung zwischen Erwachsenengemeinde und »Junger Gemeinde« nie zustimmen können. Die Aufgabe der Kirche schien ihr gerade nicht in der Isolierung der jungen Generation, sondern auch in dieser Sache in der Einung des Unvereinten zu liegen, in einem möglichst selbstverständlichen Zusammenspiel der Alten und der Jungen in möglichst allen Gemeindeversammlungen und -aktionen. Die Gemeinde hat also, abgesehen von einigen schüchternen Kompromissen, auf die Bildung von Jugendkreisen verzichtet.

Das Ergebnis ist zwiespältig. Ganz ohne Frage gibt es in der Gemeinde keinen radikalen Generationskonflikt. Die Zusammenarbeit von Menschen verschiedener Altersstufen (von den Teenagern bis zu den Alten) ist eine von allen akzeptierte Tatsache. Aber es ist nur ein Teil der Konfirmierten, der sich ganz in diese Arbeitsgemeinschaft hineinstellen kann und will. Für die meisten wären mindestens Übergangsformen, sei es in der Gestalt von Gruppen, von regelmäßigen offenen Abenden oder von Seminaren, sicherlich notwendig. Zudem – und das erscheint uns als ein sehr positives Ergebnis – lebt die Möglichkeit der Mitarbeit der ganz Jungen nicht eigentlich von dem offenen Klima der Gemeindeveranstaltungen selbst, sondern von der Offenheit bestimmter Familien und Wohnungen in der Gemeinde. Dieses Akzeptiertsein in einem häuslichen Freundes- oder Bekanntenkreis ist fast durchweg die Bedingung des Teilhabens an der Zusammenarbeit der Erwachsenen innerhalb der Gemeinde.

c) Erfreulich sind die Erfahrungen mit einer Reihe von nicht gruppenartigen und nicht regelmäßigen Maßnahmen der Gemeinde für die Jungen. Jeden Winter finden Jugendseminare statt (Komplexe von sechs bis acht Abenden mit berufsberaterischer, sexualpädagogischer und politischer Thematik). Die Teilnahme ist befriedigend, die Mitarbeit in der Regel ausgezeichnet. Die Durchführung solcher Seminare ist aber wieder einer der Punkte, wo die einzelne örtliche Gemeinde rasch an die Grenzen ihrer Kräfte gerät. In einem Verband von Gemeinden wären solche Dinge wesentlich fruchtbarer durchzuführen.

Bei den Freizeiten und den Urlaubsfahrten der Gemeinde gibt es immer eine beträchtliche »Fraktion« der Jungen, und gerade diese Gelegenheiten stiften zunächst Beziehungen zu bestimmten Familien der Gemeinde, dann dauerhafte Beziehungen zur Gemeinde selbst.

Eine ganze Anzahl von Einzelveranstaltungen, die nicht eigentlich Katechumenatscharakter hatten, aber doch dem Bedürfnis entsprachen und Beziehungen aufrecht erhielten, hatten ein erfreuliches Echo: eine Reihe von Jugendabendmahlsfeiern und Versammlungen ganz anderer Art, ein Tanzkurs, viele Feste mit ihrer Vorbereitung, regelmäßige Filmveranstaltungen etc.

Von Bedeutung ist, daß nicht wenige Konfirmierte und andere Jugendliche sofort zur Verfügung stehen, wo es um praktische Arbeit oder diakonische Hilfe geht. Der mehrfache Ausbau des Kellers, des Kinderraumes, der Basar, die Kinderarbeit und viele Hilfeleistungen für Familien in der Gemeinde wären ohne die Beteiligung dieser Jugendlichen undenkbar, manches Projekt hat sie wochenlang in Anspruch genommen. Es gibt Jugendliche, die, wie es scheint, überhaupt nur auf eine solche diakonische Weise in der Gemeinde mitleben können, im Programm ist »für sie nichts drin«.

Die Bilanz ist also auch in diesem Bereich keineswegs negativ. Dennoch ist das harte Urteil mancher Teilnehmer bei der Gemeindefreizeit 1965, »die anhaltende Konzeptionslosigkeit der Hauptamtlichen mache die Jugendarbeit zu einem Trauerspiel«, nicht von der Hand zu weisen. Freilich ist es nicht Konzeptionslosigkeit, sondern ganz im Gegenteil ein nicht hinreichend elastisches Konzept, das eine befriedigende Lösung dieser Katechumenatsaufgabe bisher verhindert hat.

d) Selbstverständlich gehört auch die »Offene Tür« nicht nur in den diakonischen, sondern auch in den Katechumenatszusammenhang. Seit Frl. Henschel am Brunsbütteler Damm zu arbeiten begann, haben 16–20jährige »Lederjacken« einzeln und hordenweise Einlaß in die Ladenkirche gesucht. Die erste Generation dieser Gäste, die vor allem um Frl. Henschel sich scharte, ist inzwischen erwachsen. Der Kontakt mit ihnen beruhte allein auf einem persönlichen Vertrauensverhältnis zu bestimmten Mitarbeitern. Nach dem Ausscheiden dieser ersten Generation gab es mehr als ein Jahr lang keine »Kellerkinder« im Laden. Dann kam eine ganze Gruppe, die schon in sich, von der Straße her, einen gewissen Zusammenhalt besaß und über potentielle »Häuptlinge« verfügte. Besonders durch Pfarrer Butenuth und den Diakonschüler Gittermann gelang es, diese Häuptlinge soweit zu stützen, daß die Ladenkirche zum regulären »hang-out« dieser stetig wachsenden Gruppe wurde. Die Jungen (Mädchen waren anfangs auch dabei, wurden aber von der Gruppe selbst ausgeschlossen) bauten sich den Keller aus, gründeten den »Club 17«, gaben sich eine Disziplinarordnung und hielten sich von nun an, wann immer das Programm der Gemeinde es erlaubte, nachmittags und abends im Keller und im Kinderraum auf. Mindestens die Verantwortungsträger der Gruppe versuchen in den letzten Monaten, bei anderen Veranstaltungen der Gemeinde (Gemeindefreizeit, Jugendfreizeit etc.) dabei zu sein, um den Status des Club 17 in der Ladenkirche zu sichern. Trotzdem ist es eine ausgesprochene Arbeit der Offenen Tür ohne jedes auf den Gemeindeaufbau bezogene Programm. Wirklich fruchtbar könnte diese Chance nur genutzt werden, wenn es eine hauptamtliche Kraft gäbe, die sich ausschließlich dieser und ähnlichen Aufgaben widmen könnte. Die Gemeinde selbst hat spätestens mit der Gemeindefreizeit 1965 die hier ihr zugewachsene Verantwortung begriffen. Es gibt mancherlei Hilfe. Weiterzukommen wäre aber nur, wenn es gelänge, den Laden – nicht nur den Keller – wirklich täglich aufzumachen, die innere Ordnung der Gruppe so zu festigen, daß es nicht ständig zu Konflikten mit dem regulären Gemeindeleben, zu disziplinarischen Maßnahmen, Aussperrungen und dergleichen kommt, und der Gruppe so etwas wie einen sinnvollen Inhalt für ihr Zusammenleben zu erschließen. Das geht über die Möglichkeiten ehrenamtlicher Helfer hinaus. Dabei lägen gerade in solcher Richtung die entscheidenden Möglichkeiten örtlicher Gemeindearbeit heute. Es weist auf einen tiefgehenden Strukturfehler hin, daß die Kirche in solchen Dingen aus Personal-, Geld- und Helfermangel immer nur halbe Arbeit leistet und alsbald, wenn die Frage nach der Rentabilität für das kirchliche Innenleben auftaucht, meist die Courage verliert. Diakonie rentiert sich notorisch nicht. Schon die Frage nach der Rentabilität ist unzulässig, wie man bereits im Neuen Testament nachlesen kann.

2. Man kann mit gutem Recht die Frage stellen, ob das Wort »Katechumenat« für die Aufgabe der Schulung und Beratung der »Verantwortlichen Gemeinde« für ihren alltäglichen Gottesdienst ein sehr glückliches Wort ist. Die Vorstellung eines lebenslangen »Unterrichts« (Hammelsbeck) ist mit Recht als dem Status von erwachsenen Christen unangemessen zurückgewiesen worden. Gleichwohl gibt es von jeher und für alle Altersstufen den Auftrag und das Bedürfnis nach »Lehre« (Didache), gibt es für den Glauben die Notwendigkeit, sich selbst von der Überlieferung her und im Hinblick auf seinen Weltauftrag methodisch zu begreifen, sich die dafür notwendigen Informationen und Arbeitsmethoden bereitzustellen. Auch der Jugendkatechumenat hat, seit er nicht mehr auf die Taufe hinführt, sondern von ihr herkommt, genau diesen, freilich auf die Bedürfnislage Heranwachsender bezogenen Auftrag und Inhalt. Insofern schließt die Arbeit, die hier mit dem Stichwort »Gemeindekatechumenat« gemeint ist, sachlich direkt an den Jugendkatechumenat an. Freilich geht es jetzt um den begriffenen Glauben, um die Schulung und Beratung Erwachsener und also

nicht mehr um »Schule« (wobei die Frage, ob es jenseits der Kindheit in der Gemeinde überhaupt noch um Schule gehen kann, offen bleiben soll), sondern um die Arbeitsgemeinschaft, um die gegenseitige Förderung erwachsener Menschen, die so geschieht, daß Sachverständige verschiedener Lebensgebiete (Theologen und Laien) miteinander die Wirklichkeit dieser Welt im Licht der Verheißung und die Verheißung im Licht der Wirklichkeit besprechen, wobei jeder die Information beisteuert, über die er kraft Begabung, Ausbildung und Erfahrung verfügt.

Diese Aufgabe ist in der parochialen Symbiose im wesentlichen unorganisiert im Rahmen der kontinuierlichen Einweisung in die christlichen Lebensordnungen in Familien, Sippen, Dorfgemeinschaften, Zünften erfüllt worden. Sie wird in dem Maße zu einem besonderen, bewußt zu übernehmenden Auftrag der Kirche, wie der Weltauftrag des Glaubens in einer säkularen Umwelt nicht mehr institutionell durch Recht, Ordnung, Sitte, Konvention, sondern nur noch durch einzelne Personen und in personaler, auf die jeweilige Lage reagierender Entscheidung wahrgenommen werden kann. »Theologie für Nichttheologen«, methodische Selbstverständigung des Glaubens, das Bedenken seines Gehorsams wird nun zur Bedingung kirchlicher Präsenz, kirchlichen Dienstes und kirchlichen Zeugnisses in der Umwelt.

Es sind, abgesehen von Einzelveranstaltungen und persönlichen Gesprächen, vor allem drei Wirkformen, durch die der Laie am Brunsbütteler Damm zu der für ihn notwendigen »Theologie« kommen kann: die Gemeindestunde, das Glaubensseminar und spezielle Kurse wie die Ehe- und Familienseminare.

a) Von Anfang an ist am Brunsbütteler Damm auf eine Bibelstunde alten Stils verzichtet worden. Es schien nicht um eine kerngemeindliche Verdoppelung der sonntäglichen Predigt, sondern um eine weitere Über-Setzung, um eine »Fortsetzung der Predigt mit anderen Mitteln« zu gehen. Darum hat neben der Textauslegung immer die Beschäftigung mit theologischen Problemen, mit wichtiger Literatur, die politische Information im weitesten Sinn und die Besprechung aktueller Probleme gestanden. Problematisch war in den ersten Jahren die Arbeitsform. Die klassische Methode – Referat und Diskussion – versagte in mehrfacher Hinsicht. Sie verleitete den Referenten zur Weitschweifigkeit, sie verschaffte den besser Informierten in der Gemeinde Gelegenheit, die Diskussion an sich zu reißen, sie drohte gelegentlich, das Niveau, jedenfalls die Ausdrucksweise, so hochzuschrauben, daß ein Teil der Besucher nicht mitkam und verstummte. Erst nachdem man der Methodik solcher Abende genau so viel Aufmerksamkeit schenkte wie der der Jugendarbeit (Bereitstellung der notwendigen Informationen in Digest-Form auf Arbeitsbogen, sorgfältige Fragestellung, reichliche Verwendung von Graphik und anderen Diskussionsmitteln), als man die Gemeinde selbst an der Themenstellung beteiligte und sich zur gleichen Zeit die Freiheit nahm, wirklicher Aktualität jederzeit den Vorrang zu lassen (der Durchbruch lag bezeichnenderweise in der leidenschaftlichen Diskussion der Berlinlage nach dem Mauerbau, die wochenlang dauerte), bekam die Arbeit Kontur, lebte die Diskussion auf. Stetige Teilnahme ist nicht zu erreichen. Man kommt in ganz verschiedener Zusammensetzung, wie einen die Fragestellung angeht. Darum wird zu Gemeindestunden oft besonders schriftlich eingeladen. Wichtig ist auch, daß der Raum zum persönlichen Austausch, zum »Gemeindeklatsch« im guten Sinn des Wortes, die »Teestundenatmosphäre« nicht zu kurz kommt. Zu systematischer Arbeit kam es vor allem dann, wenn ein Komplex von Gemeindestunden auf ein Glaubensseminar hinleitete oder im Zusammenhang mit den Texten des Gottesdienstes stand.

Es fehlt im Rhythmus dieser Arbeit zweierlei, um sie optimal fruchtbar zu machen: einmal der große repräsentative »Anlaß« zwei-, dreimal im Jahr, der große Vortrag, bei dem die Gemeinde Gastgeber eines größeren Kreises ist und der Informationen aus erster Hand und neue Denkanstöße bietet und den Stoff- und Personenwechsel der Gemeindestunde anregt; zum andern eine Einrichtung, die wir »Profilgespräch« nennen, den regelmäßigen Austausch der für die Katechumenatsarbeit verantwortlichen Theologen und Laien mit Sachkundigen eines hohen Niveaus, etwa in Hauskreisen, damit die Arbeit der Gemeindestunde »professioneller« wird. Etwa ein Jahr lang hatte die Gemeinde, wenigstens annäherungsweise, einen solchen Hauskreis. Gehalten hat er sich nicht.

Denn auch in dieser Sache stößt die Hausgemeinde wieder auf die Grenzen ihrer Handlungsfähigkeit. Erst ein ganzer Verband von Ortsgemeinden würde über genügend Personenauswahl, Finanzkraft und Gewicht auf dem »Referentenmarkt« verfügen, um beides leisten zu können: Sachkunde ersten Ranges und eine verantwortliche Übersetzung dieser Sachkunde in den Horizont von Gemeindegesprächen.

Zudem meldet sich aufgrund der bisherigen Erfahrungen noch eine wichtige Erkenntnis: die Fruchtbarkeit der Gemeindestunden nimmt zu, je härter sie an der gesellschaftlichen Realität bleiben, je genauer ihr Bezug auf die Aktion des einzelnen und der Gemeinde, auf die individuale und soziale Diakonie etc. ist. Die Gemeinde muß spüren, daß sie nicht spielt, sondern Werkstattbesprechungen führt. Darum wird der Gemeindekatechumenat in dem Maß an Attraktionskraft gewinnen, in dem die Gemeinde sich einläßt mit der menschlichen und gesellschaftlichen Problematik ihrer Umwelt. Denn dann sind »Werkstattbesprechungen« eine Lebensfrage. Gegenwärtig ist aber die ortsgemeindlich verfaßte Kirche als solche exzentrisch zur Umwelt und versucht diesen Zustand meist noch theologisch zu rechtfertigen. Die einzelne Ortsgemeinde verfängt sich in diesem Selbstwiderspruch der Kirche. Denn die Ebene des sinnvollen und fruchtbaren gesellschaftlichen Engagements der Christen liegt fast in allen Punkten höher als die Ebene ortsgemeindlicher Reichweite. Aus diesem Grund haben etwa politische Gespräche in Männerkreisen so oft den Charakter von Sandkastenspielen und Biertischgesprächen. Sie ergeben sich nicht aus der Aktion und führen nicht in die Aktion. Sie können das gar nicht tun, weil politische Aktion erst jenseits ortsgemeindlicher Reichweite überhaupt möglich ist. Noch einmal wird durch diese Überlegung unterstrichen, in welchem Maße die durchaus gegebene Aktionsfähigkeit der Ortsgemeinde abhängig ist von einer Umstellung der Kirche auf der Ebene der Kirchenkreise, wo es wirkliche Partnerschaft der Kirche zu Parteien, Gewerkschaften, kommunalen Verbänden, Verbands- und Vereinszentralen gibt. *Hier* wäre die

Ebene möglicher Aktion. Geht aber die Aktion voraus und steht sie auf dem Spiel, dann ist die Beratung in der örtlichen Gemeinde kein Problem mehr. Sie ist dann herausgefordert durch Wirklichkeit.

b) Das Glaubensseminar als Wochenendtagung von Gemeindegliedern zu einem bestimmten Thema, die sorgfältig in Gemeindestunden vorbereitet und nachträglich verarbeitet wird, ist das Ergebnis zweijähriger Versuche mit einer allgemeinen Mitarbeiterschulung in der traditionellen Weise: ein Abend pro Woche. Es zeigte sich, daß es eine Fülle von biblischen und allgemeinen Themen gibt, die sich nicht gut in der zerrissenen Weise von einzelnen Abendprogrammen behandeln lassen. Anderthalb Tage Studienarbeit, in deren Mittelpunkt ein oder zwei große Referate stehen, ist wesentlich fruchtbarer. Zudem ist die Wochenendtagung eine unschätzbare Gelegenheit der vita communis.

Zweifellos gehören die Glaubensseminare zu den »gelungensten« Wirkformen der Gemeinde am Brunsbütteler Damm. Gleichwohl werfen sie eine ganze Fülle von inhaltlichen und technischen Problemen auf, die weiterer Überlegung bedürfen. Einmal ist das Thema oft zu groß, selbst für eine Wochenendtagung. Sorgfältigere und detailliertere Fragestellung und Selbstbeschränkung der Referenten zugunsten des Gemeindegesprächs ist unbedingt notwendig. Schwieriger noch ist die Organisation und die Technik der Tagungen. Will die Gemeinde ihre wesentlichsten Kräfte dabeihaben, dann muß sie das Mitbringen von Kindern ermöglichen. Das stößt einmal auf den zunehmenden Widerstand der verfügbaren Heime, wie überhaupt die Gastfreundlichkeit vieler Heime in dem Maße abnimmt, in dem die Mauerbesichtigungstouristik ihnen Dauerbelegung garantiert und sie chronische Personalschwierigkeiten haben. Zudem verursacht es Kosten, die die einzelnen Familien, je kinderreicher sie sind, um so weniger tragen können. Aber auch die möglichen Zuschüsse der Gemeinde sind allzu begrenzt. Und schließlich ist es für Familien fast ausgeschlossen, die Entscheidung, an einem Glaubensseminar teilzunehmen, schon Wochen vorher verbindlich zu fällen. Die Heimleitungen können sich aber auf ungefähre und unsichere Meldungen nicht einlassen. So droht der Brunsbütteler Damm mit seinen Glaubensseminaren zum Schrekken der Heime zu werden. Erst wenn diese Gemeinde im Verband ihres Kirchenkreises über eine eigene Freizeitmöglichkeit verfügt, wären diese Probleme dauerhaft lösbar.

Natürlich verbirgt sich auch hinter solchen technischen Schwierigkeiten eine Fülle von Fragen, die auf die Struktur der Kirche zielen. Man kann fragen, ob solche Seminare noch Aufgabe der örtlichen Gemeinde sind. Sie sind es, solange die Kirchenkreise nicht über einen räumlich und personell gut ausgestatteten Schulungsapparat verfügen. Und selbst dann hätte die Gemeindetagung als Zentrum des Gemeindekatechumenats noch Sinn und Notwendigkeit. Man kann auch fragen, woher es eigentlich kommt, daß die Kirche wie die Gesellschaft sich entgegen der herrschenden Ideologie familienfeindlich verhält. Man stößt dann darauf, daß die vereinskirchliche Gemeinde, die sich im 19. Jahrhundert in der Volkskirche etabliert hat, im Grund immer familienfeindlich gewesen ist. Sie hat von jeher Männer, Frauen, Kinder und Jugendliche auseinandergenommen. Sie hat immer in sogenannten »Naturständen« gedacht und organisiert, obwohl es sich dabei immer um eine reine Fiktion gehandelt hat (in der biblischen Ständepredigt wird immer auf das Verhältnis *zwischen* den Ständen reflektiert, also auf ihre Zusammengehörigkeit).

Am Ende kann man nicht nur, sondern muß man fragen, was denn bei diesen Maßnahmen des Gemeindekatechumenats eigentlich herauskommt? Was bleibt von diesen Gesprächen an zusammenhängender Glaubenserkenntnis? Ist nicht womöglich »Theologie für Nichttheologen«, trotz möglicher Begründungen, angesichts der faktischen Problemlage und des heutigen Zustandes der Theologie eine Überforderung, fast eine Hochstapelei? Wird hier wirklich verantwortlich, dem heutigen Problembewußtsein entsprechend, gearbeitet?

Solange diese Arbeit am Brunsbütteler Damm läuft, sind die, die sie machen, solche Fragen nicht losgeworden. Es ist tatsächlich sehr schwer zu beurteilen, was eigentlich bleibt. Es bleibt jedenfalls eine dauernde Nachfrage nach solchen Arbeitsgemeinschaften in der Gemeinde. Es bleibt eine zunehmend wachere und kritischere Aufmerksamkeit vieler Gemeindeglieder auf die Probleme der

Predigt und die Probleme der Zeit. Es bleibt mit Gewißheit mehr Frage als Antwort, mehr Unruhe als klare Einsicht. In dieses Schicksal teilt sich aber die »Theologie für Nichttheologen« mit der Theologie der Theologen. Deutlich ist, daß die Theologie der Theologen ihre eigene nachtheologische Übersetzung in den Horizont des Verstehens der Gemeinde heute weitgehend schuldig bleibt, sowohl in der Weise der Gedankenführung, als auch in der Sprache, vor allem aber in der bestürzenden Nichtachtung des Problems als solchen. Es mag sein, daß die Theologie an der Universität diese Arbeit nicht leisten kann, es sei denn in der theoretischen Begründung ihrer Notwendigkeit und in der Ausbildung von Leuten, die sie tun. Faktisch fehlt der Kirche ein *Amt* in dieser Sache: das Amt des Theologen vor Ort, des Mannes, der die volle Spannung zwischen akademischer Theologie und ortsgemeindlicher und kreiskirchlicher Praxis stellvertretend für die Hauptamtlichen und die Laien vor Ort aushält und diese nachtheologische Übersetzung der Theologie der Theologen für den Gemeindekatechumenat, aber im Grunde eben auch für die Gemeindepfarrer, die mit der zeitgenössischen Theologie kaum Schritt halten können, leistet. Dieses Amt wäre ein Reiseamt, es könnte immer nur einer ganzen Reihe von Gemeinden und Gemeindeverbänden dienen. Stünde aber dieses Reiseamt zur Verfügung, dann wäre der Unterricht der Gemeinde für alle ihre Gruppen nicht mehr so unqualifiziert und so unergiebig. Dann wäre womöglich sogar der Weg für den dringend benötigten nicht volltheologisch ausgebildeten Gemeindeleiter endlich frei.

Solange der Theologe vor Ort fehlt, muß der Gemeindepfarrer ihn ersetzen. So lange wird aber auch die Frage, was eigentlich bleibt vom Gemeindekatechumenat (und das betrifft ja nun auch die traditionelle Bibelstunde vieler Generationen!), nicht verstummen.

zu 3 und 4: Die dritte und vierte Stufe

Alles, was zu diesen beiden Interpretationsstufen zu sagen war, ist bereits in den Vorerwägungen zu diesem Abschnitt behandelt. Das ist in sich selbst bezeichnend genug: beide Interpretationsstufen liegen tatsächlich weithin jenseits ortsgemeindlicher Reichweite, ein Zeichen mehr, wie sehr die örtliche Gemeinde in ihrer neuen Lage der Koordination und Kooperation mit anderen Gestalten von Kirche bedarf. Immerhin geht es in der dritten Stufe um die letzte Phase möglicher Übersetzung der biblischen Botschaft vor dem Ernstfall des Glaubens und seines Gehorsams. Wenn dies in der örtlichen Gemeinde weithin nicht mehr geschehen kann, *kann* sie sich kein Monopol mehr anmaßen.

Zwar wären in diesem Abschnitt nun doch sinnvollerweise die Kasualien und die Seelsorge der Gemeinde zu besprechen, denn hier geht es natürlich auch um Interpretation der biblischen Überlieferung, und zwar auf den einzelnen Fall hin. Es erscheint jedoch sinnvoller, auf diese Gebiete im Zusammenhang der Diakonie zu kommen, weil die Herausforderung zu diesen Handlungen der Kirche heute deutlicher denn je eine diakonische ist.

Zugleich darf nicht verschwiegen werden, daß selbstverständlich auch in der örtlichen Gemeinde nach wie vor eine Fülle von »Auf-den-Kopf-zu«-Interpretation geschieht und zwar in den Häusern, zwischen Mann und Frau, zwischen den Generationen, zwischen Freunden und Nachbarn, zwischen Leuten, die einander durch die Situation als »Nächste« zugeordnet sind. Am Brunsbütteler Damm sind mehrere Versuche mit formellen Hauskreisen gemacht worden, deren Hauptfunktion ja sicher dieses mutuum colloquium fratrum wäre. Bisher hat es noch keine dauerhaften Gründungen dieser Art gegeben. Zur gleichen Zeit aber wuchs die Zahl der Familien mit den »offenen Türen«, die informelle Gruppen um sich zu versammeln vermochten. Es gibt ganz ohne Frage Elemente werdender Hausgemeinde. Aber ihr Merkmal ist, daß sie sich bisher der Organisation entziehen. Vielleicht sollte die Gemeinde gar nicht versuchen, hier ordnend einzugreifen. Wo Hauskreise bisher in Deutschland organisierbar waren, lebten sie von Anstößen über-parochialer oder paragemeindlicher Art (Akademien, Ev. Akademikerschaft etc.). Nur im Ausland, etwa in England, gibt es formierte Hausgemeinde. Da aber gibt es sie kraft der häuslichen Kommunion. Von dieser Intensität des Ausrückens der Kirche aus den Gemeindehäusern in die Häuser der Gemeinde ist die Arbeit am Brunsbütteler Damm noch weit entfernt.

VI. Gemeinsames Leben

In Gemeinschaft, Dienst und missionarischem Zeugnis nimmt die Kirche ihren Weltauftrag, ihre Sendung wahr, *ist* sie Kirche. So muß sich jede Gestalt von Kirche, auch die begrenzteste, auf ihr gemeinsames Leben, ihren Dienst und ihren Anteil an der Mission der Kirche befragen lassen. Was hier zu sagen ist, ist die Probe auf die Arbeit an der »innergemeindlichen Kommunikation des Evangeliums«, die bisher beschrieben wurde.

Gleichwohl werden die nun folgenden Abschnitte wesentlich knapper sein als das Bisherige. Das liegt einmal daran, daß Wesentliches zu diesen drei Fragen in den bisherigen Darlegungen bereits enthalten ist. Es ist aber zugleich auch ein Hinweis auf die Begrenzung und zugleich das Charakteristikum der Arbeit am Brunsbütteler Damm. Sie hatte nicht auf eine klare diakonische Herausforderung zu antworten wie die Mehrzahl der großen, »erfolgreichen« Experimente der gegenwärtigen Christenheit, also etwa East Harlem oder Riesi (ganz abgesehen vom Unterschied der Größenordnungen). Sie hatte auch nicht das offenkundige Defizit an vita communis in der Kirche zum Ausgangspunkt wie die kommunitären Bewegungen, etwa Taizé. Sie lebt auch nicht aus einem besonderen missionarischen Impuls, war nicht aus auf eine ganze, der Kirche bisher verschlossene Welt, wie etwa die Industriemission in England. Ihr Ausgangspunkt war die offenkundige Tatsache, daß die örtliche Gemeinde als die gegenwärtig vorherrschende Gestalt von Kirche ihre Wirkkraft in der Umwelt zunehmend eingebüßt hat, daß sie »schlecht funktioniert«. Und ihr Ziel war und ist dementsprechend eine, wenigstens in manchen Stücken besser funktionierende örtliche Gemeinde. Sie hatte also zwei Dinge zu tun: sie hatte zu fragen nach der *Umwelt* der örtlichen Gemeinde und nach der in ihr gegebenen Bedürfnislage; und sie hatte zu erproben, ob und wie die herkömmlichen Wirkformen der örtlichen Gemeinde dieser gegenwärtigen Bedürfnislage anzupassen, wo gegebenenfalls neue Wirkformen zu entwickeln seien. Eben darum nimmt die Darstellung dieser Arbeit an den Wirkformen neben der Benennung der Umwelt der Ortsgemeinde in diesem Bericht den entscheidenden Raum ein.

a) Die Räumlichkeiten in der Ladenkirche und der ihnen angemessene Arbeitsstil, die überschaubaren Zahlen bei den Veranstaltungen (selten sind mehr als hundert Personen versammelt, meist weniger als fünfzig) ermöglichen und erzwingen einen ziemlich intensiven menschlichen Kontakt unter den Teilnehmern. Die »Ränder« der Zusammenkünfte sind angefüllt mit Begrüßung, Unterhaltung und Gespräch, so sehr, daß Pünktlichkeit und Konzentration darunter leiden. Anonymer Besuch ist allenfalls bei den Gottesdiensten möglich und auch da selten.

Bestimmte Stilelemente, Veranstaltungen und Aktionen fördern diesen Kontakt ganz planmäßig. Die »Tasse Tee« ist eine Art Markenzeichen des Brunsbütteler Damm. Sie ist ein Symbol der Tischgemeinschaft als uneingeschränkter Gemeinschaft, auf die eigentlich abgezielt ist. Die Teestunde nach dem Familiengottesdienst ist nach wie vor, trotz ihres bereits erwähnten Funktionswandels, ein Gemeindeforum von großem Wert: hier trifft man sich, aber in immer wechselnden Gruppierungen, und die Gäste, die fast nie fehlen, sorgen dafür, daß nicht »geklüngelt« werden kann. Bei Familien- und Jugendseminaren wird ganz bewußt neben der sachlichen Arbeit auch die Kontaktpflege betrieben, schon um des Gesprächs willen. Man spielt sich zusammen, im eigentlichen Sinn des Wortes, man bringt sich gegenseitig nach Hause. Sehr viel intensiver wirken die Wochenend-, Freizeit- und Ferienunternehmungen. Hier werden Beziehungen gestiftet, die sich im häuslichen Verkehr der Familien und der Alleinstehenden auswirken, die aber meist nicht nur gesellig bleiben, sondern durchaus in die Verbindlichkeit gegenseitiger Hilfe und Beratung ausmünden. Dieses interfamiliäre Beziehungsfeld, das der Vermittlung durch die Ladenkirche nicht mehr bedarf, wird mehr und mehr das eigentliche Reservoir, aus dem die innergemeindliche Arbeit, die Diakonie und die Mission der Gemeinde lebt.

b) Wo so intensive Beziehungen gestiftet werden, gibt es entsprechend intensive Distanzprobleme. Es ist ganz unvermeidlich, daß sich bei gemeinsamen Erlebnissen wie dem Familienurlaub enge Freundschaften bilden, während andere Beziehungen den Charakter guter oder auch nur flüchtiger Bekanntschaften behalten. Ein komplizierter Wechsel von »Du« und »Sie«, von raschem Einverständnis und ständig sich wiederholendem Mißverständnis ist die Folge. Die Gemeinde als ganze repetiert hier die Schwierigkeiten, die jeder gut funktionierende Gemeindekreis in anderen Gemeinden für sich erleidet.

Es gibt nicht wenige Menschen, die nach längerer intensiver Mitarbeit in der Gemeinde schließlich doch resignierten, weil sie sich in keinem der Felder engerer mitmenschlicher Beziehung einen Platz erobern konnten oder doch unter diesem Eindruck standen.

Regelmäßig hat sich Kritik dieser Art längere Jahre hindurch besonders an der Teestunde entzündet. Man sprach von »Cliquenwirtschaft« und »Klüngelbildung«. Der Vorwurf erhob sich besonders gegen die verantwortlichen Gruppen der Familienseminare und gegen den Spielkreis, der naturgemäß durch monatelange Zusammenarbeit besonders eng verbunden war. Der Vorwurf als solcher ist sehr aufschlußreich. Er bedeutet nämlich, daß die Gemeinde den Verzicht auf den Gemeindekreis bejaht und den Verzicht auf den »Gruppengeist« auch von denjenigen Gemeindegliedern fordert, die wegen ihrer gemeinsamen Aufgaben fast nicht umhin können, solchen Geist zu bilden. Das Problem Teestunde ist heute ausgestanden, der Vorwurf der Klüngelbildung taucht nur noch selten auf. Das ist ohne Frage der Erfolg einer bewußten Anstrengung derer, die die Kritik der Klüngelei auf sich bezogen hatten (das ging soweit, daß manche sich bereit erklärten, vorerst überhaupt nicht mehr an der Teestunde teilzunehmen und sich allgemein zurückzuhalten, ohne daß ihre Verbindung zur Gemeinde dadurch lockerer geworden wäre). Gleichwohl ist dieser Sieg eher ein Pyrrhussieg. Denn manche Kritiker stoßen sich einfach darum nicht mehr an der Klüngelei, weil sie überhaupt auf eine gewisse Distanz gegangen sind. Und dadurch ist der Abstand einer bestimmten Gruppe der Gottesdienstgemeinde zum »Gemeindekern« noch größer geworden. Es gibt heute zweifellos einen Hof von Leuten, die zwar nicht anonym bleiben, aber doch bewußt im Status der Interessierten, aber nicht Engagierten verharren.

Man wird das prinzipiell nicht ändern können. Es entspricht durchaus der Leitvorstellung von den »gestaffelten Kontakten«. Schließlich handelt es sich bei dieser Gruppe der Interessierten vornehmlich um Leute, die gar nicht ernstlich enger teilnehmen wollen, selbst wenn sie das gelegentlich bedauern.

Aufs Ganze gesehen wird man sagen können, daß das Problem darum, abgesehen von Einzelfällen, für die Gemeinde nie wirklich gefährlich geworden ist, weil Freizeiten, Seminare und Wochenenden die Teilnehmer in immer wechselnden Gruppierungen zusammenbringen, so daß sich beständig einige Beziehungen lockern, während andere sich intensivieren. Der feste »Kreis« kann sich nicht formieren.

c) Das ist vor allem darum eine Lebensfrage für die Gemeinde, weil sie ja nicht nur negativ auf den Gemeindekreis verzichten, sondern positiv an der »Einung des Unvereinten« arbeiten und Gruppen, die sich natürlicherweise voneinander zu isolieren streben, im Wechselspiel halten will.

Man wird sagen dürfen, daß das mindestens im Kreis der intensiv Beteiligten wirklich gelungen ist. Es gibt ein ernstliches gegenseitiges Sich-Gelten-Lassen, wirklichen Austausch zwischen Menschen verschiedener Generation, verschiedener Einkommens- und Bildungsstufen, verschiedener politischer und weltanschaulicher Orientierung, ja sogar verschiedener Frömmigkeitsrichtung. Die an anderer Stelle dieser Dokumentation gezeigte Analyse der Postlisten vom Brunsbütteler Damm (nach denen die häufigen schriftlichen Einladungen und Benachrichtigungen erfolgen) ergibt, daß das Spektrum der Teilnehmer äußerst farbig ist und sogar der Struktur nach fast der Zusammensetzung der Bevölkerung im Bezirk entspricht. Das würde noch eindrücklicher sein, wenn aufgeschlüsselt wäre, welcher Personenkreis jeweils für spezifische Veranstaltungen eingeladen wird. Es gibt nirgends eine Differenzierung etwa nach Bildungs- und Einkommensstufen. Und das Gespräch der Gemeinde lebt von diesem Austausch.

d) Zu einer sich immer wieder erhebenden Frage: die Gemeinde am Brunsbütteler Damm ist zwar gewiß keine Arbeitergemeinde, aber eine Gemeinde mit nicht wenigen Industriearbeitern. Allerdings sollte man der Fragestellung als solcher mißtrauen. Denn die für die Kirche entscheidende Frage ist ja nicht der Verlust einer bestimmten Bevölkerungsgruppe, sondern nahezu aller gesellschaftlichen Gruppen, die den gesellschaftlichen Wandel heute vornehmlich tragen und erleiden. In Frage steht also die Zeitgenossenschaft der Kirche überhaupt. Hätte eine Gemeinde die Intellektuellen ihres Bezirks und wäre wirklich im Gespräch mit dieser einen Gruppe, und es wäre nicht *ein* Arbeiter dabei, so handelte es sich dennoch um eine dem gesellschaftlichen Wandel neu angepaßte Gemeinde. Man sollte aufhören, sich auf *ein* besonderes Versagen der Kirche im vorigen Jahrhundert zu fixieren. Die Industriearbeiter hat die Kirche bekanntlich nicht verloren, sie hat sie nie gehabt. Wichtiger als die Pflege dieses allzu spät diagnostizierten Traumas wäre es, daß die Kirche sich jetzt auf die Gruppen konzentriert, die sie zu »haben« meint und die ihr doch im Augenblick zunehmend entgleiten, weil auch sie jetzt unaufhaltsam in den gesellschaftlichen Wandel hineingerissen werden. Mit *diesen* Menschen und für sie sollte die Kirche sich auf den gesellschaftlichen Wandel einlassen und zeitgenössisch werden, wie es etwa die Arbeit der Evangelischen Jugend auf dem Land stellenweise vorbildlich versucht. Wenn die Kirche auch nur an einer Stelle wieder ernstlich an der Zeit ist, wird sie sich an anderen Stellen selbst nachkommen.

VII. Diakonie

Diakonie ist nicht eine Tätigkeit der Kirche unter anderen. Das Wort beschreibt die Aktionsform des Glaubens schlechthin. Heute wird die Kirche als Mission entdeckt: die Annahme der Sendung Jesu und die Teilnahme an ihr ist die raison d'être der Kirche. Davon ist nichts zurückzunehmen. Aber die Mission der Kirche hängt an ihrem diakonischen Verhältnis zur Umwelt. Das »Komm herüber und hilf uns!« (Apg. 15,9) der von Gott geliebten Menschenwelt nach Hilfe zum Leben, nach der Tat und dem Wort, die Zukunft eröffnen, ist die eigentliche Schwelle der Mission. Alles in der Kirche, der Gottesdienst, die Kirchenordnung, das gemeinsame Leben, die Frömmigkeit muß befragt werden, ob und wieweit es

Diakonia ist, Dienstleistung zum Frieden, zur Versöhnung des Menschen mit Gott, mit seinen Nächsten und mit sich selbst.

Es war unvermeidlich, daß die Kirche besondere diakonische Werke und Einrichtungen schuf, als die »Not der Nächsten« mit den alten Formen nachbarschaftlicher Hilfe nicht mehr zu beheben war, weil sie in der frühindustriellen Welt gesamtgesellschaftliche Ausmaße angenommen hatte.

Aber es ist unerträglich, daß die örtliche Gemeinde seither in der Versuchung ist, sich durch diese Veranstaltungen der Kirche von ihrer Diakonie entlastet zu fühlen, abgesehen von den Kollektengroschen. Eine Gemeinde, die sich nicht mehr diakonisch einberufen weiß in ihre besondere Umwelt, ist alsbald mit nichts anderem mehr beschäftigt als mit ihrer Selbsterhaltung und Selbsterbauung. Sie hat mit Gewißheit auch keine missionarische Wirkkraft mehr. Denn die Chance zu dem Gespräch, das Verheißung hat, ergibt sich im Dienst. Es gibt tausend Weisen der Diakonie, wie es tausend Weisen menschlicher Not gibt. Und es ist gerade das Merkmal eines diakonischen Verhältnisses zur Umwelt, daß die spezifische Not, die jetzt und hier ansteht, genau wahrgenommen und genau beantwortet wird, ohne Hintergedanken und Nebenzwecke, und wären sie missionarischer Art. Es ist dieser Situationsbezug der Diakonie (der dem Situationsbezug der Predigt entspricht und mit ihm zusammenhängt), auf den es gerade beim Nachdenken über die örtliche Gemeinde besonders ankommt. Um ihrer eingeschränkten gesellschaftlichen Reichweite willen hat die örtliche Gemeinde nur noch ganz begrenzte diakonische Chancen. Und auch diese hat sie nur noch in Zusammenarbeit mit anderen Institutionen. Gleichwohl lassen sich diese Chancen genau beschreiben.

Es geht für die örtliche Gemeinde um die Nöte der Menschen in ihrem Zusammenleben in der Wohnwelt. Es geht um Orientierung und Begleitung junger Eheleute, um Eheberatung und Ehehilfe vor und nach der Hochzeit. Es geht um Hilfe bei der Erziehung kleiner Kinder, besonders in unvollständigen Familien und solchen Familien, wo beide Elternteile arbeiten. Es geht um Verfügbarkeit für die Heranwachsenden in ihren verschiedenen Bedürfnissen: Gemeinschaft, Austausch mit der älteren Generation, Orientierungshilfe,

Freizeitgestaltung. Es geht um Diakonie an den alten, vor allem aber auch an den älter werdenden Menschen, die im Beruf erreicht haben, was zu erreichen war, die ihre Kinder großgezogen haben und nun oft vor einer großen Leere stehen. Es geht um die Pflege der Alleinstehenden und der unübersehbaren Zahl der »Halbkranken«, der Süchtigen und Suchtgefährdeten, der beruflichen Versager, der in der Ehe Gescheiterten, der schwach Begabten, der psychisch Labilen, – lauter Menschen, denen der Arzt allein nicht helfen kann, weil sie außer Arznei und Analyse vor allem den Nächsten brauchen, der ihnen bei der täglichen Auseinandersetzung mit der Umwelt den Rücken stärkt.

Es geht schlicht darum, daß die örtliche Gemeinde sich dazu bekennt, daß sie heute weithin mit den Gefährdeten und mit den Opfern der Zeit zu tun hat, und zwar an dem Ort, wo die großen gesellschaftlichen Hilfsmaßnahmen nicht ausreichen, in ihren Wohnungen, wo sie allein sind oder an unerfüllter Gemeinschaft zerbrechen.

a) Der Orientierung von Eheleuten und Familien, zugleich der Stiftung interfamiliärer Beziehungen dienen am Brunsbütteler Damm und aufgrund der dort gemachten Erfahrungen auch in anderen Spandauer Gemeinden die Ehe- und Familienseminare, die vor allem mit Referentenhilfe der Beratungsstelle der Inneren Mission durchgeführt werden. Für die Beratungsstelle und für die Gemeinde ergaben sich durch die Seminare eine ganze Reihe von individuellen Ehe-, Erziehungs- und Lebensberatungen.

Es haben sich sieben Seminartypen herauskristallisiert, vier, die sich mit Ehe- und Erziehungsfragen befassen, drei, die das Verhältnis der Familie zum Glauben, zur Kirche und zur Öffentlichkeit betreffen. Der Teilnehmerkreis rekrutiert sich vornehmlich aus der Gemeinde der volkskirchlichen Amtshandlungen. Es hängt hier alles an der intensiven persönlichen Einladung durch den Pfarrer und die »Trägerehepaare«, die für die Durchführung der Seminare mitverantwortlich sind. Wird diese Vorbereitung sorgfältig gemacht, dann kann der Teilnehmerkreis zum überwiegenden Teil aus distanziert Kirchlichen bestehen. Für die Orientierungshilfe in Ehe- und Erziehungsfragen ist heute bei allen Menschen

Bedarf, mag im übrigen das Verhältnis zur Kirche noch so kritisch sein.

Nach einigen sehr schönen Erfahrungen hat die Gemeinde in den letzten beiden Wintern mit ihren Familienseminaren das »Klassenziel« nicht erreicht. Es handelte sich in beiden Fällen um Seminare für Eltern mit Teenagern, vor allem also um Konfirmandeneltern. Die Seminare waren aus Personalgründen (mehrfache Erkrankungen) beide nicht hinreichend vorbereitet. So war der Teilnehmerkreis klein (zehn bis sechzehn Personen). Das Gespräch war gleichwohl gut. Aber es muß hinter der Reserve der Eltern mit heranwachsenden Kindern gegen diese Art der gemeinsamen Beratung mehr stecken als ein reparables Versagen der Gemeinde. Offenbar ist in den meisten Fällen das Verhältnis zwischen den Eltern und ihren »großen Kindern« schon so kritisch, oft so verfahren, daß man es nicht mehr wagt, die Probleme offenzulegen. Hier muß vielleicht noch eine andere Arbeitsform gesucht werden, obwohl auch dieses Seminar Typ IV in anderen Spandauer Gemeinden gut gelungen ist.

Jedoch verlangt diese Beratungsarbeit organisatorische und inhaltliche Hilfen von nichtparochialen und überparochialen Instanzen (Beratungsstelle, Kirchenkreis). Ehe-, Erziehungs- und Lebensberatung erfordert spezielle Sachkunde, sonst schadet sie mehr, als sie hilft. Berater stehen bei besonderen kirchlichen und staatlichen Beratungsstellen zur Verfügung. Natürlich sind sie mit Aufträgen überfordert, gleichwohl begrüßen und fördern sie die Ergänzung ihrer Arbeit durch örtliche Seminare, weil auch in dieser Sache Prophylaxe selbstverständlich besser ist als Therapie.

Nach den Erfahrungen am Brunsbütteler Damm und in Spandau scheint dieser Arbeitsbereich so wichtig und so ergiebig, daß die Einstellung einer hauptamtlichen Kraft auf Kirchenkreisebene, die einer Arbeitsgruppe der Kreissynode als Sekretär dienen könnte, ernstlich erwogen werden sollte. Leider ist in Spandau gegenwärtig die Kontinuität etwas abgerissen. Die Gemeinde am Brunsbütteler Damm setzt die Arbeit fort.

b) Die Einstellung einer hauptamtlichen Kraft für Familienarbeit wäre auch für andere Funktionen, auf die man nicht nur am

Brunsbütteler Damm, sondern auch etwa im Kirchenkreis Tempelhof (dort in viel größerem Stil) aufmerksam geworden ist, sinnvoll. Da ist vor allem die Aufgabe der Familienerholung.

Familien mit mehreren Kindern können auch heute noch kaum in Urlaub gehen, jedenfalls nicht gemeinsam. Dabei wird der Urlaub ganz ohne Frage immer mehr zum »Sabbat des modernen Menschen«, und für die Regeneration gefährdeter oder ermüdeter Familienbeziehungen ist er besonders geeignet.

Die Familienerholung am Brunsbütteler Damm unterscheidet sich von der in Tempelhof dadurch, daß sie einerseits bewußt lokalgemeindlich ist, andererseits nicht nur Familien mit Kindern akzeptiert, sondern auch Jugendliche, Alleinstehende etc. Dreimal ist die Gemeinde bisher mit einer Urlaubsgruppe nach Villar Pellice, in die Waldensertäler gefahren, wo ein Heim sehr billige und schöne Urlaubsmöglichkeiten bot. Die größte Reisegruppe hatte annähernd sechzig Teilnehmer. Die Zusammensetzung war jedesmal anders, und viele sind erst durch diese Urlaube in festen Kontakt zur Gemeinde gekommen.

Es handelt sich um wirklichen Urlaub, nicht um eine Freizeit. Es wird nur ein Minimum gemeinsamen Programms geboten, außer den Mahlzeiten eigentlich nur der allabendliche Gottesdienst, der fakultativ ist, an dem aber eigentlich alle teilnehmen. Trotz dieser Programmbeschränkung wird naturgemäß vieles gemeinsam gemacht. Man kann sich aber ohne Schwierigkeit ausschließen, und das geschieht auch.

Im kommenden Jahr wird die Gemeinde zum ersten Mal Schwierigkeiten mit dieser Unternehmung haben. Die Preise des bisherigen Ferienheimes, in das die Gemeinde gern wieder gehen möchte, sind sprunghaft angestiegen. Eine Lösung ist noch nicht gefunden.

Gäbe es eine eingespielte Organisation dieser Familienerholung wie in Tempelhof, man könnte ganz ohne Frage auch in Spandau Hunderten von Menschen Jahr um Jahr nicht nur Erholung bieten, sondern eben, was viel wichtiger ist, Regeneration des familiären Zusammenhalts. Man könnte weiter, wenn man am Prinzip des Brunsbütteler Damm festhielte, gemeindlich zu fahren, nicht nur feste Kontakte auch zu Distanzierten knüpfen, sondern auch die Teilnehmer untereinander zu aktionsfähigen »Nachbarschaften« verbinden, die dann im Alltäglichen weiterwirken. Eine einzelne örtliche Gemeinde ist zu mehr als einer solchen Unternehmung, wenn sie sie ganz ohne Hilfe organisieren muß, nicht imstande.

c) Kinderarbeit in Gruppen wird, abgesehen von den Kindern, die am Gottesdienst teilnehmen, nicht geleistet. Die Gemeinde beschränkt sich auf die offene Kinderarbeit, um möglichst vielen Kindern, die am Brunsbütteler Damm besonders zahlreich fast den ganzen Tag auf der Straße sind, einen gewissen Halt, Beschäftigung, Spielfreude und (etwa im Blick auf den Riesi-Basar) sinnvolle Aufgaben zu geben. Am Mittwochnachmittag ist Bastelstunde in der Staakener Straße (wo die Kinder sehr unregelmäßig, manchmal fast garnicht, manchmal zu Dutzenden kommen), donnerstags am Brunsbütteler Damm, meist in zwei Gruppen, anderthalb Stunden die Kleinen, anderthalb Stunden die Großen. Wenn es in dieser Sache nicht an Helfern fehlt, kann die Gemeinde pro Woche mehr als hundert Kindern zur Verfügung stehen. Im Lebenshaushalt eines kleinen Kindes, das zwar nicht den Hort braucht, aber doch nicht ganz von der Familie gehalten werden kann, genügt oft, in Kooperation mit den Eltern, ein solcher Anhalt zu regelmäßigem Spiel und regelmäßiger produktiver Zusammenarbeit mit anderen Kindern, um ihm Schädigungen zu ersparen. Dazu kommt, daß die Kinderhelferin und die Mutter, die ihr beistehen, nach und nach behutsam Autorität für eine große Kinderschar bilden. In beiden Kinderstunden wird gespielt, gebastelt, gesungen und vorgelesen.

Es hat Perioden gegeben, wo der Brunsbütteler Damm fast jeden Nachmittag für die Kinder der Umgegend offenstand. Sie kamen und gingen selbst vormittags. Aber die Zahlen wurden bald zu groß. Die Gemeinde kann diese Dauerpräsenz und ständige Zuwendung zu vielen kleinen Kindern nicht leisten. Auch hier wäre wieder die Kooperation in größeren Zusammenhängen die Möglichkeit zu wirksamerer Diakonie.

Außer der Kinderarbeit hat die Gemeinde periodenweise in der Staakener Straße Schularbeitshilfe geleistet, am Brunsbütteler Damm eine Körperbehindertengruppe wöchentlich betreut.

d) Der gesamte Jugendkatechumenat hat einen diakonischen Aspekt. Denn die Mission zwischen den Generationen geschieht im Medium des allgemeinen Erziehungsprozesses, der ausgelöst wird durch die Schutz-, Pflege- und Bildungsbedürftigkeit der nachwachsenden Generation. Erziehung, sofern sie nicht Dressur ist, nicht »Erschaffung der Kinder nach dem Bild der Eltern«, sondern Welteröffnung, Lebenshilfe der älteren an der kommenden Generation, ist ein spezifisch diakonisches Geschehen.

An diesem Geschehen nimmt die Kirche teil, wie alle Erziehungsmächte antwortend auf die besondere Bedürfnislage des heranwachsenden Menschen. Es ist die große Leistung der christlichen Jugendarbeit der Kirche, den im Auseinandertreten von häuslicher Welt und gesellschaftlichem Leben (Schule, Ausbildung etc.) entstehenden dritten Erziehungsraum aufgeschlossen und das Bedürfnis junger Menschen nach Gesellung mit ihresgleichen, nach jugendgemäßer Einübung des Gottesdienstes (im Sinne von Römer 12) geltend gemacht zu haben. Jugendarbeit ist Lebenshilfe, auch und gerade in ihrem geistlichen Gehalt. Die Maßnahmen des Jugendkatechumenats am Brunsbütteler Damm sind bereits unter IV dargestellt und erwogen worden. Hier sind nur zwei Elemente noch einmal zu unterstreichen.

Die Arbeit der Jugendseminare bezieht sich auf das besondere Bedürfnis junger Menschen nach Orientierung. Orientierung ist mehr als Information, sie ist das, was der Fülle der heute verfügbaren Informationen erst Zusammenhang und Sinn gibt. Orientierung ist die Weise, wie der junge Mensch sich mit der Hilfe der älteren Generation des Auftrags und der Verheißung seines anhebenden Lebens vergewissert. Die Orientierung, die die Kirche dem jungen Menschen schuldet, liegt darin, daß sie ihm die Wirklichkeit seines Daseins, insbesondere seines Berufs, seiner kommenden Ehe und seiner bürgerlichen Pflicht im Licht der biblischen Verheißung zeigt.

Die Arbeit der »offenen Tür« hat es nur indirekt mit diesem Orientierungsauftrag zu tun. Für die große Zahl von Jugendlichen, die in scharfer innerer Spannung zu Elternhaus und Schule (Ausbildung) stehen, ist der dritte Erziehungsraum der in vieler

Hinsicht lebensentscheidende, und das ist für sie die »Straße« und die »Horde« auf der Straße. Hier geschieht auch Erziehung als Eingliederung, meist als Unterwerfung unter die Gruppe der Gleichaltrigen und ihrer Häuptlinge. Hier geschieht auch Orientierung, aber in der Regel nach dem von Riesman beschriebenen Radarsystem, als Anpassung an die von der Gruppe akzeptierten, in der Regel von den Häuptlingen diktierten Verhaltensnormen.

Gleichwohl müssen die »Straße« und die »Horde« kein negativer Einfluß sein. Zumindest kann es sich für keine der an der Erziehungsverantwortung beteiligten Instanzen darum handeln, einem Heranwachsenden diesen Halt in der Gruppe zu nehmen, ohne ihm etwas Gleichwertiges zu geben. Dazu aber sind Eltern, Lehrer und Jugendpfleger der Gesellschaft und der Kirche darum so schwer imstande, weil die Hordenbildung ja selbst immer schon ein Protest gegen diese Instanzen ist.

Die richtige, bedürfnisgemäße Diakonie an diesen Jugendlichen liegt darum in der Beheimatung der Horde selbst, in der Stärkung ihrer positiven und der Zurückdrängung ihrer negativen Häuptlinge, in der Bereitstellung von Beratung durch Erwachsene und in dem Versuch, dem Leben der Horde einen positiven Gehalt zu geben. Dabei geschieht dann, vor allem auf dem Weg über persönliche Beratung, auch einiges von der Orientierung, die für andere Jugendliche in den Seminaren möglich ist. Die wesentliche Erfahrung in der Umwandlung solcher Horden von innen her sind in Amerika gesammelt worden. Der Evangelischen Gemeinde am Brunsbütteler Damm ist mit ihrer »Offenen Tür« erst in den letzten Jahren ein wirklicher Vorstoß in dieser Richtung gelungen.

e) Am dürftigsten war in diakonischer Hinsicht lange Zeit die Leistung der Ladenkirche für die Alten. Es gab zwei Gründe, einen positiven und einen negativen. Negativ wirkte sich aus, daß die Gemeinde in ihrer Zusammensetzung ziemlich jung war und daß die Veranstaltungen, vor allem die Gottesdienste, den alten Menschen zu unruhig waren. Sie fühlten sich nicht wohl, die Umstellung war zu groß. Soweit freilich alte Leute sich auf den Mehr-Generationen-Haushalt der Gemeinde einließen, waren sie selbst ebenso beschenkt wie die Gemeinde. Aber das gelang nur den Elastischeren, also solchen, die sich ohnehin noch selbst helfen konnten. Versuche, zwei Gruppen von »Opfern« zusammenzubringen und füreinander zu engagieren – die Alten und die Kinder – schlugen aufs Ganze gesehen fehl, obwohl hier eigentlich eine mögliche Lösung des Problems liegen müßte. Andererseits konnte die Ladenkirche am Brunsbütteler Damm sich insofern von der Altenarbeit entlastet fühlen, als wenige Häuser weiter eine vom Roten Kreuz versorgte Altentagesstätte arbeitete, die nachmittäglich geöffnet und gut besucht war. Besonders in den ersten Jahren hat die Gemeinde mit Erfolg versucht, der Altentagesstätte zur Verfügung zu stehen. Die Kinder gingen hinüber und sangen. Die Laienspielgruppe spielte. Wir wirkten bei den Weihnachtsfeiern mit. In letzter Zeit hat diese Wechselbeziehung nachgelassen.

Seit anderthalb Jahren betreibt die Gemeinde in der Staakener Straße nun doch einen eigenen Nachmittag für ältere Leute, der immer stärker frequentiert wird und zunehmend zielbewußter arbeitet. Es wird vorgelesen, diskutiert, »geklatscht«, Kaffee getrunken und viel gesungen. Ein junger Laienmitarbeiter der Gemeinde hält auf Anforderung des Kreises seit einigen Monaten eine kurze Andacht zum Abschluß des Nachmittags. Kürzlich kamen die Teilnehmer mit dem Wunsch heraus, man möchte alle drei Wochen einmal einen Abendmahlsgottesdienst für sie halten, da sie in den sonntäglichen Gottesdiensten nicht recht warm werden könnten. Die Gemeinde kommt diesem Wunsch nach, Erfahrungen stehen naturgemäß noch aus.

Daß es in vielen Einzelfällen Nachbarschaftshilfe und Diakonie für alte Menschen gegeben hat, zum Teil mit regelmäßigen wöchentlichen Besuchen, Hauspflege und anderen Maßnahmen, an denen sich alle Altersgruppen der Gemeinde beteiligten, muß immerhin erwähnt werden.

f) Außerordentlich intensiv ist in den letzten Jahren, vor allem für die hauptamtlichen Mitarbeiter der Gemeinde und die Familien mit der »Offenen Tür«, die Arbeit der Seelsorge und der Lebenshilfe geworden.

Der Unterschied der beiden Begriffe »Seelsorge« und »Lebenshilfe« erweist sich übrigens in der Praxis als höchst unscharf und im

Grunde sinnlos, ebenso wie die Unterscheidung von »Seelenführung« und »Seelsorge«. Das Medium, in dem es, ubi et quando visum est Dei, auch zur Bezeugung der Liebe Gottes und seiner Vergebung »auf den Kopf zu« kommt, ist immer eine Beziehung, in der es auch und wesentlich und im gleichen Zug um Lebenshilfe geht, wobei Wort und Tat einander interpretieren. Wiederum gibt es kaum ein noch so handfestes Lebenshilfeproblem, und wären es Erziehungsschwierigkeiten oder finanzielle Schulden, das nicht an irgendeiner Stelle die Frage nach der Hoffnung aufwirft und also unmittelbar zur Bezeugung des Evangeliums herausfordert. Wo Menschen einander zu Nächsten werden, werden sie es in einer umfassenden gegenseitigen Verantwortung, die derlei Differenzierungen nicht erlaubt, ganz abgesehen von der darin implizierten irrtümlichen Vorstellung, als wäre handfeste, praktische Hilfe und Beratung einfach in menschliche Verfügbarkeit gegeben und nicht angewiesen auf den Selbsterweis der Wahrheit und der Güte Gottes.

Das eigentliche Problem ortsgemeindlicher Seelsorge und Lebenshilfe ist einmal, daß in sehr vielen Fällen die Kooperation des Seelsorgers mit einem anderen Spezialisten, einem Arzt, einem Juristen, einem Psychotherapeuten, einem Ehe- und Erziehungsberater nötig ist und daß diese Kooperation zwar leicht anzubahnen, aber in der Praxis schwierig durchzuhalten ist. Ein Mensch ist leicht an den Fachmann überwiesen. Es ist aber außerordentlich schwer, zur rechten Zeit bereitzustehen, wenn der Fachmann seine Arbeit getan hat und nun die Frage ist, ob sie in erneuerten, verläßlichen mitmenschlichen Beziehungen am Wohnort ihre Frucht tragen kann.

Zum anderen hat es die Gemeinde mit einer großen Anzahl von »Fällen« zu tun, die einer monatelangen, oft jahrelangen Verfügbarkeit bedürfen. Viele sind, obwohl suchtgefährdet, labil, krank, schlecht angepaßt, durchaus lebenstüchtig und produktiv, solange sie von Nächsten gehalten werden, deren Hilfe, deren Rat, deren Ermunterung, deren bloße Präsenz sie jederzeit abrufen können; sie geraten aber sofort in Schwierigkeiten, wenn ihnen das verweigert wird.

Die Kinderarbeit in der Staakener Straße begann und hatte ihre große Zeit, während »Onkel Hans«, ein inzwischen verstorbener älterer Mann dieser Art, dort wohnte. Er hat für die Kinder dort Großartiges geleistet. Aber er war auf ständige Begleitung durch einen Mitarbeiter des Brunsbütteler Damm angewiesen.

Es sind periodenweise drei, vier, ja bis zu zehn »Fällen« dieser Art, mit denen es die Gemeinde zu tun hat. Meist kann sie nicht bis zum Schluß durchhalten, einfach weil ihr die Kräfte fehlen, obgleich durchaus auch Laien zur Mitarbeit zur Verfügung stehen. Kirche und Gesellschaft sind auf diese Dauerhilfe und Dauerberatung einfach nicht eingerichtet, jedenfalls nicht, wo es um »Halbkranke« geht. Beratungsambulatorien und geschulte Helfer müßten zur Verfügung stehen – und zwar in der Nähe der Wohnwelt dieser Menschen, – wenn die nicht entbehrliche Hilfe der Laien sinnvoll in Anspruch genommen werden soll.

g) Auch die volkskirchlichen Amtshandlungen erscheinen der Gemeinde am Brunsbütteler Damm mehr und mehr unter vornehmlich diakonischem Aspekt. An anderer Stelle dieser Dokumentation ist eine ausführliche Begründung gegeben. Isoliert man die Wortverkündigung der Kasualgottesdienste, dann kann man wirklich nur mit Bohren von einer weitgehenden »Baalisierung« der Predigt durch die volkskirchliche Restfrömmigkeit sprechen. Denn der Zusammenhang, in dem der »Verbraucher« die Dienste der Kirche einbaut, macht ihn weitgehend hörunfähig. Die Handlung, die die Kirche ohne viel Federlesens gewährt, obgleich sie sich der Motive der Partner nicht gewiß ist, predigt dann lauter als die noch so korrekte Bibelauslegung, und sie predigt notorisch gegen den Text (Bohren).

Andererseits: wenn man nach dem Ergebnis der Amtshandlungen für den Gemeindeaufbau (im Sinne der teilnehmenden Gemeinde) fragt, kann man wiederum nur verzweifeln. Das Ergebnis ist gleich null.

Sowohl unter dem Gesichtspunkt der Koinonia als auch unter dem Gesichtspunkt der Martyria sind die Amtshandlungen also durchaus suspekt. Nicht aber unter dem Gesichtspunkt der Diakonia. Wie auch immer die Motive, die Mißverständnisse auf beiden Seiten, es bleibt die Tatsache, daß die Mehrheit der

Menschen in die eigentlichen Schnittpunkte ihres persönlichen und familiären Lebens nach wie vor die Kirche einberuft, weil sie sich von ihr, seltsam genug, Hilfe erwartet, Hilfe, die sie gerade, wo es um die Gründung von Ehen, um die Geburt neuen Lebens, um die Freigabe der Adoleszenten an ihr eigenes Leben und um den Tod geht, wahrlich nötig hat. Man mag den Tatbestand noch so kritisch beurteilen, nie und nimmer kann sich die Kirche angesichts einer solchen Bedürfnislage dem Ruf nach Hilfe entziehen.

Das wirkliche Bedürfnis wahrnehmen und den Ruf nach Hilfe akzeptieren, also diakonisch reagieren, heißt für die Kirche freilich nicht, dem Sog falscher Erwartungen unkritisch nachgeben und sich zum Baalsdiener machen. Gerade wenn die Kirche in dieser Sache wieder »ja« zu sagen wagt zu ihrer unkündbaren volkskirchlichen Verantwortung, wird sie um so fähiger sein, die angemessene Reaktion auf den Ruf nach Hilfe zu finden.

Dem wirklichen Bedürfnis der Menschen und nicht ihren Erwartungen nachkommen, kann durchaus in manchen Fällen heißen, die Amtshandlung zu verweigern, und zwar konsequenter, als das heute geschieht. Es wird aber in der großen Mehrzahl der Fälle heißen zu erkennen, daß das Orientierungsbedürfnis (in dem oben beschriebenen Sinn) der Menschen echt und tief ist und daß eben diese Orientierung der eigentliche diakonische Sinn der Amtshandlungen ist. Die gebotene Orientierungshilfe, die Bezeugung der biblischen Verheißung und des biblischen Geheißes in den besonderen Kasus hinein, kann dann aber offenbar durch den isolierten Kasualgottesdienst gar nicht mehr geleistet werden. Dieser hat überhaupt nur dann einen Sinn, und ein Recht, wenn sein Zusammenhang, die Phase der Vorgespräche und die Phase der Nacharbeit, ernster genommen wird. Da ist Information, da ist Unterricht, da ist Verständigung, da ist die Herstellung dauerhafter Vertrauensbeziehungen, da ist Seelsorge und Lebenshilfe möglich. Es wird dann freilich auf die Dauer nicht bei isolierten »Trau-« und »Taufgesprächen« bleiben können. Man wird zu kurzen Tauf- und Trauseminaren kommen müssen, was nicht ganz so schwierig ist, wie es scheint, sofern sich die Kirche entschlösse, an dieser Stelle wenigstens die primitivsten Regeln guten Benehmens durchzusetzen: rechtzeitige Anmeldung, feste Tauf- und Trautermine, die eine eingehende Vorbereitung ermöglichen. Der eigentliche Einsatz zu dieser Umorientierung dürfte heute die kirchliche Trauung sein. Nicht nur ist an dieser Stelle das Orientierungsbedürfnis am stärksten, es wird hier auch am leichtesten sein, eine gewisse Disziplin durchzusetzen. Und von der als »Ordination für das eheliche Zusammenleben« ernstgenommenen Trauung her wäre dann auch die verantwortliche Vorbereitung der Kindertaufe denkbar.

Am Brunsbütteler Damm muß es zunächst, schon um der Solidarität mit den Nachbarn willen, bei einer Aufwertung der in der Ordnung gegenwärtigen Praxis bleiben. Die Vorgespräche dauern einen ganzen Abend. Der Nachbesuch darf unter keinen Umständen versäumt werden, die dabei sich ergebenden seelsorgerlichen und Lebenshilfebedürfnisse sind besonders sorgfältig zu beachten, weil der Vertrauenspegel so ungeheuer niedrig steht, daß auch kleine Versäumnisse kaum wiedergutzumachen sind.

h) Bei der Aufzählung all dieser diakonischen Unternehmungen bleibt wieder, wie an vielen anderen Stellen, das Eigentliche, das wirklich Wichtige unsagbar: wie eine Gemeinde, die sich als »verantwortliche Gemeinde« zu verstehen sucht, auch ihrer diakonischen Chancen im Alltäglichen zunehmend gewahr wird. Hiervon wäre nur zu reden in ganz allgemeinen Wendungen oder im Bruch von Vertrauen. Erwähnt werden muß aber, daß manche Gemeindeglieder zunehmend auch die sozialdiakonische Dimension, also die Notwendigkeit der Mitarbeit in Parteien, Gewerkschaften und Verbänden der Gesellschaft entdecken.

VIII. Mission

Es wurde schon ausgeführt, daß der eigentliche Ernstfall der Mission, jedenfalls, was die örtliche Gemeinde angeht, jenseits kirchlicher Organisierbarkeit liegt, in der Diaspora des Glaubens, wo der einzelne Christ, in Beruf, Familie und Öffentlichkeit herausgefordert wird, in Worten und Taten die Hoffnung zu bezeugen, die er hat. Die örtliche Gemeinde kann ihn, in Kooperation mit anderen Gestalten von Kirche, auf diesen Ernstfall nur vorbereiten, nicht von seiner Mission entlasten.

Zwar gibt es noch, in begrenztem Maß, sinnvolle volksmissionarische Aktionen der örtlichen Gemeinde selbst. Aber diese Art der Mission ist angewiesen auf die Erweckbarkeit verschütteter Frömmigkeit, auf die Regenerierbarkeit volkskirchlicher Tradition. Sie zielt auf neue Teilnahme. So sinnvoll das ist, – große Gruppen der Gesellschaft scheinen jenseits möglicher Erweckbarkeit von kirchlichen Erinnerungen zu leben, weil sie solche nicht haben. Wo aber solche Anknüpfungspunkte nicht mehr gegeben sind, hat der Ruf zur Teilnahme immer erst Sinn, wenn Kirche im gestaffelten Kontakt wieder wirklich präsent im Leben der Entfremdeten geworden ist. Das heißt – um im Jargon ökumenischen Nachdenkens über diese Sache zu reden – Komm-Mission setzt Geh-Mission voraus; bevor die Kirche verständlich sagen kann »Komm!«, muß sie selbst erst gehen und sich neu einlassen auf das Leben der Menschen, mit denen sie Verständigung sucht, auf das Leben in einer sich rapide wandelnden Welt.

Im eigentlichen Sinn missionarisch ist die verfaßte Kirche selbst jedenfalls nicht mehr in der örtlichen Gemeinde, sondern an den Akademien, in den paragemeindlichen Einrichtungen, in ihren publizistischen Diensten, in ihrer gesellschaftlichen Diakonie etc.

Mit *einer* wichtigen Ausnahme!

Diese bereits erwähnte Ausnahme ist der Katechumenat, die Mission zwischen den Generationen. An ihr hat die örtliche Gemeinde als solche, auch in ihrem organisierbaren Innenleben, einen gewichtigen Anteil, und zwar gerade in den wichtigsten Phasen, in der Frühkindheit und in der Adoleszenz.

Alles Wesentliche ist zu diesem Punkt bereits gesagt. Es soll nur noch einmal unterstrichen werden, daß es sich im Medium von Erziehung wirklich um *echte* Mission handelt. Denn Glauben ist nicht erziehbar. Eltern können Kinder mitnehmen und einüben in ihren, der Eltern, Gottesdienst. Sie können sie bis hart an die Schwelle bringen, wo es um das »neue Lied«, um den eigenen, selbständigen Gottesdienst der Kinder gehen wird. Dann aber steht alles auf der Verheißung, die sich selbst in den Söhnen Glauben verschaffen muß und die die Väter nur bezeugen können.

Daß es sich um echte Mission handelt, diese Erkenntnis ist in einer sich wandelnden Welt von besonderer Bedeutung. Denn es gilt hier ganz buchstäblich der Satz Walter Freytags, daß »bei der Mission immer eine andere Kirche« wird. In einer sich wandelnden Welt, in der jede neue Generation sich von den Vätern emanzipieren muß, um ihrer eigenen Situation, ihrer eigenen Weltverantwortung gewachsen zu sein (in der also schon Erziehung zunehmend nicht mehr heißt, daß die Kinder zu den Vätern und ihrer Lebensform bekehrt werden, sondern daß die Väter den Kindern, unter Selbstverleugnung, die Welt eröffnen, den eigenen Stil, das eigene Urteil, die eigene Entscheidung), in einer solchen Welt heißt traditio fidei, daß der Glaubensgehorsam beim Überschritt der Generationenschwelle mit seiner Situation auch seine Gestalt verändert. So ist es heute die Erfahrung aller Eltern, daß sie ihren Kindern ihre entscheidenden Erfahrungen, an denen sich ihr Urteil, ihre Sprache, ihre Persönlichkeit gebildet und an denen ihr Glauben seine Gestalt in der Zeit gewonnen hat, die Erfahrungen der Nazizeit, des Krieges und der unmittelbaren Nachkriegszeit, nicht oder nur in ganz beschränktem Maß weitergeben können. Die Frömmigkeit der Kirchenkampfgeneration, die Frömmigkeit der »Jungen Gemeinde«, wie sie sich damals verstand, ist nicht mehr tradierbar. Die Generationen, die jetzt heranwachsen, müssen tatsächlich ihren eigenen Stil, ihr eigenes Urteil, ihre eigene Sprache wagen, und ihr Glauben wird an ihren eigenen Erfahrungen seine Gestalt in der Zeit finden müssen. Und Mission zwischen den Generationen hieße, daß die Väter eben dies, sich selbst verleugnend, ihren Kindern eröffnen.

Aber die Kirche hat noch gar keine Kategorien für diesen Wandel im Generationenverhältnis, obwohl er spätestens mit der Jugendbewegung angefangen hat. Denn solange die Welt stabil war, in der der Christ seines Glaubens zu leben hatte, war auch die Gestalt seines Glaubensgehorsams, die Form und der Ausdruck seiner Frömmigkeit sehr stabil. Sie war so stabil, daß dies Erbe noch weit über den Zerbruch der stabilen, der vorindustriellen Gesellschaft hinaus wirksam und tradierbar blieb. Daß dies sich jetzt spürbar ändert, macht das Generationenverhältnis außerhalb und innerhalb der Kirche so ungeheuer problematisch. Der Satz »Es wird immer eine andere Kirche« gilt ganz buchstäblich nicht nur im Raum, im Übergang von Kirche aus einem Land ins andere, aus einem Kulturraum in den anderen, er gilt auch und gerade in der Zeit, und das hat seine Auswirkungen bis in das Glaubensgespräch der einzelnen Familie und der einzelnen örtlichen Gemeinde hinein.

Die Wirkformen und Maßnahmen, die am Brunsbütteler Damm zur Vorbereitung der Gemeindeglieder auf ihren alltäglichen Gottesdienst (Gemeindekatechumenat) und für die traditio fidei zwischen den Generationen (Jugendkatechumenat) erprobt werden, sind bereits beschrieben und erörtert. Darüber hinaus wären folgende Punkte zu erwähnen:

a) Das Schaufenster der Ladenkirche ist zwar sicher kein »missionarisches« Instrument, aber es ist in der Art, in der es der Schaufenstergestalter, Herr Szigat, seit fünf Jahren einrichtet, ein ständiger stiller Aufruf zur Aufmerksamkeit, zur Besinnung, zur Auseinandersetzung, zur Selbstverständigung für viele Passanten. Es ist zu diesem Zweck tauglicher als die meisten kirchlichen Schaukästen, weil es günstiger liegt und eine bessere Gestaltung ermöglicht. Ganz bewußt nutzt die Gemeinde es nicht zur Werbung für Veranstaltungen – außer in ganz bestimmten Fällen: Brot für die Welt z. B. –, sondern allein zur Übermittlung von Impulsen, die sich auf die Sache des Glaubens beziehen. Sehr oft steht das Schaufenster im Zusammenhang mit einer gerade laufenden Predigtreihe. Ganz sicher hat es seine intensivste Wirkung auf die, die gelegentlich oder regelmäßig in die Ladenkirche hineingehen.

b) Der Kontakt zu allen Haushalten des Bezirks wird hergestellt, durch einen vervielfältigten Rundbrief, der bis 1963 ziemlich regelmäßig alle sechs Wochen erschien und durch Konfirmanden und Helfer in die Häuser getragen wurde, wobei zu einer wirklich lückenlosen Versorgung des ganzen Bezirks die Kräfte nie ganz reichen wollten. Im Winter 1963/64 hat die Gemeinde dann ihr ausführliches Jahresprogramm in einer sehr ansprechenden Form gedruckt. Dieses Jahresprogramm ist wirklich lückenlos in alle Haushaltungen gekommen, genau wie sein sehr viel knapperer »Nachfolger« im darauffolgenden Jahr. Die Wirkung dieser kleinen Broschüre ist bis heute zu spüren, die Gemeinde hatte sich zum ersten Mal allen Einwohnern optisch eingeprägt. Dabei war ihre Informationswirkung viel geringer, als man erhofft hatte. Zumindest die erste Broschüre war viel zu lang, selbst Gemeindeglieder fanden sich nicht in ihr zurecht.

Die bedauerliche Folge dieses an sich schönen Versuchs war, daß die Kontinuität der Rundbriefe abriß. Seither ist der Rundbrief nur selten und unregelmäßig erschienen, weil Mitteilungen und Informationen durch das Programm und besondere Rundschreiben an den jeweils interessierten Kreis hinreichend geleistet waren. Es ist sicher nötig, den Rundbrief wieder aufzunehmen als eine regelmäßige Äußerung der Gemeinde. Im Unterschied zum Programm wurde er nämlich gelesen, weil er nicht viel enthielt und regelmäßig, meist persönlich, abgegeben wurde. Daß es sich um ein sehr bescheidenes, vervielfältigtes Blättchen handelte, hat viele Bewohner merkwürdigerweise eher gelockt als abgestoßen. Gut gemachte Werbung kommt reichlich ins Haus.

c) Zu den ständigen Gravamina jeder Gemeindefreizeit gehört der Besuchsdienst. Es gab immer einige Gemeindeglieder, die für den regelmäßigen missionarischen Hausbesuch eine besondere Begabung, mindestens eine besondere Bereitschaft hatten. Diese Gemeindeglieder versuchten immer wieder, die anderen davon zu überzeugen, daß solche Hausbesuche zu den dringendsten Pflichten aller Glieder einer »verantwortlichen Gemeinde« gehören. Der Widerstand war erstaunlich groß, das Echo gering. Eine Reihe von Gemeindegliedern ist bereit zu diakonischen Besuchen, auch zu Kontaktbesuchen im Einzelfall, zu Besuchen also, die einen bestimmten Anlaß haben, nicht aber zum »Klinkenputzen«.

Dabei kann kein Zweifel sein, daß die wenigen Besucher, die regelmäßig und in der Gemeinde fast unbeachtet in bestimmten Häusern von Tür zu Tür gingen, der Gemeinde in vielen Haushaltungen zur Präsenz verholfen und Vertrauen verschafft haben, selbst wenn die »missionarische Ausbeute« gering war. Es gibt sogar Häuser, in denen die Saat dieser Besuche erst sehr viel später, als sie schon eingestellt waren, aufging und nun tatsächlich auch für die Gottesdienstgemeinde sich auswirkte.

Es gibt jetzt so etwas wie einen nichtformulierten Konsensus der Gemeinde in dieser Frage. Der missionarische Hausbesuch bedarf, außer wo er, wie in der DDR, das eigentliche und einzige Kontaktmittel zur volkskirchlichen Gemeinde ist, einer besonderen Bereitschaft, Begabung und Ausrüstung. Nur eine kleine Minderheit ist, mindestens am Brunsbütteler Damm, dazu imstande. Sie sollte gefördert werden.

Die Regel ist der »Besuch aus einem bestimmten Anlaß«, als Nachbesuch nach einer Amtshandlung, als Krankenbesuch, als Besuch zu diakonischen Zwecken, als Besuch einer bestimmten Kategorie von Gemeindegliedern, mit denen die Gemeinde jetzt Kontakt sucht (Konfirmandenbesuche), als Besuch zur Vorbereitung einer Aktion der Gemeinde, wie etwa eines Familienseminars. Der Kreis, der zu solchen Besuchen bereit ist, ist größer, und er ist mit Gewißheit noch längst nicht erschlossen. Auch Besucher dieser Art bedürfen der Einweisung und Vorbereitung. Seit die Hauptamtlichen – seit etwa zwei Jahren – ihrer Besuchspflicht wenigstens annähernd genügen, ist es nun für sie auch legitimer, andere zur Besuchsarbeit heranzuziehen.

d) Mindestens für seine nähere Nachbarschaft – das ist eine nie beabsichtigte Wirkung – gehört die Ladenkirche wie der »Kaufmann an der Ecke« zu den regelmäßig für ganz alltägliche Zwecke in Anspruch zu nehmenden Institutionen. Man kommt telefonieren, man stellt Gegenstände ab, man bittet um Übermittlung von Nachrichten, um nachbarliche Hilfe etc. Dieser völlig »unkirchliche«, gleichwohl nicht unwichtige Kontakt lebt davon, daß in der Ladenkirche meist jemand »da« ist und daß die Kinder der Umgebung sie wahrscheinlich ohne Ausnahme kennen und wenigstens gelegentlich betreten. Man sollte diese Dinge nicht geringschätzen. Die Distanz zur Kirche wurzelt in vielen Unwägbarkeiten, ganz gewiß auch in einem Empfinden, sie sei, außer bei bestimmten feierlichen Anlässen, unerreichbar und unnahbar. Mit Sicherheit hat die Kirche in der alten parochialen Symbiose eine gänzlich andere Rolle gespielt, das Kirchengebäude und das Pfarrhaus waren ein Stück »Heimat«, täglich benutzbar, vielen Zwecken dienstbar. Die Ladenkirche und ähnliche Einrichtungen können ein Stück der »normalen« Umwelt sein. Das hat keine missionarische Bedeutung. Aber es hebt – unwägbar – den Pegelstand des Vertrauens, auf das die Kirche für das, was sie eigentlich zu tun hat, angewiesen ist.

e) Manche echte missionarische Möglichkeit hat sich die Gemeinde durch mangelnde Aufmerksamkeit oder falsches Verfahren verscherzt.

Zwei Beispiele: im zweiten Jahr lief eine Reihe von Arbeitnehmerabenden, bei der auch Kontakte aus dem Industriepraktikum von Pfarrer Lange genutzt werden sollten, zunächst recht verheißungsvoll an. Aber Tag und Stunde waren falsch gewählt. Die Abende gerieten in Konflikt mit der zur gleichen Zeit laufenden Kriminalserie von Francis Durbridge im Fernsehen. Die Teilnehmerzahl nahm schlagartig ab und fiel unter das für Referenten und Teilnehmer zumutbare Maß. Die wenigen Arbeitnehmer, die dennoch kamen, waren deprimiert durch den augenscheinlichen Fehlschlag und verloren den ohnehin nicht großen Mut, als Kontaktpersonen zu fungieren. Die Gemeinde meinte zuerst, durchhalten zu müssen, und brach dann doch ab. Mindestens mit diesen Kontaktpersonen war die Chance endgültig vertan. Kürzlich kam freilich die Sprache noch einmal auf das Fiasko, und einer der Arbeitnehmer, der heute einen festen Platz in der Gemeinde hat, meinte, das Milieu sei ohnehin falsch gewesen. Ein wirklicher »Kollege« hätte für die Einladung und für die Durchführung geradestehen müssen. Außerdem hätte man nicht in der Ladenkirche, sondern in Wohnungen zusammenkommen müssen.

Trauriger war noch ein anderer Fall. Eine ganze kleine Gruppe von Arbeitern der benachbarten Müllabfuhr hatte sich angewöhnt, nach Feierabend, meist schon in einem etwas vorgerückten Stadium der Trunkenheit, in der Ladenkirche aufzutauchen und um eine Tasse Kaffee zu bitten. Die Gespräche, die dabei zustandekamen, waren großartig, aber der fast tägliche »Überfall« war zu viel für die Mitarbeiter. Sie versuchten, die Sache anders in die Hand zu bekommen. Sie luden die Müllabfuhrleute feierlich und schriftlich zu einer ordentlichen Zusammenkunft ein. Es ist nie wieder einer von dieser Gruppe auch nur in die Nähe des Ladens gekommen.

Was wirklich Präsenz hieße – als Bedingung von Kommunikation –, ist an diesen beiden Beispielen klar zu ersehen.

IX. Organisatorisches

a) Bis zur Gründung des Gemeindeausschusses gab es keine formellen Organe der Gemeindeleitung. Wichtige Leitungsfunktionen nahm der Predigtvorbereitungskreis wahr. Der Gemeindeausschuß wurde gegründet, um den Predigtvorbereitungskreis wieder für seine eigentliche Aufgabe freizumachen und um aus der Gemeinde heraus ein Gegengewicht gegen die allzu großen Einflußmöglichkeiten der Hauptamtlichen zu bilden.

b) Der Gemeindeausschuß besteht aus zehn bis zwölf Personen, die bisher vom Präsidium der Gemeindeversammlung vorgeschlagen und akklamiert, nicht aber ordentlich gewählt wurden. Der Ausschuß tagt vierzehntägig. Den Vorsitz führt ein Laie, Herr Fritz Schmichowski. Die Hauptamtlichen haben nur eine Stimme. Der Aufgabenkreis ist prinzipiell so groß oder größer als der eines Gemeindekirchenrats, auch wenn dieses Leitungsorgan keine rechtliche Grundlage hat: Sorge für das Eigentum, Besprechung und Genehmigung aller Programme und Aktionen der Gemeinde, Kontrolle ihrer Durchführung, Aufsicht über die Arbeit der Hauptamtlichen, Verwaltung der Gelder (durch einen aus dem Kreis gewählten Finanzausschuß) und direkte Teilnahme an den geistlichen Funktionen der Gemeinde, an der Liturgie etc. Es wird Protokoll geführt.

c) Über einen Mangel an Verantwortlichkeit und Verantwortung des Ausschusses wurde nie Klage geführt, sie hat stetig zugenommen. Es gibt Fälle, wo – etwa in der Frage der Laienpredigt, die die Hauptamtlichen wollten, oder in der Frage des dritten Familienurlaubs, den der geschäftsführende Pfarrer nicht wollte – die Hauptamtlichen rücksichtslos überstimmt wurden, es gibt andere

Fälle, wo den Pfarrern aus eigenem Antrieb des Ausschusses dringend notwendige Entlastung verschafft wurde oder wo, wie bei der Renovierung des Gottesdienstraumes, der Ausschuß selbst die »Kelle in die Hand nahm«.

Es ist aber, besonders in letzter Zeit über zweierlei geklagt worden: einmal, es säßen nicht die »richtigen« Leute, d. h. die Leute, die die Arbeit tun, im Ausschuß. Zum anderen, der Ausschuß überließe die eigentlichen Initiativen doch immer den Pfarrern und beschränkte sich darauf, zuzustimmen oder abzulehnen und zu kontrollieren.

d) Inzwischen haben sich die dadurch aufgeworfenen organisatorischen Probleme in Vorbesprechungen ein wenig abgeklärt. Der Gemeindeausschuß ist in der Tat kein Initiativ-, sondern ein Kontrollorgan, er sollte auch nichts anderes sein. Er repräsentiert die Gesamtgemeinde, nach Möglichkeit auch das Interesse der Distanzierten, und muß darum kritisch gegen allzu viele, allzu umfangreiche, allzu unruhige Initiativen sein. Er vertritt das in der Tat retardierende Interesse der Gemeinde an dem, was ist. Andererseits ist es völlig richtig, daß den einzelnen Initiativgruppen nicht der ihnen zustehende Anteil an der Gemeindeleitung gewährt wird. Es wäre aber völlig falsch, nun alle, denen etwas einfällt und die etwas tun, dem Gemeindeausschuß zu kooptieren. Sie würden dadurch nur von dem, was sie tun wollen und sollen, abgelenkt, da es der Übung der Gemeinde entspricht, niemanden an zu vielen Punkten auf einmal zu beanspruchen.

Nötig wäre vielmehr – im Einklang mit den Vorschlägen, die bei der Arbeitsgruppe »Kirchenreform« des Kirchentages gemacht worden sind – eine Art zweiter »Kammer«, die ja tatsächlich in der Grundordnung als »Gemeindebeirat« vorgesehen ist, wenn sie auch kaum praktische Wirkkraft hat. Bei dieser zweiten Kammer läge vornehmlich die Initiative und die Planung, bei der ersten Kammer der Beschluß und die Kontrolle. Ist Einigung zwischen den beiden Gruppen nicht zu erzielen, dann entscheidet die Gemeindeversammlung, die auf diese Weise über das jährliche Entgegennehmen des Gemeindeberichts, der Abrechnung und der Pläne für das nächste Jahr hinaus eine wirkliche Funktion erhielte.

Die Frage bedarf weiterer Erwägung, bevor eine brauchbare Lösung sich abzeichnen kann.

e) Unter den Organisationsformen der Gemeinde bleibt die außer dem Gemeindeausschuß wichtigste noch zu nennen: die Gemeindefreizeit.

Sie findet alljährlich vor den Sommerferien statt und ist offen für alle, die teilnehmen wollen. Anderthalb Tage lang geht man das vergangene Jahr kritisch durch, bespricht eingehend die Pläne für das kommende Jahr und erarbeitet den, in der Regel von den Theologen und dem Gemeindeausschuß vorbereiteten Gemeindejahresbericht. Die fünf vorliegenden Jahresberichte sind das eigentliche Material dieser kritischen Auswertung. Die Einrichtung der Gemeindefreizeit ist eines der wirksamsten Instrumente der Selbstverständigung der Gemeinde. Freilich hat sie der darauf folgenden Gemeindeversammlung in der Regel etwas »die Schau gestohlen«. Das könnte durch die unter Punkt d) erwogenen Maßnahmen anders werden.

X. Schlußerwägungen

Was kann, am Auftrag des Versuchs gemessen, gegenwärtig für eine Bilanz gezogen werden?

a) Das Experiment hat, jedenfalls für die Träger selbst, mit einiger Sicherheit ergeben, daß »Funktionsschwund« nicht das letzte Wort über die örtliche Gemeinde ist. Vielmehr signalisiert die Auszehrung der Wirkformen der traditionellen Parochie die Notwendigkeit einer Wandlung. Diese Wandlung ist, freilich nur in Koordination und Kooperation mit anderen, nichtparochialen Gestalten von Kirche möglich und sinnvoll. Es gibt nach wie vor einen klaren, wenn auch durch die gesellschaftliche Entwicklung begrenzten Funktionsraum für die örtliche Gemeinde: die Wohnwelt. Ihn zu erfüllen, setzt voraus, daß die örtliche Gemeinde die diakonischen Herausforderungen annimmt, die die Wohnwelt heute enthält: Sorge für die jungen Ehen, die Kleinkinder, die Halbwüchsigen, die Älterwerdenden und Alten und die Gruppe der schlecht Angepaßten. Es setzt weiter voraus, daß alle Arbeits- und Lebensformen daraufhin überprüft werden, daß das organisierbare kirchliche Innenleben heute exzentrisch zum gesellschaftlichen Leben steht und darum die Ekklesia-Phase in allen Dingen der Diaspora der in ihren gesellschaftlichen Bezügen vereinzelten Christen zugeordnet werden muß. Das impliziert auch ein radikal anderes Verhältnis von Innen- und Außenfunktionen, Pfarrern und Laien.

b) Das Experiment hat, jedenfalls für seine unmittelbaren Träger, erwiesen, »daß es auch anders geht«. Das mag naiv klingen, ist aber keinesfalls naiver als die Behauptung, weder die Kirchlichen noch die Distanzierten wollten die Kirche anders haben und würden sie anders akzeptieren, als sie herkömmlicherweise ist. Eine nicht unerhebliche Zahl von Menschen hat am Brunsbütteler Damm eine ortsgemeindliche Form von Kirche akzeptiert, der viele Merkmale dessen fehlen, was man sich herkömmlicherweise unter Kirche vorstellt und in fast allen Dingen die Zumutung einer neuen Eingewöhnung und aktiver Mitverantwortung enthält. Die anfängliche Angst, es könne sich um eine Sekte handeln, ist auch bei den Nachbarn geschwunden, die die Gemeinde nur vom Hörensagen kennen. Wir schließen daraus, daß die Gemeinden viel beweglicher sind als man meint. Unbeweglich ist vor allem die gängige Vorstellung von der Unbeweglichkeit der Gemeinde.

e) Das Experiment hat nicht nur bewiesen, daß es anders geht, sondern hat es wahrscheinlich gemacht, daß es, jedenfalls für bestimmte Gruppen unter den Gliedern der Volkskirche, anders gehen muß. Nicht nur die Kirche als Ganze, sondern auch die örtliche Gemeinde muß multiform reagieren, denn sie hat es mit einer Pluralität von Herausforderungen und Bedürfnissen zu tun. Es gibt Menschen, die ihrem Herkommen nach in den traditionellen Ortsgemeinden und ihren schönen Gottesdiensten zuhause sind und zuhause bleiben wollen. Es gibt andere, sowohl unter den Kirchlichen, als auch unter den Distanzierten, deren Unbehagen angesichts bestimmter kirchlicher Traditionen wächst, weil sie sie nicht mehr verstehen und weil sie ihren Bedürfnissen nicht mehr entsprechen. Auch diese Menschen haben ein Recht in der Kirche, ein Recht auf örtliche Gemeinde. Es spielt keine Rolle, wie groß diese Gruppen sind, wir halten sie für groß genug. Und für noch größer halten wir die Gefahr, daß auch diese Gruppen, wenn man ihnen nicht gerecht wird, zu der unübersehbaren Schar der »Protestanten ohne Kirche« abwandern, für die Christsein und Zur-Kirche-Gehören endgültig nicht mehr zusammenpassen wollen.

d) Das Experiment hat – in *einem* Fall – erprobt, wie es sein könnte. Es hat ein ganzes Spektrum von ortsgemeindlichen Wirkformen, teils neuen, teils neu angepaßten alten, gebildet, die dem neuen Funktionsraum einer Gemeinde in der Wohnwelt zu entsprechen scheinen. Wenn sie erst besser beherrscht werden, werden sie auch noch wirksamer sein. Es mag durchaus in anderen beweglichen Ortsgemeinden und Experimenten bessere Arbeitsformen geben als die am Brunsbütteler Damm erprobten. Dann sollte man sie sichten, prüfen und – anwenden. Auch die am Brunsbütteler Damm »gehen«, gehen mindestens in diesem Fall. Und angesichts so vieler Dinge, die in der Kirche nicht mehr gehen, sollte man es sich nicht leisten, an dem, was nachweislich geht, vorüberzugehen.

e) Das Experiment hat bisher längst nicht das geleistet, was es hätte leisten können, wenn wir weniger wild in alle Richtungen gesucht und gearbeitet hätten, wenn wir »professoneller« vorgegangen wären. Die Fiasken halten den ergiebigen Unternehmungen fast die Waage. Indessen muß jede Profession erst erlernt werden, auch eine örtliche Gemeindearbeit, die ihrer Situation entspricht. Und für das Lernen sind die Fehlschläge so wichtig wie die Erfolge.

f) Das Argument, die Ladenkirche habe außergewöhnlich gute Arbeitsbedingungen gehabt und darum sei der Versuch nicht schlüssig, ist schlicht falsch. Der Bezirk, der dem Experiment zugeteilt wurde, war keineswegs günstig. Die Arbeitsbedingungen waren – Finanzen etc. – keineswegs optimal. Der Personalbestand war niemals übertrieben groß, wenn man in Rechnung stellt, daß der Auftrag, neue Formen der Gemeindearbeit zu erproben, mit der vollen parochialen Verantwortung für das Herkömmliche zu kombinieren war. Die Ladenkirche hat auch niemals, wie es gelegentlich heißt, die Elite der Mitarbeiter anderer Gemeinden an sich gezogen, obwohl sie das in ihrer expansiven Zeit durchaus hätte tun können. Außergewöhnlich war lediglich in den ersten drei Jahren eine günstige Personenkonstellation unter den Theologen, die eine sehr enge Zusammenarbeit ermöglichte. Die Gemeinde stand und fiel aber offenbar nicht mit dieser Konstellation, denn einer der beiden Theologen übernahm nach drei Jahren hauptamtlich einen anderen Auftrag, und die Gemeinde hat das bejaht und überlebt. Zudem wären günstigere Personenkonstellationen sicher auch in anderen Situationen, auch in »normalen« Ortsgemeinden erreichbar.

g) Sind die Erfahrungen am Brunsbütteler Damm übertragbar? Ja und nein. In der Kirche ist nichts in dem Sinn aus einer Situation in die andere übertragbar, daß man Rezepte weiterreichen könnte. Dazu sind Predigt, Gemeindegestalt und Gemeindediakonie zu eindeutig auf bestimmte Situationen bezogen, auf bestimmte Situationen geradezu angewiesen. Es muß in jeder Gemeinde nach der *jeweiligen* Situation gefragt und dann genau geantwortet werden: und in die jeweilige Situation gehen landschaftliche, soziale, bauliche und viele andere äußere Gegebenheiten ebenso ein wie die Art und die Begabung der beteiligten Menschen und das Herkommen der bestehenden Gemeinde. Aber vieles, was am Brunsbütteler Damm erarbeitet worden ist, wäre jedenfalls *mitteilbar.* Mitteilbar sind die theoretischen Erwägungen, die unseren Versuchen vorausgingen und sie begleiteten. Mitteilbar sind bestimmte Verfahren kontrollierten Wandels. Mitteilbar sind einige Wirkformen. Mitteilbar ist vielleicht auch die Freude, die die Arbeit mit einer »verantwortlichen Gemeinde« macht. Manche Anstöße haben direkt auf die Nachbargemeinden gewirkt – Predigtvorbereitung, Familienseminare, Riesi-Sammlung –, wie natürlich auch der Brunsbütteler Damm ständig von Anstößen der Nachbarn gelebt hat.

h) Aber es ist im Grunde noch nicht Zeit für eine zusammenhängende Mitteilung. Nach dem Urteil der unmittelbar Beteiligten ist der Brunsbütteler Damm heute erst im Anfang seiner experimentellen Möglichkeiten. Was sich bewährt hat, was mitgeteilt werden sollte, kann erst entschieden werden, wenn es so etwas wie eine »zweite Generation« in der Gemeinde gibt, wenn die Gemeinde also nicht mehr nur aus den Impulsen ihrer Gründerzeit lebt, sondern sich selbst wiederum tradieren und im Tradieren überprüfen muß. So ein Generationswechsel, ein Wechsel in der Trägerschicht, dauert in der Gemeinde heute wahrscheinlich acht bis zehn Jahre.

i) Das Experiment hat die Grenzen möglichen Wandels im Rahmen der parochialen Struktur gezeigt. Sie liegen da, wo eine einzelne Gemeinde um der Erfüllung ihrer örtlichen Funktionen willen auf die Zusammenarbeit mit anderen Gemeinden, auf den aktionsfähigen Gemeindeverband, auf nichtparochiale und überparochiale Kooperation angewiesen ist. Dieser Bericht hat an vielen Stellen angemerkt, wo das auch am Brunsbütteler Damm schon klar geworden ist. Die zweite und die dritte Interpretationsstufe im Prozeß der Kommunikation des Evangeliums sind, wenn sachkundige Arbeit geleistet werden soll, auf Hilfe von überparochialen Instanzen, ja auf überparochiale Institutionen angewiesen. Die gemeindliche Diakonie muß zwar in der örtlichen Gemeinde geleistet, aber von jenseits der Ortsgemeinde gestützt und gefördert werden, nicht nur durch Bauten, vor allem durch ausgebildete Menschen. Für alle situationsgerechten Änderungen der Grund- und der Lebensordnung bedarf es ohnehin der Aktion der Gesamtkirche, aber auch für wirksame Experimente auf diesem Gebiet bedarf es des gemeinsamen Handelns auf Kirchenkreisebene. Überhaupt wird die Kirchenkreisebene nicht nur durch die theoretische Forschung der Kirchensoziologie, sondern auch durch die praktischen Erfahrungen am Brunsbütteler Damm und anderswo als eine heute besonders fruchtbare Ebene kirchlicher Handlungsfähigkeit akzentuiert.

k) Was ihre »Leitvorstellungen« anlangt, ist die Gemeinde am Brunsbütteler Damm nicht zu wesentlichen Korrekturen genötigt worden. Drei Punkte wären zu vermerken:

1. Das Gewicht und die positive und negative Bedeutung der Hauptamtlichen im Gemeindeprozeß ist viel größer, als wir meinten. Um so wichtiger ist es, daß dieses unentbehrliche Impulszentrum alles einsetzt, um Geburtshilfe für die Verantwortlichkeit der Nichttheologen zu leisten. Von der Leitvorstellung der

»Funktionsgemeinschaft der Ämter« ist nichts zurückzunehmen, sie ist aber viel schwieriger durchzuhalten, als wir vermuteten.

2. Das Prinzip der »Selbstbegrenzung des kirchlichen Innenlebens« ist gewichtiger als wir meinten. Ein lebendiges Leben in der kirchlichen Binnenzone übt einen außerordentlich starken Sog aus, dem die Gemeinde im Winter 1963/64 vermutlich vorübergehend erlegen ist. Guter Wille genügt nicht, wenn es gilt, die Diaspora gegenüber der Ekklesia aufzuwerten. Es bedarf ständiger Kontrollen, ob die Gemeinde sich auf das beschränkt, was sie tun muß.

3. Der Verzicht auf Gemeindekreise ist im Prinzip richtig, darf aber nicht pauschal sein. Mindestens in einer bestimmten Phase der Jugendarbeit und für die Alten gibt es ein legitimes Bedürfnis für feste Gruppen.

l) Die Gemeinde in der Ladenkirche betrachtet sich selbst nicht als »Ei des Kolumbus«. Sie betrachtet sich aber als *einen* möglichen Übergang auf dem Weg zu einer ihrer Mission in der sich wandelnden Welt gewachsenen Kirche. Und sie sieht ihre Funktion eben darin, selbst ein Übergang zu sein und andere Übergänge zu provozieren. Entwürfe der Kirche von morgen am Reißbrett gibt es genügend, an Einfällen fehlt es nicht. Sie sind bestechend und in der Mehrheit völlig bedeutungslos. Denn die Kirche wird nicht konstruiert, sie wandelt sich in vielen Übergängen, indem sie sich, ihrer Botschaft entsprechend, hier und da einläßt auf den Wandel der Zeit.

3. Von der »Anpassung« der Kirche

Versuchung und Aufgabe

Von der Anpassung der Kirche als von einer – im Hinblick auf veränderte gesellschaftliche Verhältnisse – dringend anstehenden Aufgabe zu sprechen, bereitet erhebliche Schwierigkeiten, selbst wenn man das Wort »Anpassung« in Anführungsstriche setzt und damit von vornherein die Fragwürdigkeit dieses Begriffes zugesteht und kenntlich macht.

Zwar kann kein Mensch leugnen, daß die Kirche faktisch versucht, den veränderten gesellschaftlichen Bedingungen, unter denen sie ihren Auftrag zu versehen hat, auf mannigfache Weise Rechnung zu tragen, daß sie also faktisch überall Anpassung leistet, sei es durch neue Institutionen wie die nichtparochialen Pfarrämter und Kontaktstellen für den Bereich der Schule, der Industrie, der öffentlichen Meinungsbildung etc., sei es durch moderne Organisations- und Arbeitsformen von den Gemeinden bis zu den kirchlichen Verwaltungen, durch eine bessere, wirksamere kirchliche Werbung, aber auch durch umfassende Bemühungen um ein wirklichkeitsgemäßes Denken und eine dem Zeitgenossen verständliche Sprache. Ob nun »Klubhaus oder Kirche«, das kirchliche Bauen seit dem Kriegsende ist ein Anpassungsversuch auf breitester Front, sowohl, was die Baustrategie als auch, was die Bauvorstellungen, die da verwirklicht werden, und die Bauweise anlangt. Ob nun das Konzept »Überschaubare Gemeinde« oder das Konzept »Kirche in der Raumschaft« traktiert wird, beide Konzepte sind Konzepte der Anpassung an veränderte Verhältnisse. Ob hochkirchliche Liturgie oder Jazzgottesdienst, ob der Erntedankgottesdienst mit Erntekrone oder mit der Pille auf dem Altar gefeiert wird, immer fällt die Entscheidung sehr wesentlich *auch* an der Frage, was denn wirklich an der Zeit sei, und die einen reden dann vom »Verlust der Mitte« und von der Sehnsucht des Menschen nach Verleiblichung, nach Ganzheit, nach elementarer Frömmigkeit, nach dem zeitlos Gültigen, die andern fordern den Exodus der Kirche in die Welt von heute, fordern Verständlichkeit, fordern, daß die Kirche endlich auf die Fragen antworte, die ihr vom Zeitgenossen wirklich gestellt werden. Es geht aber in beiden Argumentationsreihen um die Aufgabe der gebotenen Anpassung. Nicht diese Aufgabe selbst, sondern das Wie ist strittig. Waldemar Wilken schreibt im Berliner Sonntagsblatt einen flammenden Artikel wider die Modernitätssucht in der Kirche, wider die »Öfter-mal-was-Neues-Kirche« und schließt mit dem Satz: »Vielleicht ist das die modernste Kirche, die heute wieder unmodern wird«, – wobei er die Fragestellung seiner Gegner, die er doch entlarven wollte, schleunigst wieder in Kraft setzt; die Frage nämlich, was wirklich an der Zeit sei, womit die Kirche wirklich der Situation Rechnung trage, in die sie durch ihren Auftrag eingewiesen ist. Und eben dies ist die Frage nach der Anpassung, die heute zu leisten ist. Keiner von uns entkommt dieser Frage, jeder ist auf seine Weise mit ihrer Beantwortung beschäftigt. Und das ist natürlich auch gar nicht erstaunlich. Die Kirche verdankt sich ja dem Sendungsauftrag des Auferstandenen. »Ihr sollt meine Zeugen sein bis an die Enden der Erde.« Sie hat also einen Kommunikationsauftrag. Will sie diesem Auftrag gehorsam sein, so kann sie gar nicht umhin, die Frage nach den jeweiligen Bedingungen möglicher Kommunikation des Evangeliums immer neu zu stellen, und zwar um so nachhaltiger und radikaler, je deutlicher es ist, daß die Kommunikation schwierig wird, weil sich die Kommunikationsbedingungen geändert haben.

Die Frage nach der gebotenen Anpassung ist aber, recht verstanden, gar nichts anderes als die Frage nach den jetzt gegebenen Bedingungen möglicher Kommunikation und ihrer Bewältigung. Eine Kirche, die in Kommunikationsschwierigkeiten ist, also in der Schwierigkeit, den Auftrag zu erfüllen, dem sie sich verdankt, kann gar nicht anders, als den Versuch einer neuen Anpassung zu machen. Trotzdem werden wir unserer Anpassungsversuche nicht froh. Wir sind merkwürdig unsicher hinsichtlich der Kriterien legitimer bzw. illegitimer Anpassung und behelfen uns dann mit so fragwürdigen Unterscheidungen wie »Form und Inhalt«, »Sache und Methode«, »peripher und zentral«, »innerlich und äußerlich«, – danach wäre es legitim, sich in der Form anzupassen, die Methoden zu verändern, an der Peripherie flüssig zu werden, in den Äußerlichkeiten elastisch zu sein, sofern nur der Inhalt, die Sache, das Zentrale kompromißlos durchgehalten wird.

Aber das ist es ja eben, auch wenn man von der philosophischen und theologischen Hintergrundsproblematik dieser Unterscheidungen absieht, wie weit und von wann ab tangiert die Veränderung der Methode die Sache, der sie dient, jedenfalls die Wirkung der Sache, d. h. der Botschaft des Evangeliums, auf die Menschen, denen sie gilt. Es ist doch offenkundig, daß die Entscheidung der Kirche, sich für ihre Verkündigung der Presse, des Rundfunks und des Fernsehens zu bedienen, nicht nur die ohnehin vorhandene Tendenz des Kirchenvolks zur distanzierten Kirchlichkeit fördert und legitimiert, sondern noch viel weiterreichende Konsequenzen hat: Die Kommunikationsmedien erzwingen eine besondere Betonung der informativen Elemente in der Verkündigung; das Zeugnis der Kirche erscheint im Medium kirchlicher Aufklärung, die Veränderung der Methode verändert ganz offenkundig den Wirkungszusammenhang zwischen Botschaft und Hörer. Oder: Die Verbesserung der kirchlichen Werbemethoden bedeutet für den Konsumenten dieser Werbung fast zwangsläufig, daß er die Kirche erfährt vom Appell her und nicht von der Tröstung her, vom Anspruch her und nicht vom Zuspruch. Auch Verheißungsworte bekommen an Plakatsäulen denselben Charakter wie die Werbung für Kognak und für eine politische Partei: Werbung appelliert nun einmal unter dem Schein eines Angebotes. Sie will nicht so sehr etwas anbieten, als vielmehr etwas erreichen. Wie man es auch dreht und wendet: hier tritt der Indikativ in den Kontext des Imperativs: eine Verschiebung findet statt von der Methode her, und zwar, je gekonnter die kirchliche Werbung ist, um so nachdrücklicher. Und wir wissen das, darum sind wir so unsicher. Wir wissen, daß die Entscheidung zwischen geschlossener und offener Jugendarbeit nicht nur eine Entscheidung hinsichtlich der Methode ist, sondern daß bei dieser Entscheidung der Wirkungszusammenhang verändert wird, in dem das Evangelium steht. In der offenen Arbeit ist die Bezeugung der biblischen Botschaft eben wirklich nicht mehr der Programmpunkt Nummer 1, sondern eine mögliche Phase in einem Kommunikationsprozeß, der nicht beim Text, sondern beim

Bedürfnis des jungen Menschen einsetzt, und in einer Vielzahl von Fällen kommt es nie dazu. Das ist das relative Recht aller Kritik an den offenen Formen kirchlicher Arbeit, an allen Institutionen bedingungsloser Dienst- und Gesprächsbereitschaft, von der Akademie bis zum Jugendklub. Aber dieses relative Recht gibt es selbstverständlich auch umgekehrt. Denn alle geschlossenen und verbindlichen Formen kirchlicher Arbeit erliegen tatsächlich ständig der Gefahr der Ghettoisierung, sie machen tatsächlich für jeden Außenstehenden das vorlaufende Einverständnis immer schon zur Bedingung der Zulassung: man muß immer schon glauben, bevor man überhaupt hören darf.

Offenbar ist es dringend notwendig, den komplizierten Zusammenhängen zwischen Inhalt und Form, Sache und Methode, zwischen Auftrag und Gestalt, Funktion und Struktur der Kirche streng methodisch, und zwar in theologischer Weise nachzugehen. Faktisch geschieht das aber in einem ganz geringen Maß. Sowohl die sog. Experimente und neuen Ansätze als auch die Sachwalter einer Anpassung im Rahmen der überkommenen Strukturen kommen vorläufig mit einem Minimum an theologischer Reflexion über das Anpassungsproblem aus. Man kann das gut beobachten an der Art, wie ganz allgemein mit den Ergebnissen der Kirchen- und Religionssoziologie umgegangen wird. Auf der einen Seite die kritiklose eklektische Übernahme dieser Ergebnisse, so als wäre die Soziologie eine Art zweiter Offenbarungsquelle und als könne man mit ihrer Hilfe auf direktem Weg zu gültigen Prinzipien kirchlicher Umgestaltung kommen, auf der andern Seite eine ebenso unkritische Zurückweisung dieser Ergebnisse und ihrer Relevanz für das kirchliche Handeln. Die theologische Erkenntnis, daß die Kirche, durch das Wort vom Kreuz, dem sie dient, in eine unaufhebbare kritische Distanz zur Welt gerät, wird dann ideologisch zum Alibi für ein Sichabfinden mit der offenkundigen Entfremdung der Kirche von der Gesellschaft, in die sie durch ihren Kommunikationsauftrag eingewiesen ist. Faktisch werden bei dieser Haltung die geschichtlichen Anpassungsleistungen der Kirche – Parochie, monopolistisches Pfarramt, Sonntagsliturgie – gleichsam kanonisiert, als repräsentierten sie die offenbarte Gestalt der Kirche.

Morphologischer Fundamentalismus auf der einen Seite und prinzipielle Traditions- und Institutionsfeindlichkeit – eine Art kirchliche Kenosislehre – auf der andern Seite radikalisieren sich gegenseitig, und in der breiten Mitte zwischen diesen Extremen wird Anpassung nicht so sehr geleistet als dem Sog der gesellschaftlichen Verhältnisse hier und da nachgegeben. Es fehlt keineswegs an Entwürfen, an Ideen und Konzepten, nicht einmal an Modellen, sondern es fehlt an der Bereitschaft, das Anpassungsproblem als ein theologisches Problem zu erörtern und zu klären und auf diesem Weg zu einer Strategie kirchlicher Umstrukturierung zu kommen. Aber gerade diese mangelnde Bereitschaft führt möglicherweise zu der gefürchteten Selbstauslieferung der Kirche nicht so sehr an die Soziologie als an die Trends der gesellschaftlichen Entwicklung, und was herauskommt, ist wahrscheinlich schlechte Anpassung, Anpassung, die die Kirche nicht funktionsfähiger macht (das wäre der Sinn legitimer Anpassung), sondern funktionsunfähiger.

Der Grund dieser Unsicherheit, ja der Scheu, das theologische Problem der Anpassung überhaupt wahrzunehmen und anzugehen, liegt auf der Hand. Es gibt hier so etwas wie ein kirchliches Trauma. Faktisch war nämlich die deutschchristliche Irrlehre als Ausläufer einer langen häretischen Entwicklung im deutschen Protestantismus nichts anderes als ein Anpassungsversuch auf breitester Front und interessanterweise weithin unter missionarischem, volksmissionarischem Vorzeichen, ein großangelegter Versuch, einer veränderten politischen und gesellschaftlichen Situation in der Lehre und in der Ordnung der Kirche nachzukommen und noch einmal und wieder mit dem Evangelium und mit der Kirche ganz an der Zeit zu sein. Und dieser Versuch hat in der Tat die Kirche nahezu zerstört. Und die Bekennende Kirche konnte sich dieser Zerstörung nur so erwehren, daß sie das ganze Unternehmen als ein illegitimes Anpassungsunternehmen mitsamt seinen Voraussetzungen als Häresie entlarvte und indizierte, Barmen ist in der Tat so etwas wie ein radikales Nein zur Selbstrettung der Kirche durch Anpassung. Die Kirche kann nur so Kirche Jesu Christi bleiben, daß sie kompromißlos bei ihrer Sache bleibt, bei Schrift und Bekenntnis, und zwar – um Barmen III zu zitieren – mit ihrem

Glauben wie mit ihrem Gehorsam, mit ihrer Botschaft wie mit ihrer Ordnung.

Stellt man nun in Rechnung, daß Barmen ja nicht nur mit den Deutschen Christen abzurechnen hatte, sondern mit einer langen Tradition kirchlicher Anpassungsversuche, mit dem sogenannten Kulturprotestantismus, aber in letzter Konsequenz eben doch – so jedenfalls das Selbstverständnis der Väter von Barmen – mit der gesamten konstantinischen Ära der Kirchengeschichte; bedenkt man weiter, daß der Kirchenkampf nach Barmen tatsächlich nichts anderes war als ein Nein zu allen sich anbietenden Kompromissen, als die Verweigerung eines Friedens durch Anpassung, wie er durch die Kirchenpolitik des NS-Regimes jedenfalls längere Zeit hindurch immer wieder angeboten wurde, dann ist leicht zu verstehen, warum die bestimmenden Gruppen der heutigen Kirche, die ja zum großen Teil eben die Träger des Widerstandes von damals waren, auf das Wiederauftauchen des Anpassungsproblems ausgesprochen allergisch und unsicher reagieren.

Jedoch, Anpassung findet faktisch statt. Eben darum muß sie theologisch thematisch werden, und zwar unter Berücksichtigung und Aufarbeitung der Barmer Entscheidung, die in der Tat nicht nur eine historische Bedeutung hat als Reaktion auf eine so heute nicht mehr gegebene Situation, sondern eine Entscheidung mit Bekenntnisgewicht gewesen ist und insofern in allen zukünftigen Entscheidungen mitverantwortet werden muß.

Zu den Barmer Assertionen und Verwerfungen

In dem Sammelband »Mission als Strukturprinzip« findet sich ein kleiner Aufsatz von Werner Simpfendörfer, Bad Boll, mit dem Titel ›Das Experiment in der Kirche‹. Er faßt die Ergebnisse seines Vergleichs der verschiedenen sogenannten ›Experimente‹ in der Ökumene zusammen, der von der ökumenischen Studiengruppe ›Strukturen missionarischer Gemeinden‹ angestellt worden ist mit dem Ziel, gemeinsame Kennzeichen, ›common trends‹, in all diesen Experimenten – von East Harlem bis Sindelfingen – herauszuarbeiten. In diesem Aufsatz findet sich die ominöse Feststellung, ein gemeinsames Kennzeichen aller Experimente sei – wörtlich – »die Überzeugung: Gott redet zu den Christen nicht nur im Gottesdienst, sondern auch in der Begegnung mit den Zeitgenossen und dem Gegenwartsgeschehen«. Dies ist, wenn man Barmen ernstnimmt, mindestens der Form nach ein häretischer Satz, und wenn dies tatsächlich die gemeinsame Überzeugung der Trägergruppen kirchlicher Experimente und das heißt doch, eine diese Experimente prägende und formende Überzeugung ist, dann haben sie allesamt, wie ihre Kritiker oft genug behaupten, einen häretischen Ansatz. Denn, nota bene, die hier als gemeinsam formulierte Überzeugung hat ja keineswegs einen beiläufig zufälligen Charakter, sondern die Experimente verstehen sich nach dieser Darstellung offenbar als gehorsame Antwort auf eine aus einer spezifischen Situation ergehende Herausforderung, die die Verbindlichkeit des Wortes Gottes selbst hat.

Und eben dies war zweifellos ein Kennzeichen der deutschchristlichen Bewegung. »Wir erblicken«, heißt es in einer deutschchristlichen Verlautbarung, »die Gegenwartsaufgabe der christlichen Kirche in Deutschland darin, daß dem deutschen Volke Christus verkündigt und ihm bezeugt werde, daß das Heil des einzelnen und des Volkes im Glauben an Christus beschlossen ist; dies jedoch unter freudiger Bejahung der nationalsozialistischen Volkwerdung als der von Gott gegebenen Wirklichkeit des deutschen Volkes, wie dies in dem Aufruf des Reichskirchenausschusses vom 17. Oktober 1935 ausgesprochen ist.« Oder kürzer: »Der ewige Christus will aus dem deutschen Geist heraus erfaßt werden.« Wenn man den schwülstigen Stil abzieht, heißt das: die Auslegung der Christusbotschaft, ihre Bezeugung durch die Kirche in Verkündigung und Ordnung hat zu erfolgen nach Kriterien, die an einer ganz bestimmten geschichtlichen Situation gewonnen sind. Ein politischer Kairos wird zum hermeneutischen Schlüssel für die Schriftauslegung der Kirche. Das ist aber, solange die Kirche nicht völlig ihren Ursprung vergessen hat, nur möglich, wenn dieser politische Kairos selbst Wort-Gottes-Charakter hat.

»Wir verwerfen«, formuliert Barmen im Verwerfungssatz zur I. These, »die falsche Lehre, als könne und müsse die Kirche *als*

Quelle ihrer Verkündigung außer und neben d(ies)em einen Worte Gottes auch noch andere Ereignisse und Mächte, Gestalten und Wahrheiten als *Gottes Offenbarung* anerkennen.« Und H. Asmussen erklärt im Synodalvortrag, der Verwerfungssatz blicke zunächst darauf, daß man »dauernd und nachhaltig an die Kirche und ihre Glieder mit dem Anspruch herangetreten« sei, »die Ereignisse des Jahres 1933 als bindend für Verkündigung und Schriftauslegung, als Gehorsam heischend neben der Heiligen Schrift und über ihren Anspruch hinaus anzuerkennen«, der Protest dagegen sei im übrigen ein Protest »gegen dieselbe Erscheinung, die seit mehr als 200 Jahren die Verwüstung der Kirche schon langsam vorbereitet hat. Denn es ist nur ein relativer Unterschied, ob man neben der Heiligen Schrift in der Kirchengeschichte Ereignisse oder aber die Vernunft, die Kultur, das ästhetische Empfinden, den Fortschritt oder andere Mächte und Größen als bindende Ansprüche an die Kirche nennt«. Abgewiesen wird also nicht nur die sogenannte »natürliche Gotteserkenntnis« als Quelle der Verkündigung der Kirche *neben* der Heiligen Schrift, sondern abgewiesen wird ganz präzis jeder Versuch, irgend ein Urteil über die gegenwärtige Situation, und träte es auf im prophetischen Gewande, zum Schlüssel der Schriftauslegung und also der kirchlichen Verkündigung, der kirchlichen Bezeugung des Evangeliums in Predigt und Ordnung zu machen. Es gibt, heißt das, für die Kirche keinerlei mögliche Anpassung im Hinblick auf die Quelle und also auf den Inhalt ihrer Verkündigung. Die Kirche kann auf keine Weise ihre Verkündigung dem Selbstverständnis des Hörers, des Zeitgenossen anpassen. »Jesus Christus, wie er uns in der Heiligen Schrift bezeugt wird, ist das *eine* Wort Gottes, das wir hören, dem wir im Leben und im Sterben zu vertrauen und zu gehorchen haben.«

Das scheint klar genug. Es *ist* aber tatsächlich viel weniger klar, als es erscheint. Denn die Frage ist doch: Wie kommt es überhaupt zu dem häretischen Versuch, irgendwelche anderen Offenbarungsquellen neben dem *einen* Worte Gottes, Jesus Christus, einzuführen? Welches Interesse ist denn da im Spiel? Die Frage ist ja um so dringlicher, wenn es wirklich wahr ist, daß die Verwüstung der Kirche durch die Deutschen Christen eine zweihundertjährige

Vorgeschichte hat, wenn also mit den Deutschen Christen eine ganze lange, theologische und kirchliche Tradition indiziert werden soll. Und wenn also nach Barmen, nach »soviel Blut und Schweiß und Tränen« bei einer ökumenischen Studiengruppe, die bei aller möglichen Kritik im einzelnen wirklich – verzeihen Sie mir dieses ganz persönliche Urteil – die Vorhut der ökumenischen Christenheit repräsentiert, wieder die gleichen häretischen Sätze auftauchen, so als wäre nichts geschehen, dann muß doch erst recht gefragt werden: Was für ein Interesse ist hier im Spiel? Die Antwort ist so schwierig nicht: Barmen sieht in einer Art heiliger Einseitigkeit völlig ab von der Frage nach dem konkreten Vollzug der Verkündigung der Kirche. Wird aber der konkrete Vollzug der Verkündigung ins Auge gefaßt, dann wird die Frage nach der Situation, die die Verkündigung der Kirche herausfordert, unausweichlich.

Verkündigung ist ein Prozeßgeschehen zwischen Tradition und Situation, zwischen der biblischen Überlieferung und dem Hörer in seiner Betroffenheit durch den gegenwärtigen Augenblick. In der gegenwärtigen Situation ist Christus, ist seine Herrschaft, seine Glaubwürdigkeit und also die Möglichkeit des Glaubens strittig. An der Wirklichkeit seines Lebens gerät der Glaube in die Anfechtung. Und eben diese Anfechtung lehrt aufs Wort merken, sie wirft den Glauben auf seinen Ursprung in der Christusverheißung zurück. In diesem Prozeß zwischen Tradition und Situation, zwischen Christus und der Wirklichkeit tritt die verkündigende Kirche als Zeuge auf. Sie bezeugt Christus als den Herrn der Situation, als die endgültige Verheißung Gottes, die eben, weil sie ›eph hapax‹ gilt, auch jetzt und hier gilt, auch die gegenwärtige Situation verheißungsvoll macht. Dabei geschieht es, ubi et quando visum est Deo, daß Christus sich tatsächlich als der Herr der Situation erweist, daß er sich jetzt und hier gegen die Situation durchsetzt, sie erhellt, klärt, verändert, zur Zukunft hin aufbricht und insofern als das *eine* Wort Gottes, dem wir im Leben und im Sterben zu vertrauen und zu gehorchen haben, erneut glaubwürdig wird. Der in die Anfechtung geratene Glaube wird frei – mit Barmen II zu sprechen – aus den gottlosen Bindungen dieser Welt, nicht allgemein, sondern im Hinblick auf die gegenwärtige Situation, auf seine konkrete Unfreiheit, und frei zum dankbaren Dienst an Gottes Geschöpfen, wiederum nicht allgemein, sondern im Sinne einer konkreten, erneuten Einweisung in die Situation, in der er in die Krise geraten war und die nun durch Christus wieder verheißungsvoll geworden ist. Die Situation, die in einem ganz bestimmten Sinn gegen Gott gesprochen hatte, nicht aus sich selbst heraus, sondern sofern der Glauben in ihr an Christus irre geworden war, spricht nun wiederum in einem ganz bestimmten Sinn für Gott, wiederum nicht aus sich selbst heraus, sondern sofern sie durch die Christusverkündigung zum Zeugnis für Christus aufgeboten ist.

Im konkreten Vollzug der Verkündigung kann die Kirche also gar nicht anders, sie muß nach der Situation fragen, sie muß die Situation zur Sprache bringen, denn es ist ihr Auftrag, Christus als den Herrn der Situation zu bezeugen. Sie muß es also wagen, Christus und die Situation, die Verheißung und die Wirklichkeit zu ver-sprechen. Und dabei muß sie in der Tat neue Worte wagen, neue Urteile, neue Entscheidungen, die sie in ihrer Überlieferung nicht findet (vgl. 1. Kor, 14).

Und eben diese Tatsache, daß die Kirche es wagen muß, die Situation zur Sprache zu bringen, wie sie gegen und wie sie für Christus spricht, ist die Quelle der in Barmen abgewiesenen Irrlehren. Denn die Situation hat ja eben, auch ganz unabhängig vom Christuszeugnis, ihre eigene Sprachlichkeit, sie enthält Verheißung, sie macht Anspruch auf den Hörer. Und dieses Eigenwort der Situation ist für die Kirche ein nie endgültig zu entscheidendes theologisches Problem, denn es ist nicht einfach als Widerspruch gegen Christus zu qualifizieren, es muß eben im Vollzug der Verkündigung doch auch in einem bestimmten Sinn als Zeugnis *für* Christus in Anspruch genommen werden. Woher hat denn die Sprache der Tatsachen diese Relevanz für die Christuspredigt? Der Glaube kann doch gar nicht anders, als diese Sprachlichkeit der Wirklichkeit mit seinem Schöpfungsglauben in Zusammenhang zu bringen. Und er kann auch nicht anders, 2000 Jahre post Christum natum, post Christum praedicatum, als diese Sprachlichkeit in Zusammenhang zu bringen mit der Wirkungsgeschichte der

Christuspredigt selbst. Daher das Reden vom größeren Christus, vom Christus außerhalb der Kirche, von der latenten Kirche, darum die nicht aufhörenden Versuche, den Säkularisierungsprozeß von der biblischen Botschaft her positiv zu deuten und also für diese Botschaft zum Zeugnis aufzubieten.

Nun wird ja in Barmen die Sprache der Tatsachen in keiner Weise geleugnet, nicht einmal geleugnet in ihrer Relevanz für das Verkündigungsgeschehen. So kann Ernst Wolf in seiner Auslegung der Barmer Thesen sagen: »Abgelehnt wird *nicht*, daß man in den Ereignissen (also dem Frühjahr 1933) Mächten (etwa Blut und Boden), in den Gestalten (Adolf Hitler) und in den Wahrheiten (etwa innerweltliche Verpflichtungen zur Volksgemeinschaft) Taten und Gaben Gottes erkennt, für die man zu danken hat, sofern man es als Christ in Christo zu tun vermag, daß man in ihnen Aufgaben erblickt, zu denen man als Christ auch ›in Christo‹ gerufen sein kann – abgelehnt wird vielmehr, daß jene Ereignisse, Mächte, Gestalten und Wahrheiten *neben und außer* der Offenbarung Gottes in Christus zur Quelle kirchlicher Verkündigung gemacht werden. ›Ich bin der Weg, die Wahrheit und das Leben‹ – so predigt Barmen I das erste Gebot.«

Aber dies ist eben eine gleichsam zu harmlose Darstellung des Problems und der Barmer Entscheidung. Das Problem liegt darin, daß die Sprache der Tatsachen im Prozeßgeschehen der Verkündigung auf jeden Fall mitgehört und – entweder im Widerspruch oder im Aufgebot zum Zeugnis – mit zur Sprache gebracht werden muß. Es sind doch eben damals diese Ereignisse, Mächte, Gestalten und Wahrheiten gewesen, die sich dem Hörer als die Verheißung seines Lebens zusprachen, ihn mit letztem Gewicht in Anspruch nahmen und eben damit den Glauben in die Krise brachten. Und wenn Wolf theoretisch die Möglichkeit einräumt, daß man für alles als Tat und Gabe Gottes vielleicht auch in Christo hätte danken und es als Auftragsfeld des Glaubensgehorsams hätte annehmen können, dann hätte sich doch diese Möglichkeit nirgends anders als eben in der Verkündigung auftun können, die Verkündigung hätte diese Ereignisse, Mächte, Gestalten und Wahrheiten für Christus zum Zeugnis aufbieten können müssen, wenn der Glaube sie zu Dank und Dienst hätte annehmen sollen. Und das war damals offenkundig nicht möglich. Die Sprache dieser Tatsachen war nur als Widerspruch gegen Christus zu qualifizieren. Dann ist aber die Entscheidung von Barmen nur so recht zu verstehen: Es kann sich nicht darum handeln, die Sprache der Tatsachen aus dem Prozeßgeschehen der Verkündigung auszuklammern, sie wird aber nur und allein von Christus her für den Glauben eindeutig. Sie *muß* zur Sprache kommen, sie ist also durchaus in einem bestimmten Sinn Quell der Verkündigung, aber eben *nicht* als Offenbarung Gottes, – man beachte das doppelte ›als‹ im Verwerfungssatz. Nur von Christus her ist die Wirklichkeit für den Glauben eindeutig zur Sprache zu bringen, das ist die Entscheidung von Barmen. Von Christus her *muß* sie aber wirklich zur Sprache gebracht werden, sonst kann Christus nicht verkündigt werden als der Herr der Situation. Und das ist in Barmen merkwürdig in den Hintergrund getreten.

Der Grund dafür liegt nicht so sehr in den Barmer Entscheidungen selbst, als in dem Wort- und Predigtverständnis, das die Theologie der Krise schon mit ihren frühesten Ansätzen formuliert hatte. Die Problematik dieses Wortverständnisses kann hier selbstverständlich nicht aufgerissen werden. Für das Predigtverständnis aber, für die Frage nach dem Vollzug der Verkündigung bedeutet dieses Wortverständnis, daß die Frage nach der Situation, die die Predigt herausfordert, unerheblich, ja illegitim wird, denn der Hörer steckt im Text, die Situation steckt im Text, so wird also mit der Textexegese und nur mit ihr zugleich die Situation des Hörers offenbar. Die Was-Frage wird zur einzig erheblichen, zur einzig legitimen Frage, sie saugt alle anderen Fragen, die den konkreten Vollzug der Verkündigung betreffen, als selbständige Fragen in sich auf, nicht nur die Frage nach dem ›Wie‹, für die die dialektische Theologie von Anfang an zum Schaden jeder praktischen Homiletik immer nur ein Hohngelächter hatte, sondern auch die viel entscheidenderen Fragen nach dem ›Wem?‹, dem ›Wann?‹, dem ›Wo?‹ und dem ›Wozu?‹ der heutigen Predigt. Die Autobasileia Jesus Christi wird zur Autobasileia des Schriftwortes, ja der einzelnen Perikope. Nun ist es ja selbstverständlich richtig, daß ein

Hörer und eine Situation im Text steckt und daß die Exegese, wenn sie sauber ist, diesen Hörer, diese Situation zutage fördert. Aber eben wenn sie das tut, wird sogleich offenbar, daß dieser Hörer *nicht* der Hörer von heute, diese Situation *nicht* die Situation von heute ist. Wird nun gepredigt, wie Christus der Herr dieser im Text erhebbaren Situation geworden ist, so ist damit noch schlechterdings nichts gesagt zur Frage, wie Christus der Herr der gegenwärtigen Situation wird. In diesem Fall reduziert sich die Predigt auf die Didache, auf Auslegung der Überlieferung, und bleibt das Zeugnis, das andere notwendige Element der Verkündigung, die Bezeugung der Relevanz der Überlieferung für das Jetzt und Hier, das prophetische Element schuldig. Oder aber es kommt, weil das nun doch nicht geht, zu einer freien Applikation der exegetischen Erkenntnisse auf den homiletischen Augenblick, die, weil sie im Text keine wirkliche Begründung hat, auch den Hörer nicht wirklich überwinden kann. Wenn die Was-Frage die einzig legitime Frage im Vollzug der Verkündigung ist, dann werden alle andern Fragen, eben weil sie sich nicht unterdrücken lassen, auf illegitime Weise beantwortet – zumindest besteht diese Gefahr.

Es sind nun, und darum mußte die ganze Analyse angestellt werden, genau diese Fragen, die Frage, wem wir verkündigen und wann und wozu und wie wir verkündigen, diese Fragen in ihrem Wirkungszusammenhang mit der Wasfrage, durch die das Problem der Anpassung sich für den Vollzug der Verkündigung stellt. Und die Antwort lautet, daß die Partizipation, die Teilhabe des Verkündigers und der mit der Verkündigung beauftragten Kirche an der Situation des Hörers, an der Situation also, die die Predigt herausfordert, sofern sie den Glauben in die Anfechtung bringt, Bedingung auftragsgemäßer Verkündigung ist. Nur wenn die Kirche teilhat an der Situation des Hörers und zwar an der jeweiligen Situation des Hörers, wie sie seinen Glauben herausfordert und in die Enge treibt, wie sie ihn verführt und fordert, in Hoffnung oder in Angst versetzt, wenn sie also teilhat an seiner Anfechtung, kann sie auch bezeugen, wie Christus hier und jetzt Herr eben dieser Situation ist, wie er den Menschen aus den gottlosen Bindungen dieser Welt befreit und ihn erneut als einen

Freien in diese Welt als den Ort seines Glaubensgehorsams und seines Gottesdienstes einweist.

Barmen hat entschieden, daß die Wirklichkeit als der Ort der Anfechtung und des Gottesdienstes für den Glauben nur von Christus her eindeutig zur Sprache gebracht werden kann, daß nur und allein von Christus her erkannt und entschieden werden kann, wo die Sprache der Tatsache den Glauben zu Recht und wo sie ihn zu Unrecht in Anspruch nimmt. Die Wirklichkeit hat also, wie auch immer sie ausgelegt wird oder sich selbst auslegt, *nicht* Wort-Gottes-Charakter. Von dieser Entscheidung ist nach meiner Meinung nichts abzumarkten. Und sie wird um so wichtiger und gewichtiger, je klarer nun der konkrete Vollzug der Verkündigung als Prozeßgeschehen zwischen Tradition und Situation ins Auge gefaßt wird. Denn im Vollzug der Verkündigung *muß* die Wirklichkeit, wie sie den Hörer betrifft und beansprucht, zur Sprache kommen. Und damit das geschehen kann, *muß* die Kirche sich auf die Wirklichkeit des Hörers einlassen, muß sie Teilhabe leisten an der Situation des Hörers und in diesem Sinn Anpassung, Anpassung in der Fragestellung, Anpassung in der Sprache, Anpassung in ihren Strukturen, in ihren Wirk- und Lebensformen. In dem Maß, in dem sie das tut, wird sie selbst immer unausweichlicher betroffen durch die Sprache der Tatsachen, wie sie den Hörer betrifft. Und um so dringlicher und unentbehrlicher wird für sie die Unterscheidung von Barmen. Nicht die Situation ist der hermeneutische Schlüssel für die Christusbotschaft, sondern die Christusbotschaft erweist sich im Vollzug der Verkündigung als der hermeneutische Schlüssel für die Situation, durch ihn, durch ihn allein wird die Sprache der Tatsachen für den Glauben verständlich.

Barmen hat das so nicht ausgedrückt. Denn es sieht scheinbar völlig ab von den Problemen des Verkündigungsvollzuges. Das Ereignis von Barmen sagt aber faktisch viel mehr, als sich in den Thesen ausdrückt. Denn faktisch vollzieht sich in Barmen, was sich im Vollzug der Verkündigung vollziehen soll. Barmen klärt eine Situation, in der der Glaube in die Anfechtung geraten ist, und zwar, indem es diese Anfechtung zur Sprache bringt und Christus gegen diese Anfechtung als den Herrn der Situation bezeugt. Dabei wagt Barmen – Karl Barth weist darauf in seiner Auslegung der 1. These (II,1–194ff) ausdrücklich hin – ganz offenkundig ein *neues* Wort, das so in der Überlieferung, in den Bekenntnissen der Väter noch nicht enthalten ist. Die Kirche kommt zu diesem neuen Wort, zu diesem neuen Zeugnis von der Herrschaft Christi, indem sie sich auf eine neue Situation wirklich einläßt. Barmen ist denn auch vorbereitet und wird fortgesetzt in einem großangelegten – Anpassungsprozeß. Die Kirche formiert sich bis ins Recht, in die Arbeitsformen, in die Organisationsformen, bis ins Denken, in die Sprache, in die Verkündigung und in die Theologie hinein um im Hinblick auf die neue Situation. Sie paßt sich der neuen Situation an, freilich nicht – und das ist das Entscheidende – an die Situation, wie sie sich selbst auslegt – das wird gerade verweigert –, sondern so, wie sie von Christus ausgelegt wird. Es gibt für die Kirche in der Tat nicht Anpassung an die Situation als solche, sondern nur so, wie sie von Christus her als Auftragssituation qualifiziert ist. Das heißt aber, die Anpassung der Kirche folgt nicht einer bestimmten Wirklichkeitsanalyse oder Wirklichkeitsauslegung, sondern einem im Prozeßgeschehen zwischen Tradition und Situation, im Verkündigungsgeschehen selbst gewonnenen prophetischen Urteil. Sie bedarf für dieses Urteil der Wirklichkeitsanalyse, aber sie gewinnt es nicht aus dieser Analyse, sondern so, daß sie die so ausgelegte Wirklichkeit ins Licht der Christusverheißung rückt. Als Beispiel kann man die amerikanischen Kirchen im Rassenkonflikt nennen, (vgl. Letty Russel, Die Kosten der Nachfolge, in: Mission als Strukturprinzip, Genf 1965). Indem die Kirche zur Rassenfrage spricht, setzt sie die Größe der Gemeinden, ihr Budget..., die religiöse Konjunktur aufs Spiel. Indem sie wahrnimmt, wo die Christusherrschaft, die sie zu bezeugen hat, diese Situation qualifiziert, indem sie sie zugleich kritisiert und verheißungsvoll macht, wird sie aufmerksam auf die spezifische Gestalt, die ihr Auftrag in dieser Situation annimmt, d.h. auf ihre spezifische Funktion in dieser Situation. Und dieser spezifischen Funktion paßt sie ihre Struktur an. Anpassung gibt es für die Kirche also immer nur als Einpassung in eine spezifische Auftragssituation. In diesem Sinne hat die Bekennende Kirche in der Tat Anpassung geleistet und zwar in der ganzen Breite ihrer Strukturen, sowohl der Strukturen des Denkens und Redens als auch der Strukturen des Lebens und des Dienstes. Sie hat Anpassung im Sinne der Funktionsfähigkeit geleistet, gerade indem sie Anpassung im Sinne der Selbstrettung und Selbstsicherung verweigerte.

4. Ein anderes Gemeindebild

Erwägungen zum Problem »Kirche und Gesellschaft«

Die Programmformel »Kirche und Gesellschaft« verweist die Kirche Jesu Christi, die sich als »Kirche für andere« begreift, auf ihre konkrete Umwelt als den Ort ihres »vernünftigen Gottesdienstes« (Römer 12). Im Blick auf die Konflikte dieser Umwelt, an denen sie selbst teilhat, soll sie den in Christus eröffneten Gottesfrieden in Wort, Tat und Lebensgestalt bezeugen.

Dieser konkrete Verantwortungsraum ist für die Westberliner Kirchen das politische Gemeinwesen Westberlin in den Gliederungen seines gesellschaftlichen Lebens und in seiner Abhängigkeit von größeren, teilweise weltweiten politischen und gesellschaftlichen Zusammenhängen und Konflikten. Die »Kirche für andere« muß sich auch in Westberlin der Frage stellen, ob sie im Hinblick auf diesen gesellschaftlichen Verantwortungsbereich und nicht nur im Hinblick auf das private Dasein einzelner Bürger relevant zu reden und zu handeln vermag, ja, ob sie auch nur dieses private Dasein des Bürgers, das in hohem Maße abhängig ist vom gesellschaftlichen Kräftespiel, wirklich erreicht.

I. Strukturelle Probleme in der Beziehung Gemeinde–Gesellschaft

Die vorherrschende Gestalt kirchlichen Lebens und Arbeitens in der Westberliner evangelischen Kirche ist nach wie vor die Lokalgemeinde. Der gesellschaftliche Raum Westberlin ist aber der kirchlichen Organisationsform Lokalgemeinde schlechterdings inkommensurabel. Die Lokalgemeinden sind auf der Ebene, auf der Entscheidungen über Berlin fallen – politisch, wirtschaftlich, kulturell, ja, auch was das Religiöse anlangt, also etwa das Verhältnis von Staat und Kirche, Schule und Kirche –, nicht präsent und nicht kompetent, also nicht rede- und handlungsfähig. Und zwar gilt das von nahezu allen Ebenen, gesellschaftlichen Instanzen und Impulszentren, in denen über Berlin entschieden wird. Natürlich ist auch etwa ein SPD-Kreisverband, der Gesamtbetriebsrat einer der großen Berliner Fabriken oder eine Redaktion wie die des »Tagesspiegels« eine für das Geschick Berlins relevante Instanz. Aber auch diesen Instanzen gegenüber sind die Gemeinden als solche keine Partner. Sie müßten sich, um solchen Instanzen gegenüber reden und handeln zu können, alsbald anders formieren, sie müßten neue Strukturen, neue Institutionen bilden. Und sie haben das ja auch längst getan – man denke an das Sozialpfarramt, an den Evangelischen Rundfunkdienst und dergleichen –, nur in einem völlig unzureichenden Maße und in einer die Wirksamkeit dieser Institutionen empfindlich belastenden ekklesiologischen Unklarheit. Denn die Frage, was diese neuen Institutionen ekklesiologisch eigentlich sind, ist völlig offen. Man spricht von Sonderpfarrämtern und hält damit an der Vorstellung fest, es gäbe eine normative Gestalt des Pfarramtes. Man spricht von Paragemeinden und konserviert damit die Ansicht, es gäbe eine normative Gestalt von Gemeinde. Und der morphologische Fundamentalismus, der sich darin auswirkt, hat eine ganze Fülle von Konsequenzen: er bestimmt die Personal-, Finanz-, Bau- und Ausbildungspolitik der Kirche. Die funktionalen Gemeinden und Ämter, die im Hinblick auf den Raum Westberlin relevant reden und handeln könnten, werden mangelhaft ausgestattet, sie haben unzureichende Vollmachten und stehen pausenlos unter dem Druck, sich vor der »normativen« Gestalt von Kirche mit Ergebnissen zu rechtfertigen, die sie einfach nicht vorweisen können, jedenfalls nicht so, daß sie lokalgemeindlich ins Gewicht fallen, – sie werden das auch nie können, weil ihr Auftrag ein ganz anderer ist.

Eine weitere Folge ist, daß eine Kooperation zwischen Lokalgemeinden und Funktionsgemeinden nicht stattfindet. Es gibt dafür nahezu keine Institutionen, was zum Schaden der Ortsgemeinden ausfällt, denn für den Berliner Raum reden und handeln könnten die Ortsgemeinden nur indirekt, durch Kooperation mit Funktionsgemeinden.

Natürlich sind diese Dinge nicht neu. Aber wir haben noch nicht wirklich angefangen, mit solchen Selbstverständlichkeiten zu *denken* und sie *handelnd* zu berücksichtigen. Ein Beispiel: Heinrich Albertz wohnt in der Gemeinde von Pfarrer F. Er könnte kaum einen besseren Gemeindepfarrer haben. Aber daß F. nicht ex officio, als der Gemeindepfarrer, für Albertz in der Krise vom 2. Juni 1967 der richtige Berater gewesen wäre, daß die Ortsgemeinde im Grunewald nicht die richtige kirchliche Instanz zur Entlastung (absolutio), Vergewisserung (promissio), Sendung und Beratung (missio) des Regierenden Bürgermeisters von Berlin gewesen wäre, das liegt auf der Hand. Hier zeigt sich ein qualitativer Unterschied zu der vorindustriellen Zeit, bevor der Prozeß progressiver Mobilisierung, Spezialisierung und Konzentration einsetzte, der unsere Gesellschaft kennzeichnet und ständig verändert. Zu Calvins Zeiten war das Ministerium von Genf der unmittelbare Partner des Rates von Genf, auch heute noch ist der Dorfpfarrer, wenn nicht *der*, so doch ein möglicher Partner seines dörflichen Bürgermeisters, obwohl die selbstverständliche Zuständigkeit für die bürgerlichen Angelegenheiten dem Pfarrer heute auch auf dem Dorf schon fehlt. Aber wo Bürgergemeinde und Christengemeinde institutionell und personell nahezu deckungsgleich sind, da ist auch Zusammenspiel denkbar, und da kann ein 2. Juni in *dem* Sinn jedenfalls nicht geschehen, daß ein dem christlichen Glauben verpflichteter politischer Funktionär in einer Krise klar unevangelisch entscheidet und die Kirche dabei mehr oder weniger sprachlos zusieht. Denn was die Kirche gesprochen hat, zum Teil höchst nobel, das hat sie ja hinterher gesprochen, als das Kind schon im Brunnen war.

Wie hätte die Kirche sich als eine den Regierenden Bürgermeister von Berlin vergewissernde, sendende und beratende Instanz formieren können? Die Ebene wäre offenkundig zunächst die der Kirchenleitung. Aber die Kirchenleitung als solche wäre ebenfalls weder hinreichend präsent noch kompetent. Das wäre sie nur so, daß sie eine Institution bildete wie der Ökumenische Rat die CCIA (Commission of the Churches for International Affairs) gegenüber den UN, eine Sachverständigenkommission, die Expertisen ausarbeitet und systematisch Kontakte pflegt. Diese Kommission wäre nicht schon als Institution der Kirche rede- und handlungsfähig, sondern genau in dem Maße ihrer erwiesenen Kompetenz. Es gibt im Unterschied zur vorindustriellen Zeit heute so gut wie keine institutionell zu sichernde Präsenz und Autorität der Kirche im gesellschaftlichen Leben mehr. Institutionelle Maßnahmen der Kirche müssen sich durchweg funktional bewähren, sie müssen zunächst zeigen, daß sie etwas auszurichten vermögen, ehe sie auch institutionelles Gewicht bekommen. Durchweg gilt, jedenfalls für die Kirche: das Amt trägt nicht mehr die Personen, sondern die Personen erfüllen das Amt.

Es gäbe außer dieser Sachverständigenkommission noch drei andere Möglichkeiten, wie die evangelische Kirche in Westberlin gegenüber dem Regierenden Bürgermeister relevant reden und handeln könnte.

Erstens könnte sie in bestimmten Fällen ihr Gewicht als *Verband* in die Waagschale werfen, wie es die katholische Kirche tut. Dazu aber ist die evangelische Kirche meist nicht in der Lage, weil sie intern keine einheitliche Meinung zu bilden vermag. Ist eine Synode gegen Atomwaffen, so heißt das nicht, daß eine substantielle Anzahl von Wählern dadurch nachhaltig bestimmt wird. Darum können wir leider vorläufig nirgends ein Interesse im gesellschaftlichen Kräftespiel wirksam vertreten. Ich sage: leider, obwohl wir uns daraus oft einen Glorienschein machen. Denn es gibt geistige Interessen, die ebenso organisierbar sein müßten wie das Interesse am Fleischpreis und an der Steuerpräferenz, z. B. in der Bildungspolitik.

Zweitens besteht die Möglichkeit, daß kirchliche Gruppen (nicht die Kirche als solche) gesellschaftlich wirksam werden und unabhängig von der kirchlichen Bindung öffentliche Meinung mobilisieren. Im Oktober vorigen Jahres war in Holland eine »Woche des Friedens«. Ökumenische Aktionsgruppen, unter Einschluß von römischen Katholiken, erzwangen mit allen Mitteln der Massenpropaganda öffentliche Diskussion, und zwar zu konkreten Problemen, zu Vietnam, aber fast noch wichtiger, weil direkter bezogen auf die Verantwortung der eigenen holländischen Öffentlichkeit, zur Thematik der Welthandelskonferenz in Neu-Delhi 1968, wo die in Genf 1966 verhandelten wirtschaftlichen Weltentwicklungsprobleme akut werden.

Es gäbe noch eine dritte Möglichkeit relevanten Redens und Handelns der Kirche im Verhältnis zum Regierenden Bürgermeister, eine scheinbar ganz unorganisierte. Es könnte, wie früher an den Höfen, einen Freundeskreis für den Regierenden Bürgermeister geben, einen inoffiziellen Beraterkreis, ein mutuum colloquium fratrum, in dem aus christlicher Verantwortung Entscheidungen vorbereitet werden. Aber auch hier wäre wieder spezialisierter Sachverstand und – persönliche Nähe, persönliches Vertrauen Voraussetzung.

Offenbar ist keine der genannten Möglichkeiten als solche eine ortsgemeindliche Möglichkeit. Natürlich *würde* die Ortsgemeinde für den Fall, daß die Evangelische Kirche von Westberlin den Versuch machte, einheitliche Meinung, Verbandsmeinung zu bestimmten Dingen zu bilden, ein wesentlicher Umschlagplatz solchen Bemühens sein. Natürlich hätte sie bei der Bildung von gesellschaftsbezogenen Arbeitsgruppen eine Schlüsselstellung. Diese wären in ihrer Funktion transparochial und müßten es sein, um wirksam handeln zu können. Sie müßten ökumenisch sein, sie müßten kooperieren mit anderen, die ohne kirchliche Bindung sind, sie müßten mobil sein.

Man kann auf diese Sache ganz leicht die Probe machen. Man kann fragen: wie bringt die Konferenz »Kirche und Gesellschaft«, Genf 1966, als Durchbruchsereignis die Verantwortung der Kirche zur Sprache, wie wendet sie sich an die Kirchen? Darauf gibt es, ohne daß ich das jetzt am Text der Dokumente im einzelnen nachweisen möchte, klare Antworten: 1. Sie fordert von den Kirchen, daß sie über die nationalen und konfessionellen Grenzen hinweg gemeinsame Meinung bilden und diese ökumenisch vertreten. Das ist eine Herausforderung für die Kirche in ihren ökumenischen Strukturen und Wirkweisen: Konferenzen, Tagungen, Studienprojekte, Kooperation mit der römischen Kirche und die direkte Auseinandersetzung mit internationalen Instanzen, EWG, Europarat etc. 2. Sie fordert direkte Einflußnahme auf die nationalen Regierungen und andere politische Instanzen. Das erfordert die Bildung von Sachverständigenkommissionen, Arbeitsgruppen, gesamtkirchlichen und ökumenischen Institutionen auf nationaler Ebene. 3. Die ökumenische Meinung, die gebildet wird, muß in die Kirchen und die Bevölkerung der Länder hinein weitergegeben werden. Das ist ein sozialpädagogisches Problem, ein Problem kirchlicher Bildungs- und Öffentlichkeitsarbeit mit dem Ziel aufzuklären, zu informieren, Vorurteile und Tabus abzubauen, ein für den Dialog günstiges sozialpsychologisches Klima zu schaffen, ein anderes Zeit- und Weltgefühl zu erzeugen, so wie es etwa im Hinblick auf den Antisemitismus den Kirchen bis zu einem gewissen Grad gelungen ist, das Klima durch anhaltende Aufklärungsarbeit zu verändern. Bei diesem Aufklärungsprozeß haben die Ortsgemeinden eine Schlüsselfunktion. 4. Es gilt, diejenigen Glieder der Kirche direkt in Anspruch zu nehmen, die in entscheidenden gesellschaftlichen Positionen, etwa in der Politik, in der Wirtschaft, in den Gewerkschaften tätig sind. Das dürfte im wesentlichen eine Aufgabe der kirchlichen Publizistik und der kirchlichen Tagungsarbeit auf den Akademien sein, obwohl die Bedeutung der Ortsgemeinden zur Aufspürung dieser Multiplikatoren nicht klein ist.

Die Probe ergibt: Auch im Hinblick auf die Auswertung eines solchen Durchbruchsereignisses wie Genf 1966 ist die unmittelbare Funktionsmöglichkeit der Bezugsgruppe, auf die wir immer noch unser Hauptaugenmerk richten, der »Gemeinde«, außerordentlich begrenzt. Selbst in dem sozialpädagogischen Aufklärungsprozeß hat die Gemeinde zwar eine wichtige, aber keineswegs die einzige Schlüsselposition und vor allen Dingen, sie ist Schlüsselposition nur in Arbeitsteilung mit anderen Gestalten von Kirche, z. B. mit dem Unterricht in den öffentlichen Schulen, Volkshochschulen und anderen Einrichtungen der Erwachsenenbildungsarbeit (Rundfunk, Fernsehen). Ergebnis: In der Fragestellung »Kirche und Gesellschaft« erscheint die Lokalgemeinde in der von der Religionssoziologie herausgearbeiteten Problematik: sie bedarf der Ergänzung durch andere Gestalten von Kirche und ist zu gesellschaftlich relevantem Handeln nur in Kooperation mit diesen anderen Gestalten fähig.

II. Funktionswandel der Lokalgemeinde

Was wir beschrieben haben, ist nichts anderes, als die praktische Kehrseite dessen, was als Formel vom Funktionsverlust, vom Funktionswandel der Lokalgemeinde seit langem in aller Munde ist. Es empfiehlt sich nachdrücklich, nicht länger von Funktionsverlust, sondern von Funktionswandel zu sprechen, um die positiven Aspekte dieser Veränderung der Lage der Lokalgemeinde in der Gesellschaft nicht zu übersehen. Die Merkmale dieses Wandels seien stichwortartig noch einmal aufgezählt, weil es einige Aspekte gibt, die oft abgeblendet werden, obwohl sie von großer Tragweite sind:

1. Der progressive und sich beschleunigende Prozeß gesellschaftlicher Mobilisierung, Spezialisierung und Konzentration hat die klassische Anpassungsleistung der Kirche an die stabile vorindustrielle Gesellschaft, die Parochie mit ihren Institutionen (vgl. Trutz Rendtorff, Die soziale Struktur der Gemeinde, Hamburg 1958, u. ä.) problematisch und überholungsbedürftig gemacht. Durchdrang die Kirche mit den parochialen Institutionen und Vollzügen das Leben einer traditionellen Kleingesellschaft (Dorf, Kleinstadt) in allen seinen Bezügen, so daß sie voll präsent, kompetent und mit ihren Verheißungen und Weisungen für das gesamte Zusammenleben von Bedeutung war, so sind die Wirkungsmöglichkeiten der Ortsgemeinde heute fast ausschließlich auf die Wohnwelt und die in ihr sich abspielenden Lebensfunktionen beschränkt. Dabei ist diese immer noch gegebene Nähe der lokalgemeindlichen Institutionen zur Wohnwelt der Zeitgenossen auch nur eine solche der *Möglichkeit* nach. Da es eine sozial bedingte und sanktionierte Teilhabe der Mitglieder der Volkskirche am kirchlichen Leben nur noch in Resten gibt, ist die Voraussetzung einer Begegnung der Kirche mit dem Zeitgenossen in seiner Wohnwelt immer abhängig von einem bestimmten *Bedürfnis* des Zeitgenossen, sei es einem religiösen, sei es einem sozialen, sei es einem Lebenshilfebedürfnis. Teilnahme am kirchlichen Leben ist also nicht mehr Ergebnis der Sozialstruktur, in die die Kirche institutionell integriert ist, sondern Ergebnis persönlicher Entscheidungen: innerhalb der volkskirchlichen Mit-

gliedschaft differenziert sich eine teilnehmende, eine vereinskirchliche Kerngemeinde, in der solche Bedürfnisse bestimmter Zeitgenossen und Zeitgenossengruppen noch angemessen erfüllt werden.

Wesentliche Lebensfunktionen des einzelnen und der Gesellschaft – Arbeit und Wirtschaft, Politik, Vereins- und Verbandsleben, Kultur und Bildung, Freizeit und Urlaub, auch wesentliche Elemente des Konsums und des Dienstleistungsbedürfnisses – liegen völlig außerhalb der Reichweite der alten ortsgemeindlichen Institutionen und Wirkweisen. Das gilt sogar von einem anscheinend so lokalen Bedürfnis wie dem der Nachbarschaft. Auch Nachbarschaft ist in der Großstadt nicht mehr lokal, sondern funktional organisiert: Jeder hat sein über große Räume ausgedehntes Spinnennetz nachbarschaftlicher Beziehungen. Die Integrationsebene sowohl des gesellschaftlichen als auch des einzelnen Lebens liegt heute wesentlich höher als früher.

2. Die Wohnwelt aber, in die die Lokalgemeinde noch hineinreicht, ist ein außerordentlich wichtiger Bereich gesellschaftlichen Lebens, und zwar in einem doppelten Sinne. Einmal reagiert der Zeitgenosse auf die Unübersichtlichkeit und scheinbare Unbeeinflußbarkeit des Gesellschaftsprozesses mit einer gefährlichen, entschlossenen Rückzugsbewegung in sein Privatleben. Es ist nicht wahr, was lange Zeit zur Ideologie der kirchlichen Sozialarbeit gehört hat, daß das Leben des Industriearbeiters, des Angestellten, ja selbst des Freiberuflichen um seine Arbeitsfunktion kreiste und da seine eigentliche Bewährung hätte (vgl. David Riesman, Die einsame Masse, Darmstadt 1956; ders., Wohlstand wofür?, Frankfurt/Main 1966). Nicht nur, daß die Freizeit, daß die private Welt von einer großen Zahl von Zeitgenossen *empfunden* wird als die Sphäre, in der das Leben eigentlich Leben ist, nicht nur subjektiv, auch gesellschaftlich gesehen ist die Überflußgesellschaft in immer stärkerem Maße Freizeitgesellschaft. Hier ist – etwa durch das Problem des Konsums – ein Raum möglicher und notwendiger Verantwortung, der immer mehr anwächst. Wir begegnen dem Zeitgenossen in der Wohnwelt also gerade da, wo er sich noch relativ frei, auch frei zur Verantwortung und zur Entscheidung fühlt. Ferner ist die Wohnwelt ein ganz entscheidender Lebensbe-

reich, weil es gesellschaftliche Gruppen und Altersgruppen gibt, deren Leben vornehmlich lokal zentriert ist. Das läßt sich an der Zusammensetzung der teilnehmenden Gemeinden ablesen: Kinder, Jugendliche in der »Gründerzeit ihres Lebens«, alte Leute, Hausfrauen und Desintegrierte.

Nimmt man noch hinzu, daß die Wohnwelt der Ort der Ehegründung, des Eheaufbaues und der strukturellen Ehekrisen ist, daß hier also der riskanteste und wegen seines Einflusses auf die Heranwachsenden folgenschwerste Lebensauftrag des modernen Menschen gelebt werden muß, dann wird die Lokalgemeinde sichtbar als das mögliche Ensemble der Gefährdeten und der Opfer der Zeit. Wir pflegen das zu beklagen, wir reden von Verkinderung, von Feminisierung, von Überalterung der örtlichen Gemeinden. Aber ich frage, ob wir nicht endlich anfangen sollten, es zu begrüßen, es jedenfalls anzunehmen als einen legitimen Auftrag der Kirche: dazusein für die Opfer der Zeit in Diakonie und Lebenshilfe. Hier wäre Lebenshilfe wesentlich Orientierungshilfe, Hilfe zum Zurechtfinden in der modernen Welt, Hilfe zur Überwindung der Resignation des Zeitgenossen angesichts des schreienden Widerspruchs zwischen der Perfektion der technischen Mittel und der Unveränderlichkeit des Status quo. Der Soziologe Peter Dienel hat bei einer Akademietagung darauf aufmerksam gemacht, was das allein im Hinblick auf die alten Leute hieße: Orientierung, Transparentmachen der gesellschaftlichen Wirklichkeit. Daß es da zum Beispiel um zehn Prozent der Wählerschaft geht, die ihr Wahlrecht weithin ausüben, ohne zu wissen, was sie tun. Und was das hieße: Transparentmachen der modernen Lebenswelt für Jugendliche in der Gründerzeit ihres Lebens, welche Chance wir da etwa im Konfirmationsunterricht hätten und wie wir sie in unverantwortlichem Maße vertun.

3. Die Exzentrizität der Lokalgemeinde im Hinblick auf das gesellschaftliche Leben, ihre geringe Reichweite nötigt zu einer neuen Deutung der Funktionen und Beziehungen innerhalb der Gemeinde. Das alte Gegenüber von Amt und Gemeinde, von Pfarrern und Laien beschreibt nur noch die Ekklesiaphase des Gemeindeprozesses, die Relationen während der Versammlung.

Nehmen wir die Kirche aber im Licht ihres Auftrags wahr – und das ist der große Durchbruch von Barmen und der ökumenischen Bewegung –: nehmen wir die Kirche im Licht ihres Auftrags wahr, der Bezeugung des Schalom, die ihr aufgetragen ist, des Versöhnungsdienstes, der Proexistenz, dann ist klar, daß dieser Auftrag heute vor allem jenseits der Ekklesiaphase, in der Diaspora des alltäglichen, gesellschaftlichen Lebens ausgeführt werden muß. Und ihre Träger sind die sogenannten Laien. Präsent da, wo die gesellschaftlichen Entscheidungen fallen, kompetent für diese Entscheidungen und also theoretisch fähig, relevant zu reden und zu handeln, wird die Kirche, wieweit sie ihre Institutionen auch ins moderne Leben vorschieben mag, fast ausschließlich erst jenseits aller institutionellen Möglichkeiten, im alltäglichen Leben ihrer nichtbeamteten Glieder. Es gilt deshalb, die Kirche als ein zweiphasiges Geschehen zu begreifen und zu sehen, daß die Mission der Kirche sich vor allem in der Diaspora entscheidet, da, wo der Glaube nicht Thema, sondern Motiv ist. Und die eigentliche Last der Mission der Kirche in der Diaspora liegt bei den sogenannten Laien.

4. Wenn das richtig ist, dann ergibt sich ein anderes Gemeindebild. Die Bestimmung der Funktion des Laien vom innerkirchlichen Geschehen aus – wobei er dann nur als Nichtordinierter, als Nichttheologe, als Nichtfachmann, als Nichtfunktionär bestimmbar ist – wird unzureichend, war theologisch immer unzureichend. Statt dessen wird zu unterscheiden sein zwischen kirchlichen Innen- und Außenfunktionen, die unterschiedlich, aber für die Erfüllung des Auftrags der Kirche gleichwertig sind und nur im Austausch zwischen Innen und Außen, in der Kooperation wahrgenommen werden können. Dabei ist niemand nur innen oder nur außen verantwortlich. Es gibt aber eine Arbeitsteilung, die einigen vornehmlich den Innendienst, den meisten anderen vornehmlich den Außendienst zumutet. Die Zusammenordnung der beiden Phasen ist dabei die, daß die Gemeinde sich im Gottesdienst der Ekklesia für den Gottesdienst der Diaspora bereitstellt. Nur von der Christusüberlieferung her empfängt sie immer neu ihre absolutio (ihre Entlastung), ihre promissio (ihre Verheißung) und

ihre missio (ihre Sendung) für den alltäglichen Gottesdienst. Andererseits gilt, daß der Gottesdienst der Ekklesia sich nicht anders als relevant, auftragsgemäß und verheißungsvoll erweist als im Versöhnungsdienst der Diaspora. *Alles, was im Innendienst geschieht, ist also zu prüfen, ob es relevant ist für den Außendienst, ob es diesen freigibt und konkret aufträgt.* Die Kooperation zwischen Trägern der Innenfunktionen und Trägern der Außenfunktionen ist dabei derart, daß die Träger der Außenfunktionen nur durch das Zeugnis von Christus in der Ekklesia für ihren Dienst frei werden und bleiben; daß aber andererseits dieses Zeugnis in der Ekklesia nur in dem Maß möglich ist, wie die Erfahrungen des Außendienstes, die Erfahrungen der alltäglichen Wirklichkeit in die Übersetzungsarbeit innerhalb der Kirche eingehen. So wird die Übersetzung der Überlieferung des Glaubens in die Situation eine Frage des Austausches zwischen Innen- und Außendienst, zwischen den Sachkundigen der biblischen Überlieferung und den Sachkundigen der heutigen Gegenwart. Kennzeichen einer auftragsgemäßen Gestalt von Kirche ist das Funktionieren dieses Austausches, ist das genaue Beieinanderhalten von Tradition und Situation.

5. In unserem Zusammenhang sind diese Überlegungen nur darum von Belang, weil sie auf eine strukturelle Hemmung im Dienst der Lokalgemeinde hinweisen, die beseitigt werden könnte. An der eingeschränkten Funktionsfähigkeit der Lokalgemeinde im Hinblick auf das heutige gesellschaftliche Leben ist ja durch Umstrukturierung ihres Binnenlebens prinzipiell nichts zu ändern: dagegen kann die Kirche nur durch die Ausbildung von anderen gleichwertigen Gemeindestrukturen und die wirksame Zusammenordnung dieser neuen Strukturen mit den Lokalgemeinden etwas tun.

Aber innerhalb ihres eingeschränkten Funktionsraumes kann und muß die Lokalgemeinde im Hinblick auf die Opfer, für die sie da ist, handlungsfähiger werden. Das geschieht durch den Ausbau ihrer Diakonie und vor allem durch den Ausbau ihres Katechumenats in allen seinen Phasen als Kinder-, Jugend- und Erwachsenenkatechumenat. Sinn dieser Katechumenatsphasen ist die wachsende

Urteilsfähigkeit der Gemeinde im Bezug auf ihren vernünftigen Gottesdienst in der Diaspora des gesellschaftlichen Lebens. Die Gemeinde ist auf diese Urteilsfähigkeit angewiesen, weil die institutionelle Kirche sie auf keine Weise vom selbständigen geistlichen Urteil, von selbständiger Glaubensentscheidung entlasten kann, wie sie das früher vermochte durch ein System selbstverständlicher christlicher Lebensordnungen, christlicher Sitte und christlichen Brauchtums, in das man von Kindheit auf eingeübt wurde. Es kann zu diesem selbständigen Urteil, zum situationsgerechten Sehen, Urteilen und Handeln im Glauben nur so kommen, daß die Gemeinde selbst an dem Übersetzungsvorgang zwischen Glaubenstradition und Situation beteiligt wird und zwar in wachsendem Maße. Das läßt sich als ein vierstufiger Vorgang beschreiben: a) Gottesdienst; b) Schulungs- und Studienarbeit in Seminaren und Gemeindekrei sen, auf Tagungen, Freizeiten und Konferenzen; c) mutuum colloquium fratrum; d) Einzelgespräche. Unterscheidbar sind diese vier Phasen einmal dadurch, daß von Stufe zu Stufe die heutige Wirklichkeit, die konkreten Lebenssituationen heutiger Menschen mehr zum Text werden; zweitens dadurch, daß die Pfarrer, die Theologen von Stufe zu Stufe immer mehr aus Redenden zu Hörenden, Fragenden, Beratenden, zu Maklern, zu Vermittlern von Sachkunde werden. Schon in der zweiten Stufe, in der Schulungs- und Studienarbeit, wird der Theologe nur noch neben dem Sozialarbeiter, dem Pädagogen, dem Psychologen, dem Eheberater, dem Juristen als Informant auftreten. Die Phase des mutuum colloquium ist bereits im wesentlichen eine Beratung von Leuten, die in der gleichen Auftragssituation sind, untereinander. Der Theologe ist, wie auf den Akademien, nur noch Gesprächshelfer. Unterscheidbar sind diese Stufen drittens auch dadurch, daß der Bedarf an nicht parochialer Hilfe und überparochialer Zusammenarbeit für diesen Interpretationsvorgang immer mehr ansteigt. Schon die zweite Stufe setzt eigentlich eine voll funktionierende Kooperation mehrerer Gemeinden voraus, setzt kreiskirchliche Institutionen voraus, wenn da sachverständige Arbeit geleistet werden soll. Die dritte Stufe ist im wesentlichen nicht mehr lokalgemeindlich. Denn arbeitsfähige

Kreise von Leuten in gleicher Auftragssituation, also etwa von Gewerkschaftssekretären, kann ja keine Ortsgemeinde, in der Regel auch kein Kirchenkreis mehr aufbieten, dazu bedarf es nichtlokaler Strukturen.

III. Theologische Hemmungen

Neben den strukturellen Hemmungen, die nur durch die Ergänzung der lokalgemeindlichen Struktur, und anderen, die durch eine Umwandlung innerhalb der Lokalgemeinde behoben werden können, gibt es noch eine dritte Kategorie von Hemmungen, die theologischer und frömmigkeitlicher Art sind und nur durch theologische Arbeit, Predigt und Unterricht überwunden werden können.

Es ist unmöglich, die Theologie der ökumenischen Studie über die »Strukturen missionarischer Gemeinden«, die den eigentlichen Hintergrund dieser Erwägung bildet, hier zu entfalten und aufzuweisen, wie diese mit den theologischen und frömmigkeitlichen Traditionen, die unsere Gemeinden gegenwärtig bestimmen, in Konflikt stehen. Ich verweise zunächst auf die meisterhafte Zusammenfassung dieser theologischen Problematik durch Johannes Hoekendijk im Anhang zu seinem Buch »Kirche und Volk in der deutschen Missionswissenschaft« (Theologische Bücherei Band 35, München 1967). Die entscheidende Frage dieser Studie lautet: Was heißt »Mission«? Die europäische Arbeitsgruppe antwortet nach langjährigen Erwägungen auf diese Frage:

a) *missio Dei:* In der Sendung Jesu erkennen wir *Gott* als den sendenden Gott. Gottes Volk erfährt Gottes Herrschaft im Gesendetwerden. Von dieser Erfahrung her sind Zeugnis und Gehorsam der Gemeinde bestimmt. – *Welt* wird von der in Christus gesendeten Gemeinde erkannt, erfahren und angenommen als bewegte Schöpfung, als Situation und Ziel des Sendungshandelns Gottes. – *Kirche* Jesu Christi steht im Dienst des sendenden Gottes. Diese Sendung bestimmt immer wieder ihren Auftrag und formt ständig ihre Gestalt.

b) *Missionen* sind missionarische Formen von Kirche in Vergangenheit, Gegenwart und Zukunft, es sind historisch geprägte und also transitorische Formen des Gehorsams gegenüber der missio Dei.

In Konflikt steht dieses Konzept experimenteller Theologie mit den theologischen und frömmigkeitlichen Traditionen, die unsere Gemeinden bestimmen, an vier Punkten:

1. In einem instrumentalen Verständnis von Kirche. Kirche ist nicht Selbstzweck, und also kann sich ihr Auftrag nicht in der Verkirchlichung der Welt oder im Durchhalten von Kirche gegen die Welt erschöpfen. Kirche ist Instrument des Sendungshandelns, des Vollendungshandelns Gottes, dessen entscheidender Durchbruch das Christusgeschehen ist. Die die Wirklichkeit verändernde, die Welt in den Wandel auf ihre eschatologische Zukunft als Schöpfung hineinreißende Bezeugung des in Christus weltweit eröffneten Schalom in Gestalt, Wort und Tat ist der eigentliche Auftrag der Kirche. Mit Visser't Hooft zu sprechen: Dienst und Versöhnung, Versöhnungsdienst ist die einzige und eigentliche raison d'être der Kirche. Theologie kann darum nicht länger in der Reihenfolge Gott – Kirche – Welt denken, wobei dann die Kirche in sich selbst Gott und Welt zu vermitteln hätte, sondern sie hat zu denken in der Reihenfolge Gott – Welt – Kirche. Im Handeln Gottes mit der Welt entsteht, ubi et quando visum est Deo, Kirche als Frucht und als Instrument dieses Handelns. Kirche ist also von ihrem Ursprung her Kirche für die Welt. Daß Gott die Welt liebt, ist Ursprung der Kirche und Seinsgrund der Kirche. Und die Kirche hat nicht so sehr selbst für Gott in der Welt zu handeln, als vielmehr dem Handeln Gottes in der Welt als Zeuge, Interpret und Assistent nachzukommen.

2. Diese Theologie unterscheidet sich von den herkömmlichen Traditionen in einem anderen Weltverhältnis und Weltverständnis. Welt ist die Werdewelt Gottes, ist Geschichte und als Geschichte creatio continua, gefährdete, vom Tod bedrohte creatio, aber creatio, Schauplatz des schöpferischen Handelns Gottes. Sie ist ein Prozeß, der in zunehmendem Maße dadurch gekennzeichnet ist, daß der Mensch selbst in die Verantwortung für seine Menschwerdung und für die Weltwerdung der Welt eingesetzt wird, ein Prozeß

also, der offen ist und über dessen Zukunft im verantwortlichen oder unverantwortlichen Handeln des Menschen entschieden wird. Welt wird hier verstanden, wie das Alte Testament sie verstanden hat, als Geschehen, dem sich das Volk Gottes im Vertrauen auf die Verheißung Gottes auszusetzen und in dem es sich in Liebe und Hoffnung zu bewähren hat, um so zu erfahren, »daß Gott der Herr sei«.

Welt wird für die Kirche konkret als die jeweilige Situation, als die jeweilige Auftragslage, die die Kirche im Licht der Christusverheißung wahrzunehmen und in der sie der Verheißung nachzukommen, zu assistieren hat in Liebe und Hoffnung.

3. Dem entspricht ein verändertes Verständnis von Verkündigung. Wort Gottes geschieht *zwischen* Tradition und Situation, zwischen der in der Überlieferung bezeugten Verheißung und der jeweiligen Gegenwart des Glaubens, in der die Relevanz dieser Verheißung strittig wird. Wort Gottes ist also nicht Ergebnis der Auslegung der biblischen Überlieferung als solcher. Wort Gottes findet die Kirche aber auch nicht in der Situation als solcher. Sondern Wort Gottes geschieht, unverfügbar, wo die Kirche sich müht um eine verständliche, für die gegenwärtige Situation des Glaubens relevante Bezeugung der Christusverheißung in Gestalt, Wort und Tat. Wort Gottes geschieht, wo die Kirche zugleich Interpret und Zeuge ist, Zeuge nämlich des Relevantwerdens der Überlieferung für die Situation; wo sie die Situation so lange im Licht der Verheißung erwägt und die Verheißung so lange im Licht der Situation, bis beides sich »ver-spricht«. Situationslose Verkündigung kann darum nicht legitime Verkündigung sein.

4. Entsprechend wandelt sich auch das Verständnis der kirchlichen Gestalt. Die Struktur der Kirche folgt der Funktion der Kirche im Wandel der Welt. Die Funktion der Kirche, ihr Auftrag wandelt und klärt sich im Licht der Verheißung angesichts bestimmter Situationen. Die Kirche ist nicht länger wie im Mittelalter mit einer gewissen Legitimität »Herrenkirche« (Bloch). Sie ist auch nicht länger, wie in der Reformationszeit und danach mit einer gewissen Legitimität der Pädagoge der Welt. Sie kann sich heute nur begreifen als der Diener (diaconus) der Welt in der Nachfolge Jesu

Christi. Ist aber die Diakonie das Grundmodell der Nachfolge, das Grundmodell also für das Wirken der Kirche, dann ist klar, daß keine der Strukturen kirchlichen Dienstes sakrosankt sein kann. Denn die Diakonie tut das jetzt und hier Notwendige, geht aus von dem jetzt und hier sichtbar werdenden Bedürfnis, ohne sich freilich in der Selbstauslegung dieses Bedürfnisses zu verlieren.

5. Aber mit dem Aufriß eines möglichen Verständnisses von Kirche, Welt, Wort Gottes und kirchlichen Strukturen ist ja wenig gewonnen. Die gegenwärtige Lage der Kirche mit den fundamentalistischen Fraktionsbildungen (wobei es auch eine Fraktionsbildung im Namen eines morphologischen Fundamentalismus, also einer sich selbst verteidigenden, ortsgemeindlich verfaßten Kirche gibt), der gegenwärtige Kirchenstreit und die Unentschiedenheit des Kirchenregiments in diesen Dingen sind m. E. nur erklärlich, wenn man die eigentlichen Hemmungen im Bereich vortheologischer Einstellungen zu suchen bereit ist, im Bereich der Tabus und Vorurteile. Es gibt etwas Hemmendes in unserer gegenwärtigen kirchlichen Wirklichkeit, das Hoekendijk zutreffend als »Barmen-Trauma« bezeichnet: die unbewältigte Vergangenheit des Kirchenkampfes und der theologischen Erneuerung, wie sie in Barmen ihren Ausdruck gefunden hat. Es ist ja kein Zufall, daß alle Sammlungsbewegungen und Bekenntnisbewegungen mit aus dem Zusammenhang gerissenen Barmer Sätzen und Formeln operieren, daß Kirchenregimente auf alle Vorschläge zur Kirchenreform ausgesprochen dilatorisch reagieren und immer mit dem Hinweis einer drohenden Überfremdung der Theologie durch die Soziologie, einer Warnung vor der Einschätzung der Situation als zweiter Offenbarungsquelle.

Tatsächlich nimmt die gesamte Diskussion über Kirchenreform, auch die ökumenische Strukturstudie Probleme und Argumente wieder auf, die im Spiel waren, seit die Kirche in der Vorahnung oder in der Konsequenz des Zusammenbruches der abendländischen Symbiose (1918) nach einer neuen Funktion der Kirche in der Gesellschaft, nach einer neuen Präsenz in der Gesellschaft, nach einem neuen Selbstverständnis als Kirche für die Welt zu suchen begann, Probleme und Argumente, die in der deutschchristlichen

Bewegung alsbald in die Häresie umschlugen und von daher obsolet geworden sind. Sie sind aber *darum* obsolet geworden, weil die gesamte Generation des Kirchenkampfes zunächst durchaus positiv zu diesen Problemstellungen und Argumenten stand: man denke etwa an die Faszination, die von dem Projekt einer einheitlichen deutschen evangelischen Reichskirche, einer Kirche nicht *für* das Volk, sondern einer Kirche *des* Volkes, des zur nationalen und religiösen Erneuerung erweckten Volkes ausging. In Barmen waren lauter gebrannte Kinder versammelt, darum haben sie ausgesprochen pyrophob reagiert. Mit anderen Worten: sie haben mit den häretischen *Antworten* auch die legitime *Frage* nach dem konkreten Vollzug von Verkündigung, nach der Bedeutung der Situation für diesen Vollzug, nach der gebotenen Anpassung der Kirche an die sich ändernde Auftragslage, nach der theologischen Interpretation des geschichtlichen Wandels in toto indiziert, in einer Art gewaltsamer Selbstexorzisation. Dabei hat Barmen faktisch viel mehr bewirkt, als es als Text sagt. Die Bekennende Kirche auf dem Weg vom Pfarrernotbund über Barmen nach Dahlem und Oeynhausen *ist* ein umfassender Anpassungsvorgang. Nur wird hier im Gegensatz zu der illegitimen Anpassung der Deutschen Christen an die »Gottesstunde der nationalen Erneuerung«, also zur Anpassung an die gesellschaftliche Situation, wie sie sich selbst auslegte, legitime Anpassung geübt, das heißt die Kirche strukturiert sich um auf Grund eines prophetischen Urteils über die Situation, wie es im Hören auf die Verheißung gewonnen war. Und da wurde die Situation als Kampfsituation, als Situation drohender nationaler und kirchlicher Selbstzerstörung sichtbar. Aber geblieben ist nicht diese Einübung einer elastischen Selbstkorrektur der Kirche auf eine veränderte gesellschaftliche Situation hin bis in die Liturgik, in die Kirchenordnung, ins Kirchenrecht und in die Pädagogik hinein, geblieben ist nicht die außerordentlich situationsnahe Predigt des Kirchenkampfes, sondern eine Theorie dieser Veränderungen und dieser Predigt, die aus ihnen einen situationslosen Ur-Sprung »senkrecht von oben«, einen als solchen konstatierbaren Akt der Autobasileia des Wortes Gottes – was immer das heißt – zu machen versuchte. Das heißt: geblieben ist eine Anfälligkeit für einen theologischen und morphologischen Fundamentalismus, der nicht auf eine saubere Rezeption von Barmen gegründet ist. Wenn es nicht gelingt, Barmen von den Thesen II bis VI her auszulegen und Barmen I von daher kritisch neu zu interpretieren und überhaupt Barmen als Text von Barmen als einem kirchengeschichtlichen Durchbruchsereignis her auszulegen, dann werden wir mit unseren Vorstößen zur Kirchenreform so lange nicht zum Zuge kommen, wie die Generation des Kirchenkampfes lebt. Und wenn sie tot ist, könnte es zu spät sein, denn in den Texten zur Kirchenreform sind der Möglichkeit nach die häretischen Sätze der Deutschen Christen alle schon wieder enthalten.

II. ZUR AUFGABE EINER THEORIE KIRCHLICHEN HANDELNS

1. Überlegungen zu einer Theorie kirchlichen Handelns

Handlungsspielraum

Der Spielraum, in dem die Kirche über sich selbst, ihre Funktion, ihre Struktur, ihr Selbstverständnis entscheiden, sich also umgestalten kann, scheint sehr viel kleiner zu sein, als allgemein angenommen wird. Alle Theorien kirchlichen Handelns, alle Konzepte und Strategien der Kirchenreform – auch solche, die »klassische« Verwirklichungen von Kirche erhalten oder wiederherstellen wollen –, werden mit diesen engen Grenzen kirchlicher Handlungsfähigkeit rechnen.

1. Der wachsende *Pluralismus* der Kirchenverständnisse, der theologischen Positionen und religiösen Einstellungen ist dabei nur eine der in Betracht kommenden Beschränkungen und sicher nicht die primäre. Kompromiß- oder Konsensusbildungen auf der argumentativen Ebene mißlingen oder bleiben unschlüssig.

2. Die Zugzwang-Mechanismen, die im Antirassismus-Streit (1970/71) durchgängig sichtbar werden, verweisen auf eine große strukturelle und organisatorische Unklarheit. Die verschiedenen *Ebenen kirchlicher Handlungsfähigkeit* – Impulsgruppen, Ortsgemeinden und Funktionsgemeinden, Kirchenbezirke, kirchliche Werke, theologische Fakultäten, autonome Territorialkirchen und ihre Zusammenschlüsse, die ökumenischen Organe – sind weder in einer klaren Arbeitsteilung voneinander abgesetzt noch wirksam miteinander verschränkt. Ja sie sind nicht einmal durch verläßliche »lines of communication« miteinander verbunden. Die zwei heute vielleicht wichtigsten Handlungsebenen, die der Impulsgruppen und die der Ökumene, sind vorerst überhaupt nicht integriert, ihre ekklesiologische und ekklesiale Bedeutung ist strittig.

Diese Sachverhalte führen zu einer allgemeinen Unklarheit der auf den verschiedenen Ebenen handelnden Gremien und Institutionen hinsichtlich ihres Mandats, ihrer Kompetenz und ihrer

Reichweite. Die Folgen sind ständige Interessen- und Mitbestimmungskonflikte.

3. Eine Klärung der Organisationslinien setzt Einsicht in die gesellschaftlichen Bedürfnisse voraus, die den Plausibilitätszusammenhang kirchlicher Tätigkeit bilden. *Kirchliche Organisationsformen sind Kompromisse zwischen dem Mandat der Kirche und den Bedürfnissen der Gesellschaft*, ihrer Glieder und Gruppierungen. Das Problem liegt darin, daß die gesellschaftliche Bedürfnislage in sich selbst widersprüchlich ist (Sozialisations- und Emanzipationsbedürfnisse zum Beispiel sind gleich ursprünglich und nur in vorläufigen Herrschafts-Arrangements ausgleichbar) und daß diese Widersprüchlichkeit mit den sich beschleunigenden gesellschaftlichen Veränderungen zunimmt. Die Identifizierung derjenigen Bedürfnisse, die für die Kirchenreform leitend sein sollen, ist letztlich ein prophetischer Akt, der im Streit um die Wahrheit in der Kirche immer neu ansteht. Der Antirassismus-Konflikt erscheint in dieser Perspektive als eine Episode in eben diesem notwendigen Streit um die leitenden Bedürfnisse. Man muß aber sehen, daß sich die Bedürfnislage auf den verschiedenen Ebenen kirchlicher Handlungsfähigkeit jeweils verschieden darstellt, auch in einer jeweils verschiedenen Widersprüchlichkeit. Die Impulsgruppen an der Basis und die ökumenischen Gremien *müssen* daher die leitenden Bedürfnisse anders identifizieren als die mittleren Ebenen. Die Vermischung dieser Perspektiven gehört ebenfalls zu den Bedingungen der Beschränkung kirchlicher Handlungsfähigkeit.

4. In der Entscheidung über die für die Kirchenreform leitenden Bedürfnisse ist die Kirche auf keiner ihrer Handlungsebenen frei. Der Antirassismus-Streit zeigt mit besonderer Klarheit, wie sehr die Kirche die Gefangene ihrer eigenen Wirkungsgeschichte ist. Es gibt hierzulande einen *Konsensus der Erwartungen* an die Kirche, der religiösen Motivationen, Einstellungen, Identifizierungen in der kirchlichen Mitgliedschaft und ihrer gesellschaftlichen Umwelt, den die Kirche durch ihr vergangenes Wirken selbst mit erzeugt und immer wieder konfirmiert hat. Dieser Konsensus bindet sie nun in einem so hohen Maße, daß ein kirchliches Handeln, das nicht im Umkreis dieser Erwartungen liegt, gesellschaftlichen Widerstand

mobilisiert und in der Mitgliedschaft schismatische Tendenzen erzeugt. Auch für die Kirche selbst hat dieser Konsensus einen so hohen Grad von Selbstverständlichkeit, daß er kaum in Erscheinung tritt, solange er nicht empfindlich verletzt wird. Der »Konsensus der Erwartungen« ist selbstverständlich nicht identisch mit der gesellschaftlichen Bedürfnislage.

5. Die aufgezählten Einschränkungen kirchlicher Handlungsfähigkeit – Pluralismus, organisatorisch-strukturelle Unschlüssigkeit, eine sich wandelnde Bedürfnislage, der Konsensus der Erwartungen – sind sämtlich in hohem Maße unaufgeklärt. Ihre Aufklärung ist unbedingte Voraussetzung einer praxisorientierten Theorie kirchlichen Handelns. Sie ist nur interdisziplinär möglich.

Unvereinbare Aufgaben kirchlicher »Indigenisation«

Eine Kirche ist das in bestimmter Weise vergesellschaftete Christentum. Sie ist als Kirche nach Ordnung, Lehre und Praxis immer schon das Produkt eines Kartells zwischen dem Christentum und einer bestimmten Gesellschaft. Zerfällt ein solches Kartell im gesellschaftlichen Wandel, dann bedeutet das nicht nur die Infragestellung bestimmter Denk- und Wirkformen dieser Kirche, sondern die Infragestellung dieser besonderen Kirchbildung selbst. Fragt man in dieser Lage nach einer Theorie kirchlichen Handelns, dann fragt man nicht allein nach Möglichkeiten neuer Anpassung, auch nicht nur nach mittel- oder langfristigen Strategien der Bestandserhaltung und der Erneuerung. Man fragt viel grundsätzlicher nach dem Ausmaß und der Bedeutung des Wandels, nach der Tragfähigkeit der Kontinuitäten im Wandel, nach der Relevanz der überkommenen und nach den Bedingungen erneuter Kirchbildung. Um diese Fragen geht der Streit in der Kirche hierzulande wie überall auf der Welt, auch bei der Auseinandersetzung um das ökumenische Antirassismus-Programm.

Die Kirche institutionalisiert einen Widerspruch. Sie stellt den Einspruch Jesu gegen die Selbstzerstörung des Menschen auf Dauer. Jesus *ist* für sie dieser Einspruch, und sie bekennt ihn als den

Einspruch Gottes, der die Selbstzerstörung des Menschen überwindet und ihm Heil eröffnet.

Über die Formulierung und die Bedeutung dieses Grundimpulses des Glaubens, der schon in der Abrahamsverheißung vorgebildet ist, herrscht Streit. Nicht strittig ist jedoch, *daß* Jesus dieser Einspruch Gottes gegen die Selbstzerstörung des Menschen ist. Nicht strittig ist auch, daß dieser Einspruch in einer ganz bestimmten geschichtlichen Form gegeben ist, nämlich als Widerspruch gegen das spätjüdische Kartell aus Religion und gesellschaftlicher Moral.

Die Vergesellschaftung des Widerspruchs Jesu gegen des Menschen Selbstzerstörung gelingt immer nur in einer höchst widersprüchlichen Weise. Weil der Einspruch Jesu konkreter Einspruch gegen eine bestimmte gesellschaftliche Gestalt der Entfremdung und der Selbstzerstörung des Menschen ist, bedarf er der immer neuen Übersetzung in immer neue Situationen und immer neue Sprachen. Diese Übersetzung ist nichts Äußerliches, Technisches: Der Einspruch Jesu ist in der Gestalt einer umfassenden Lebenspraxis vorgetragen worden, und er stiftet in jeder neuen Situation wiederum eine solche umfassende Lebenspraxis. Der Einspruch Jesu kann also nur so auf gesellschaftliche Dauer gestellt werden, daß er sich ganz tief und im Grunde unkündbar auf bestimmte soziokulturelle Verhältnisse einläßt: *Indigenisation*[1]. Eben diese jeweils spezifische »Indigenisation« des Einspruchs Jesu in einen konkreten soziokulturellen Zusammenhang, in eine gemeinschaftliche Lebenspraxis *ist* die Kirche.

Kirchbildung gelingt und dauert aufgrund einer eigentümlichen, komplizierten Interessenkoinzidenz. Die Kirche läßt sich auf die Gesellschaft ein, weil sie nur so den lebensrettenden Einspruch Jesu gegen des Menschen Selbstzerstörung hörbar, verbindlich, praktizierbar machen kann. Die Gesellschaft ihrerseits läßt sich auf die Kirche ein aufgrund einer doppelten Notwendigkeit. Sie bedarf der Religion zu ihrer Selbsterhaltung, zur positiven Sanktionierung aller Einstellungen und Verhaltensweisen, die sie zusammenhalten und ihre Herrschaftsordnung stabilisieren, und zur Tabuisierung aller Einstellungen und Verhaltensweisen, die in ihren Gliedern und deren Beziehungen bereitstehen und die Ordnung zu sprengen drohen. Zugleich und in Spannung dazu bedarf die Gesellschaft der Religion aber auch zu ihrer Selbsterneuerung. Genauer, sie bedarf eben jener Kräfte, die sie bewußt und mit Hilfe der Religion verdrängt, doch in anderer Form auch wieder als Energien der konstruktiven Verständigung und der Krisenbereinigung, und sie erwartet diese Energiezufuhr wiederum von der organisierten Religion.

Der geschichtliche Erfolg des Christentums hängt sicher auch damit zusammen, daß es diese Doppelfunktion als Instrument der Sozialisation *und* der Emanzipation besonders nachhaltig zu erfüllen scheint. Die Kirche eignet sich so als *Spielraum der Gesellschaft,* in dem die systemgefährdenden Konflikte und Energien fort und fort in des Wortes voller dialektischer Bedeutung »aufgehoben« werden (vgl. etwa die ambivalente Bedeutung und Wirkung eines zentralen Satzes wie Gal. 3,27f).

Es ist deutlich, wie labil dieses Gleichgewicht der Interessen selbst unter den stabilsten gesellschaftlichen Verhältnissen ist und bleiben muß. Eine Gesellschaft, die sich der Kirche in dieser Doppelfunktion bedient, setzt sich eben damit beständig dem Einspruch Jesu aus, der sie zutiefst in Frage stellt. Eine Kirche, die sich in dieser umfassenden Weise auf die Gesellschaft einläßt, läuft ständig Gefahr, so mit den Interessen der Herrschaftsordnung identifiziert zu werden, daß der Einspruch Jesu unhörbar wird, ja daß er sich in sein Gegenteil verkehrt.

Die Konfliktträchtigkeit der Symbiose von Kirche und Gesellschaft wird in Situationen raschen gesellschaftlichen Wandels vollends explosiv. Denn dann erwarten die an der Erhaltung des Status quo interessierten Kräfte von der Kirche vor allem die systemstabilisierende Wirkung, während die auf die Veränderung der Gesellschaft bedachten Kräfte die Kirche bei den gesellschaftskritischen, emanzipativen Impulsen zu nehmen versuchen, die in ihrer Glaubenstradition enthalten sind. Diese Kräfte sind aber nicht nur in der gesellschaftlichen Umwelt der Kirche, sondern in der Kirche selbst am Werk. Sie selbst polarisiert sich also im Hinblick auf verschiedene, nicht miteinander vereinbare Indigenisationsaufgaben. Insoweit kann man die Stellungnahmen im Antirassismus-Streit nahezu vorausberechnen, je nach dem leitenden Interesse, das man für ein bestimmtes Gremium, eine bestimmte Gruppe auch ganz unabhängig vom Streitfall ausmachen kann (Leudesdorff)[2].

Der Antirassismus-Streit offenbart nun aber noch eine zusätzliche Komplikation. Die Situation gesellschaftlicher Veränderung, in der die Kirchen sich heute vorfinden, ist nicht wirklich vergleichbar mit früheren Übergangszeiten. Denn *eine* Perspektive dieser Veränderung ist die werdende Weltgesellschaft. Auch ihr gegenüber hat die Kirche eine Indigenisationsaufgabe, eine Aufgabe, die alle anderen Probleme des Christentums »vor Ort« nicht nur überschattet, sondern durchkreuzt. Einheit und Vielfalt, Universalität und Partikularität, Integration und Emanzipation, Versöhnung und Befreiung, Ökumenismus und Parochialismus – das scheint im Welthorizont vollends nicht mehr zusammenzugehen. Alle Erneuerungsbemühungen vor Ort – diejenigen, die Bestände wahren, und diejenigen, die dem Christentum neue Bezüge gewinnen wollen – geraten überkreuz mit der ökumenischen Indigenisation in der werdenden Weltgesellschaft. Darum werden die zentrifugalen Kräfte in der ökumenischen Bewegung gegenwärtig auch immer stärker.

Strategien

Im Antirassismus-Streit werden – wie in jeder anderen kirchlichen Auseinandersetzung angesichts einer höchst unübersichtlichen Indigenisationsproblematik – zwei Grundstrategien sichtbar: Vorwärtsstrategien und Strategien der Bestandssicherung.

1. Die Pluralisierung der Bedürfnisse und die Polarisierung der Interessen und Positionen in einer Gesellschaft, die durch rapide technologische und gesellschaftliche Veränderungen und eine wachsende Ungleichzeitigkeit der Zeitgenossen gekennzeichnet ist, führt in der Kirche zu einer Reihe von Strategien, die in unterschiedlicher Radikalität alle auf einer Projektion der Gesellschaft von morgen und einer auf diese wünschbare Zukunft

orientierten, sich gleichsam im Kommenden und auf das Kommende hin indigenisierenden Kirche beruhen. Dabei orientieren sich einige am Klassenkonflikt oder an anderen Grundkonflikten des gesellschaftlichen Lebens, andere an sehr verschiedenen Bildungskonzepten, wieder andere – wie die Akademien – verfolgen Ziele der Schlichtung und der Integration oder sind technokratisch an Trendanalysen und Sachzwangszusammenhängen interessiert. In der Zukunftsorientierung haben sie jedoch einen gemeinsamen Nenner. Zur Tradition haben sie ein eher technisches Verhältnis. Motivierend ist ein verändertes Raum-Zeit-Gefühl, ein ausgeprägtes Epochebewußtsein (»die Welt ist anders geworden«; »die Zukunft hat schon begonnen«) und ein Selbstverständnis, das den Menschen mehr und mehr als den faber sui wahrnimmt. Die Wahl solcher Strategien ist nicht beliebig. Sie wird bestimmt an der als vordringlich empfundenen Indigenisationsaufgabe, und dieses Empfinden ist jedenfalls nicht unabhängig von gesellschaftlichen und individuellen Interessen.

Der Antirassismus-Streit zeigt den interessanten Fall, daß die Mehrheit einer Landessynode sich für eine Maßnahme entscheidet, die einer solchen Vorwärtsstrategie entspricht, während alle anderen Synoden, dem Mandat und der Funktion solcher Entscheidungsgremien entsprechend, hinhaltende Entscheidungen fällen. Die Schwäche der Vorwärtsstrategien zeigt sich an diesem Sonderfall besonders deutlich: Nicht nur polarisiert sie die Synode selbst an einer Front, die sich durch das Alarmsignal der »Gewissensnot« markiert: nicht nur wird sie von der Mehrheit der volkskirchlichen Mitgliedschaft offenkundig nicht rezipiert; nicht nur gibt sie Anlaß zur Manifestation lange anstehender Konflikte, ohne das Konfliktpotential und die Streitlage wesentlich zu verändern. Die Maßnahme enthüllt vor allem etwas schwer Greifbares, aber besonders Wichtiges: Auch die meisten Befürworter überfordern ihr Wissen und ihr Gewissen und müssen erst einen mühsamen Lernprozeß vollziehen, um ihrer Entscheidung nachzukommen.

Es ist wichtig, das Gewissensmotiv genau zu verstehen. Nach Abzug aller Mystifikationen ist mindestens zu sagen: Das Gewissen ist der durch Sozialisation eingesetzte Hüter der Identität und der

Integrität. Es gibt Signal, wenn ein Mensch über seine vertrauten moralischen Verhältnisse lebt und den Boden unter den Füßen zu verlieren droht. In der Situation des Wandels (und schon individuelles Wachstum ist ja »Wandel«) ist dieser moralische Grenzüberschritt unerläßlich. Er bleibt aber identitätsgefährdend, also lebensgefährlich, und er ist nur möglich, wo für die alte Orientierung eine neue Orientierung in einem neuen Bezugsfeld und in neuen Bezugsgruppen eintritt.

Das Fazit muß lauten: Vorwärtsstrategien sind als kirchliche Gesamtstrategien nicht möglich, es sei denn, sie wären eingebettet in einen umfassenden Lern- und Orientierungsprozeß, in dem die Gewissen der Mehrheiten sich zu transzendieren vermögen. Über die verantwortliche Organisation solcher Lernprozesse weiß man wenig.

Vorwärtsstrategien sind nur geeignet für religiöse Avantgarden, die bestimmte Projekte verfolgen, an ihnen lernen und die Transzendierung der Gewissen in der Geborgenheit einer disziplinierten Gruppe absichern. Indem solche Avantgarden Alternativen herausspielen und sichtbar machen, tragen sie zum Lernen der Mehrheiten bei.

2. Das kirchliche Feld wird nach wie vor von Strategien der Bestandssicherung beherrscht, vor allem in den Entscheidungsgremien auf allen Ebenen. Auch sie gibt es in einer ganzen Fülle von Spielarten, von den ausgesprochen reaktionären bis zu den vorsichtig revisionistischen, von den naiv fundamentalistischen bis zu den hoch-reflexiven Fundamentalismen, von heimwehkranken Restaurationsbemühungen über nüchtern-rechnerische Methoden der Anknüpfung an Sachzwänge bis zu den besonders eindrücklichen Widerstandshaltungen, die das Ausmaß der Veränderungen womöglich wacher registrieren als die Avantgarden, aber eben darum überzeugt sind, daß die Kirche gegenzuhalten hat.

Diese Strategien sind so vertraut, daß man leicht übersieht: a) Auch sie sind an Kartellzerfall und gesellschaftlichem Wandel orientiert, sind also in einem gewissen Sinne »Erneuerungsstrategien«. Nur geht es um die Wiedergewinnung von verlorenen

Positionen der Vergangenheit. b) Auch sie haben ein Übersetzungsproblem (buchstäblich und im übertragenen Sinn: Ein Gutteil der neuen Bibelübersetzungen gehört in diesen Bereich!), auch sie müssen eine neue Praxis erfinden, wenn sie die alten Positionen wahren oder wiedergewinnen wollen. c) Auch sie können also nicht einfach an einem unproblematischen Konsensus anknüpfen – sei es einem Konsensus der Lehre und Ordnung, sei es dem Konsensus der religiösen Erwartungen der Mitgliedschaft –, sondern suchen ihn wiederherzustellen.

Wie bei den Vorwärtsstrategien kann man als Motivation ein bestimmtes Epochenbewußtsein (das aber den Wandel als Zerfall, nicht als Chance einer guten Zukunft registriert) erkennen. Die Interessenbedingtheit ist noch viel klarer als bei den Vorwärtsstrategien: Status-quo-Erhaltung ist immer zugleich persönliche und institutionelle Selbsterhaltung. Im Antirassismus-Streit wird die Widersprüchlichkeit dieser Strategien besonders an einem Beispiel eindrücklich: an der Entscheidung der lutherischen Generalsynode, der einzelne Christ könne sehr wohl in eine Situation geraten, in der Widerstand – unter Einschluß der Gewalt – ihm religiös geboten erscheine, die Kirche aber habe sich neutral und um der Versöhnungsbotschaft willen nach allen Seiten gesprächsfähig zu erhalten. Das Dilemma ist offensichtlich: Eine Kirche, die ihren individuellen Gliedern ernstlich die neue Übersetzung des Einspruchs Jesu gibt, diese neue Praxis eröffnet, wird ganz sicher ihre allseitige Gesprächsfähigkeit verlieren; eine Kirche, die das nicht tut, wird sie ebenso verlieren, denn sie ist schon Partei. Eine solche Kompromißformel setzt die Gewissen auf die Dauer sicher nicht weniger unter Druck als die gegenteilige Entscheidung. Sie enthüllt die Strategien der Bestandssicherung als Hinhalte-Strategien.

Entscheidend ist, daß auch diese Strategien, obwohl sie dem herkömmlichen Konsensus verpflichtet erscheinen, die Mitgliedschaft polarisieren und pluralisieren, vor allem, wenn sie als Strategien der Entscheidungsgremien allgemeinverbindlich sein wollen. Sie tragen der Unübersichtlichkeit der Bedürfnislage, der Ungleichzeitigkeit des Gleichzeitigen als Globalstrategien nicht Rechnung. Sie drängen alle zukunftsorientierten Gruppen an den

Rand. Sie vertragen die Konflikte und heizen sie womöglich an, weil sie immer mit zweideutigen Einheitsformeln operieren müssen. Und vor allem: Auch sie überfordern die Gewissen, nicht nur die Gewissen der Progressiven, sondern auch die Gewissen der Mehrheiten. An den nachkonziliaren Hinhalte-Strategien der katholischen Hierarchie (in Fragen der Mischehen, der Bildungspolitik, der Individual- und Sozalethik) kann man das unschwer nachweisen.

Strategien der Bestandssicherung sind unausweichlich für kirchliche Bürokratien und Entscheidungsgremien. Treten sie aber mit dem Anspruch der ausnahmslosen Allgemeinverbindlichkeit, mit dem Pathos der Unterscheidung zwischen Kirche und Nichtkirche auf, dann sind sie nicht konsensusfördernd, sondern kirchenspaltend. Die notwendigen neuen Indigenisationen können sie keinesfalls leisten, sondern allenfalls den Rahmen schaffen, in dem diese möglich sind. Mit einem Wort: Bestandssicherungs- und Hinhaltestrategien setzen das ekklesiale Recht und die Wirksamkeit von Vorwärtsstrategien in der Situation der »Institution im Übergang« immer schon voraus. Diese Tatsache scheidet bestimmte besonders totalitäre Bestandssicherungs-Strategien von vornherein aus.

3. Alles weist darauf hin, daß eine Theorie kirchlichen Handelns heute beide Typen von Strategien miteinander in Beziehung setzen, gegeneinander relativieren und in einem größeren Rahmen kombinieren muß. In Umrissen zeigt sich eine Strategie der konziliaren Organisation des Konflikts, wie sie etwa von der Evangelischen Kirche in Hessen und Nassau nach Ausbruch des Streites über den 100000-DM-Beschluß, wenn auch noch sehr unfertig und unmethodisch, angewendet worden ist.

Die Rolle der Theologie

Der Antirassismus-Streit zeigt wiederum, was für eine geringe Rolle die traditionelle akademische Theologie im Streit der Kirche um die Wahrheit und um die Praxis der Wahrheit spielt. Eine Analyse der Synodaldebatten in Hessen würde zeigen, daß die theologischen Argumente nahezu unverändert in völlig kontroversen Positionen auftauchen. Das ist der Synode auch aufgefallen. Die ehemaligen Befürworter der Aufrüstung und der Bundeswehrseelsorge argumentieren plötzlich mit der Sozialethik der Kriegsdienstgegner und umgekehrt. Die Lutheraner führen zur Begründung einer kirchenpolitischen Hinhalte-Entscheidung plötzlich eine hypothetische Widerstands- und Revolutionspflicht ein. Die Rheinische und die Westfälische Synode verhalten sich – mindestens zunächst – ausgesprochen »lutherisch«, ordnungsfromm. Theologie scheint völlig beliebig eine kirchenpolitische Allzweckwaffe.

All das ist nicht neu, es fällt aber bei einem solchen Streit besonders ins Auge. Die wissenschaftsgeschichtlichen und methodologischen Gründe für diese »Beliebigkeit« der Theologie sind auch durchaus bekannt. Hier ist zu überlegen, welche Schlüsse aus diesem Sachverhalt für eine Theorie kirchlichen Handelns zu ziehen sind.

Theologie war immer Theorie einer kirchlichen Praxis. Sie legitimierte diese Praxis, sie kritisierte sie von den Quellen bzw. vom jeweiligen Erfahrungshorizont her und trug so zu ihrer Veränderung bei. Sie hat nie – von allem Anfang an nicht – kirchliche Praxis unmittelbar begründet. Sie war immer eine Reflexion post festum, eine Reflexion auf die Erfahrungen des Glaubens und seine Reaktionen auf diese Erfahrungen. Sie war immer eine – im besten Fall – kritische Legitimationswissenschaft.

Diese an sich selbstverständliche Einsicht bleibt so lange folgenlos, wie die Praxis, deren Reflexion die Theologie ist, als solche im funktionierenden Kartell unstrittig, nahezu selbstverständlich ist. Die Theologie kann sich, an der Universität in glücklicher institutioneller Distanz zur Kirche, als »reine« Wissenschaft ausbauen, die Quellen untersuchen und mehr und mehr das faszinierende Spiel mit den eigenen Voraussetzungen verfeinern: Theologie als Thema ihrer selbst.

Dann aber wird im Wandel der Gesellschaft und im Zerfall der Kartelle, der daraus folgt, zunehmend die kirchliche Praxis strittig. Für ein gutes Jahrhundert scheint sich das Verhältnis von Theorie und Praxis umzukehren. Die großen positionellen Theologien, bis hin zur Dialektischen Theologie, abstrahieren von der umstrittenen kirchlichen Realität und erfinden die Kirche, die Praxis des Glaubens, auf die sie sich beziehen, immer gleich mit. Obwohl sie Positionen in einem wachsenden kirchlichen Pluralismus systematisieren, geben sie sich als die jeweils einzige zureichende Begründung des gesamtkirchlichen Konsensus. Für die wirkliche Kirche, die kirchliche Wirklichkeit, bleibt das alles relativ folgenlos. Der Konsensus der Glaubensüberzeugungen und der religiösen Erwartungen zerfasert sich mehr und mehr, und dieser Prozeß ist theologisch offenkundig nicht aufzuhalten (D. Rössler). Eine »blinde« kirchliche Praxis und eine »leere« theologische Theorie treten immer weiter auseinander, vermittelt nur noch im Leiden der Pfarrer, die beides nicht mehr miteinander verbinden können.

Dieser Weg ist offenkundig zu Ende gegangen. Die Theologie muß sich, trotz ihrer Institutionalisierung an der Universität und solange sie dauert (um der Kirche willen hoffentlich möglichst lange!), erneut als Theorie kirchlicher Praxis verstehen. Ihr eigentlicher Gegenstand ist die gegenwärtige Kirche, das gegenwärtige Christentum, in der Konsequenz dann die Erfahrung und die Herkunft des Glaubens, der sich in dieser Kirche, in diesem Christentum ausdrückt und auswirkt.

Die Praxis, auf die die theologische Theorie sich bezieht, ist unschlüssig und pluralistisch. Der Pluralismus, der hier am Werk ist, ist nicht ein theologisch verursachter Pluralismus, sondern ein Pluralismus der Erfahrungen und Reaktionen des Glaubens und unterschiedlicher institutioneller Interessen. Mit anderen Worten: Die Entscheidung für diese oder jene der oben beschriebenen Strategien fällt gleichsam vortheologisch in »challenge and response«. Die Theologie kann diese pluralistische Praxis reflektieren, kritisieren, legitimieren, korrigieren oder der Illegitimität überführen. Sie kann den Pluralismus aber nicht theologisch überwinden. Das schließt eine totalitäre Form des Theologietreibens aus, die mehrere Generationen lang die Szene beherrscht hat.

Ist die Theologie aber auf eine pluralistische kirchliche Praxis bezogen, dann ist die entscheidende Frage, wie sie sich ein angemessenes Bild von dieser Praxis und ein zutreffendes Verständnis dieser Praxis verschaffen kann. Das ist bei dem heutigen Stand wissenschaftlicher Spezialisierung nur noch interdisziplinär möglich. Denn offenkundig geht es um drei kategorial verschiedene Gruppen von Daten, die nur in wirklicher Interdisziplinarität, das heißt im Widerstreit zueinander verarbeitet werden können: Daten über ein soziales System; Daten über eine Glaubenstradition, die in diesem System vergesellschaftet ist, ohne in ihm aufzugehen; Daten über eine Erfahrung, die in diesem System und mit dieser Tradition gemacht und in einer Lebenspraxis verarbeitet wird: die Erfahrung der Offenbarung. Letztlich kann und muß man heute fragen, ob die Theologie nicht – wie die Anthropologie – eher eine gemeinsame Fragestellung vieler wissenschaftlicher Disziplinen als eine eigene Disziplin ist. Das aber würde eine sehr weitgehende Umstrukturierung der theologischen Arbeit in Forschung und Lehre bedeuten.

Folgerungen

1. Angesichts der begrenzten Wirksamkeit und inneren Widersprüchlichkeit der erwähnten Vorwärts- und Hinhaltestrategien hatte sich die Frage erhoben, ob es nicht eine »dritte Strategie« gebe, in der beide Handlungsformen miteinander verbunden werden können. Eine solche »dritte Strategie« zeichnet sich seit Uppsala unter dem Stichwort *»Konziliarität«* ab[3]. Es geht um die konziliare Organisation des Streits um die Wahrheit, in den die »Institution im Übergang« unweigerlich hereingezogen ist.

Die Konziliaritätsidee hat viele interessante Aspekte, die hier nicht alle skizziert werden können: a) Sie hat den Vorzug, das älteste Modell kirchlicher Einheit zu sein, einer »Einheit im Konflikt«, im notwendigen Streit um die Wahrheit, die nur als in ganz verschiedenen Situationen verkörperte Wahrheit gelebt und tradiert werden kann. Der Konflikt zwischen den verschiedenen Verkörperungen ist nicht nur unvermeidlich, er ist um der Zukunft der Wahrheit willen notwendig. Er erlaubt den jetzt gebotenen, offenen Konsensus, der jedoch immer wieder neu in bestimmten Situationen gelebt und tradiert werden muß, also nicht auf Dauer kodifiziert werden kann. Andererseits: Der Streit um die Wahrheit ist nur dann und nur soweit der gebotene Streit, als er in der gemeinsamen Hoffnung auf die Zukunft der Wahrheit geführt wird. Denn die Wahrheit ist mehr als die Summe ihrer Bezeugungen oder der Kompromiß zwischen ihnen oder der totale Sieg der einen Bezeugung über die andere. Die konziliare Einheit ist also nur unter dem Vorbehalt der Geistesgegenwart denkbar und letztlich nur auf diese Geistegegenwart gegründet. Das hat Bedeutung für die Weise, wie die Konfliktpartner einander wahrnehmen und sich begegnen, nämlich in der Erwartung, daß die eine Gnade Gottes nur im ganzen bunten Spektrum ihrer Konkretisierungen (1. Petr. 4,10) Platz hat und daß im Konfliktpartner die größere Wahrheit, *meine* größere Wahrheit auf mich wartet. b) Das konziliare Modell ist – überspitzt ausgedrückt – die christliche Version des »Räte«-Modells. Es ist insofern fundamentaldemokratisch, als es in der Alten Kirche keinen konziliaren Entscheid gibt, der nicht auf die Rezeption durch die gesamte Kirche angewiesen und in dieser Perspektive immer schon erarbeitet worden ist. Der konziliare Rezeptionsprozeß ist für bestimmte Konzile (Chalcedon) bis heute nicht abgeschlossen. Er ist letztlich auch nicht abschließbar, denn jede neue Situation eröffnet einen neuen Rezeptionsprozeß. c) Selbstverständlich bleibt das alles noch historische Reminiszenz, historische Analogie. Was das konziliare Modell ökumenisch so attraktiv macht, ist die Tatsache, daß es Universalität und Partikularität, Einheit und Vielfalt, Autonomie und volle eucharistische Gemeinschaft, Konflikt und Konsensus, Kontinuität und Wandel, auch die Ungleichzeitigkeit des Gleichzeitigen zusammenzusehen erlaubt. Außerdem ist es auf allen Ebenen kirchlicher Handlungsfähigkeit gleich relevant.

2. Eine konsequente konziliare Organisation des Streits um die Wahrheit hat freilich eine Reihe von schwierigen *Voraussetzungen:* a) Sie setzt die Gleichberechtigtheit ganz unterschiedlicher kirchlicher Handlungsformen und Gestaltungen voraus. Studentengemeinde und Bekenntnisgemeinschaft etwa müßten sich als Partner in diesem Konflikt wahr-nehmen wie etwa die schwarzen Untergrundkirchen und das weiße kirchliche Establishment in den

Vereinigten Staaten, die über die Möglichkeit eines neuerlichen Konsensus im Augenblick eigentlich gar nichts mehr sagen können. b) Diese Gleichberechtigtheit ist aber nicht verbal herzustellen. Sie ist eine Machtfrage, eine Geldfrage, eine Strukturfrage. In den synodalen Gremien auf allen Ebenen setzt sie ein Wahlrecht voraus, das allen Gruppen die gleichen Chancen gibt und die Gleichheit der Chancen immer neu herstellt. c) Die Forderung der Gleichberechtigtheit hat besonderes Gewicht im Hinblick auf die beiden vorerst überhaupt noch nicht integrierten Ebenen kirchlicher Handlungsfähigkeit: die Ebene der Impulsgruppen und die ökumenische Ebene. Welchen ekklesialen Status haben Impulsgruppen? Nicht einmal die Gleichberechtigung von Ortsgemeinden und »Paragemeinden« ist bisher realisiert.

Konsequente konziliare Organisation des Streits um die Wahrheit ist also zunächst nichts weiter als eine Leerformel, allerdings eine solche, die in der kirchlichen Praxis schon mehr Inhalt hat als in der Theorie. Die Geschichte der ökumenischen Bewegung – im breitesten Sinn des Wortes – liefert eine Fülle von Beispielen. Eine Theorie kirchlichen Handelns müßte an der Erkundung dieser Konkretionen einsetzen.

3. Zur *Differenzierung der Basis-Strategie* ist im letzten Jahrzehnt schon einiges geschehen. Die alte parochiale Struktur ist nicht mehr die einzige, die normative Basis-Struktur. Interparochiale Arbeitsgemeinschaften, Gruppenpfarrämter, Großraumgemeinden, Funktionsgemeinden als lokalgemeindliche Alternativen, Funktionalisierung des Pfarramts – das alles sind Bausteine einer differenzierten Basis-Strategie. Der Antirassismus-Streit ergibt mindestens eine zusätzliche Fragestellung. Wenn es richtig ist, daß sich im Ortspfarramt ganz unterschiedliche Bedürfnislagen überschneiden, daß sich der Pfarrer zwischen der volkskirchlichen Gemeinde, der Vereinskirche und der Reformkirche aufreibt, dann ist zu überlegen: Ist es möglich, diese unvereinbaren Funktionen voneinander zu trennen und doch die verschiedenen Bezugsgruppen und ihre Konflikte konziliar zu organisieren? Die verschiedenen Rollen, die der Pfarrer den einzelnen Gruppen gegenüber zu spielen hat, sind jedenfalls theoretisch durchaus zu trennen.

»Pflegen« und »Lehren« sind die volkskirchlichen Funktionen[4]. Die Vereinskirche ist ihrer Herkunft nach eine Laienkirche, die mit ihrer sekundären Parochialisierung ihre Eigentätigkeit weitgehend verloren hat. Hier wird der Pfarrer vor allem als Impulsgeber, als Wiedererwecker der verschütteten Eigentätigkeit und als »Helfer der Helfer« gebraucht. Die Reformkirche (Impulsgruppen) braucht den Pfarrer nur als theologischen Ratgeber und kritischen Gesprächspartner. Alle drei Funktionsbündel müßten sich zu klar differenzierten Berufsbildern gruppieren lassen. In der letzten Konsequenz müßten sich die vereinskirchlichen und reformkirchlichen Gruppen völlig vom parochialen Pfarramt lösen. Ihren Bedarf an theologischer Sachkunde müßten sie über ihre wieder zu verselbständigenden Werke und freien Assoziationen decken können.

4. Eines ergibt sich deutlich aus dem Verlauf des Antirassismus-Konflikts: Außerhalb eines ziemlich eng umgrenzten Spielraumes kann die Kirche sich nur so verändern, daß sie den Konsensus der Erwartungen der kirchlichen Mitgliedschaft und der gesellschaftlichen Umwelt ändert. Kirchenreform und Veränderung der öffentlichen Meinung in der Kirche sind nur synchronisiert möglich. Das verweist auf ein ganzes Bündel von Fragen:

a) *Wie lernt das parochiale Gewissen?* Es ist nämlich letztlich die Gewissensstruktur, das heißt das innerseelische Herrschaftssystem, in dem das gesellschaftliche Herrschaftssystem verinnerlicht und religiös-moralisch verabsolutiert ist, das über die Zulässigkeit neuer Erfahrungen und also über Lernfähigkeit und Lernbereitschaft des Menschen entscheidet. Dabei hat man es bei großen Gruppen in der Gesellschaft und in der Kirche zusätzlich mit dem Phänomen der »Beschränktheit« zu tun, das heißt mit einer sekundär durch unterdrückte Konflikte, durch soziale Einschüchterung und Angst beschädigten Wahrnehmungsfähigkeit, für die nicht wahr sein kann, was nicht wahr sein darf[5]. Die Faustregel besagt: Das Gewissen lernt nur im Konflikt und am Konflikt. Die Kirche sitzt hier in einer Schlüsselstellung. Denn die Religion hat einen entscheidenden Anteil an der Gewissensbildung. Das Lernen der Gewissen ist also sowohl im Sinne der Kirche selbst als auch in gesellschaftsdiakonischer Perspektive von entscheidender Bedeutung.

b) Sicher ist, daß das parochiale Gewissen vor allem im *Lernen von Gruppen* vorankommt. Konfliktorientiertes Lernen ist auf jeden Fall ein Lernen in Gruppen. Denn die Konflikte, die den Menschen dumm machen, wenn sie unterdrückt, verschleiert, verschoben werden, sind ja nicht theoretisch, durch Information und Aufklärung allein, zu bearbeiten, sondern nur durch praktische Neuinszenierung, durch eine Praxis der Freiheit, die zur Reflexion anstiftet. Der Anstoß zu solchem konfliktorientierten Lernen – das erweist unter anderem auch wieder der Antirassismus-Streit – liegt im Sichtbarmachen von Alternativen. Erst wo Menschen Alternativen zu ihrer eigenen Problemlösung, zu ihrer eigenen Praxis wahrnehmen, gewinnen sie Distanz und werden gewahr, daß sie überhaupt andere Möglichkeiten haben. Die Erbitterung des Antirassismus-Streits ist ja nur so zu erklären, daß die Kirche in ihren entscheidenden Gremien plötzlich eine Lebenspraxis des Widerstands bejaht, die ganz im Gegensatz zur Lebenspraxis der Ergebung und des Fatalismus steht, die als religiös von jeher sanktioniert gilt. Nur war das eine Alternative von weither. Konfliktorientiertes Lernen braucht die Alternativen viel hautnäher. Darum ist die »Institution im Übergang« auf die Impulsgruppen an der Basis unbedingt angewiesen. Sie demonstrieren Alternativen und bringen so das Lernen in Gruppen in Gang oder machen es doch zumindest möglich.

c) Es gibt aber noch eine dritte Dimension des Lernproblems. So wie die Evangelische Kirche in Hessen und Nassau den einmal ausgebrochenen Streit genutzt hat, hat sie sich entschlossen, *sozialdidaktisch* vorzugehen. Das heißt, sie hat post festum begriffen, daß ein soziales Klima entstanden war, in dem Lernvorgänge von Gruppen und der Fortschritt der Gewissen überhaupt erst möglich werden. Nicht zu jeder Zeit und in jeder Situation ist soziales Lernen möglich, dafür ist der Extremfall des Nationalsozialismus ein karikaturenhaftes Beispiel. Über die Möglichkeiten der Beeinflussung des Lernklimas in der Gesellschaft und ihren Teilsystemen weiß man, jedenfalls in der Kirche, noch sehr wenig.

Der immer größere Gegensatz zwischen dem universalen Horizont menschlichen Daseins heute und der Parochialität der Gewissen, die ein Erlernen dieses Horizonts verhindert, rückt die Fragen der Sozialdidaktik aber immer mehr in den Vordergrund.

d) Schließlich ist methodisch der Einsicht nachzugehen, die der Antirassismus-Streit für das Problem der innerkirchlichen Kommunikation ergeben hat. Erst in dem Augenblick, da sich die Massenmedien einschalteten, kam auch *der innerkirchliche Kommunikationsprozeß* wirklich in Gang. Welche Konsequenzen hat das für die Aufgabe der Kirche, den »Konsensus der Erwartungen« zu verändern, um so ihre eigene strukturelle Veränderung verantwortlich zu betreiben?

Anmerkungen

[1] Indigenisation ist ein Kunstwort der englischsprachigen Missionswissenschaft: »indigenous« heißt eingeboren, einheimisch. In der grenzüberschreitenden Bewegung der Mission muß das Christentum sich in immer neuen soziokulturellen Zusammenhängen einkörpern, verleiblichen, gesellschaftlich verwurzeln. Indigenisation ist mehr als »Anpassung«. Sie entspricht dem Vorgang der Inkarnation, wie die Christologie ihn verwendet. Der Begriff »Indigenisation« wird hier verwendet, weil er die Spannung von Kontinuität und radikaler Neugestaltung in neuen Situationen besser ausdrückt als andere mögliche Begriffe. Zur Problematik vgl. *Margull* (Hg.), Mission als Strukturprinzip, Genf 1968.

[2] Dazu vgl. *R. Leudesdorff*, Die uninformierte Kirche, Weltweite Hilfe, März/April 1971, 28ff.

[3] Vgl. den Ausschußbericht »Die Konziliarität und die Zukunft der ökumenischen Bewegung« der Kommission für Glauben und Kirchenverfassung, in: *K. Raiser* (Hg.), Löwen 1971, Beiheft zur Ökumenischen Rundschau 18/19, 1971, 226ff.

[4] Vgl. *K.-W. Dahm*, Beruf: Pfarrer, München 1971.

[5] Vgl. dazu *E. Lange*, Sprachschule für die Freiheit, Evang. Kommentare 4, 1972, 204ff.

2. Der »Antirassismus-Streit« in der Evangelischen Kirche in Hessen und Nassau

Möglichkeiten und Ansätze einer Konfliktanalyse

1. Die Absicht dieses Versuchs

1.1 Der Arbeitskreis »Kirche wozu« beauftragte in seiner Sitzung vom 14. Januar 1972 den Verf. mit der Durchsicht des Akten- und Dokumentationsmaterials zum sogenannten »Antirassismus-Streit« in der EKHN, September 1970–Februar 1971.

Auslösend für den Streit war der Beschluß des Exekutivausschusses des ÖRK in Arnoldshain am 2. September 1970, aus dem Sonderfonds des in Canterbury 1969 beschlossenen Programms zur Bekämpfung des Rassismus 19 Organisationen, vor allem auch solche, die am südlichen Afrika um »schwarze« Selbstbestimmung kämpfen, zu unterstützen. Nach der Tagung des ÖRK-Zentralausschusses in Addis Abeba, Januar 1971, läuft der Streit aus. Mit einer gewissen Willkür terminieren wir das Ende des Streits mit dem Beschluß der EKD-Synode vom 21. Februar 1971, wonach aufgrund der Beschlüsse von Addis Abeba nunmehr »ein gemeinsames Vorgehen« möglich sei.

Die Analyse des ziemlich umfassenden Materials über einen Synodalbeschluß, der über Wochen hin alle Ebenen und Instanzen der EKHN intensiv beschäftigte, die Mitgliedschaft weitgehend polarisierte, im Gesamtbereich der EKD sich auswirkte und ein beträchtliches Echo in den Medien und in der westdeutschen Öffentlichkeit auslöste, soll Auskunft geben über die Ergiebigkeit von Konfliktanalysen für die Erkundung und das Verstehen des Spannungsfeldes »Kirche« in der gegenwärtigen westdeutschen Gesellschaft, und zwar im Hinblick auf die Erarbeitung von Gesichtspunkten und Elementen einer Theorie kirchlichen Handelns, die sich der Arbeitskreis »Kirche wozu« zum Ziel gesetzt hat.

Vgl. hierzu Arbeitspapier vom 15. 12. 1971 und Protokoll der Sitzung vom 17. 12. 1971.

1.2 Das in der Kirchenverwaltung, beim Synodalvorstand, im Informationsamt und an anderen Stellen gesammelte Material über den Streit –

Wortprotokolle der Synodalverhandlungen; Beschlüsse von Presbyterien, Dekanatssynoden, Pfarrkonventen, Arbeitskreisen der EKHN; Stellungnahmen und Beschlüsse von Gremien des ÖRK, der EKD, der VELKD, der Gliedkirchen und nichtdeutscher Mitgliedskirchen des ÖRK; ein Briefwechsel von insgesamt weit über 1000 Briefen und Gegenbriefen, darunter allein 358 protestierende, kritisierende oder zustimmende Zuschriften von einzelnen, Gruppen oder Gremien an die Kirchenverwaltung oder den Synodalvorstand (Stand vom Juli 1971 nach einer Auszählung von K. Kreisbohm); Dokumentationen, etwa über die aus dem Sonderfonds unterstützten Gruppen, über Cabora Bassa, über die Republik Südafrika, Namibia und die protugiesischen »Überseeprovinzen«; Presse- und Informationsdienste; schließlich das breite Echo in den Medien, den säkularen wie den kirchlichen; –

ist sehr reichhaltig, aber keineswegs vollständig. Zudem ist auch das jetzt zugängliche Material nur zum Teil gründlich ausgewertet worden. Insofern ist dieses Papier nicht mehr als ein erster Überblick.

Eine systematische Analyse des Konflikts müßte mindestens die Verhandlungsprotokolle von Pfarrkonventen, Presbyterien und Dekanatssynoden, den Briefwechsel der Gemeindepfarrer und anderer kirchlicher Mitarbeiter, die Protokolle der Synodaltagungen und einschlägigen Sitzungen in den Gliedkirchen der EKD und ihren Zusammenschlüssen, die Manuskripte der Äußerungen in Rundfunk und Fernsehen, das vollständige außerhessische und internationale Presseecho auf das ökumenische Antirassismus-Programm mit berücksichtigen, und zwar qualitativ und quantitativ. Sie müßte ferner die ökumenische Vorgeschichte und den ökumenischen Kontext, aber auch den zeitgeschichtlichen und politischen Kontext des innerhessischen Streits genauer herausarbeiten. Sie müßte vermutlich darüber hinaus Einzelinterviews mit den Synodalen, mit den Protagonisten des Streits innerhalb und außerhalb der Synode, mit ausgewählten Briefschreibern machen und vor allem versuchen, die Auswirkungen des Streits nach seinem Auslaufen – in den Einstellungen der »Mitspieler«, in der Veränderung der theoretischen Positionen, im Image der Kirche etc. – zu erheben. Sie müßte vor allem über die theoretischen Grundlagen und das Instrumentarium ihres Vorgehens systematisch reflektieren und Auskunft geben, wenn das Gewicht und die Zuverlässigkeit ihrer Ergebnisse abschätzbar werden sollen.

All das ist auch ansatzweise nicht geschehen und konnte in der verfügbaren Zeit und im Rahmen der fachlichen Kompetenz des Verf. nicht geschehen. Das vorliegende Papier ist darum nur ein erstes Zwischenergebnis, eine Skizze von Eindrücken und keineswegs hinreichend überprüften Vermutungen und Arbeitshypothesen.

1.3 Der theoretische Zusammenhang, in den ein solcher Versuch gehört, muß zumindest erwähnt werden.

Konflikttheorien sind in der neueren Soziologie als Kritik und Korrektiv der herrschenden Systemtheorien vorgetragen worden, in den USA zuerst von Lewis A. *Coser*, in Deutschland vor allem von Ralf *Dahrendorf*.

L. A. *Coser*, The Functions of Social Conflict, 1956, deutsch: Theorie sozialer Konflikte, Neuwied 1965; R. *Dahrendorf*, vor allem: Gesellschaft und Freiheit, München 1961, und Gesellschaft und Demokratie in Deutschland, München 1965.

»Coser beschränkt sich auf den Versuch einer Korrektur und Ergänzung der Systemtheorie, vor allem T. Parsons'. Ihm geht es vornehmlich mehr um die Funktionen als um die Dysfunktionen des sozialen Konflikts, das heißt, um jene Konsequenzen des sozialen Konflikts, die eher ein Fortschreiten als einen Rückgang in der Anpassung bestimmter sozialer Beziehungen oder Gruppen zur Folge haben ... Die unbedingte Zustimmung zur Ansicht, sozialer Konflikt sei notwendig destruktiv für die Beziehung, in der er auftrete, führt ... zu äußerst mangelhaften Interpretationen. Sich auf die funktionalen Aspekte des Konflikts zu konzentrieren, heißt nicht abstreiten, daß gewisse Formen des Konflikts tatsächlich auflösend auf die Gruppeneinheit wirken oder daß sie zur Desintegration spezifischer sozialer Gebilde führen« (aaO. 10/11).

Demgegenüber setzt Dahrendorf sehr viel radikaler an. »Cosers Schluß ist das letzte Wort des Funktionalismus zur Problematik sozialer Konflikte: Diese sind der Möglichkeit nach aus der Struktur der Gesellschaften erwachsen; sie können dysfunktional, aber sie können auch funktional sein. Doch möchte man hoffen, daß das letzte Wort des Funktionalismus nicht auch das letzte Wort der Soziologie zu diesem Problem ist. Das heißt aber, daß die soziologische Theorie sich bei der Bestimmung sozialer Konflikte vom funktionalen System-Modell radikal trennen und neue Bezugspunkte suchen muß« (Gesellschaft und Freiheit, 124). Dahrendorfs neuer Bezugspunkt ist der »soziale Wandel« als Chance der Freiheit. Und das Vehikel des sozialen Wandels ist der Konflikt. Von daher gilt: »Wo immer es menschliches Leben in Gesellschaft gibt, gibt es auch Konflikt...« (Gesellschaft und Demokratie..., 171) »Wenn es richtig ist, daß Ungewißheit unsere Existenz in dieser Welt kennzeichnet, wenn also der Mensch als gesellschaftliches immer zugleich ein geschichtliches Wesen ist, dann bedeutet der Konflikt die große Hoffnung einer würdigen und rationalen Bewältigung des Lebens in Gesellschaft. Antagonismen und Konflikte erscheinen dann nicht mehr als Kräfte, die auf ihre eigene Aufhebung in einer ›Lösung‹ drängen, sondern sie machen selbst den *menschlichen Sinn von Geschichte* (Hervorh. E. L.) aus« (Gesellschaft und Freiheit, 130).

Dahrendorfs Konflikttheorie macht demnach den Anspruch, eine selbständige, die Systemtheorie (ebenso wie die marxistische »Konflikttheorie«, die ja ebenfalls auf eine Aufhebung der Konflikte in einer – endgültigen – Lösung hin denkt) überbietende Theorie von Gesellschaft zu sein. Dieser Anspruch wird sowohl von der Systemtheorie als auch von der »Kritischen Theorie«, soweit ich das beurteilen kann, schlüssig zurückgewiesen. Der Konfliktbegriff ist hier bis zur völligen Entleerung hypostasiert. Indem Dahrendorf »den Konflikt als interaktives Grundverhältnis setzt, läßt er für dauerhafte Interessenreziprozität eigentlich keinen Platz, und indem er Wandel in den menschlichen Beziehungen zu deren Wesen erhebt, löst er das Substrat auf, an dem sich Wandel vollziehen könnte: die Ordnung«. Auf den bestimmten Konflikt angewendet muß dann aber auch diese Theorie angeben, ob und inwiefern und inwieweit ein Streit sinnvoll oder sinnlos, befreiend oder zerstörerisch (also ›funktional‹ oder ›dysfunktional‹) ist. Wo er konkret wird, operiert D. »statt mit Konflikt stets nur mehr mit einer Art der *Regelung* von Konflikten, die er ... unmöglich aus der eigenen Theorie abgeleitet haben kann: einem System von Spielregeln, auf das sich alle Gesellschaftsglieder aus freiem Entschluß geeinigt haben«. Mit anderen Worten: auch diese Theorie ist bezogen auf ein bestimmtes Ordnungsbild, das einer neoliberal interpretierten Demokratie.

Karlheinz *Messelken* gibt in seiner Untersuchung »Politikbegriffe der modernen Soziologie«, Köln 1970[2] eine höchst instruktive vergleichende Darstellung von Systemtheorie und Konflikttheorie, der die vorstehenden Zitate entnommen sind (100f).

Den komplizierten Zusammenhängen soziologischer Theoriebildung ist der Verf. nur ganz lückenhaft und ekklektisch nachgegangen. Sie mußten insofern wenigstens erwähnt werden, als das Protokoll vom 17. 12. 1971 immerhin ziemlich bestimmt von der »notwendigen Verbindung von Konflikt- und Systemtheorie« spricht (4.2). Einem solchen Anspruch fühlt sich der Verf. zunächst nicht verpflichtet. Die relativ einfachen und klaren Frage- und Feststellungen der Coser'schen Theorie erweisen sich für den Versuch einer Konfliktanalyse am konkreten Material einer kirchlichen Auseinandersetzung als durchaus anregend und fruchtbar, und werden insoweit ohne Rücksicht auf ihren theoretischen Stellenwert als Anleitungen verwendet. Wenn es später um das Abwägen und Werten möglicher Resultate für Kirchentheorie, Praktische Theologie, kirchliche Planung und Strategiebildung geht, wird freilich auch die theoretische Schlüssigkeit und Reichweite von Konflikttheorien und ihr Verhältnis zu anderen Theoriebildungen grundsätzlich erörtert werden müssen.

Praktischer Ausgangspunkt dieses Versuchs ist jedenfalls eine Grundannahme der Konflikttheorien: Konflikt ist keine ›Krankheit‹ (so T. Parsons dem Sinne nach, etwa über den Klassenkampf in der modernen Industriegesellschaft), kein ›Schaden‹ am System, sondern eine Krise des Systems, die zunächst einfach Veränderungen in den Macht- und Interessenverhältnissen des Systems anzeigt. Wird er als eine solche Krise ernstgenommen und wahrgenommen, dann kann er möglicherweise ›inszeniert‹, d. h. bewußt gemacht, verstanden, organisiert und unter die Kontrolle bestimmter Spielregeln gebracht werden. Als inszenierter Konflikt wäre er dann nicht nur Indikator, sondern vielleicht auch Medium, Vehikel, Instrument gesellschaftlicher Veränderung, sei es im Sinne einer erneuten Ausbalancierung des Gleichgewichts im System, sei es im Sinne der Transformation dieses Systems.

1.4 Von daher läßt sich die Absicht dieses Versuchs wie folgt beschreiben:

a) Gegeben ist ein bestimmter, ziemlich genau umrissener innerkirchlicher Konflikt in einem gesellschaftlichen Kontext, der freilich höchst kompliziert ist, sich aber in diesem Konflikt auf eine bestimmte Weise darstellt und auswirkt.

b) In der Analyse dieses Konflikts zeigt sich die in ihrem Bestand und in ihren Grenzen, in ihrem Selbstverständnis und in ihrer gesellschaftlichen Funktion unsicher gewordene Kirche auf spezifische Weise als »Kirche in der Krise«, als »Institution im Übergang«.

c) Hinterfragt man diese Selbstdarstellung der Kirche im Konflikt, dann wird ein bestimmtes Konfliktpotential sichtbar, d. h. ein Komplex von Widersprüchen, von Interessengegensätzen, von Mängeln, Spannungen und Brüchen in der Struktur, in der Kooperation, in der Kommunikation, im Konsensus der grundlegenden Überzeugungen, in der Anpassung an die religiöse Bedürfnislage in der Gesellschaft und also im ›Funktionieren‹ der Kirche. Dabei ist grundsätzlich damit zu rechnen, daß die Analyse eines einzelnen Streitfalles nur einen Teil dieses Konfliktpotentials freilegt, immerhin – bei einem so weit ausgreifenden Streit – vermutlich einen wesentlichen Teil.

d) Je genauer dieses Konfliktpotential herausgearbeitet werden kann, desto präziser läßt sich fragen: wie müßte die Kirche mit diesem Konfliktpotential, mit diesem Komplex von Widersprüchen umgehen? Wieweit lassen sich die Widersprüche durch Strukturveränderungen auflösen, wieweit lassen sich ihre Auswirkungen im Konflikt so steuern, daß sie sich zugunsten eines je besseren Ausgleichs zwischen *Mandat* (Auftrag), *Bedürfnis* (gesellschaftliche Herausforderung) und *Funktion* (herkömmliche Lebens- und Arbeitsformen) auswirken. Die für hier und jetzt optimale Relation dieser drei für kirchliches Handeln wichtigen Bestimmungsgrößen stellt das eigentliche Problem kirchlicher Erneuerung dar. Dabei ist zu bedenken, daß auch das Mandat keine Konstante ist, sondern eine Variable, sofern die kirchliche Überlieferung interpretationsbedürftig ist und die Interpretation nur im Hinblick auf Situationen gelingt.

e) Versucht man, ein solches Vorgehen in das Frageschema des Arbeitspapiers vom 15. 12. einzuordnen, dann liegt die Konfliktanalyse offenkundig zunächst im Bereich der Arbeitsschritte »Funktionsanalyse« und »Bedürfnisanalyse«. Denn was immer ein Konflikt von der Reichweite des Antirassismus-Streits als Konfliktpotential aufdeckt, er signalisiert jedenfalls auch ein Anpassungsproblem, eine Differenz zwischen Funktion und Bedürfnis, zwischen »challenge« und »response«. Andernfalls bliebe er partiell und würde die Öffentlichkeit innerhalb und außerhalb der Kirche nicht tangieren. Zugleich melden sich im Streit aber auch immer bestimmte Verständnisse vom Mandat der Kirche und verhindern einen vorschnellen, naiven oder einseitigen Ausgleich zwischen Funktion und Bedürfnis (»Anpassung«). Auch die dritte, im Arbeitspapier vom 15. 12. genannte Fragestellung ist also von Anfang an mit im Spiel, und man wird überprüfen müssen, ob man die drei Fragestellungen überhaupt als Arbeitsschritte voneinander abheben kann, ob sie nicht vielmehr erst in ihrem ständigen Zusammenwirken zu praktisch-theologisch relevanten Antworten führen.

2. Der Streitverlauf im Kontext

Zum Schaubild I: in fünf Kolumnen wird der Ablauf des Streits im Spiel zwischen: ÖRK und Ökumene; VELKD–LWB; EKD und

Gliedkirchen; EKHN; Medien und Öffentlichkeit ein Stück weit veranschaulicht.

2.1 Zur Problematik dieser Veranschaulichung: die Auswahl des Materials bleibt in jedem Fall willkürlich, Beziehungen, die sich daraus ablesen lassen, infolgedessen hypothetisch, gewinnen aber an Wahrscheinlichkeit, wenn sie sich an anderen Analysen bestätigen. Eine detaillierte Inhaltsanalyse der Haupttexte wäre unerläßlich, um thematische und motivische Zusammenhänge zwischen ÖRK-Formulierungen, EKD-Formulierungen, Presseberichterstattung und -kommentierung, Reaktionen der Mitgliedschaft und Argumentationsweisen der kirchlichen Gremien und Synoden aufzudecken.

Schaubild I

	Ökumene	VELKD – LWB	EKD	EKHN	Medien und BRD-Öffentlichkeit
1924	J. H. Oldhams Buch über Rassismus				
1937	Oxford: Kirche, Volk und Staat				
1954	Evanston: Unvereinbar mit der christlichen Lehre vom Menschen und dem Wesen der Kirche				um 1950: Wiederaufrüstung der BRD 1958/59: Atombewaffnung und Militärseelsorge
1960	Errichtung Sekretariat für Ethnische und Rassische Beziehung				
1960	Cottesloe: Austritt der africaans Kirchen Südafrikas aus ÖRK				
1964	Mindolo Konsultation: Warnung: führende Afrikaner überzeugt, Anwendung von Gewalt einzige Alternative				1967/68/69 Studentenunruhen

	Ökumene	VELKD – LWB	EKD	EKHN	Medien und BRD-Öffentlichkeit
1965	Zentralausschuß ÖRK: Aufruf um Geld zur Verteidigung von Opfern des Rassismus		1964–69: Streit um die sog. moderne Theologie		1965/66: Ostdenkschrift der EKD
1966	Genf: Kirche und Gesellschaft Kampf für radikale Strukturänderungen unvermeidlich. Theologie der Revolution? (2) →	Kirche und Gesellschaft Genf 1966 Theologie der Revolution →			Polarisierung der öffentlichen Meinung – Radikalisierung
1968	Uppsala: Weißer Rassismus im Zentrum! (3)				1969 Sozialbildende Koalition »Evangelischer Flügel«
			1969: Stuttgarter Kirchentag		
19.–24. 5. 1969	Studientagung Nottinghill: Umverteilung der Macht (4)		1969/70 Gründung Bund d. Ev. Kirchen in der BRD – Thema: Neuordnung der EKD		Nachrichten in überregionalen Zeitungen: *FAZ*, *Welt* ect.
1969	Canterbury: Programm zur Bekämpfung des Rassismus (PCR) (5)	14.–24. 7. 1970: Evian LWB-Menschenrechte (7)	27.–30. 10. 69: Ökumenereferenten in Arnoldshain		23. 8. *FAZ*-Kommentar (10)

	Ökumene	VELKD – LWB	EKD	EKHN	Medien und BRD-Öffentlichkeit
Sept. 1970	2.9. Exekutivausschuß ÖRK Arnoldshain: Sonderfonds PCR. 19 Organisationen erhalten 200 000 $ (8) →	Brief Generalsekretär ÖRK an Mitgliedskirchen			
	4. 9.–10. 9. Auseinandersetzungen in Südafrika und Rhodesien (9) Austritt aus ÖRK		12. 9. Rassenkommission konstituiert 15. 9. Brief Dietzfelbinger an Blake: Außerordentliche Unruhe – Kirchenaustrittsgefahr (11) 18. 9. Erklärung EKD-Kanzlei: »Kampf gegen den Rassismus«		
					20. 9. *Welt am Sonntag:* »Buhlerei um den schwarzen Mann«
		21. 9. Juva, Präsident LWB: Rassendiskriminierung Sünde!			21. 9. *FAZ:* kein deutsches Kirchengeld für afrikanische Guerilla!

Ökumene	VELKD – LWB	EKD	EKHN	Medien und BRD-Öffentlichkeit
23. 9. Südafr. Presbyterianer bleiben im ÖRK. Ähnliche Beschlüsse aller ÖRK-Kirchen im südl. Afrika 23. 9. AACC: Arnoldshainer Beschluß Revolution im Denken der Kirchen				
		24. 9. Erklärung Rat EKD an die Gemeinden: Punkt 6		
	25. 9. Erklärung Kirchenleitung VELKD Punkt 2		25. 9. Synodaltagung in Arnoldshain. Van den Heuvel: Einheit der Kirche – Einheit der Menschheit	
				28. 9. *FAZ* Kein Geld der Kirche für Guerillas! *Welt:* Bernt Conrad: Kirchengeld für Guerillas – Ökumene auf Abwegen

	Ökumene	VELKD – LWB	EKD	EKHN	Medien und BRD-Öffentlichkeit
Okt. 1970	1. Okt. Vorster weicht zurück	1. Okt. Erklärung Wölber: Verwirrung infolge Theologie der Revolution. Blockade der Gelder?			
		5.–9. 10.: Generalsynode VELKD Eutin: Wölbers Stichwort: neuer Kreuzzug. Gewalt? Der einzelne, ja, die Kirche, nein!			
	9. 10. Blake antwortet Rat: nicht länger ausweichen!				
	15. 10. Beyers Naudé Am Scheideweg		12. 10. Tagung der Ökumene-Referenten Arnoldshain. Blake begegnet deutschen Kirchenführern		
					16. 10. *Die Welt:* Bernt Conrad: Kirche und Gewalt: Irrungen politischer Naivität und theolog. Revolutionssehnsucht
		17. 10. Erklärung Kirchenleitung VELKD Stichwort: Kreuz oder Schwert?			

	Ökumene	VELKD – LWB	EKD	EKHN	Presse – Öffentlichkeit
Okt. 1970			19. 10. Westfäl. Synode: Verzicht auf Gewalt schafft kein Recht.		18. 10.: Deutschlandfunk W. Schmidt: Zwischen Mut und Taktik
			21. 10. Ök. Jugendrat (Europa) und ök. Kommission ESG: pro Arnoldshain – Kritik an EKD	23.–25. Okt.: EKHN-Synode 100000,– DM-Beschluß 90:78	24. 10. *FAZ:* Kirchenaustritt als Druckmittel?
			24. 10. Rhein. Bruderschaft überweist 1000 $ 26. 10. kirchliche Sammlung: PCR + EKD-Einigung Gefahrenpunkte	24. 10.–Juli 71: 358 Briefe an EKHN-Instanzen; 95 pro-236 anti-27 neutral. Klimax Ablehnung 1. Novemberhälfte – Klimax Zustimmung 2. Novemberhälfte	26. 10.–30. 10. *FAZ:* Kirche und Revolution: Die Stichworte heißen: Versöhnung, Gerechtigkeit, Gewalt, Klerikalismus, Kirchensteuer; *Südd. Zeitung:* Nachricht
		27. 10. Bischofskonferenz VELKD: Unheilvolle polit. Verstrickung – Gefährdung der EKD-Einheit – Rückschlag für VELKD-Initiative	27. 10. Notgemeinschaft ev. Deutscher – 5. Kolonne des farbigen Terrorismus		*Welt:* Bernd Nellessen Kreuz oder Schwert? *ARD:* F. Wördemann: Ein fragwürdiges Zeichen! – Krankhaft sich ausbreitende Gewalt

Ökumene	VELKD – LWB	EKD	EKHN	Presse – Öffentlichkeit
	28. 10. Schnell an Blake: Frage Machttransfer ernsthafte Belastung	28. 10. Dietzfelbinger: EKHN-Beschluß hat vorgegriffen 28. 10. Aktion Selbstbesteuerung 28. 10. Leitende Juristen EKD: Verwendung von Geld der Kirche *nicht* vertretbar.	Dekanatssynoden: 2 pro – 5 anti – 1 neutral. Kirchenvorstände: 9 pro – 28 anti – 2 neutral. Institutionen + Gruppen: 22 pro – 2 anti – 4 neutral.	*Darmstadter Tageblatt:* H. Dexheimer, Gefährliche Geste – Anarchie – Angst *Südd. Zeitung:* Kirchliche Solidarität mit Rebellen
			29. 10. Herbert: Keine Gefährdung EKD-Einheit! 29. 10. Hild an die Gliedkirchen EKD	29. 10. *Die Welt:* Hans Germani – Schwarze Guerillas – Terror als Freiheitskampf 30. 10. *ZDF Tagebuch:* Blake, Schnell, Herbert Wilkens
	30. 10. Schülergottesdienst in Hannover – Kontroverse Fricke – Walter	31. 10. Ausschuß Brot für die Welt: kein Geld für Gewalt- und Terrormaßnahmen	30. 10./1. 11.: Erklärung Hild an die Gemeinden: Spannung aushalten	
				3. 11. *Stuttgarter Z.* B.Ohse: Hilfe für Befreiungsorganisationen? 4. 11. *FAZ:* Odin: Zwischen Gewalt und Terror

	Ökumene	VELKD – LWB	EKD	EKHN	Presse – Öffentlichkeit
Nov. 1970	3. 11. Blake in Florenz. Den Rassismus ausrotten	3. 11. Interviews mit LWB-Präsident Juva. Halber Rückzieher			
			4. 11. Beckmann: *Keine* Kirchensteuermittel – Spenden		
	5. 11. Britischer Kirchenrat: allgem. Unterstützung		5. 11. AGEJD Unterstützung FRELIMO	5. 11. Mainz-Kasteler Konvent vorbildlich	5. 11. CDU-Arbeitskreis: überaus fragwürdig! 5. 11. SPD-MdB Krokkert pro
	6. 11. Brief Blakes an Dietzfelbinger: keine Gewaltunterstützung beabsichtigt				6. 11. *Die Zeit:* Kontroverse Wölber – Kratz
		7. 11. Nationalkomitee LWB gegen Mißdeutung Evian		7. 11. Podiumsdiskussion in Mainz Spengler/Schade	7. 11. *SFB*-Interview mit Gollwitzer
		9. 11. Bayr. Dekane anti		9. 11. Verfassungsbeschwerde Martin	
				10. 11. Hild an Blake: Geld nicht verteilen vor EKD-Klärung!	10. 11. *NDR*-Interview mit Eppler

Ökumene	VELKD – LWB	EKD	EKHN	Presse – Öffentlichkeit
		11. 11. Flugblattaktion Notgemeinschaft Ev. Deutscher		
		11. 11. Ratssitzung Bonn mit Hild		11. 11. kleine Anfrage (CDU)
		12. 11. Synode Württemberg: ja zum Kampf gegen Rassismus – nein zur Gewalt – Generalsteuer fast aller Synoden		
			13. 11. Niemöller: Kritik unverständlich!	13. 11. *Die Welt:* Die Kluft in der Kirche wird tiefer
			13. 11. Hild: kritische Schärfe hat überrascht	
14. 11. Rhodesischer Christenrat begrüßt PCR	14. 11. VELKD–LWB Gespräch mit Juva	14. 11. Rat: falscher Eindruck wird bedauert		14. 11. Kunst gegen Kratz: Diffamierung der Bundeswehr
				16. 11. *Spiegel*-Gespräch mit Hild
			17. 11. EKHN-Cabora Bassa-Konsortium Gespräch	

Ökumene	VELKD – LWB	EKD	EKHN	Presse – Öffentlichkeit
	18. 11. Brief Lilje	18. 11. Van den Heuvel in Berlin: EKD argumentiert wie Vorster 21. 11.–25. 11. Synode Westberlin: keine Einigung: Spendenkonto 22. 11. Erklärung Synode Lauenburg (Heubach) 23. 11. Scharfe Kritik an EKD von Aktion Kirchenreform und Studentenpfarrern 23. 11. Synode Lippe für EKHN (Viering)		23. 11. *Spiegel:* über Verfassungsbeschwerde Martin
			30. 11. Mainzer Fakultätskonferenz pro	30. 11. epd-Interview mit Eppler

	Ökumene	VELKD – LWB	EKD	EKHN	Medien – Öffentlichkeit
Dez. 1970			1. 12.: Thesen zur Gewalt – ESG		1. 12. WDR-Interview mit Chissano-FRELIMO breites, sachliches Presse-Echo
			1. 12. Begegnung Rat EKD – ÖRK: ergebnislos – kein Kommuniqué – Hild nicht dabei	3. 12. Amt für Industrie- und Sozialarbeit: *keine* Revision 3. 12. Niemöller: Revision wäre Gesichtsverlust	3. 12. *Südd. Zeitung:* einen Bruch will sich keine Seite leisten
	5. 12. Kritik DDR-Kirchenbund an EKD-Diskussion			4.–8. Dezember: EKHN-Synode 7. Dez. Beschluß bestätigt: 108/65/4	4. 12. *Frankfurter Rundschau:* Verfahrene Situation 7. 12. *Spiegel* verschiedene sprachen zum 1. Dez. Chissano-Interview
		8. 12. LWB – Evian mit Leben füllen! – Tag der Menschenrechte Dez.	8. 12. Scharf zu München: gezielte Projekte		8. 12. *Die Welt:* Synode in Hessen gegen Gewalt

Ökumene	VELKD – LWB	EKD	EKHN	Medien – Öffentlichkeit
				8. 12. *Frankf. Neue Presse:* Rassismus, Gewalt u. schmutzige Hände
	11./12. 1. VELKD Kirchenleitung: konkrete Projekte – keine Mittel für Befreiungsbewegung	11. 12. Rat zu München: keine Einmütigkeit		Nachrichten in allen Zeitungen, aber keine Schärfe!
				13. 12. *Christ und Welt* – Ablaßhandel mit der Tugend! (Anti-Intellektuell)
				13. 12. *Berliner Sonntagsblatt:* Denkpause
			17. 12. Niemöller: Heute bin ich froh und dankbar	
		23. 12. Vorschlag Scharf: Gratifikationen für PCR	22. 12. Luther. Konferenz: gegen Politisierung kirchlicher Entscheidungen	

	Ökumene	VELKD – LWB	EKD	EKHN	Medien – Öffentlichkeit
Jan. 1971			1./2. Jan: Kirchliche Sammlung: 450 Terrorakte FRELIMO		
	12. 1. 71: DDR-Kirchenbund begrüßt PCR einstimmig				
	16. 1. Addis Abeba – Arnoldshainer Beschluß in Übereinstimmung mit PCR. Keine vollständige Identifizierung: Verlagerung des Schwerpunkts auf gezielte Einzelprojekte (epd)				
	18. 1. Richtlinien für weitere Aktionen				
			21. 1. Gespräch EKD-ÖRK vertagt		
			25. 1. Thimme: nicht alle Probleme gelöst		

Ökumene	VELKD – LWB	EKD	EKHN	Medien – Öffentlichkeit
				27. 1. *FAZ:* K. A. Odin. Kirchen zwischen Glauben und Tun. Pendel in Addis zurückgeschwungen
28. 1. Pauline Webb in Südafrika zurückgewiesen	28. 1.: Wölber: Deutsche Bedenken bleiben auf der Tagesordnung			
↓		2. Febr. 40000,– DM auf Sonderkonten – 10000,– DM direkt nach Genf		
			4. 2. Dekanat Oppenheim-Synodale sollen Amt niederlegen (Pfr. Wild)	
Verschärfungen in Südafrika	6. 2. VELKD-Kirchenleitung: Wesentliche Fragen offen – konkrete Projekte			
↓				
Immer stärkere Zustimmung in Gliedkirchen	auch weiter Kritik	21. 2. EKD-Synode dankbar, daß gemeinsames Vorgehen nunmehr möglich		

Ökumene	VELKD – LWB	EKD	EKHN	Medien – Öffentlichkeit
	April 71: LWB gibt FRELIMO 340000,– DM 12. 5.: 500000,– für gezielte Projekte			*Publik* 21. 5. Ein Lernprozeß in der EKD zu Loccumer Tagung
		18. 6. Rheinland: 700000,– für Hauptprogramm PCR (Spenden + Kirchensteuern)		
				7. Juli: Eppler: Kirchen heute vorwärts drängend
9. 9. Exekutiv-Komitee: weitere 200000 $ nur Spenden				

2. 2 Der Streit gliedert sich zwanglos in fünf Perioden:

a) Ökumenische Vorgeschichte bis zum Arnoldshainer Beschluß: 2. 9. 70;

b) Auseinandersetzungen in der EKD über den Arnoldshainer Beschluß: Problemverschiebung auf das Gewaltthema;

c) Verschärfung des Streits durch den 100000-DM-Beschluß der EKHN und zweite Problemverschiebung auf die Frage nach dem Mandat der Volkskirche: 24. 10. – 7. 12. 70;

d) Erarbeitung des Kompromisses von Addis Abeba: bis 18. Januar 1971;

e) Rezeption von Addis Abeba und der »Konsensus der Ermattung« in der EKD: bis 21. Februar 1971. Wichtig: Sofia, 9. 9. 71: PCR geht im wesentlichen unverändert weiter.

2.3 Einige hypothetische Feststellungen:

a) der Antirassismus-Streit in der EKHN ist nur eine Phase in einer weltweiten und gesamtbundesrepublikanischen Auseinandersetzung um das Mandat und das Selbstverständnis der Kirche, – allerdings eine integrale Phase. Die Auseinandersetzung geht im besonderen um:

b) die Rolle des ÖRK und den Sinn der Ökumenischen Bewegung in einer »revolutionären Welt«;

c) um die Machtverteilung in der ökumenischen Bewegung: Rat oder Mitgliedskirchen; Zentralisierung oder Regionalisierung; weiße Vorherrschaft oder volle, aber riskante Ökumenizität;

d) um die Rolle der evangelischen Kirchen, d. h. der Volkskirche, in der sich polarisierenden Gesellschaft der BRD.

2.4 Der seltsame »Überraschungseffekt« des Arnoldshainer Beschlusses in der EKD.

a) Antirassismus ökumenisches Thema seit 50 Jahren (der vergessene Faktor: 1937 Oxford). Qualitätsveränderung in zwei Phasen: nach dem Zusammenbruch des Kolonialismus Modell der Rassen*integration;* nach der Aufdeckung des Neokolonialismus Modell der radikalen Strukturveränderung, Gerechtigkeit, Machttransfer, Identität. Seit Uppsala überdeutlich, daß die Dynamik des sogenannten »credibility gap« die ökumenische Bewegung über den bloß verbalen Antirassismus hinaustreiben muß.

b) Volle Beteiligung deutscher Kirchenvertreter an der Entwicklung, mehr als ausreichende Dokumentation, dennoch »Überraschung« und nicht nur in Deutschland. Notwendig: Analyse der ökumenischen Bewegung seit 48. Vermutliches Ergebnis: die Behauptung, der ÖRK sei eine Bewegung von *Kirchen* nach wie vor eine Fiktion; nach wie vor eine Ökumene von Ökumenikern, ins kirchliche Bewußtsein der Mitgliedschaften und Hierarchien ebensowenig integriert wie in die Strukturen, – abgesehen vom diakonischen Bereich!

c) In der BRD zudem eine besondere Lage: Fehlen einer wirksamen ökumenischen Organisation der EKD; nahezu keine motivierende ökumenische »grassroots« – Erfahrung an der Basis, Fehlen der »Plausibilitätsstruktur«, darum auch *nach* dem 24. Okt. 70 wenig Wirkung einer massiven Informationsschwemme, außer in der Mittelklasse.

2.5 Zu bedenken als Determinanten des Streits:

a) Studentenunruhen und ihre gesellschaftlichen und innerkirchlichen Folgen;

b) Ende der Ära Adenauer, sozialliberale Koalition, Machtverschiebung zugunsten eines »progressiven« Typs von Protestantismus;

c) die innerkirchliche Polarisierung in den großen Streitigkeiten um Aufrüstung, Atombewaffnung, Militärseelsorge, Ostdenkschrift, Streit um »moderne Theologie«, – gemeinsamer Nenner: Aufstand gegen die Herkunftsgeschichte im Kartell Kirche – Gesellschaft.

d) Notwendigkeit einer Neuordnung der EKD nach Gründung des DDR-Kirchenbundes und die dadurch entstehenden Machtprobleme vor allem für das deutsche Luthertum.

2.6 Periode II: noch keine besondere Funktion der EKHN im Streit. Aber: in dieser Phase werden fast alle Themen des Streits bereits formuliert. Dabei zu bedenken, die doppelte Konfliktfront: einerseits ÖRK–EKD, andererseits EKD – radikale Erneuerungsgruppen an der Basis. Arnoldshain erzeugt die optische Täuschung einer Allianz des ÖRK und der »Rebellen« in der EKD. In Wirklichkeit gibt es diese Spaltung zwischen Establishment und

Rebellion auch im ÖRK selbst und allen seinen Mitgliedskirchen. Vermutung: an der »Gewalt von unten« im südlichen Afrika wird die drohende »Gewalt von unten« in der BRD diskutiert und gleichsam beschworen.

2.7 Verwirrendes Phänomen: entgegen der Behauptung, der Streit sei von »Vorsters Mannschaft« und den bürgerlichen Zeitungen erzeugt worden, erweist es sich, daß der Konflikt völlig selbstinduziert ist. Der Brief des EKD-Vorsitzenden an Blake, in dem von »Unruhe« und »drohenden Kirchenaustritten« die Rede ist (15. 9.) und entsprechende, noch vehementere VELKD-Äußerungen sind mehr oder weniger Antizipationen. *Noch* gab es keine Unruhe an der Basis, jedenfalls keine bedrohliche, auch nicht in den bürgerlichen Zeitungen. Sie entsteht erst *durch* diese Abwehrreaktionen der EKD. Frage: welche Interessen, welche Dynamik, welche Strategien führen zu dieser Selbst-Induktion?

2.8 Analyse des dann freilich unbestreitbaren Einflusses der Medien, vor allem der bürgerlichen Zeitungen auf Thematik, Verlauf und Intensität des Streits. Zwei wichtige Ergebnisse:

a) kurzfristig sind die *säkularen* Medien der einzige Kommunikationskanal zwischen kirchlichen Entscheidungsgremien und volkskirchlicher Basis, das innerkirchliche Kommunikationsnetz ist kurzfristig so gut wie unwirksam, selbst hinsichtlich der Präsenzgemeinden;

b) Der Ausdruck »säkulare Presse«, überhaupt die Unterscheidung zwischen innerkirchlichem und öffentlichem Bereich, ist jedenfalls, was den Anti-Rassismus-Streit anlangt, unbefriedigend und irreführend. Es gibt *kaum* Äußerungen im Streit, die nicht eine wie auch immer geartete Identifizierung mit Kirche und Christentum zu erkennen geben, und das gilt von ganz rechts bis nach ganz links.

Erst im Rahmen dieser relativ gesicherten Ergebnisse läßt sich die Bedeutung der Medien richtig einschätzen:

– die Medien leisten die Elementarisierung kirchlicher Streitfragen, die die Kirche selbst nicht leistet; erst sie erlaubt eine hohe Publizität eines kirchlichen Vorgangs;

– die Medien erzeugen die Plausibilität innerkirchlicher Themen, indem sie diese »innerkirchlichen« Themen in eine relevante Beziehung zu gesamtgesellschaftlichen Themen bringen, was die Kirche ebenfalls nicht ausreichend leistet. Diese Relevanz- und Plausibilitätszusammenhänge werden natürlich entsprechend der »Tendenz« des jeweiligen Mediums hergestellt. Sie sind, einmal hergestellt, dann auch innerkirchlich wirksam und kurzfristig kaum zu verändern. Die Assoziationskette Antirassismus des ÖRK – Rebellen – Terror – Anarchie – Kommunismus ist *keinem* der innerkirchlichen Protagonisten sympathisch, aber keiner kann völlig aus ihr ausbrechen!

2.9 Zwischenbilanz: was geschieht, wenn ein globaler Problemzusammenhang in einen parochialen Kontext transponiert wird? Wesentliche Aspekte gehen völlig verloren. Andere werden irreparabel verschoben: so ist z. B. das ganze Problem der legitimen und der illegitimen Gewalt ökumenisch – global sinnlos, es macht nur innerhalb eines Nationalstaatlichen Bezugssystems irgendeinen Sinn. Deutlich wird als Nebenaspekt (der freilich auch EKD-relevant ist!): das Fehlen einer ökumenischen Theorie der Kommunikation und einer ökumenischen Didaktik.

2.10 Die »hessische« Phase des Streits ist Gegenstand der nachfolgenden Analysen. Zu notieren sind hier die folgenden Fragen:

a) Warum kam es gerade in Hessen zum 100000-DM-Beschluß und *nur* in Hessen?

b) Wie, d. h. aufgrund welcher Dynamik kam es zu diesem Beschluß?

c) Warum kam es gerade zu *diesem* Beschluß (und blieb es dabei), obwohl es von Anfang an Alternativen gab?

d) Warum hat gerade *dieser* Beschluß zu *diesem* Zeitpunkt so einen enormen Widerhall gehabt, während seine Bestätigung anderthalb Monate später schon kaum mehr Lärm macht?

e) Wie verläuft der Streit? Gibt es »Strukturen von Konflikt«, Strukturen von kirchlichem Konflikt?

f) Läßt sich herausarbeiten, was der Streit bewirkt: in der EKHN auf ihren verschiedenen Ebenen, in der EKD, in der westdeutschen Öffentlichkeit, im ökumenischen Prozeß?

g) Was läßt sich für eine Theorie kirchlichen Handelns aus diesem Konflikt lernen?

Diese Fragen sind praktisch das Programm der folgenden Analysen.

2.11 Der Arbeitskreis meinte, vom Streit*inhalt* könne in dieser Konfliktanlayse weitgehend abstrahiert werden. Es erweist sich schon jetzt, daß das nicht möglich ist. Der Streit muß auch auf der argumentativen Ebene ein gutes Stück weit rekonstruiert werden (ohne daß der Arbeitskreis ihn noch einmal austragen müßte und sollte), wenn hinter der manifesten Thematik die latente Thematik und die in ihr wirksame Dynamik, eben das Konfliktpotential sichtbar werden sollen.

3. Konfliktfelder und Konfliktbeziehungen

3.1 Der manifeste Konflikt (Antirassismusprogramm ÖRK) aktualisiert und strukturiert Konfliktpotentiale innerhalb der EKD und innerhalb der EKHN.

3.2 *Konfliktfeld (1):* der im ÖRK institutionalisierte Widerspruch (der ÖRK als Avantgarde der Weltchristenheit versus der ÖRK als Instrument internationaler Kooperation von Territorialkirchen; radikale Erneuerung versus aggiornamento) erzeugt ein Konfliktpotential zwischen Genf und den Mitgliedskirchen. Der Konflikt aktualisiert sich immer dann, wenn der ÖRK von der Konsensusbildung, die die Kirchen nicht festlegt, zur Aktion fortschreitet, die die Kirchen festlegt. Und eben dahin drängt die »Macht der Ohnmächtigen«, der Kirchen der Dritten Welt.

3.3 *Konfliktfeld (2):* das PCR als – symbolische – Aktion aktualisiert ein Konfliktpotential zwischen ÖRK und EKD. Dieses Potential ist höchst komplex.

a) Der theologisch-konfessionelle Aspekt: das europäische Luthertum versus reformierte Dominanz im ÖRK (USA, England – selbst der Anglokatholizismus ist theologisch-sozialethisch eher reformiert –, Holland – Visser't Hooft, van den Heuvel –, Frankreich, Schweiz – L. Vischer –, die Mehrheit der Kirchen der Dritten Welt, entsprechend der größeren Reichweite der angloamerikanischen Missionsbewegung; selbst die zunehmende Kooperation mit Rom bedeutet eine Stärkung dieser Dominanz: hinsichtlich eines direkten kirchlichen Engagements in der Gesellschaft sind Genf und Rom sich näher als Wittenberg und Rom); die Konfliktbereitschaft des europäischen Luthertums nimmt seit Genf 66 (Theologie der »Revolution«) ständig zu; hinsichtlich des PCR kommt gravierend hinzu, daß der LWB, sonst als potentester Weltbund eine Stärkung der lutherischen Position, mit dem ÖRK votiert (zunehmende Polarisierung im LWB im Zusammenhang mit Porto Allegre);

b) der finanzielle Aspekt: die deutschen Kirchen sind ökumenisch, wie die BRD international-politisch, ein wirtschaftlicher Riese (der ständig wächst) und ein politischer Zwerg, also jederzeit zu majorisieren;

c) ein Aspekt der Sprach- und Denkstrukturen: deutsche Theologie überwindet die Sprachgrenze deutsch-englisch außerordentlich schwer. Ihre Übersetzbarkeit ist gering und dauert lange (ein Problem, das die deutschen Kirchen mit den französischen und schweizer Kirchen teilen); ein historischer Aspekt: die Deutschen sind nach wie vor in einem ökumenisch-internationalen »Verschiss«, der um so diffuser wirkt, je weniger er heutzutage artikulierbar ist; institutionelle Aspekte: einerseits ist der deutsche Protestantismus nahezu unorganisiert, also auch von daher machtlos; andererseits gibt es einen innerdeutschen kirchlichen Machtkampf um die Vorherrschaft in der neuen, durch Gründung des Bundes in der DDR möglich und fällig gewordenen westdeutschen Nationalkirche; die VELKD ist in dieser Hinsicht offensiv geworden, um so störbarer ist sie, wenn die innerdeutsche uniert-reformierte Minderheit ökumenische Verstärkung findet.

3.4 *Konfliktfeld (3):* zwischen den kirchlichen Kräften, die an Bestandswahrung (hinsichtlich volkskirchlicher Mitgliedschaft und traditioneller Einflußnahme auf die Gesellschaft) interessiert sind und interessiert sein müssen, also Kirchenleitungen, Kirchenverwaltungen, parochiale Struktur, und den an den Utopien (Verf. würde sagen: konkreten Utopien) radikaler Erneuerung (Kirche als Weltgemeinschaft, Kirche als Anwalt der Unterdrückten und

Stummen, Kirche als moralische Avantgarde, Kirche als sozialpolitische pressure group, Kirchen als Antagonist des Establishments, d. h. als Rebellion gegen die eigene Herkunftsgeschichte etc.) orientierten Kräften gibt es einen bereits manifest gewordenen diffusen Konflikt (etwa Stuttgarter Kirchentag), der durch die Koalition zwischen ÖRK und Erneuerungsgruppen radikalisiert wird. Vermutung: dies ist das entscheidende Konfliktpotential, weil es omnipräsent ist. Ergebnis: alle Erneuerungsgruppen votieren *für* PCR, die Mehrheit der an Bestandswahrung interessierten Gruppen votieren *gegen* PCR.

3.5 *Konfliktfeld (4):* das innerkirchliche Konfliktpotential überschneidet sich mit einem gesellschaftlichen Konfliktpotential: hier konfligieren die Interessen, Positionen und Ideologien der an der Status-quo-Erhaltung interessierten, der an der Reform interessierten und der an der radikalen Systemüberwindung interessierten Gruppen. Durch Studentenunruhen und sozialliberale Koalition ist dieses Potential seit langem aktualisiert. In den daraus resultierenden Konflikten geht es immer auch darum, die Kirche zur Parteinahme zu nötigen. Eine Kirche, die in dieser Weise als Ganze zu nötigen wäre, gibt es aber nicht. Insofern gibt es eine wechselseitige Radikalisierung von innerkirchlichen und gesellschaftlichen Konflikten, die sich ja auch sonst, d. h. innerhalb der Mitgliedschaft und des einzelnen Mitglieds überlagern. Frage: wie beschreibt man Identität und Nichtidentität der Konfliktfelder (3) und (4)? Der Einfluß der Medien im PCR-Streit erklärt sich unter anderem dadurch, daß sie eben die Identität der Konfliktfelder artikulieren, während sie ihre Nichtidentität nicht greifen können.

3.6 *Konfliktfeld (5):* Wie in allen gesellschaftlichen Institutionen gibt es ein Konfliktpotential zwischen Basis und Entscheidungsgremien, wobei die mittlere Ebene der Entscheidungsgremien in einen Zweifrontenkrieg gerät (Dekanatssynoden, Kirchenvorstände, Pfarrkonvente), der sich natürlich auch in den synodalen Gremien reflektiert. Vereinfacht ausgedrückt handelt es sich um einen Konflikt zwischen repräsentativer Demokratie und Fundamentaldemokratie, bzw. Mitbestimmung. In der Kirche verstärkt sich dieses Konfliktpotential, weil es überlagert bzw. unterlegt ist von alten Herrschaftsstrukturen, in denen die Mandate nicht »von unten«, sondern »von oben« kommen:

Hierarchie – Volk, Amt – Gemeinde. Dieses alte Herrschaftsmuster führt im Kirchenkampf zu einer Verstärkung der repräsentativen Entscheidungsstruktur durch charismatisch-prophetische Elemente. Das Prinzip der indirekten Wahl führt zu einer Selektion der höchsten Entscheidungsgremien im Sinne von »Kirchentreue«, »charismatischer Begabung«, unter Umständen auch »Reformorientierung« (da reformerisch gesinnte Pfarrer sich langfristig einen gleichgesinnten Kirchenvorstand heranziehen können). Bemerkenswert ist, daß es im EKHN-Streit nicht zu einer Polarisierung Kirchenverwaltung-Kirchenleitung-Kirchensynodalvorstand-Synode kommt. Vermutung: der Grund ist die »Machtergreifung gleichgesinnter Reformer« in der EKHN, die die EKHN von den meisten anderen Landeskirchen unterscheidet. Eben diese Nicht-polarisierung auf der landeskirchlichen Ebene verstärkt aber die Polarisierung zwischen Basis und Entscheidungsgremien, weil die Basis sich in der »geschlossenen Front« der Leitungsebene nicht vertreten fühlt. 2. Vermutung: die Strukturierung des Konfliktfeldes (5) durch PCR ist insoweit untypisch, denn in anderen EKHN-Konflikten gibt es diese Polarisierung auf landeskirchlicher Ebene durchaus. Gründe?

3.7 *Konfliktfeld (6):* das lokale Konfliktfeld, in dessen Zentrum die Rollenkonfusion des Parochus sichtbar wird. Der Parochus ist das Opfer eines in der heutigen Ortsgemeinde institutionalisierten mehrfachen Widerspruchs. Er soll das sein:

a) für die volkskirchliche Mitgliedschaft, die ihrerseits inhomogen ist und eine Fülle von unterschiedlichen Identifizierungen und Distanzierungen der religiösen Institutionen repräsentiert.

b) für die vereinskirchliche Gemeinde (Kreise, Basisgruppen von Werken, die Gottesdienstgemeinde, die zwischen (a) und (b) oszilliert;

c) für die reformkirchlichen Avantgarden und ihre Konzepte, die unter Umständen auch seine eigenen Konzepte sein können, je nach universitärer Herkunft; diese reformkirchlichen Avantgarden müssen in der Gemeinde gar nicht unbedingt präsent sein, es genügt, daß sie überhaupt irgendwo wirksam sind, um die Rollenkonfusion des Parochus zu verstärken. Wichtig: die Bedürfnisse dieser drei Bezugsgruppen sind höchst unterschiedlich; Identifizierung mit der einen bedeutet fast notwendig Konflikt mit den beiden anderen. Die Vorstellung, die drei Bezugsgruppen ließen sich durch »Gemeindeaufbau« zur Deckung bringen, ist eine reine Fiktion. Konflikte wie der PCR-Streit verstärken das Konfliktpotential zwischen den drei Bezugsgruppen und also die Rollenkonfusion des Parochus.

3.8 Das Bild ist in der Abstraktion verwirrender als in der Realität. Die sieben Konfliktfelder sind nicht voneinander isoliert, sie überlappen. Aber das in ihnen enthaltene Konfliktpotential addiert und profiliert sich je nach Konfliktfront unterschiedlich.

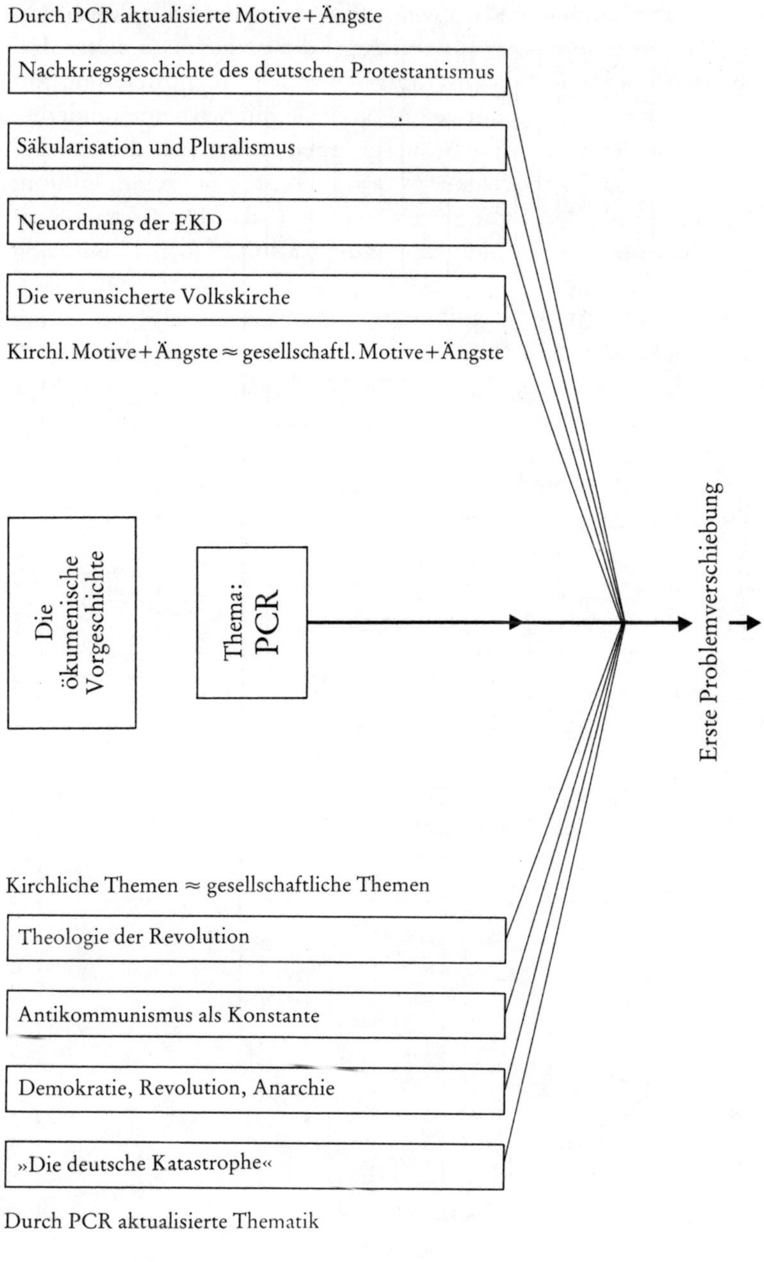
Durch PCR aktualisierte Motive+Ängste
Nachkriegsgeschichte des deutschen Protestantismus
Säkularisation und Pluralismus
Neuordnung der EKD
Die verunsicherte Volkskirche
Kirchl. Motive+Ängste ≈ gesellschaftl. Motive+Ängste
Die ökumenische Vorgeschichte
Thema: PCR
Erste Problemverschiebung
Kirchliche Themen ≈ gesellschaftliche Themen
Theologie der Revolution
Antikommunismus als Konstante
Demokratie, Revolution, Anarchie
»Die deutsche Katastrophe«
Durch PCR aktualisierte Thematik

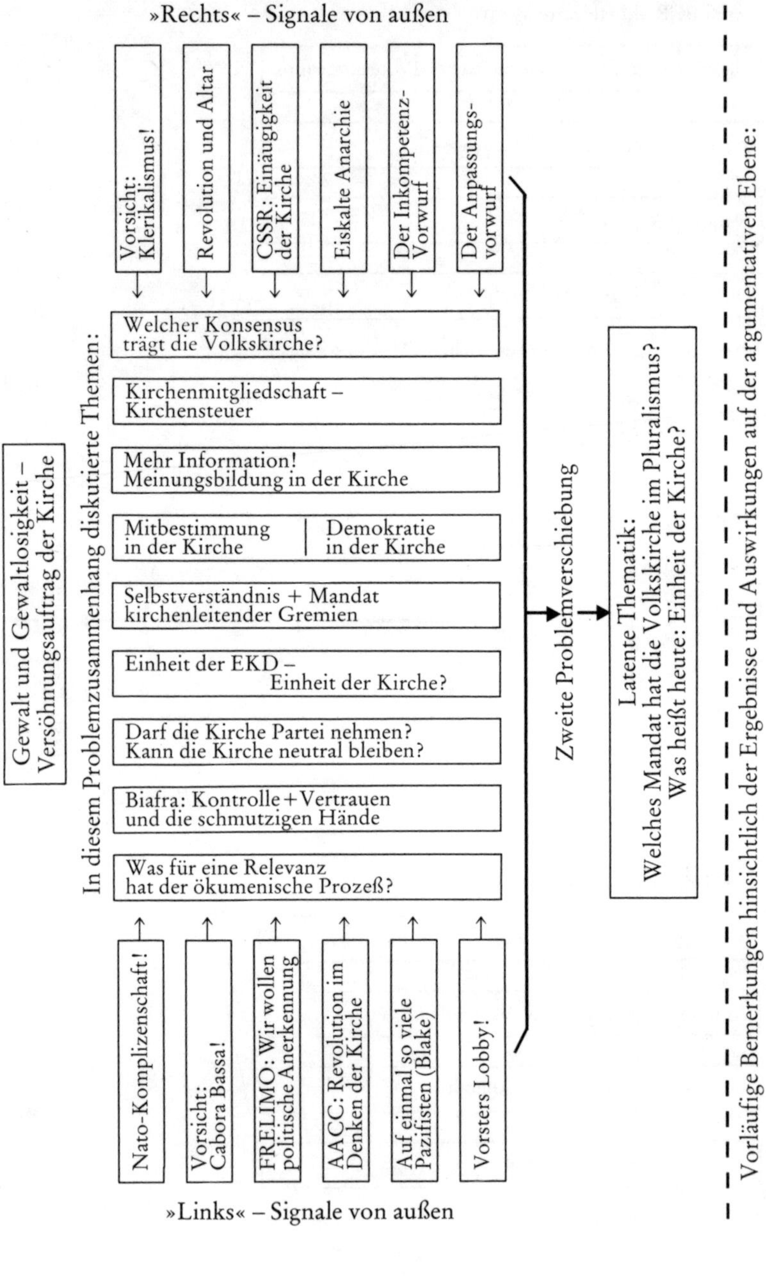
»Rechts« – Signale von außen
Vorsicht: Klerikalismus!
Revolution und Altar
CSSR: Einäugigkeit der Kirche
Eiskalte Anarchie
Der Inkompetenz-Vorwurf
Der Anpassungsvorwurf
Gewalt und Gewaltlosigkeit – Versöhnungsauftrag der Kirche
In diesem Problemzusammenhang diskutierte Themen:
Welcher Konsensus trägt die Volkskirche?
Kirchenmitgliedschaft – Kirchensteuer
Mehr Information! Meinungsbildung in der Kirche
Mitbestimmung in der Kirche
Demokratie in der Kirche
Selbstverständnis + Mandat kirchenleitender Gremien
Einheit der EKD – Einheit der Kirche?
Darf die Kirche Partei nehmen? Kann die Kirche neutral bleiben?
Biafra: Kontrolle + Vertrauen und die schmutzigen Hände
Was für eine Relevanz hat der ökumenische Prozeß?
Nato-Komplizenschaft!
Vorsicht: Cabora Bassa!
FRELIMO: Wir wollen politische Anerkennung
AACC: Revolution im Denken der Kirche
Auf einmal so viele Pazifisten (Blake)
Vorsters Lobby!
»Links« – Signale von außen
Zweite Problemverschiebung
Latente Thematik: Welches Mandat hat die Volkskirche im Pluralismus? Was heißt heute: Einheit der Kirche?
Vorläufige Bemerkungen hinsichtlich der Ergebnisse und Auswirkungen auf der argumentativen Ebene:

Vorläufige Bemerkungen hinsichtlich der Ergebnisse und Auswirkungen auf der argumentativen Ebene

1. Die Bestätigung des Beschlusses mit eindeutigerer Mehrheit ist de facto ein Zugewinn an Kircheneinheit im Sinne einer größeren Pluralismus-Toleranz – zunächst auf synodaler Ebene. Das Ausbleiben weiterer Proteste an der Basis: Resignation oder Progreß?

2. Der Kompromiß von Addis Abeba: ÖRK berücksichtigt Dynamik in Mitgliedskirchen: keine Identifizierung mit Gruppen – PCR *und* bilaterale Programme – Sonderfonds *und* gezielte Einzelprojekte. EKD akzeptiert Sonderfonds als Option, d. h. Kontrolle ist gut, Vertrauen ist besser – Versöhnungsdienst *kann* auch für die Kirche Parteinahme erfordern – das Gewaltproblem ist differenzierter als vermutet – militanter Antirassismus ist Konsensus der Weltchristenheit.

3. Der Kompromiß vom 2. Februar und seine Folgen: Handlungsfähigkeit auch der VELKD-Kirchen im Sinne des PCR-Programms; der 700000,– DM-Beschluß des Rheinlands etc. Vorbehalte (Gewalt, Kirchensteuer, Kontrolle) bleiben, sind aber flexibler.

4. Das Gewalt-Problem *nicht* ausdiskutiert, im Gegenteil: als Problem allererst eröffnet, und zwar auf allen Ebenen: ÖRK, EKD, verschiedene Gliedkirchen.

5. Was bedeutet: a) das Ausbleiben eines Sturms in der Presse nach dem 7. Dezember, nach Addis, nach dem 21. Februar, vor allem nach dem 9. September 1971 in Sofia? b) das de-facto-Ausbleiben einer überproportionalen Austrittswelle nach der Bestätigung und Erneuerung der Beschlüsse? c) das Ausebben der für Phase III charakteristischen Korrespondenz? Die Pluralismustoleranz für die Kirche ist auch in der Gesellschaft größer geworden, wie immer man das Phänomen bewertet.

6. Veränderungen im Image der Kirche, wenn auch wenig greifbar: Eppler: Kirchen verändern sich schneller als Parteien, sind in der Gesellschaft ein vorwärtsdrängendes Element (Ev. Kommentare). Vogt: Jusos für pragmatische Zusammenarbeit mit den Kirchen. Koalitionsfähigkeit nach links erweitert – nach rechts?

7. Hild: »daß die Gemeinschaft Kirche in dieser unserer Zeit sich nicht darin darstellen kann, daß wir einhellige Positionen haben, sondern daß wir wissen, daß wir auch in ganz wesentlichen Fragen in der von uns jeweils frei zu tragenden Verantwortung zu verschiedenen Einsichten kommen können und sie gemeinsam tragen müssen...« (Schlußwort 24. Okt. 1970, man vgl. auch die ausführlicheren Bemerkungen zu diesem Problem im Bericht des Kirchenpräsidenten, Verhandlungsprotokoll, 47.) Später im Streit wird von ihm und anderen dann noch klarer gesagt, daß sich die Einheit der Kirche gerade im *Lernprozeß* der Kontrahenten realisiere und darstelle. Das nähert sich einem Einheitsbegriff, der auch in der Ökumene immer stärker in den Vordergrund tritt: die Einheit der Kirche als konziliarer Prozeß. Der Konsensus der Kirche als ein offener, nur in immer neuer

Re-Rezeption vergangener Konsensusbildungen sich vollziehender Prozeß der Konsensus*bildung*. Das ist ein Einheitsbegriff, der Einheit und Pluralität, Einheit und Diversität zusammenzuspannen versucht (vgl. Löwen 1971, Ausschuß IV).

Eine ähnliche Dynamisierung ist auch für andere zentrale Begriffe der christlichen Lehrtradition zu beobachten: etwa zum Versöhnungsbegriff, und vor allem zum Gewissensbegriff, dessen mangelnde Eindeutigkeit und Tragfähigkeit angesichts gesicherter Einsichten in den Prozeß und die Bedingungen der Gewissensbildung sich im Anti-Rassismus-Streit besonders klar erweisen (s. u.). Auch wenn darüber keinerlei Einhelligkeit besteht, bleibt derlei von hoher Relevanz: Konflikt und Konsensusbildung gehören in der Dogmengeschichte von Anfang an zusammen.

8. In der Hitze des Streits unterlaufen außerordentlich wichtige Veränderungen im Problembewußtsein. Beispiel VELKD-Generalsynode Eutin. Die Formulierung »dem einzelnen Christen kann Gewaltgebrauch geboten sein, der Kirche nicht« hat ihre Intention zweifellos im zweiten Teil des Satzes. Aber im Kontext unterläuft die Feststellung eines Widerstandsrechtes, ja eines Widerstandsgebotes – unter bestimmten Bedingungen – für den einzelnen Christen, und der Wortlaut »das Recht des Nächsten notfalls auch mit Gewalt zu verteidigen, wenn es in politischer, wirtschaftlicher und sozialer Unterdrückung ständig mißachtet wird« schließt eine Auslegung im Sinne eines religiös begründbaren Revolutionsrechtes, ja einer so begründeten Revolutionspflicht im konkreten Fall nicht aus. Das ist für sich schon höchst bemerkenswert. Aber der Satz »die Kirche nicht« wird in der Kompromißbildung von Addis Abeba etc. dann auch noch einmal relativiert, sofern der Grundsatz des totalen Sich-Heraushaltens der Kirche im revolutionären Konflikt zumindest ökumenisch dem Tolerieren von Optionen weicht, – ganz zu schweigen von der Frage, wie der einzelne Christ eigentlich zu der Einsicht vom »gebotenen Widerstand« kommt, wie er ihn prüft etc.: durch das »innere Licht«? Hier werden, wie an manchen anderen Stellen neue Gedanken, wenn nicht gedacht, so doch zugelassen.

9. Zu vermerken ist schließlich die Wahrscheinlichkeit eines negativen Schlusses. Würde die EKHN einen Beschluß wie den vom 24. Oktober unter ähnlichen Bedingungen noch einmal fassen? Die Antwort lautet vermutlich: nein. Denn auch in dieser Hinsicht hat der Konflikt eine Verschiebung des Problembewußtseins erbracht: Die Einsicht ist wohl gewachsen, daß ein »Lernprozeß« kirchlicher Mehrheiten anders organisiert werden muß als durch den Zufall und die Medien. Mit anderen Worten: gewachsen ist die Einsicht in die Notwendigkeit von sozialdidaktischen Strategien, überhaupt in die Notwendigkeit längerfristiger Strategiebildungen.

10. Bleibt eine letzte Frage: ist die volkskirchliche Mitgliedschaft und die westdeutsche Bevölkerung nun überzeugt oder wenigstens überzeugter als vor dem 24. Oktober, daß »Rassismus Sünde« sei und als Sünde bekämpft werden müsse, – wenn auch vielleicht ohne Gewalt? Die Frage muß offenbleiben. Die Vermutung des Verf. angesichts des Verhaltens gegen Minderheiten lautet: nein. Was aber würde das für die Beurteilung des Streites besagen?

4. Artikulationen des Konflikts (zu Schaubild II)

4.1 Das auffälligste Merkmal des Streitverlaufs ist die Problemverschiebung von »Rassismus« auf »Gewalt«, auf die vielfach aufmerksam gemacht worden ist. Zwar ist das Gewaltproblem in der ökumenischen Vorgeschichte des Streits nie so marginal gewesen, wie nachher aus taktischen Gründen behauptet wurde, aber der Focus von PCR ist zweifellos keineswegs ein offenes oder verdecktes, bewußtes oder unbewußtes »Ja zur Gewalt«, auch nicht ein »Ja zu den Organisationen, die Gewalt nicht ausschließen«, *weil* sie sie nicht ausschließen. Im Gegenteil: dieses Ja ist in der Rezeption von Notting Hill durch Canterbury ausdrücklich verweigert worden.

Vielmehr handelt es sich um einen Akt der Solidarisierung *sogar* mit solchen Organisationen, die Gewalt nicht ausschließen, *obwohl* sie sie nicht ausschließen, und zwar aus dem einen einzigen Grund, weil sie den Rassismus und seine Gründe bekämpfen und die Opfer des Rassismus unterstützen, konszientisieren und organisieren. Thema des PCR ist die Bekämpfung des Rassismus als eines globalen Systems von unterdrückenden Strukturen, Institutionen und Mentalitäten, sofern dieses System nachweislich extrem friedensgefährdend, Rassisten und Opfer des Rassismus entfremdend und entmenschlichend ist und weil es vom Standpunkt des christlichen Glaubens aus gesehen als eine Verleugnung der Christusverheißung unstreitig unter dem Nein Gottes steht, nicht einfach »Sünde« ist, sondern Verdunklung und Verkehrung des Evangeliums. Seine Dringlichkeit hat das PCR aus der Einsicht, daß die Kirchen – und zwar alle Kirchen in irgendeiner Weise – selbst Teil dieses globalen Systems sind und den Trägern und Interessenten dieses Systems Legitimationen geliefert haben und weiter liefern. Zwar wird dies nur selten – wie etwa in Notting Hill – so scharf ausgesprochen, aber: Rassismus wird bekämpft als ein Stück Wirkungsgeschichte eines christlich legitimierten Imperialismus und eines durch das Kartell mit dem Imperialismus deformierten Christentums.

4.2 Im deutschen Antirassismus-Streit wird von diesen eigentlichen Intentionen und Zusammenhängen des PCR, selbst von vielen Befürwortern, merkwürdig abstrakt und obenhin und meist nur in der Form von einleitenden Bekenntnissen gesprochen: Selbstverständlich sind wir alle ganz und gar gegen den Rassismus. Als wäre der Kampf gegen den Rassismus, ja auch nur die Freiheit von Rassismus im Sinne der Definition der UN, Uppsalas und Notting Hills irgendwo auf der Welt und in irgendeinem Exemplar der von jeher in Pseudospezies (Erikson) organisierten Gattung Mensch eine Selbst-Verständlichkeit.

Statt »Rassismus« wird in Deutschland »Gewalt« diskutiert, unter dem Stichwort »Rassismus«, – ein Vorgang, den man in freier Anwendung eines sozialpsychologischen Terminus »Verschiebung« nennen kann. Verschiebungen haben einen Sinn. Sie sind analysierbar.

4.3 Als einfachste Vermutung kann man formulieren: zur Verschiebung vom Rassismusproblem auf das Gewaltproblem kommt es, weil das Gewaltproblem »dran« war und hinreichend nahe am Rassismus-Problem lag, um unterschoben werden zu können, ohne daß ständig jemand »zum Thema« rief.

Zu dieser einfachsten Vermutung gehört als Kehrseite, daß Rassismus stricte dictu dann offenbar »nicht dran« oder jedenfalls nicht diskutierbar war. Das führt zu einer unsicheren, aber sehr plausiblen und zu einer sicheren und offenkundigen Schlußfolgerung:

a) einerseits kann man annehmen, daß die Unfähigkeit, den Rassismus als solchen und im Sinne des PCR zu diskutieren und zu bekämpfen, mit der »Unfähigkeit zu trauern« zu tun hat, mit der Unwilligkeit, die deutsche Vergangenheit in dieser Sache wiederum zu diskutieren:

b) andererseits: was immer das Unbehagen am Rassismusthema für einen Grund gehabt haben mag, es reichte aus, einen Konflikt an dieser Stelle auszuschließen: Das Thema »Rassismus« war nicht konfliktfähig. Das Thema »Gewalt« dagegen war in hohem Maße konfliktfähig und konfliktträchtig, es stand an zum Konflikt.

Ein Konflikt aber wurde gebraucht! Diese Feststellung verliert ihre Absurdität, wenn man den Zusammenhang von Konflikt und Konsensus bedenkt. Ein strittiger Konsensus ist unerträglich, jedenfalls auf die Dauer, wenn eine »Gruppe« nicht auseinanderlaufen soll. Er macht Konflikte notwendig, in denen die Gruppe ihre fundamentale Gemeinsamkeit, worin immer sie liegen mag, erneut testen und feststellen – oder aber eben eine »Zerreißprobe« mit allen Konsequenzen inszenieren kann.

Und der Konsensus, auf dem die Volkskirche als Kirche einer pluralistischen Gesellschaft beruht (nicht der Konsensus der Lehre, sondern der Konsensus oder doch mindestens die Vereinbarkeit der Erwartungen, religiösen Bedürfnisse, Identifizierungen, Frömmigkeitstypen der volkskirchlichen Mitgliedschaft), *ist* in hohem Maße strittig. Das ist offenbar eines der entscheidenden Probleme der Volkskirche, ein Problem, das diesem Typ der religiösen Institutionalisierung eigen ist – das Material des Antirassismus-Streits weist ganz eindeutig in diese Richtung.

4.4 Das Gewaltthema war konfliktfähig und »dran«, weil es ein sehr breites und komplexes Konfliktpotential in den notwendigen Streit einzubringen vermochte (»Überdetermination«). Wie breit dieses Potential war, sollen in der Zeichnung die acht um das PCR-Thema gruppierten Kästen anzeigen: »Leitmotive«, die im Streit selbst ständig anklingen, also nicht erschlossen werden müssen, sondern aus unzähligen Äußerungen direkt abgelesen werden können. Diese Leitmotive repräsentieren Konfliktstoff, der in der unmittelbaren Vergangenheit des westdeutschen Protestantismus und der westdeutschen Gesellschaft angesammelt wurde und zur Austragung drängte. Es ist dieser Konfliktstoff, der auf den Impuls aus Genf und Arnoldshain einwirkt, ihn gleichsam ablenkt, umfunktioniert und also jene charakteristische Verschiebung bewirkt, die eine Artikulation dieses Konfliktstoffs ermöglicht.

Was die Leitmotive anlangt, wird zwischen volkskirchlicher Mitgliedschaft und westdeutscher Gesellschaft nicht unterschieden. Das entspricht den numerischen Verhältnissen und dem Selbstverständnis der Volkskirche, das entspricht aber auch dem Selbstverständnis der Mitspieler im Konflikt, woher sie auch kommen (s. o.: fast alle Partner geben eine wie immer geartete Identifizierung mit der Volkskirche zu erkennen). Die Leitmotive werden kirchlich anders formuliert und verbunden als etwa in der Presse. Aber es sind nachweislich dieselben oder doch eng verwandte Motive. Das Motiv »Theologie der Revolution« zum Beispiel ist nicht nur ein hochbrisantes innerkirchliches Motiv, es interessiert die ganze Gesellschaft, denn die ganze Gesellschaft ist in irgendeiner Weise an der Kirche, ihrer Beanspruchbarkeit, ihrer Kalkulierbarkeit etc. interessiert, und »Theologie der Revolution« macht das gewohnte Bild von Kirche undeutlich.

Die aufgeführten Leitmotive repräsentieren sicher nicht das gesamte, am PCR-Problem aktualisierte Konfliktpotential, sondern nur einige wesentliche Faktoren, die die Diskussion ständig begleiten. Eine ganze Reihe von Konfliktelementen tauchen hier gar nicht auf, weil sie entweder seltener thematisiert werden oder erst später im Streit sich direkt artikulieren.

4.5 Daß das Gewaltthema anstand, wird erst voll plausibel, wenn man bemerkt, daß im Antirassismusstreit gar nicht Gewalt als solche diskutiert wird, sondern »Gewalt von unten« »revolutionäre Gewalt«.

Ein Vergleich mit der »Gewalt von oben«, der staatlichen Gewalt, der »legitimen« Gewalt (zur Zweideutigkeit dieses Begriffes in einer globalen vorrevolutionären Situation siehe oben), den die Verteidiger des Arnoldshainer und des EKHN-Beschlusses gelegentlich versuchen, vollends die Wertung »unterdrückende Gewalt« versus »befreiende Gewalt« wird von den Gegnern der Beschlüsse vehement abgewiesen (Kunst gegen Kratz: Verunglimpfung des Friedensdienstes der Bundeswehr!).

Diskutiert wird, wenn man alle Verwässerungen und Verundeutlichungen des Revolutionsbegriffes im Gefolge von Genf 1966 (Wendland: die Strategie der Entschärfung von Begriffen durch Übergeneralisierung ist auch im Antirassismus-Streit selbst eine allseits geübte Strategie!) abzieht, ganz schlicht das Thema *Revolution*, genauer das von der Presse angespielte Thema *Kirche und Revolution*.

Dabei ist deutlich, daß sich dieses Thema nur partiell an den Verhältnissen im südlichen Afrika und der ökumenischen Verantwortung in diesen Verhältnissen artikuliert, vielmehr werden aktuelle interne Probleme der westdeutschen Gesellschaft und der Kirche im Streit immer mitdiskutiert. Es geht um »Kirche und Revolution« in der ganzen Welt *und* hierzulande, hierzulande *und* in der ganzen Welt. Das verursacht die Schärfe des Streits. (Merke: gerade während des Streites, vor allem in seiner vierten und fünften Phase – um Addis Abeba – nehmen die Nachrichten, die die Richtigkeit der Analyse der südafrikanischen Verhältnisse, die PCR begründet, ständig zu: Verhaftungen und Ausweisungen von Pfarrern, Kriegsverbrechen, die Unzuverlässigkeit der Informationen aus dem offiziellen Südafrika und aus der Wirtschaft hinsichtlich Cabora Bassa, Namibia-Projekt etc. Mit dem Antirassismus-Streit in der EKD werden diese Dinge immer weniger verbunden. Südafrika war von Anfang an nur ein Ausgangspunkt, ein aktueller Anlaß.)

4.6 Von daher wird einsichtiger, wie sich die Leitmotive am Arnoldshainer Impuls artikulieren und zum Streit über Gewalt gruppieren. Es genügt an dieser Stelle eine flüchtige Skizze der Konfliktstoffe und -zusammenhänge, die sich hinter den Leitmotiven verbergen: Auf Belege wird im Hinblick auf die Vertrautheit der Diskussionspartner weitgehend verzichtet. Sie sind zahlreich.

a) *»Die deutsche Katastrophe«* – kirchlich: die deutsche Schuld. Die Erklärungen von Stuttgart und Darmstadt: Wir sind in die Irre gegangen... Stichwort »Unbewältigte Vergangenheit« ... dieses Leitmotiv repräsentiert einen ebenso radikalen wie langfristigen Versuch kirchlicher Umkehr und kirchlichen Umdenkens sowie eine Art homiletisch-seelsorgerlichen Generalangriff auf das öffentliche Bewußtsein in der BRD und – sein Scheitern.

»In diese Auseinandersetzung sind wir nun gestellt als Christen, die in diesem Lande ... eine verhängnisvolle Geschichte mit der Gewalt haben. Für viele von uns war aus diesem Grunde das Jahr 1945 der Beginn des Umdenkens, der Beginn einer konsequenten Absage an militärische Gewalt« (Spengler, 24. 10. 70).

b) *Demokratie, Revolution, Anarchie:* Studentenunruhen, ihre Folgen in Deutschland und ihr Kontext einer globalen vorrevolutionären Situation (Lateinamerika, Vietnam, Naher Osten, Afrika) aktualisieren uralte (Bauernkrieg) und relativ neue Traumen (Weimarer Republik, Faschismus als staatgewordene Gewalttätigkeit, als Ordnung gewordene Anarchie), verunsichern die nach wie vor relativ schwache Identifikation mit der Demokratie und ihren Voraussetzungen (Volkssouveränität, Gleichheit, Menschenrechte) und beleben ein herkömmliches law-and-order-Denken in neuer Gestalt.

»In einer Zeit, in der eiskalte Anarchie von einem Kontinent auf den anderen überschwappt, sind prorevolutionäre Gesten, wie die der Synode von Frankfurt, von einer gefährlichen Problematik... Südamerikanische Tupamaros ermorden unschuldige Geiseln, darunter einen deutschen Botschafter; Araber terrorisieren die internationale Luftfahrt; Kanada lebt nach dem Geiselmord von Separatisten im Notstand. Zu Gewalt und Verbrechen entschlossene Minderheiten erpressen Staaten und blasen das Feuer der Anarchie an...« (Hermann Dexheimer, 28. 10. 70).

c) *Antikommunismus als Konstante* des politischen Bewußtseins in Deutschland seit 100 Jahren – erneuert durch die Teilung Deutschlands, verunsichert durch Dialektische Theologie, Weg der Kirchen in der DDR, CFK und Prager Frühling, ökumenischen Pluralismus, kirchliche Kapitalismuskritik, aber in jeder Krise wieder durchschlagend, weil das Feindbild für die innerseelische und gesellschaftliche Organisation unentbehrlich ist. Und weil der Feind derselbe bleibt, bleibt auch eine tiefsitzende strukturelle Identität der Reaktionsweisen auf den Feind, die Kaiserreich, Weimar, Drittes Reich und die Nachkriegszeit miteinander verbindet.

»Wie weit sind denn diese Organisationen unter Umständen nicht kommunistisch unterwandert? Darüber haben wir keine Auskunft, was wir hören, wir hören die Worte wohl, allein mir fehlt der Glaube oft!« (Verhandlungsprotokoll, 75).

d) *Theologie der Revolution:* Schlechte Erfahrungen mit den traditionellen Kartellen von Kirche und Gesellschaft erzeugen die Angst vor neuen Identifizierungen ähnlicher oder spiegelbildlicher Art, vor neuen Bindestrich-Theologien und -strategien. Dabei schlägt der pejorative Sinn, den das Stichwort Revolution in der deutschen Geschichte durchgängig hat, verstärkend zu Buche, ebenso wie die Angst vor Überfremdung durch »reformierte« Vermischung der Regimente und vor »Soziologisierung, Psychologisierung, Politisierung« der Theologie, vor Ausverkauf der Theologie an Humanwissenschaften und innerweltliche Programme (d. h. auf theoretischer und praktischer Ebene). »Das Schlimme ist, daß hier politische Naivität, historische Schuldkomplexe und theologische Revolutionssehnsucht auf ökumenischer Seite eine Verbindung eingegangen sind, die den Kern biblischen Glaubensinhalts zunehmend beeinträchtigt« (Bernt Conrad, die Welt, 16. 10. 70).

e) *Die verunsicherte Volkskirche:* Rückgang des Gottesdienstbesuchs – Vermehrung der Kirchenaustritte – Zerfall der volkskirchlichen Frömmigkeit – Auszehrung der Kerngemeinde – unbefriedigende Ergebnisse der ersten Phase der Kirchenreformbemühungen – wachsende Kritik der Medien an der Kirche – Einengung der Handlungsfreiheit im traditionellen Bereich kirchlicher Präsenz in der Gesellschaft (Bildungswesen, Gesundheitswesen) – das alles auf dem Hintergrund einer kirchlichen »Hochkonjunktur« in der Ära Adenauer nicht als Übergang, sondern als Rückgang, nicht als Umstrukturierung, sondern als drohender Bankrott erlebt: Identitäts- und Rollenkonfusion der Volkskirche, die sie bereitmacht, Signale aus der Mitgliedschaft überzubewerten: darum Bereitschaft zur Problemverschiebung.

f) *Neuerung der EKD:* Die Gründung des Bundes der ev. Kirchen in der DDR, die zunehmende Komplexität kirchlicher Arbeit in der Gesellschaft, die Zentralisierung nahelegt, und die zunehmende Bedeutung ökumenischer Kooperation nötigen zur Wiederaufnahme der im Kirchenkampf und wegen des Kirchenkampfes abgebrochenen Versuche zur institutionellen Einigung des deutschen Protestantismus. »Störungen von außen« gefährden scheinbar den Einigungsprozeß, weil sie das Kräfteverhältnis verschieben und alte Konflikte neu beleben. Aber der Schein trügt, denn gerade dieser Einigungsversuch nötigt zum Konfliktaustrag, hier interessanterweise an einem sozialethischen Thema, das es gleichwohl erlaubt, die alte konfessionelle Auseinandersetzung lutherischer und reformierter Kirchenverständnisse wiederaufzunehmen.

Beleg: Reaktionen von Wölber, Lutherischem Kirchenamt, Dietzfelbinger, Rat auf Arnoldshainer Beschluß.

g) *Säkularisation und Pluralismus:* Die Ambivalenz des Säkularisationsphänomens – der Pluralismus der Glaubensüberlieferung – der theologische Pluralismus – der ökumenische Pluralismus – der Gesinnungspluralismus in der Gesellschaft – der Pluralismus der kirchenpolitischen Positionen, – das alles signalisiert die Strittigkeit des volkskirchlichen Konsensus und provoziert die Frage nach der Einheit und den Fundamenten: »Es wackelt alles«. Ein Problem wie das Gewaltproblem eignet sich gut, um eine »Bis-hierher-und-nicht-weiter«-Situation zu inszenieren.

h) *Die Nachkriegsgeschichte des deutschen Protestantismus* mit ihren großen Auseinandersetzungen um Wiederbewaffnung, atomare Rüstung, Militärseelsorge, Ostpolitik und »moderne Theologie« haben eine neue innerkirchliche Frontstellung von gesellschaftlicher Relevanz geschaffen, bzw. sichtbar gemacht, für die es im Grunde noch keine Kategorien und erst recht keine Konfliktregelungen gibt: »konservativ« – »progressiv«, »status-quo- orientiert« und »veränderungsorientiert«; »bestandswahrend« und »reformerisch«; die Frömmigkeit der »Realisten« und die Frömmigkeit der »Utopisten« konfrontieren einander in jedem neuen Konflikt. Es geht um zwei Weisen der Weltwahrnehmung, die sich in der ursprünglichen Spannung priesterlicher und prophetischer Tradition legitimieren und eben deshalb gegenseitig nicht ausschließen können. Dazu interferiert diese neue Konfrontation mit alten: z. B. mit dem Generationskonflikt und dem Klerus-Laien-Konflikt. Aufgeworfen ist wieder das Problem der kirchlichen Einheit angesichts dieser neuen Konfliktfront, überhaupt angesichts der Pluralisierung und Polarisierung von unbestreitbar legitimen Elementen christlicher Frömmigkeit und Kirchenbildung. Solange dieses Problem nicht gelöst ist, solange kirchliche Einheit in der Pluralität nicht definiert ist, sind Konflikte, in denen diese Definition gewonnen werden kann, unvermeidlich.

Merke: Die Leitmotive sind eigentümlich austauschbar. Mit der

»deutschen Katastrophe« können sowohl Befürworter wie Gegner des Arnoldshainer Beschlusses argumentieren. Das gleiche gilt für die anderen Leitmotive. Gegner verweisen auf die kommunistische Unterwanderung der Befreiungsbewegungen, Befürworter sagen, es gelte, den Befreiungsbewegungen eine Alternative zu Mao zu geben etc. Das Konfliktpotential als solches ist allen Konfliktpartnern gemeinsam und zwingt sie zur Verarbeitung.

4.7 Entsprechend dem begrenzten Demonstrationscharakter dieses Versuchs wird nur diese Ausgangslage des Streits mit der ersten Problemverschiebung so ausführlich erläutert. Für den weiteren Verlauf müssen kurze Andeutungen genügen.

4.8 Die eigentliche Diskussion des nun aufgeworfenen Gewaltproblems, die bis Addis Abeba läuft und langsam ausebbt, steht unter dem ständigen Druck von »Signalen von außen«: Medien, Korrespondenz, Vertreter von Parteien, Impulse von jenseits der Grenzen (Vorster, FRELIMO, Stab in Genf etc.). Die Außenkolumnen des mittleren Abschnitts geben einige wenige Beispiele solcher Signale, die von »rechts« und von »links« mit gleicher Vehemenz kommen. Sie sind ganz unterschiedlich, haben jedoch einen heimlichen gemeinsamen Nenner: sie signalisieren den Kontrahenten im Streit die Unterschiedlichkeit und augenscheinliche Unvereinbarkeit der Erwartungen, die an die Kirche gerichtet, der Identifizierungen, die der Kirche entgegengebracht, der religiösen und moralischen Bedürfnisse, die an die Kirche herangetragen werden. Notgemeinschaft Evangelischer Deutscher, CDU-Arbeitskreis, Cabora-Bassa-Konsortium versuchen die Kirche ebenso zu beanspruchen und auf ihre Bedürfnislage festzulegen wie, auf der äußersten Linken, etwa die ASTA und Studentenschaften in Hessen mit ihrem höchst ungewöhnlichen Brief, der ja besagt: eigentlich seid ihr hoffnungslos und uninteressant, aber wir vermerken als ein Zeichen der Hoffnung, daß ihr wenigstens soweit veränderungsfähig seid, daß es sich lohnt, euch eure Hoffnungslosigkeit um die Ohren zu schlagen.

Zusammengenommen bedeuten diese Signale eine Intensivierung dessen, was oben als »Rollen- und Identitätskonfusion der Volkskirche« bezeichnet wurde. Das wirkt sich so aus, daß innerhalb der

Gewaltdiskussion nun vornehmlich Themen diskutiert werden, die es mit der Beseitigung dieser Konfusion zu tun haben. Auch in der Diskussion wird das vermerkt. Ein Synodaler sagt: es geht um die Opfer des Rassismus, aber alles, was wir diskutieren ist: »Unser Gewissen, unsere Sorgen, unsere Gemeinden, unsere in unserm Land« (Stöhr, 7. Dez. 70, Verhandlungsprotokoll, 373). In der Tat, die Unterthemen des Gewaltthemas haben es fast alle mit der Selbstverständigung der Volkskirche und ihrer Instanzen zu tun: es erübrigt sich, das im einzelnen darzutun. Die neun unter der Überschrift »In diesem Problemzusammenhang diskutierte Themen« im Schaubild aufgeführten Problemkomplexe sind sämtlich in dieser Weise ekklesiozentrisch, obwohl sie wiederum alle zugleich einen gesamtgesellschaftlichen, einen innenpolitischen, einen ökumenischen und sogar einen weltpolitischen Zusammenhang haben. Die Umwelt fragt die Kirche und die Kirche fragt sich selbst und die Instanzen der Kirche fragen einander: wer seid ihr? Wie versteht ihr euch? Was für ein Mandat habt ihr? Kann man auf euch zählen und wie kann man auf euch zählen?

4.9 Zu konstatieren ist also im Verlauf des Streits auf EKD- und EKHN-Ebene im Grunde eine weitere Problemverschiebung, nur daß sie weithin latent bleibt. Diskutiert wird unter dem Impuls des PCR und unter der Themenstellung »Gewalt und Gewaltlosigkeit – Versöhnungsauftrag der Kirche« letztlich immer auch, vielleicht sogar vornehmlich: *Welches Mandat hat die Volkskirche im Pluralismus? Was heißt heute: Einheit der Kirche?*

Damit soll nicht gesagt sein, daß das durch die erste Problemverschiebung gewonnene Streitthema letztlich nur ein Vorwand wäre. Die Diskussion um Kirchenmitgliedschaft und Kirchensteuer kommt ja nicht von ungefähr, sondern entzündet sich am 100000,– DM-Beschluß. Das darf aber nicht darüber hinwegtäuschen, daß sie einen selbständigen Stellenwert hat als Frage nach der Zumutbarkeit von so weitreichenden Verschiebungen im kirchlichen Selbstverständnis für die volkskirchliche Mitgliedschaft, als Frage nach dem Mandat kirchenleitender Gremien und nach der Mitbestimmung der Basis in der Kirche etc.

Eine sorgfältige Inhaltsanalyse der synodalen Debatten und der

Korrespondenz müßte die Beziehungen zwischen Thema und Unterthemen noch sehr viel genauer klären. Der Eindruck einer zweiten Problemverschiebung, der sich bei Durchsicht des Materials unabweislich einstellt, dürfte dadurch aber nicht korrigiert, sondern bestätigt werden. So seltsam ist ja diese zweite Problemverschiebung auch gar nicht. Schon in der ökumenischen Vorgeschichte diskutiert der Ökumenische Rat mit dem Rassismus immer zugleich sich selbst, die in ihm institutionalisierten Widersprüche, seine Glaubwürdigkeit, seine Handlungsfähigkeit, seine Rolle gegenüber den Mitgliedskirchen etc. Die »Institution im Übergang« kann den Übergang nicht diskutieren, ohne sich selbst zu diskutieren, und sich selbst nicht, ohne den Übergang zu diskutieren.

4.10 Zieht man die Summe des Streits auf der argumentativen Ebene, so ergibt sich eine stattliche Liste von Auswirkungen und Ergebnissen des Konflikts (siehe Anhang zum Schaubild) – Diese Liste ist wie fast alles in diesem Papier ein Resultat »informierter Willkür« (Dahrendorf). Hier freilich herrscht die Willkür so vor, daß man ausdrücklich sagen muß: man braucht zwar die Streitergebnisse, um die Streitursachen und den Streitverlauf wirklich abschätzen zu können. Ob aber bei genauerer Prüfung wirklich die hier behaupteten Ergebnisse (abgesehen von den Kompromißbildungen, die ja nachweisbar sind) herauskommen und nicht deutlich andere, muß vorerst als offen gelten. Es ist auch aus dem vorliegenden Material selbst bei sorgfältigerer Auswertung allein nicht zu beantworten, müßte vielmehr Gegenstand zusätzlicher Untersuchungen und Erhebungen sein.

5. Positionen, Interessen, Strategien

NB: Die Analysen der restlichen, hier aufgeführten Abschnitte sind noch nicht einmal bis auf den Stand der Punkte 1–4 vorangetrieben. Sie sind im Grunde vorerst nur geplant. Dieser Aufriß beschränkt sich darum von hier ab auf Stichwortangaben.

5.1 Die Analysen dieses Abschnitts betreffen die Debatten in den kirchenleitenden Gremien, vor allem in der Synode der EKHN. In ihnen geraten *Standpunkte* miteinander in Konflikt, aber auch in den Austausch, Standpunkte, in denen theologische, frömmigkeitliche, kirchenpolitische, moralische und »weltanschauliche« Elemente sich durchdringen. Hinter diesen Standpunkten werden *Interessen* sichtbar: der Ausdruck ist ohne Qualifizierung oder Disqualifizierung gebraucht. Ein Gemeindepfarrer, der an der oben (3.7) beschriebenen Rollenkonfusion leidet, vertritt ein bestimmtes Interesse, das Interesse seines Standes und seiner Funktion, das Interesse seiner Gemeinde, besonders jener Gruppen in der Gemeinde, mit denen er identifiziert ist, das Interesse der »Basis« allgemein. Er wäre ein schlechter Pfarrer, wenn er *nicht* dieses Interesse verträte. Schließlich: die Debatte läuft über mehrere Wochen, sie verläuft als Aktion, Reaktion und Re- Reaktion, sie entwickelt sich, schreitet fort, findet vorläufige Abschlüsse in den Abstimmungen. Dabei werden mit Notwendigkeit bestimmte *Strategien* sichtbar. Das Wort Strategie wird dabei relativ unspezifisch gebraucht, nicht in dem Sinn, als hätten in jedem Fall einzelne oder Gruppen bestimmte langfristige Ziele ins Auge gefaßt und klare taktische Folgerungen daraus gezogen; sondern in dem Sinn, daß sich aus mehrfachen Äußerungen derselben Position eine gewisse Folgerichtigkeit ablesen läßt, nicht notwendig ein Plan, aber eine sich durchhaltende und durchsetzende Tendenz.

5.2 Am deutlichsten ist das bei den großen Körperschaften, deren Konfliktbeziehungen über mehrere Monate sichtbar bleiben. So gibt es: a. eine Strategie des ÖRK, und sie ist eine Strategie im strikten Sinn des Wortes: ein bewußter Versuch, die Kirchen über den verbalen Konsensus hinaus in die Aktion zu treiben und dabei auch ein Eigeninteresse (Schließung des »credibility gap«, Verstärkung der Handlungsfähigkeit der Genfer Zentrale durch einen de-facto-Souveränitätsverzicht der Mitgliedskirchen) durchzusetzen; b. eine vermutlich ebenso klare und absichtsvolle Strategie der VELKD (wozu oben – 3.3 – schon einiges angedeutet wurde); c. eine wohl eher latente strategische Linie in der EKD, eine Schlichtungs- und Verzögerungsstrategie; d. eine klare Strategie der Kirchenleitung der EKHN, jedenfalls als der Synodalbeschluß einmal gefallen war: der Beschluß hatte nun einmal zum Konflikt geführt, dieser Konflikt war als Chance eines Lernprozesses optimal zu nutzen.

5.3 Solche Strategiebildungen für die einzelnen Synodalen und Gruppen in der EKHN-Synode nachzuweisen dürfte sehr viel schwerer halten. Aber es gibt eine Möglichkeit, der Dynamik in der Synode näher auf die Spur zu kommen: im Verlauf der Debatte tauchen eine ganze Reihe von Alternativen zum 100 000,– DM-Beschluß auf, werden zum Teil auch zur Abstimmung gebracht. Sehr oft sind solche Alternativen schon bei der Einbringung mit strategischen Erwägungen verknüpft: z. B. freiwillige Spenden sind für die volkskirchliche Mitgliedschaft zumutbarer.

5.4 Zur Strategien-Analyse gehören auch die Absichten, die in der Korrespondenz (Austrittsdrohung oder Austrittsvollzug, höchst interessante Vorschläge hinsichtlich der Lösung des Kirchensteuerproblems, auf die die EKHN zum Teil sogar eingeht), in den Aktionen der kirchenleitenden Gremien in der Basis (Dekanatssynoden, Kirchenvorstände, Pfarrkonvente) und den »freien Gruppen« (Leudesdorf), in den planvollen Aktionen bestimmter Zeitungen (z. B. die Gruppe der Darmstädter, Wiesbadener und Mainzer Zeitungen) und bei den Sendern der »Signale von außen« deutlich werden.

5.5 Gelegentlich werden fast unverhüllt Absichten sichtbar, die mit dem Thema des Streites fast nichts zu tun haben, sondern nur als Anlaß des Themas zum Ausdruck kommen. Als Beispiel das Votum von Stählin – Mainz in der Debatte am 7. Dezember 1970, Verhandlungsprotokoll, 331 f, das so unverhüllt den Machtkampf an der Fakultät zum Thema hatte, daß es vom Synodalpräsidenten in einer nobel-humorigen Weise als »Detailinformation zum Thema Universitätsreform« gerügt wurde. Solche »Ausrutscher« gibt es weit mehr, als man zunächst vermutet. Für die Einschätzung des Konfliktpotentials sind sie nicht unwichtig.

5.6 Schließlich wäre in diesem Zusammenhang Gelegenheit und Anlaß zur Analyse des strategischen Werts von Argumenten in der Debatte. Beispiel: die Reden von van den Heuvel sind Meisterstükke strategischer Argumente. Oder Blakes Hinweis, er sei erstaunt, daß es in Deutschland plötzlich so viele Pazifisten gebe. Wo immer

Argumente in den Dienst von moralistischen Appellen oder Affektmobilisierungen treten, ist an sich Anlaß zur Frage: was will er *eigentlich?* Freilich ist diese Fragestellung schon so »differentialdiagnostisch«, daß sich ihre Anwendung im Regelfall verbietet, selbst wenn das Instrumentarium gegeben wäre.

5.7 Die Fragen, auf die solche Analysen hinzielen, sind:

a) Wie gehören Argumente und Positionen, Argumente und Interessen, Argumente und Strategien zusammen? Läßt sich über die eher desorientierenden Verallgemeinerungen (wie etwa »progressiv« und »reaktionär«) hinaus etwas über Standpunkte, ihre Zusammenhänge und Hintergründe ausmachen? Gibt es so etwas wie ein differenziertes Profil, etwa des »Fundamentalismus«, des »kirchlichen Radikalismus«, das nicht vorurteilshaft ist, sondern Auskunft gibt über die mit solchen Positionen verbundenen Bedürfnisse und Argumentationsweisen, nicht um Argumente wegzupsychologisieren, sondern um Polarisierungen an der falschen Stelle und im falschen Stil zu vermeiden?

b) Welche Strategien haben Erfolg und warum? Welche haben keinen Erfolg und warum nicht?

c) Welche berechtigten Interessen sind im Anti-Rassismus-Streit übergangen, verletzt, vernachlässigt worden und wie hätte das vermieden werden können?

d) Gibt es so etwas wie ein Spektrum »zulässiger«, d. h. für den konziliaren Prozeß tragbarer, ihn fördernder Positionen, Strategien und von in diesem Prozeß legitimen Interessen, und wo liegen die Grenzen, d. h. wo wird der konziliare Prozeß als solcher unmöglich gemacht (was dann in etwa ein im Zustand des Pluralismus operationalisierbarer Begriff von »Häresie« wäre)?

6. Verhaltensweisen, Einstellungen, Motivationen

6.1 Hier geht es vor allem um eine erneute Analyse der Korrespondenz, die mit dem Kirchenpräsidenten, seinem Stellvertreter, dem Synodalvorstand und anderen Stellen der EKHN und der EKD geführt worden ist, ergänzt durch Leserbriefe, vielleicht auch eine Auswahl von Briefen, die bei Pfarrämtern archiviert worden sind.

6.2 K. Kreibohm hat eine Analyse dieser Reaktionen unter sozialstatistischen und sozial-psychologischen Gesichtspunkten bereits versucht, die eine Fülle von Anregungen und klugen Beobachtungen enthält. Auf »Inhaltsanalyse« im strengen Sinn des Wortes ist freilich verzichtet, und so stammen die Kriterien, nach denen Kreibohm »Einstellungen« unterscheidet, beschreibt und analysiert, im Grunde nicht aus dem Material selbst.

6.3 Hier wäre neu anzusetzen. Dabei empfiehlt sich eine Befragung des Materials unter dem Gesichtspunkt des Frömmigkeitstyps und der Art und Intensität der Identifizierung mit Kirche und Christentum. Man käme so zu verschiedenen Formen von Überidentifizierung, Identifizierung und Distanzierung in ihren Begründungszusammenhängen; zu verschiedenen Erwartungen an die Kirche und Vorstellungen von dem, was Kirche leisten sollte; zu der Frage nach dem jeweiligen Stellenwert von Religion und Kirchenidentifizierung in der Einstellung und im Verhalten von Menschen, etwa im Sinne der Feststellung von G. W. Allport: »The influence (of religion) is important, but it works contradictory directions. The apologists for religion overlook its ethnocentric and self-exalting reference; its opponents see little else. Clarity of analysis demands a sharp distinction between the functional role of religion in a constricted and immature personality on the one hand and in a mature and productive life on the other. Some people seize upon the tribal investments of traditional religion for comfort and security; others take its universalistic teachings as an authentic guide to conduct« (The nature of prejudice, 1954). Für die Reichweite dieses Hinweises muß freilich in Rechnung gestellt werden, daß es diese Differenzierungen nicht nur im Hinblick auf Persönlichkeits- und Charakterstrukturen gibt, sondern auch im Hinblick auf viel breitere Phänomene wie Meinungen und Verhaltensweisen von ganzen Gruppen.

6.4 Eine Analyse offiziellerer Äußerungen im Antirassismus-Streit nach diesen Gesichtspunkten verbietet sich schon aus Gründen der Diskretion. Man wird aber, sofern es gelingt, ein Spektrum von religiösen Bedürfnislagen, von Identifizierungen mit der und Erwartungen an die Kirche in der gegenwärtigen Volkskirche zu ermitteln, das in mancher Hinsicht differenzierter wäre als die bekannten religionssoziologischen Erhebungen (wie Emnid, Was glauben die Deutschen, 1968), weil ja hier aus gegebenem Anlaß und im Rahmen einer Analyse auf mehreren Ebenen präziser gefragt werden könnte, auch für die Einschätzung der offizielleren Reaktionen einen zusätzlichen Gesichtspunkt gewinnen.

7. Ergebnisse und Auswirkungen des Streits

In diesem Abschnitt wäre zu bilanzieren; im Augenblick ist eine Bilanz über das hinaus, was etwa in 4 bereits gesagt ist, in diesem Entwurf nicht möglich und nicht sinnvoll.

3. Perspektiven kirchlicher Planung

1. Aufgabenstellung und bisherige Entwicklung der Planungsgruppe bei der Kirchenkanzlei der EKD

1.1 Ein Ratsprotokoll über die Errichtung der Planungsgruppe liegt nicht vor. Eine präzise Mandatsbestimmung ist also von daher nicht vorgegeben. Es wird gleichwohl ratsam sein, sich über die Meinungsbildung, die der Errichtung im Referentenkollegium, im Rat und an anderer Stelle möglicherweise vorausging, ein Bild zu machen.

1.2 Die Planungsgruppe ist aus einem Juristen, einem Theologen und einem Sozialwissenschaftler zusammengesetzt. Die juristische Kompetenz verweist auf eine bestimmte Intention des Mandatsgebers: es kommt auf eine enge Synchronisierbarkeit und Synchronisation der Arbeit der Gruppe mit den Bedürfnissen der Kanzlei als Verwaltungsinstanz, auf »Praxisnähe« in diesem Sinne an. Planungsarbeit ist als Entscheidungshilfe impliziert. Das ist auch für die theologische und erfahrungswissenschaftliche Komponente der Arbeit ein begrüßenswerter Ansatz.

1.2.1 Die ersten Jahre der Arbeit haben wichtige Arbeitsverbindungen und Arbeitsansätze erbracht: Mitarbeit an Projekten anderer Referate der Kanzlei und des Referentenkollegiums; Kenntnis der Problemlage in den Referaten; Teilhabe am Prozeß der Struktur- und Verfassungsreform der EKD; Kontakte mit den Landeskirchen und Werken; Aufbau einer Arbeitsgemeinschaft der Struktur- und Planungsreferenten der Landeskirchen. Die Planungsgruppe hat Arbeitskontakt mit Forschungsinstituten wie dem »Institut für Praktische Theologie« in Tübingen, dem Sozialwissenschaftlichen Forschungsinstitut, dem Institut für Christliche Gesellschaftswissenschaften in Münster etc. Sie ist finanziell, organisatorisch und inhaltlich maßgeblich beteiligt an der empirischen Erhebung über »Kirchenmitgliedschaft« und in Informationsverbindung mit mehreren anderen Erhebungen, die gegenwärtig laufen oder in Vorbereitung sind: »Gottesdienst« (VELKD), »Studienabbrecher« (Münster). Gelingt es, diese Erhebungen in ihren Ergebnissen zu korrelieren und praktisch-theologisch zu interpretieren, dann sollte sich insgesamt ein ziemlich aktuelles und genaues Bild über die gegenwärtige Situation der Volkskirche in der Gesellschaft und im Hinblick auf ihre Mitgliedschaft ergeben.

Wichtige Arbeitsverbindungen, Informationen, Kriterien und eine Perspektive für mögliche Prioritäten der Planungsarbeit sind mithin gewonnen.

1.2.2 Vor diesem Hintergrund ergab sich zunächst der folgende Aufgabenkatalog für die Planungsarbeit:

1.2.2.1 Sammlung, Sichtung und Auswertung des Materials aus Planungsvorgängen außerhalb der Kirche. Insbesondere werden staatliche und kommunale Planungen genannt. Sicherlich kommen auch entsprechende Vorgänge in der Wirtschaft und in den Verbänden der Gesellschaft in Betracht.

1.2.2.2 Sammlung, Sichtung und Auswertung des Materials aus kirchlichen Planungsvorgängen. Hier wird außerdem der ökumenische Kontext zu berücksichtigen sein. Außerdem wird man neben der Planungsarbeit von kirchlichen Werken, Verbänden, innovatorischen Gruppen auch das Phänomen der »latenten Planung« im kirchlichen Leben beachten müssen. Auch ohne »Planungsbewußtsein« und ein entsprechendes Instrumentarium wird heute überall in der Kirche kurzfristig, mittelfristig und langfristig projektiert.

1.2.2.3 Entwicklung eigener Ideen und Vorschläge, Alternativlösungen und Kontrastmodelle. – Hier ergeben sich Probleme der Kompetenzabgrenzung. Sicherlich werden für die Planungsgruppe zunächst die Themen und Probleme wichtig sein, die in Art. 12, in Art. 16a und 16b und in Art. 20 von EGO III, aber auch in anderen Elementen des Grundordnungsentwurfes* berührt sind. Als Mittelstelle zwischen den landeskirchlichen Planungsreferaten und anderen einschlägigen kirchlichen Instanzen wird sie aber u. U. auch über diese Themen hinaus interessiert sein müssen.

1.2.2.4 Konkrete Einzelaufgaben. Hier wird besonders auf Erhebungen verwiesen. Erhebungen sind freilich nur *eine* Kategorie von Planungsdaten und -materialien neben anderen, die in Frage kommen (s. u.).

* Der dritte Entwurf einer neuen Grundordnung der EKD, die auf der Basis des fünften Entwurfs im November 1974 von der Synode der EKD beschlossen wurde, aber nicht in Kraft getreten ist, lag seit November 1972 vor. Die angeführten Artikel betreffen den Katalog der Gemeinschaftsaufgaben der EKD (Art. 12), die Kompetenz zu Empfehlungen oder Aufstellung von Muster-Entwürfen für Arbeit und Ordnungen der Gliedkirchen und der gliedkirchlichen Werke, Verbände und Einrichtungen (Art. 16a), die Richtlinien (Art. 16b) sowie die Planungskompetenzen (Art. 20) (Anm. d. Hg.).

1.3 Bei seiner letzten Zusammenkunft formulierte der Kreis der landeskirchlichen Planungs- und Strukturreferenten seine Erwartungen an die Planungsgruppe. Über die Funktion als Informationspool und Mittelstelle zwischen den landeskirchlichen Planungsinstanzen hinaus, in der einige Referenten die Hauptaufgabe der Gruppe sehen, wurden eine ganze Reihe von Aufgaben genannt, für die eine selbständige Initiative der Planungsgruppe erwartet oder begrüßt wird. Zusammengefaßt handelt es sich um folgende Aufgabenbereiche:

1.3.1 Funktion und Struktur des Pfarramtes und anderer kirchlicher Ämter; Probleme der Kooperation unter den Funktionsträgern und ihrer Relation zur Mitgliedschaft; Berufsbildentwürfe und Perspektivpläne, offenkundig mit dem Ziel der Herausarbeitung kurzfristiger, mittelfristiger und langfristiger Personal-, Ausbildungs-, Fort- und Weiterbildungsstrategien.

1.3.2 Das Problemfeld Ortsgemeinde – Kirche im Nahbereich. Hier geht es insbesondere um die Sichtung und Auswertung von Modellversuchen der Kirchenreform, der missionarischen, diakonischen und sozialdiakonischen Innovation. Ziel: Reformen in der Aktivität der Kirche im Nahbereich nach Funktion und Struktur.

1.3.3 Das Problemfeld der verschiedenen Ebenen kirchlicher Handlungsfähigkeit, ihrer Ausdifferenzierung, ihrer Abgrenzung und ihrer funktionalen Zuordnung zueinander: Impulsgruppen an der Basis – Ortsgemeinden/Kirche im Nahbereich – Kirchenbezirk und Kirchenregion – landeskirchliche und gesamtkirchliche Ebene – ökumenische Ebene. In diesem Zusammenhang interessiert auch das Problem der Zuordnung funktionaler (nicht-territorialer) kirchlicher Arbeitsformen zu diesen Ebenen der Handlungsfähigkeit; das Problem einer kirchlichen Gebietsreform; und die Klärung kirchlicher Entscheidungsabläufe.

1.3.4 Das Problem einer zusammenhängenden Theorie kirchlichen Handelns, nicht nur im Blick auf ihre gegenwärtige Lage in der Gesellschaft, sondern auch mittelfristig und längerfristig im Zusammenhang mit Prognosen gesellschaftlicher Entwicklung (»Kirche im Jahr 2000«, Zukunfts-, Friedens- und Konfliktforschung). Derartige Theorien sind in hypothetischer Gestalt offenbar immer schon explizite oder implizite Voraussetzung jeder kirchlichen Planungsarbeit und also auch der Beschäftigung mit den in 1.2.2 und 1.3 genannten Themen. Theoriebildungen dieser Art falsifizieren oder verifizieren sich im Planungsbereich (a) an der Möglichkeit relevanter Planung, (b) an der Mitteilbarkeit der Pläne gegenüber Entscheidungsinstanzen und Mitgliedschaft, (c) an einer experimentellen Praxis aufgrund der Pläne, (d) an ihrer Anpassungs- und Entwicklungsfähigkeit aufgrund von Planungs- und Praxiserfahrungen.

1.4 So wichtig wie diese Felder möglicher Planungsarbeit, die erwähnt wurden, sind vermutlich die Felder, die *nicht* genannt wurden. Warum wurden sie nicht genannt, wäre jeweils zu fragen. Zu nennen wären etwa:

1.4.1 Der Problembereich der »Kirche als Bildungsprozeß« (genannt wurden nur: Listen der Ausbildungsstätten und Ausbildungsmöglichkeiten), der organisierten sowohl als auch der funktionalen Lernprozesse im kirchlichen Handeln, ihres Zusammenhangs und ihrer inneren Widersprüchlichkeit, der theologischen, pädagogischen, organisatorischen und gesamtgesellschaftlichen Probleme, die damit verknüpft sind. Sozialisation und Bildungsbereich sind heute sicherlich eines der entscheidenden Felder der Verschränkung, des Konflikts und der notwendigen Synchronisation kirchlicher und gesamtgesellschaftlicher Interessen und Maßnahmen, vielleicht das wichtigste Feld kirchlicher Präsenz im Leben der Gesamtgesellschaft, eben darum auch ein besonders wichtiges Problem kirchlicher Selbstinterpretation und Selbstüberprüfung.

Bildung ist für Planung aber auch noch in einem anderen, spezifischeren Sinne bedeutsam. Denn Planung ist selbst immer schon Ausdruck der Einsicht in die Notwendigkeit kirchlicher Innovation. Innovation aber setzt eine für Neuerungen bereite kirchliche und gesamtgesellschaftliche Öffentlichkeit voraus. In diesem Sinne konstituiert Planung – jedenfalls wenn sie relevant und auf Realisierung aus sein will – selbst ein Bildungsproblem und eine Bildungsaufgabe ersten Ranges (s. u.).

1.4.2 Die gesamte »funktionale« Arbeit der Kirche, die in der Liste der »Gemeinschaftsaufgaben« eine so große Rolle spielt: Diakonie und Seelsorge (Beratung), Entwicklungsdienst, Mission, Ökumene, etc. Natürlich muß man davon ausgehen, daß diese Arbeitsfelder, entsprechend ihrer eigenständigen Organisationsweise, ihre eigene Planungsarbeit machen. Aber es entsteht doch dann erst recht die Frage der Zuordnung dieser Planungen zu den Planungen in den Kirchenverwaltungen.

1.4.3 Das Problemfeld »Theologie und Kirche«: die theologische Forschung in ihrer Bedeutung für die Kirche; der Theologiegebrauch in den kirchlichen Meinungsbildungs- und Entscheidungsprozessen; der Transfer zwischen akademischer Theologie und Kirchenleitung, Theologie und Gemeinde; der Regelkreis zwischen kirchlicher Praxis und theologischer Theorie unter den Bedingungen der Pluralisierung der Quellen und ihrer theologischen Bearbeitung; universitäre und vor allem postuniversitäre Ausbildung (Fort- und Weiterbildung) kirchlicher Funktionsträger.

1.4.4 Mitbestimmung, Partizipation und Demokratisierung in der Kirche – Chancen, Grenzen, Verfahren: Dabei ist das entscheidende Problem nicht so sehr die Partizipation des einzelnen, so schwierig es ist, sondern vor allem die Partizipation von innovatorischen Gruppen und anderen Minderheiten in den kirchlichen Meinungsbildungs- und Entscheidungsprozessen auf allen Ebenen. Da sie keinen ekklesialen Status und keine ekklesiologische Legitimation haben, ist ihre Mitwirkung zufällig und willkürlich, je abhängig von individuellen Durchsetzungsfähigkeiten, und die Kontrollmöglichkeiten sind gering.

1.4.5 Das Problemfeld der Beziehungen zwischen Kirche und

Staat, Kirche und gesellschaftlichen Verbänden, Kirche und Medien: Bedingungen und Möglichkeiten, Organisationsformen und Verfahren einer kritischen Kooperation der Kirche in ihren verschiedenen Gestalten mit diesen Instanzen, vor allem auch im Blick auf mittelfristige und langfristige Veränderungen in der bundesdeutschen, europäischen und darüber hinausreichenden Gesellschaft.

1.4.6 Das Problemfeld der Ökumene als Horizont kirchlichen Handelns in dieser Zeit: binnendeutsch und weltkirchlich. Ökumenische Kooperation, Kommunikation und Didaktik in beiden Aktionsrichtungen.

1.5 Der Kreis der Planungsreferenten gab eine Fülle von Anregungen nicht nur für die Arbeitsthematik, sondern auch für die Arbeitsweise der Planungsgruppe. Darauf wird in anderem Zusammenhang zurückzukommen sein.

2. Was ist kirchliche Planung?

2.1 In einer ersten Selbstorientierung wird ausgegangen von der Definition: Planung ist Entscheidungshilfe. Sie entwirft in methodischer Form Problemlösungen, womöglich alternative Problemlösungen, um Entscheidungsträgern rationale, verantwortliche und kontrollierbare Entscheidungen zu ermöglichen oder zu erleichtern.

2.2 Der Bedarf für Planung wächst in allen gesellschaftlichen Lebensbereichen in dem Maße, in dem die Gesellschaft ihre Zukunft bewußt zu projektieren gezwungen und durch die Entwicklung der entsprechenden Technologien (EDV) auch dazu imstande ist. Entsprechend wird Planung in Staat, Wirtschaft und Verbänden auch immer mehr methodisiert und institutionalisiert. Theorien und Verfahren solcher Planungsarbeit außerhalb der Kirche werden zur Kenntnis zu nehmen, ihre Anwendbarkeit auf kirchliche Probleme zu überprüfen sein.

2.3 In den Kirchen gibt es ein Planungs-»bewußtsein« und die entsprechenden Instrumente, Planungsausschüsse und -referate, die (sicher stark beeinflußt von der ökumenischen Studie »Strukturen missionarischer Gemeinden« und ihren Folgewirkungen) vor allem im Blick auf notwendige Strukturreformen entstanden sind, nun auch bereits seit den frühen sechziger Jahren, und der Umfang kirchlicher Planungsarbeit wächst. Soweit mir bekannt ist, sind manche Kirchen außerhalb Deutschlands, besonders in den USA, schon sehr viel länger mit methodisierter Planungsarbeit unter den besonderen Bedingungen des Lebens und der Arbeit der christlichen Kirche vertraut. Diese außerdeutschen, aber innerkirchlichen Erfahrungen mit Planung sind für die Planungsgruppe von besonderer Bedeutung.

2.4 Denn es ist zu vermuten, daß kirchliche Planungsarbeit unter besonderen Bedingungen steht. Einerseits ist Kirche nicht nur bestimmt (a) durch ihre herkömmlichen Funktionen und Strukturen, (b) das Bedürfnis der Gesellschaft und der Mitgliedschaft und (c) die Verschiebungen im Verhältnis von Bedürfnis und Funktion/Struktur im Wandel der gesellschaftlichen Verhältnisse. Sondern sie ist immer auch und vor allem bestimmt durch ihr Mandat als Kirche Jesu Christi, wie es in der Glaubensüberlieferung heraustritt, so gewiß dieses Mandat nicht zeitlos, sondern nur aktuell, im Hinblick auf bestimmte Situationen und Bedürfnisse präzis formuliert und reformuliert werden kann.

Mit den Stichworten *Funktion, Struktur, Mandat* und *Bedürfnis* sind wesentliche Kategorien kirchlicher Selbstanalyse und Selbstgestaltung, mithin auch kirchlicher Planung genannt. Zu bedenken ist mindestens noch ein fünfter Faktor, der Faktor der *Ressourcen.* Im Verlauf dieser Überlegungen treten auch noch weitere Gesichtspunkte wie die der *Tradition* und der *öffentlichen Meinung* in Kirche und Gesellschaft hinzu. Der *gesellschaftliche Kontext* kirchlicher Planung ist in allen diesen Faktoren auf je charakteristische Weise immer mitgenannt.

Andererseits wird die Kirche gebunden bleiben an die für sie konstitutive Überzeugung, daß ihre Wirkung bei den Menschen, auf die sie bezogen ist, unter einem Geistesvorbehalt steht. Daß die Bezeugung des Evangeliums in Wort, Tat und Kirchengestalt Glauben findet, Liebe entzündet und Hoffnung weckt, geschieht ubi et quando visum est Deo.

2.5 Unter diesem doppelten Gesichtspunkt kann man und muß man sich der Frage stellen: Ist Kirche planbar? Jedenfalls wird man genau Auskunft geben müssen, inwiefern, inwieweit und worin Kirche planbar ist und worin nicht und wie sich der Planungsvorgang und der kirchliche Innovationsprozeß unter diesem doppelten Vorbehalt verändern.

Diese Frage, ob Kirche planbar sei, hat nicht nur einen religiösen und theologischen Aspekt, sie verweist auch auf eine der methodischen Planung in der Kirche nicht günstige Voreingenommenheit in der öffentlichen Meinung in der Kirche. Diese öffentliche Meinung rechnet weithin *nicht* mit der Planbarkeit, mit der »Machbarkeit« von Kirche, wobei ein religiöses Argument »Kirche geschieht von Gott her« und ein traditionalistisches Argument »Kirche ist etwas Gewachsenes, etwas traditionell Vorgegebenes« sich verschränken. Eine Kirche, die sich in wachsendem Maße des Instruments methodisierter Planung für ihre Entscheidungen über ihre Selbstgestaltung bedient, steht vor einer nicht leicht zu nehmenden Aufgabe der Meinungsbildung, der »re-education« sowohl in der Mitgliedschaft (und d. h. in der Volkskirche der BRD: in der Gesellschaft) als auch unter den hauptamtlichen Mitarbeitern.

2.6 Da die Theorien und Verfahren der Planung, wie sie außerhalb der Kirche und in anderen Kirchen entwickelt worden sind, noch nicht verarbeitet wurden, haben die folgenden Überlegungen zum Stellenwert und Kontext kirchlicher Planung noch mehr als der Rest des Papiers den Charakter einer ersten Selbstverständigung.

2.6.1 Herkömmlich fällen Leitungsgremien und Verwaltungen der Kirche wie andere Institutionen ihre Entscheidungen vornehmlich aufgrund von Kriterien, die in der Tradition bereitstehen: Normen der Schrift und der Bekenntnisse, Normen des Kirchenrechts und der kirchlichen Ordnungen, Präzedenzen, Erfahrungswerte, bewährte Spielregeln – all das in seiner Formulierung immer schon gewonnen an einer bestimmten, vorgegebenen und unstrittigen kirchlichen Praxis und auf diese Praxis und ihre Bewahrung bzw. Weiterentwicklung bezogen. Entscheidungen dieser Art setzen Planung nicht voraus, bzw. sie enthalten Planungsvorgänge nur gleichsam latent. Das Auftauchen von Planungsbedürfnissen, Planungsinstrumenten und Planungsverfahren signalisiert in sich selbst bereits eine Situation zerfallender Möglichkeiten der Traditionslenkung, strittig werdender kirchlicher Praxis: sei es, daß diese Praxis unter veränderten gesellschaftlichen Bedingungen auch ihren eigenen Kriterien entsprechend nicht mehr zufriedenstellend funktioniert (Predigt, Gottesdienst), sei es, daß sie, obwohl sie funktioniert, vom Bedürfnis der Mitgliedschaft und/oder vom Mandat her ins Zwielicht gerät (Amtshandlungen, Konfirmandenunterricht), sei es, daß sich neben der herkömmlichen Praxis und unverbunden mit ihr eine neue Praxis aufgrund von neuen Bedürfnissen ausbildet, auf die die alten Kriterien und Normen nicht mehr anwendbar, jedenfalls nicht mehr unverändert anwendbar erscheinen (Funktionsgemeinden, Impulsgruppen, gesamtkirchliche Funktionen wie Ökumene, Sozialdiakonie etc.) All dies ist heute zu beobachten. Angesichts dieser Phänomene werden die Entscheidungsprozesse unsicher. Planung wird erforderlich, um die Daten, die Kriterien und die Normen zur Umformung der herkömmlichen Praxis, zur Sicherung, Korrektur und Fortentwicklung der neuen Aktivitäten und zur Koordination des Herkömmlichen und des Neuen zu gewinnen.

Planung wird also zunächst erforderlich, wo im gesellschaftlichen Wandel die Praxis der Kirche den herkömmlichen Entscheidungskriterien rasch entwächst. Planung in diesem Sinne ist zu unterscheiden von theologischer, auch von praktisch-theologischer Forschung. Das Ziel der Forschung ist die Theoriebildung. Theorien als solche liefern aber noch keine Kriterien kirchlicher Entscheidung. Planung setzt Theoriebildung voraus, bezieht sie aber auf konkrete, jetzt fällige Leitungsprobleme und hat daher Aspekte zu berücksichtigen, auf die die Theorie keine Rücksicht nehmen kann: verfügbare Ressourcen, rechtliche Voraussetzungen, Macht- und Interessenverhältnisse, die Meinung der Mitgliedschaft etc. Verkürzt ausgedrückt: Kriterium der Theorie ist Brauchbarkeit und Verifizierbarkeit; Kriterium der Planung ist »Machbarkeit«.

2.6.2 Die neue kirchliche Praxis, die einer neuen Bedürfnislage entspricht, ist aber durchaus noch nicht überall gewonnen. Oft wird nur ein Defizit bemerkt. Ein Gutteil der Strukturüberlegungen, die die Kirchen in den letzten Jahren beschäftigt haben, war von dieser

Art: interparochiale Kooperation, Team- und Gruppenpfarrämter, Stärkung der regionalen Ebene, das alles gab es nur in Reißbrettentwürfen. Entsprechend ist auch das Risiko der Fehlorientierung, der Fehlplanung groß, wie man etwa am Geschick der »Raumschaftsidee«, an der Tendenz, den Kirchenkreis (Dekanat) als wichtige neue Ebene kirchlicher Handlungsfähigkeit zu überschätzen, sehen kann.

Soll Planung als Entscheidungshilfe in dieser Weise zur *Eröffnung* neuer Praxis, zumindest neuer Experimente dienen, dann liegt offenbar alles daran, daß sie voll up-to-date ist mit der Forschung und Theoriebildung in den Gesellschaftswissenschaften, mit der Planung in Staat und Gesellschaft, daß sie in kompetenter Weise die Widersprüche und Konflikte im kirchlichen Leben beobachtet, analysiert und interpretiert, denn in diesen Konflikten wird die neue Praxis, die noch nicht gewonnen, aber notwendig ist, vermutlich am ehesten zu antizipieren sein.

2.6.3 Von Planung kann schließlich noch in einem anderen, radikaleren Sinne gesprochen werden. Das Tempo der gesellschaftlichen und kirchlichen Veränderungen, das zur Institutionalisierung von Planung führt, wirft ja die Frage auf, ob diese Veränderungen *innerhalb* einer intakten Grundstruktur, also »systemimmanent« aufgefangen werden können, ob es also um »aggiornamento«, Innovation, Reform, um Ausdifferenzierung und Ausweitung, um graduelle Verschiebung der Prioritäten und Schwerpunkte geht *oder* um einen Bedürfnis- und Funktionswandel qualitativer Art, der auch die überkommene Grundstruktur in Frage stellt. Dann ginge es also für die Kirche nicht mehr nur um diese oder jene Planung, dieses oder jenes Projekt. Sondern die Kirche selbst würde für sich selbst zum Gegenstand des Neuentwurfs, der Planung in diesem radikalen Sinn, sie würde zum Projekt ihrer selbst.

Ist eine solche Situation überhaupt denkbar? Ist eine solche Fragestellung überhaupt sinnvoll?

Sie ist nicht sinnvoll, wenn damit gemeint sein soll, eine Institution könne je in die Lage geraten, sich selbst »aufzulösen« und am Reißbrett und in der Praxis neu zu entwerfen. In dieser Hinsicht sind die radikaleren Pläne der Kirchenreform und ihr

Schicksal eine hinreichende Warnung. Sie mochten, unter bestimmten hermeneutischen Voraussetzungen, Kirchenbilder der Ursprungszeit und eschatologische Perspektiven der Glaubenstradition für sich haben. Aber sie hatten keinen Anhalt in der Empirie volkskirchlicher Wirklichkeit, im Bedürfnis der Mitgliedschaft, in der innovatorischen Potenz ihrer Vertreter, sie überanstrengten Mitgliedschaft, Führungskräfte und Leitungsgremien und führten nur zu allseitiger Frustration.

Die Frage hat aber zumindest als Folie konkreter Fragestellungen dann einen Sinn, wenn Veränderung im Sinne von Selbstprojektierung zu einem entscheidenden Merkmal aller gesellschaftlichen Prozesse wird, wenn also der Mensch überhaupt zunehmend zum faber sui, zum faber futuri sui wird, wenn Tradition als solche ihre Autorität verliert und mehr und mehr zum Material, zum »Steinbruch« neuer Entwürfe wird. Dann geht es auch für die Kirche nicht mehr nur um die Anpassung der Entscheidungskriterien an eine neue Praxis oder um die Eröffnung einer neuen Praxis in diesem oder jenem gesellschaftlichen Bereich. Dann geht es um eine Verfassung von Kirche, in der der kontrollierte Wandel, das todernste Spiel mit Alternativen zum kirchlichen Verfassungsprinzip wird, in der die Bereitschaft, die Fähigkeit und das Instrumentarium kontrollierter Selbstveränderung in Korrespondenz zur kontrollierten Veränderung der Gesamtgesellschaft und in Wechselwirkung mit ihr zu einem grundlegenden Merkmal der kirchlichen Bewußtseins- und Organisationsstrukturen wird. Es gibt Indizien und ernstzunehmende Theorien oder doch Meinungen, die die Zukunft der Gesellschaft und der Kirche so sehen.

Welchen Stellenwert in dieser Perspektive kirchliche Planung annehmen könnte und müßte, kann hier nur als Frage angemerkt werden. Die Perspektive ist auch nur darum überhaupt aufzuzeigen, weil sich daran entscheidet, was zum Gegenstand von Planung in einer Gruppe wie der unseren werden kann und was nicht. Jedenfalls geht es dann nicht mehr nur um »Strukturplanung«, sondern auch um Funktionsplanung, um Kirchenplanung im umfassenderen Sinn des Wortes. Für eine Planungsarbeit in dieser Perspektive ist kein Thema prinzipiell außerhalb des Interesses, auch nicht das von den landeskirchlichen Planungsreferenten bezeichnenderweise bereits aufgeworfene Thema der »Theorie des kirchlichen Handelns«. Und gerade weil prinzipiell alles zum Thema werden könnte und müßte, wird es darauf ankommen, daß die Gruppe sich ein potentes Netz von Beratern aufbaut und daß ihr Arbeitsprogramm sorgsam und stetig mit den Bedürfnissen der unmittelbaren Mandatsgeber abgestimmt, in diesem Sinne »praxisnah« entwickelt wird.

2.7 ■ Planung als Einholung einer bereits gewonnenen neuen kirchlichen Praxis und Herstellung der Entscheidungsfähigkeit in bezug auf sie;

■ Planung als Eröffnung einer neuen Praxis angesichts eines kirchlichen Defizitbewußtseins;

■ Planung als Verfassungselement, als Verfassungsprinzip der im Wandel der Welt auf den Wandel ihrer selbst, auf die Aufgabe der Selbstprojektierung gefaßten Kirche;

das sind keine *Alternativen,* wohl aber *Perspektiven* der Planungsarbeit, die man unterscheiden muß. Denn je nachdem, welche Perspektive besonders betont wird, werden die Akzente hinsichtlich des Arbeitsansatzes, der notwendigen Arbeitsverbindungen, der Arbeitsprogramme und der Strategien verschieden fallen.

3. Ausgangspunkte und Materialien kirchlicher Planung

Aufgrund welcher Daten und Materialien wird geplant? Diese Frage ist bereits wichtig für die Bestimmung des Arbeits*ansatzes.* Denn die Materialien liegen ja nicht griffbereit, sie müssen beschafft, gesammelt, teilweise überhaupt erst erarbeitet werden. Natürlich stellt sich die Frage bei jeder einzelnen Planungsaufgabe auch noch einmal speziell. Aber es lassen sich Kategorien möglicher Materialien von vornherein aufstellen:

3.1 *Primärerfahrungen* von Pfarrern, Mitarbeitern, Kirchengliedern im kirchlichen Leben, Primärerfahrungen der Zeitgenossen überhaupt. Diese Erfahrungen gelten heute nicht viel, weil sie im Sinne wissenschaftlicher Rationalität keine zuverlässigen, verallgemeinerungsfähigen Daten liefern. Für eine *kirchliche* Planungsarbeit mehr noch als für Planungsarbeit überhaupt sind Primärerfahrungen gleichwohl ernstzunehmen, und zwar in einem doppelten Sinne:

3.1.1 Sie zeigen an, woran die Menschen in der Kirche de facto leiden. Diese Leidenserfahrungen mögen subjektiv sein und auf Verschleierung oder Verdrängung der wahren Leidensursachen beruhen. Das wirkliche Leiden mag sich vom erfahrenen Leiden unterscheiden, ebenso wie die Tatbestände, die Konflikte, an denen gelitten wird, falsch wahrgenommen sein mögen. Trotzdem ist die *Passion* von Menschen ein Signal, daß etwas geschehen, etwas geändert werden muß, und vielleicht ein Indiz, was und was *jetzt*, möglichst bald geändert werden muß. Beispiel: Abnehmender Gottesdienstbesuch mag durchaus keine Distanzierung bedeuten, durchaus keine Entkirchlichung. Es mag Erklärungen geben, die diesem Phänomen viel von seiner Bedrohlichkeit nehmen: Theorien, die aufgrund sicherer Erkenntnisse die eigentlichen Krisen und Gefahren an ganz anderer Stelle orten. Trotzdem ist die Erfahrung einer immer leerer werdenden Kirche für einen Pfarrer eine Passionserfahrung allerersten Ranges, der von der Ausbildung und Fortbildung, von der kirchlichen Prioritätensetzung, von der Seelsorge her und strukturell entgegengewirkt werden muß, der über die Subjekte und objektiv (etwa durch bessere homiletische Ausbildung, durch bessere homiletische Hilfsmittel, durch eine andere Einordnung des sonntäglichen Gottesdienstes im Spektrum der Berufspflichten etc.) begegnet werden muß.

3.1.2 Sie sind *eine* der Kommunikationsbedingungen, mit denen auf Planung beruhende kirchliche Entscheidung zu rechnen hat. Kirchliche Entscheidungen müssen ja »verkauft«, sie müssen plausibel gemacht, verstanden, angenommen werden von den Betroffenen. Viele gutgemeinte und gutausgedachte Experimente der Strukturreform sind erfolglos oder vorerst erfolglos geblieben, weil sie »unverkäuflich« waren, weil unmittelbar Betroffene, etwa Ortspfarrer, nicht sehen konnten, wie ihnen das in den Widersprüchen, Konflikterfahrungen und Leiden ihrer Berufsarbeit helfen würde.

3.1.3 Sind diese Primärerfahrungen demnach wichtig, z. B. für die Prioritätensetzung in der Planungsarbeit, so entsteht die Frage, wie sie gewonnen werden. Vermutliche Antwort: (a) durch Dokumente, Presse etc.; (b) durch Teilnahme, im Hinblick auf eine Tätigkeit in der Kanzlei also vor allem durch Reisen, durch »Visitation«; (c) und das dürfte das Wichtigste sein: durch die Kollegen, das Wahrnehmungssystem der Kanzlei. Jeder von den Kollegen ist ein »Fühler« in seinem Zuständigkeitsbereich. Gibt es methodischere Formen der Sammlung dieser Daten?

3.2 *Empirische Erhebungen:* Gegenwärtig laufen drei große Erhebungen. Insofern ist dies ein günstiger Zeitpunkt, um Planungsarbeit voranzutreiben. Außerdem liegen die Ergebnisse einer Reihe von Erhebungen seit der *Spiegel*-Umfrage vor, die freilich durch die neuen Erhebungen mindestens teilweise überholt werden dürften. Ferner gibt es (vgl. W. Marhold, Fragende Kirche, München/Mainz 1971) eine steigende Welle empirischer Erhebungen nichtwissenschaftlichen Charakters in den Kirchen, die als Signale von Innovationsprozessen auch mit zugegeben unsicheren Ergebnissen für die Planungsarbeit von Belang sein können; und die Frage, wie man diese Erhebungen kennenlernen, sammeln und auswerten, zunehmend vielleicht auch helfend begleiten könnte, scheint mir wichtig (Zentralarchiv?). Schließlich kommen (außer entsprechenden Daten in der katholischen Kirche), weil Planung es ja mit der Kirche als einem System in der Gesellschaft zu tun hat, auch die Ergebnisse der empirischen Sozialforschung zu ganz anderen als religiösen und kirchlichen Themen direkt und indirekt in Betracht. Nur wird zu beachten sein: Umfrageergebnisse sind nicht unmittelbar zureichendes Material für Planungsarbeit: man kann nicht an den Zahlen ablesen, was nun geschehen müßte. Sie bedürfen der Organisation aufgrund von Hypothesen und Theorien, der Integration (was können wir tun, um die drei nebeneinanderlaufenden Umfragen zu korrelieren und ihre Ergebnisse zu integrieren?) und der Interpretation, auch der theologischen und der kirchlichen Interpretation (was nicht dasselbe ist!). So ergibt zum Beispiel die EKD/EKHN-Umfrage eine erstaunlich positive Beurteilung des Pfarrers (was ist das – »der« Pfarrer?), der ganzen Berufsgruppe und ihrer Präsenz in der Gesellschaft. Dieses

Ergebnis muß zunächst von den Soziologen interpretiert werden, etwa funktional-systemtheoretisch. Diese Interpretation wird aber dann theologischer Kritik bedürfen (etwa unter der Frage, wie die Rollenerwartung der Mitgliedschaft und das Mandat differieren). Und schließlich wird sie von der Kirche im Rahmen ihres Selbstverständnisses aufgenommen und verarbeitet werden müssen. Daß die Mitgliedschaft die Präsenz von Ortspfarrern traditioneller »Machart« wünscht, muß keineswegs bedeuten, daß die Entscheidungsinstanz den funktionalen Einsatz des Pfarrers und die Funktionalisierung der Ausbildung zurücknimmt. Eine solche Entscheidung setzt eine Theorie kirchlichen Handelns voraus, die mehr ist als eine theologische, eben eine *kirchliche* Theorie kirchlichen Handelns, d. h. ein Bild, das die Kirche sich im kirchlichen Meinungsbildungs- und Entscheidungsprozeß von sich selbst und ihrer institutionellen Zukunft macht, ein Selbstverständnis, das konsensusfähig ist. Planung muß nicht davon ausgehen, daß dieser Konsensus, so wie er ist, unverändert bleiben muß, sie kann durchaus seine notwendige Veränderung »miteinplanen«, aber sie muß ihn berücksichtigen.

3.3 Die *»Bedürfnismeldungen«* der verschiedenen EKD-Instanzen, insbesondere – für diese Planungsgruppe – der Referenten der Kanzlei. Das schließt an das zu den Primärerfahrungen Erwogene an, ist aber nicht damit identisch. Die Kollegen sind nicht nur »Fühler« für die Stimmung in der Kirche und das Leiden in und an der Kirche, sie vertreten ganz bestimmte artikulierte Interessen, Planungsbedürfnisse in ihrem Zuständigkeitsbereich und in ihrer gemeinsamen Meinungsbildung. Sie sind selbst immer schon *Planer,* nicht nur Beobachter und Übersetzer solcher Interessen und Bedürfnisse. Sie haben Projekte und führen sie aus, haben präzise Vorstellungen, wie Planung dabei von Nutzen sein könnte. Eine Planungsgruppe der Kanzlei hat hier vermutlich ihre wichtigste Impuls- und Informationsstelle; gleichwohl: die Einrichtung einer besonderen Gruppe weist darauf hin, daß die Kanzlei in ihrer Eigenschaft als zur Planung genötigte Verwaltungsinstanz ein Defizit spürt. Man kann also nicht davon ausgehen, daß die Gruppe sich für ihr Arbeitsprogramm *allein* auf den Bezugsrahmen Kanzlei beschränken kann. Welche Möglichkeiten des Arbeitskontaktes mit den Referenten der Kanzlei gibt es außer informellen Kontakten, Referenten- und Arbeitsgruppenbesprechungen? (Week of Meetings?)

3.4 Empirische *Sozialforschung* und Theoriebildung in den Sozialwissenschaften: Kirche ist, was immer sie sonst noch sein mag, *auch* ein Teilsystem der Gesellschaft. Ihre Funktionen lassen sich unter dem Aspekt gesellschaftlicher Bedürfnisse beschreiben. Ihre Denk-, Sprach- und Organisationsstrukturen entstehen und verändern sich in Wechselwirkung zu gesamtgesellschaftlichen Prozessen. Daß bestimmte Funktionen und Themen heute auf Kosten anderer Funktionen und Themen in den Vordergrund treten (vgl. das Vortreten von Seelsorge- und Beratungsproblemen; die Ablösung der monologischen Rede durch die Kleingruppenarbeit; die Konzentration auf Sozialdiakonie und Gesellschaftsveränderung) läßt sich zureichend durch Veränderungen in den Bedürfnissen der Gesellschaft und der Mitgliedschaft deuten. Kirchliche Planung als Instrument der »Anpassung«, der Innovation, der Herstellung der Handlungsfähigkeit (auch der gesellschaftskritischen) der Kirche in neuen gesellschaftlichen Situationen ist deshalb nur aufgrund einer konsistenten Theorie oder konsistenter Theorien der Gesellschaft, der Religion und von daher der Kirche denkbar. Die Arbeitsgruppe unter diesem Gesichtspunkt kompetent und gesprächsfähig zu machen, wird vor allem Aufgabe des Sozialwissenschaftlers sein müssen. Darüber hinaus bleibt die Frage: an welche Kommunikationsnetze muß die Planungsgruppe angeschlossen sein, um an dieser entscheidenden Stelle auf dem laufenden zu bleiben?

3.5 *Praktisch-theologische Forschung* und Kirchentheorie: Zum Teil ist das unter 3.4 schon miterwähnt. Aber der Bezug zur Praktischen Theologie, zu der nach meiner Ansicht auch die gesamte ökumenische Theologie und in gewisser Weise die Sozialethik gehören, ist notwendig für diese Planungsgruppe ein sehr viel direkterer als zur Sozialforschung und den Sozialwissenschaften. Man kann wahrscheinlich sagen, daß eine vollentwickelte Planungsarbeit, genau wie die die Felder der universitären und vor allem der postuniversitären Ausbildung und Fortbildung von Theologen und Mitarbeitern, eine der Relaisstationen zwischen wissenschaftlicher Theologie und kirchlicher Praxis, insbesondere auch der Leitungspraxis sein müßte, ein Instrument der Verschränkung von und der Wechselwirkung zwischen Theorie und Praxis. (Daß die Beziehungen heute so schlecht sind, so daß die Praxis weithin theorielos, die Theorie weithin unpraktisch geworden ist, wird ja nicht zuletzt daran liegen, daß solche Relaisstationen fehlen: Kritische Theologie ist ihrem Selbstverständnis und ihrer Sprachgestalt nach eben *nicht* unmittelbar auf kirchliche Praxis zu beziehen. Aber das ist ein Nebenaspekt.) Für die Planungsgruppe wird ein möglichst enges Verhältnis zur Praktischen Theologie an den Universitäten unerläßlich sein, und wenn sie ihre Arbeit gelernt hat, wird der Nutzen vielleicht auch in die andere Richtung gehen.

3.6 *Innovatorische Erfahrungen:* In mehrfacher Hinsicht wird kirchliche Planungsarbeit auf eine enge Verbindung mit kirchlichen Experimenten, Modellversuchen, Aktionsgruppen der Kirchenreform und Dienstgruppen im Übergangsfeld zwischen Kirche und Gesellschaft angewiesen sein:

3.6.1 In solchen Gruppen artikuliert sich das Konflikt- und Krisenbewußtsein der Kirche; die Defizite des kirchlichen Bestandes werden hier besonders sichtbar.

3.6.2 In diesen Gruppen verkörpert sich ein Gutteil der Sensibilität der Kirche für neue Bedürfnisse, neue Chancen und »Herausforderungen« und für Lösungs- und Antwortmöglichkeiten, so oder so: für das, was »dran ist«.

3.6.3 Solche Gruppen demonstrieren, sofern sie in Neuland vorstoßen und traditionslos ansetzen, oft, wie es definitiv *nicht* geht: auch ihr Scheitern ist für kirchliche Planung interessant.

3.6.4 Soll Planung Entscheidungshilfe für Leitungsgremien leisten, soll sie mithelfen, die Kirche in neuen Situationen handlungsfähig zu machen, bedarf sie eines »Testgeländes«. Eine fruchtbare Wechselbeziehung mit innovatorischen Gruppen könnte ihr ein solches Testgelände verschaffen. Dadurch würde kirchliche Planung weniger papieren, praxisnäher, könnte selbst schon das Prinzip von »trial and error« einbegreifen.

3.6.5 Diese Erfahrungen und Gruppen sind selbst eines der entscheidenden Probleme kirchlicher Planung heute. Sie verkörpern die Alternative zu den herkömmlichen Lösungen, und eben so relativieren und kritisieren sie die herkömmlichen Lösungen, stellen sie sie in Frage. So erzeugen sie nicht endende Konflikte. Die Frage, welches ekklesiale Recht und welche ekklesiale Notwendigkeit, in der letzten Konsequenz: welche ekklesiologische Relevanz diese Gruppen im Gegenüber, in der Spannung und im Austausch zu den Normalsituationen haben, ist heute – unter den Bedingungen eines wachsenden gesellschaftlichen, kirchlichen und theologischen Wandels – eine Schlüsselfrage, ist eine Schlüsselfrage auch der Kirchenleitung und der Kirchenpolitik. Entweder dieser Dauerkonflikt wird inszeniert und dadurch für beide, für alle Parteien konstruktiv, oder er führt zu einem wachsenden Verschleiß charismatischer Kräfte, zur Emigration von Menschen, Gruppen und Ideen aus der Kirche und zum Verpassen von Lernchancen für die ganze Kirche. Dieser notwendige Bezug kirchlicher Planung zu den innovatorischen Gruppen hat auch kanzlei-interne organisatorische Aspekte. Es ist wahrscheinlich sehr glücklich, daß die Planungsgruppe unter dem Namen »Spinnstube« organisatorisch und arbeitsmäßig in einen besonderen »Spiel«-Raum gesetzt ist.

3.7 *Konfliktanalysen:* Konflikte sind – nach einer wichtigen soziologischen Schule (Coser, Dahrendorf etc.) – nicht Krankheiten am gesellschaftlichen System, sondern Krisen dieses Systems, die zunächst einfach *Veränderungen,* Spannungen, Widersprüche in den Außenbezügen und in den inneren Interessen- und Machtverhältnissen des Systems signalisieren und also wahrnehmbar und bearbeitbar machen. Als »inszenierte« Konflikte können sie dann auch ein wichtiges *Medium* der konstruktiven, der kontrollierten Veränderung werden, ein Instrument der Innovation.

Für die kirchliche Planung sind darum große und kleine, gesamtkirchliche und partielle Konflikte möglicherweise eine wichtige Quelle zur Gewinnung von Themen und Daten, für die Entscheidung über Prioritäten, ein Indikator für das, was »dran ist«, und für das, was »nicht geht«. Sie zeigen an, wo die Kirche ihre Handlungsfähigkeit verliert und also wiedergewinnen muß, sind aber womöglich für die Leitungsgremien auch ein Instrument zur Wiederherstellung der Handlungsfähigkeit, zumindest ein Instrument der Bewußtseinsveränderung in der Mitgliedschaft.

Die Geschichte der EKD ist reich an solchen Konflikten, die zum Teil gesamtkirchliche und gesamtgesellschaftliche Bedeutung hatten: Wiederbewaffnung, atomare Rüstung, »moderne Theologie«, Ostdenkschrift, Kirchenreform und Demokratisierung, Antirassismus-Programm. Diese Konflikte sind in ihren Bedingungen, Verläufen und Wirkungen nie wirklich ausgewertet worden. Wahrscheinlich ist das – der Quellenlage wegen – auch nur noch sehr begrenzt möglich. Der Verf. hat im Zusammenhang mit einer Arbeitsgruppe in der EKHN versucht, den Antirassismus-Konflikt konfliktanalytisch zu untersuchen, wenigstens in den ersten amateurhaften Ansätzen (vgl. oben S. 215 ff). Schon dieser erste Versuch ergab eine solche Fülle von Einsichten, Impulsen und neuen Problemstellungen, daß die Methode sich, auch nach Meinung der anderen Teilnehmer der Arbeitsgruppe, mehr als rechtfertigte. Konfliktanalysen bedürfen aber einer höheren sozialwissenschaftlichen Kompetenz, als der Verfasser sie hat. Ein Instrument der Planungsarbeit in dem obenbeschriebenen Sinne könnte sie also nur in Kooperation mit dem Sozialwissenschaftler werden, und wenn auch außerhalb des Hauses zu interessierten Fachleuten Arbeitsverbindungen geknüpft sind.

Die Analyse kirchlicher Konflikte ist wiederum nicht nur ein *Informationsfeld* und vielleicht auch ein *Medium* kirchlicher Planung. Sondern sie sind zugleich selbst ein *Thema* der Planung, und zwar ein besonders vordringliches Thema. Der innerkirchliche Dauerkonflikt seit dem zweiten Weltkrieg, der unter verschiedenen Überschriften und bei verschiedenen Anlässen immer wieder dieselben Frontbildungen erzeugt (die nicht identisch sind mit den klassischen konfessionellen und frömmigkeitlichen »Fronten«), zeigt Entscheidendes über Grenzen und Möglichkeiten kirchlicher Konsensusbildung unter den Bedingungen des Pluralismus und damit über ein wesentliches Fundament aller bisherigen Kirchbildung an. Kirchen als »religiöse Großorganisationen« sind gerade *wegen* der Vielfalt der in ihnen repräsentierten Interessen, Einstellungen, Verhaltensweisen und Gruppierungen schlechthin angewiesen auf Konsensus. Gelingt die Konsensusbildung in der traditionellen Form (aufgrund von *Lehrsätzen,* die allgemein als normativ anerkannt sind, von allen gemeinsamen *Ritualen,* von sakrosankten oder doch faktisch unangefochtenen *Ordnungen* und Autoritätsverhältnissen *und* im Rahmen einer alle verbindenden und bindenden, Gesellschaft und Kirche umgreifenden *Moral*) nicht mehr, dann entsteht unausweichlich die Frage, welche neuen Möglichkeiten der Konsensusbildung, d. h. aber des Kirchenverständnisses sichtbar werden. Das Konziliaritätsmodell der Ökumenischen Bewegung ist *eine* mögliche Antwort. Aber es ist vorerst, abgesehen vom ökumenischen Prozeß selbst, nicht viel mehr als ein Signal. Es theoretisch und dann, falls es sich als relevant erweist, auch planerisch in eine Situation wie die der EKD zu übersetzen, wäre ein Langzeitprogramm.

3.8 *Planerische Erfahrungen* der Gliedkirchen, der Mitgliedskirchen des ÖRK und anderer gesellschaftlicher Instanzen; *latente* Planung im kirchlichen Leben: daß Planungserfahrungen im Raum der EKD voll genutzt werden sollten, liegt auf der Hand und wird sich schon aus der Funktion der Planungsgruppe als Sammel- und Mittelstelle ergeben. Ein Instrument ist in der Gruppe der Planungs- und Strukturreferenten der Landeskirchen schon im Entstehen.

Verbindungen mit ökumenischer Planungskompetenz bestehen dagegen noch kaum, abgesehen von der frühen, ausgesprochen fruchtbaren ökumenischen Konstellation der Studie »Strukturen missionarischer Gemeinden«, die der Vierten Vollversammlung in Uppsala und den meisten Mitgliedskirchen wichtige Impulse gegeben hat. Hier wäre die Frage, inwieweit die EKD einen neuen ökumenischen Austausch mitanregen oder an ihm teilhaben könnte.

Inwieweit Planungserfahrungen in anderen Gesellschaftsbereichen, von Theorie und Technik der Planung abgesehen, für die Planungsgruppe fruchtbar werden können, muß angesichts der speziellen Problematik *kirchlicher* Planungsarbeit ausprobiert werden.

Wichtig ist für die Gruppe vor allem, daß heute in allen Bereichen kirchlichen Lebens mit Sicherheit latente Planungsvorgänge angenommen werden dürfen. Wo immer Kirchen, kirchliche Werke und Verbände Projekte verfolgen und sich selbst als Projekt wahrnehmen, d. h. ihre institutionelle Zukunft als ihre eigene Verantwortung erkennen und annehmen, wird de facto geplant, unabhängig von der Frage, ob bestimmte Stellen für Planung spezialisiert sind oder ob der Planungsvorgang sich unter der Hand in Ausschüssen, Stabsbesprechungen und an individuellen Schreibtischen vollzieht. Das Argument »Kirche ist nicht planbar« kann so durchaus mit einer ausgeprägten Planungsgesinnung und Planungsenergie einhergehen. Diese *latente* Planungsbereitschaft und -potenz manifest zu machen, wäre eine notwendige Aufgabe auch der Planungsgruppe der Kanzlei, und zwar aus zwei Gründen:

a) um Einfälle und Erfahrungen, die mit latenter Planung gewonnen werden, fruchtbar und vergleichbar für andere Verhältnisse zu machen;

b) um das Vorurteil gegen Planung, mit dem gerechnet werden muß, abzubauen durch den Hinweis: es wird immer schon geplant.

4. Themen

In diesem Abschnitt wird die Problemskizze notwendig noch subjektiver als bisher. Es werden einfach Erfahrungen und Themen aufgezählt, die der Verfasser aus früheren Beschäftigungen in die Planungsgruppe mitbringt. Die Meinung ist dabei nicht die, daß unter einem neuen Namen die alten Probleme weiterbearbeitet werden sollten oder könnten. Vielmehr geht es darum, sich selbst und den Partnern Rechenschaft zu geben, was im neuen Kontext eine neue Relevanz gewinnen kann und was nicht. Auch der Eintritt in eine neue Arbeitsgruppe ist ja unter keinem Betracht eine Nullpunkt-Situation. Anfang und Ende müssen hier wie überall bewußt verknüpft werden, wenn der Anfang überhaupt gelingen soll.

Die hier zu nennenden Erfahrungen und Themen werden jeweils nur in wenigen Sätzen skizziert. Auf veröffentlichte Texte wird verwiesen.

4.1 Experiment Ladenkirche (Berlin-Spandau)

Von 1959–1967 war der Verfasser intensiv an einem ortsgemeindlichen »Experiment« (wie man damals sagte) beteiligt. Die Versuche bezogen sich auf die ganze Breite ortsgemeindlicher Tätigkeiten: Predigt, Gottesdienst, Leitungs- und Organisationsstrukturen, überparochiale Kooperation, ortsgemeindliche Diakonie (vor allem Kinder und Jugendliche), Erwachsenenbildung, Beratungsarbeit (Ehe- und Familienseminare), Besuchsdienst, Unterrichtsformen, Amtshandlungen und die Fragen der kreiskirchlichen und provinzialkirchlichen Relevanz der Unternehmung. Auf die »Theologie« der Innovation wurde besonderer Wert gelegt. Die Erfahrungen der ersten Phase sind in dem umfangreichen Berichtsband »Bilanz 65« (als Ms. vervielfältigt, siehe oben S. 66ff) gesammelt. Außerdem haben sie sich in einer ganzen Reihe von Aufsatzveröffentlichungen niedergeschlagen.

Von 1965 an war das Experiment rückläufig und ist in seinem ursprünglichen Ansatz heute als »gescheitert« zu bezeichnen. Es bleibt aber in vielfacher Hinsicht bedeutsam:

a) Die Gründe des Scheiterns sind großenteils analysierbar;

b) Nach einer Zeit der Stagnation sind die Dinge von etwa 1968 an wieder in Fluß gekommen und die beiden Gemeinden, die heute nach einem veränderten Modell arbeiten, sind lebenskräftiger denn je und betreiben Innovation auf einem viel professionelleren, darum auch dauerhafteren Niveau.

c) Der ursprüngliche Ansatz hat eine Reihe von größeren Versuchen inspiriert, zum Beispiel das Projekt Heerstraße Nord.

d) Die indirekten Wirkungen, auch auf »normale« Ortsgemeinden in Spandau und Berlin, durch den Transfer von Erfahrungen, Einfällen und neuen Arbeitstechniken, wird heute ziemlich hoch eingeschätzt.

Aus alledem ergibt sich, daß hier möglicherweise ein ideales Feld für eine »Fallstudie Innovation« gegeben ist, zumal, wenn man sie mit anderen vergleichbaren Unternehmungen in Beziehung setzt.

(Text: »Kirche der kommenden Jahre«. Rundfunkvortrag 1. Januar 1973; bisher ungedruckt)

4.2 Was heißt »Erneuerung« ?

Während seiner Arbeit in Genf stieß der Verf. auf die begründete Vermutung, daß im Ökumenischen Rat der Kirchen ganz unterschiedliche Konzepte kirchlicher »Erneuerung« institutionell in einer Weise zusammengespannt sind, daß sie untereinander ständig konfligieren, sich stören und teilweise aufheben, andererseits aber natürlich auch gegenseitig befruchten. An der Geschichte der verschiedenen Abteilungen der Programmeinheit III (Communication and Education) wurde das ansatzweise analysiert. Eine Skizze der Ergebnisse findet sich in »Die ökumenische Utopie«, Teil III, Die Unschlüssigkeit der Ökumenischen Bewegung.

Material ist diese Analyse ohne Bezug auf die Planungsarbeit. Das Problem aber stellt sich auch innerhalb der EKD im Konflikt der Landeskirchen mit den Werken und Verbänden, der Verbände untereinander, der Kirchen und Verbände mit den innovatorischen Gruppen und der innovatorischen Gruppen untereinander mit großer Schärfe und ist eines der Elemente, daß eine Konsensusbildung herkömmlicher Art nicht mehr gelingt. Was heißt »Erneuerung« theologisch und kirchlich? Welche unterschiedlichen Zielvorstellungen, Konzepte und Strategien sind im Spiel? Welche gesamtgesellschaftlichen Kontexte kommen für dieses Konfliktbündel in Betracht? Welche Funktion haben Erneuerungskonzepte für ihre jeweiligen Träger: psychologisch, sozialpsychologisch, soziologisch, frömmigkeitlich und theologisch? Die Inszenierung des Erneuerungskonflikts zur Herstellung der Handlungsfähigkeit der Volkskirche als »Institution im Übergang« setzt Einsicht in die verschiedenen Bedingungszusammenhänge und Motivationsstrukturen voraus. Manche der am ÖRK zu gewinnenden Einsichten mögen auch für eine solche EKD-interne Analyse fruchtbar sein.

4.3 Auf der Suche nach neuen Lebensstilen

Diese Thematik der Arbeitsgruppe VI in Uppsala entwickelte sich in mehreren Stufen zu einer Studie über »prospektive Moral«, d. h. über Verhaltensweisen, die nicht mehr an den moralischen Erfahrungen der Vergangenheit, die unsicher werden, orientiert sind, sondern am Prospekt wünschbarer Zukunft, an den Projekten des Friedens, der Gerechtigkeit, der Humanisierung in der werdenden Weltgesellschaft. Diese prospektive Wendung ist an sich unausweichlich (man denke an Fragen des Umweltschutzes, der Bevölkerungsexplosion, einer internationalen Rechts- und Friedensordnung etc. und die Ansprüche, die diese unausweichlichen Projekte an das Bewußtsein und das Gewissen des einzelnen stellen). Aber als notwendig erkannt, löst sie alsbald die Frage nach den Bewußtseinsinhalten und Gewissensstrukturen (als den Strukturen, die über Zulassung zum Bewußtsein entscheiden) des kirchlichen Zeitgenossen heute aus und nach der religiös-moralischen Sozialisation, die zur Formation dieses Bewußtseins und dieses Gewissens führt. Dabei ergibt sich ein beunruhigender Einblick in »Nebenwirkungen« kirchlichen Handelns, die entgegen der kerygmatischen Intention der Kirche nahezu vollständig auf »Domestikation«, auf »Parochialität«, auf »Konfliktscheu« hinauslaufen, auf ein unmündiges, fremd- und traditionsbestimmtes Gewissen, das für die heutige Konfliktlage nicht tüchtig, sondern untüchtig macht. Ergebnis: Christen leben mit einem parochialen Gewissen in einer universalen Welt.

Die Verbindung zu den Problemen kirchlicher Planungsarbeit ist indirekt, aber offensichtlich. Die Erneuerung in Kirche und Gesellschaft ist, wie sich immer deutlicher zeigt, nicht nur ein Problem der Strukturveränderung, sondern zugleich ein Problem der öffentlichen Meinung, die solchen notwendigen Strukturveränderungen entgegenkommen, sie möglich machen, tragen, notfalls Druck in die Richtung solcher Veränderungen ausüben muß (vgl. die mehrphasige Wirkung der Ostdenkschrift der EKD). Mithin ist Strukturveränderung im Blick auf die notwendigen Menschheitsprojekte (internationale Rechts- und Friedensordnung, soziale Gerechtigkeit im Weltmaßstab, Sensitivierung des einzelnen und der Öffentlichkeit für die »fernen Nächsten«, Konsumverzicht, moralische Einstimmung auf die internationale Sorge um die ›Qualität des Lebens‹ etc.) abhängig von sozialdidaktischen Strategien mit dem Ziel eines Mehrheitslernens nicht nur auf der kognitiven, sondern auch auf der affektiven und sozialen, also besonders von Gewissensimpulsen abhängigen Ebene des Lernens.

Zudem hat das Problem der Gewissensformation wesentliche Bedeutung für die Aufarbeitung jener moralischen »Nebenwirkungen« aller kirchlichen Aktivitäten, die bisher viel zu wenig Aufmerksamkeit gefunden haben: der Differenz zwischen volkskirchlicher Erwartung und kirchlichem Angebot; der Planung und Gestaltung jenes Aspektes von Kirche, der mit dem Stichwort »Kirche als Bildungsprozeß« bezeichnet ist und auf die heute entscheidende Interessenkoinzidenz zwischen Gesellschaft und Kirche verweist.

(Texte: »Kirchen im Wandel der Moral«, Predigtstudien V/2, 1971, 13ff; »Leben im Wandel«, Gelnhausen 1971)

4.4 »Konfliktorientierte Bildungsarbeit«

Unter einem Aspekt hängt dieses Thema mit dem vorigen zusammen. Je genauer man nämlich den vorherrschenden Gewissensformationen nachgeht, desto klarer wird es, wie die traditionelle Moral, die Mithilfe der Kirchen oder vielmehr der réligion civile, für deren Verbreitung und religiöse Befestigung die Kirchen ganz entgegen ihrer Intention mit haftbar sind, die Moral einer bestimmten vergangenen Gesellschaftsordnung, einer sozialen Herrschafts- und Gleichgewichtsordnung ist, die einstmal funktional war (das heißt konfliktsteuernd wirkte), heute aber dysfunktional, d.h. konfliktproduzierend und -verstärkend wirkt. Mit anderen Worten: diese Moral (vgl. die xenophobische Struktur dieser Moral, ihre einseitige Tendenz auf Ergebung [Fatalismus], ihre Orientierung auf ›Platzanweisung‹, statt, wie heute nötig, auf ›Wegweisung‹, auf Mobilität etc.) ist unmoralisch im Sinne der Definition: Moral ist ein System von Spielregeln zur gesellschaftlichen Konfliktsteuerung.

Das aber wirft die Frage auf, wie das Gewissen umlernt. Bonhoeffer: nicht durch Aufklärung, sondern durch Befreiung, durch Exorzismus, durch die ›Wiederaufführung‹, die Inszenierung jener frühen Konflikte, in denen die alte Moral in der Erfahrung von

Lohn und Strafe eingeübt wurde, und durch das Experiment mit alternativen Verhaltensweisen. Nach diesem Modell arbeitet die Psychoanalyse, die Gruppendynamik, das Sensitivitätstraining, die katalytische Sozialarbeit. Offenbar wird auch die Erwachsenenbildung auf ein solches Bildungskonzept nicht verzichten können, wenn sie Menschen für ein Leben in der Veränderung befreien und vor allem instandsetzen will, ihre Erziehungsmethoden zu verändern.

Der entscheidende Impuls für diese Überlegung stammt von dem Brasilianer Paulo Freire. Seine Analyse der Lernunfähigkeit der lateinamerikanischen Unterschichten und seine Methode der Konszientisierung, der Aufhebung dessen, was er die »Kultur des Schweigens« nennt, in einem umfassenden Alphabetisierungsvorgang ist zwar ganz und gar auf eine bestimmte Situation in der Dritten Welt bezogen, gibt aber zumindest zum besseren Verständnis unserer eigenen »Kultur des Schweigens«, etwa bei den Alten, den Frauen, den Asozialen, aber auch bei vielen anderen Gruppen in Gesellschaft und Kirche, viele überraschende Hilfen.

Die Relevanz dieses Themas für die Planungsaufgabe ist wiederum eine inhaltliche: welche Bildung meinen wir? – in der gegenwärtigen Bildungsseligkeit zwischen Kirche und Gesellschaft? – und eine didaktische: welche Lernprozesse sind notwendig, wenn eine Kirche anfängt, sich selbst zu planen, und wie kommen sie in Gang?

(Texte: Sprachschule für die Freiheit. Bildung als Problem und Funktion der Kirche, Lese-Zeichen/Edition Ernst Lange 1, München/Gelnhausen 1980)

4.5 Mehr ökumenische Verbindlichkeit in den Kirchen der Bundesrepublik!

Der Streit um das Antirassismus-Programm und viele andere Indizien zeigen eine merkwürdige Kommunikations- und Kontaktschwierigkeit zwischen den Gliedkirchen der EKD und dem Ökumenischen Rat, bzw. der ökumenischen Bewegung im Inhaltlichen an, so intensiv die deutschen Kirchen auch in der ökumenischen Diakonie und in der Finanzierung des Ökumenischen Rates engagiert sind. Eine wirkliche Ökumenisierung des Bewußtseins der Mitgliedschaft und der Mehrheit der kirchlichen Mitarbeiter wird man bisher sicher nicht konstatieren können. Im Gegenteil, das ökumenische Interesse ist in Westdeutschland wie fast in der ganzen Welt rückläufig, und es formiert sich eine massive Gegenbewegung gegen die ökumenische »Relativierung« des je eigenen religiösen und kirchlichen Erbes.

So verständlich alle diese Bewegungen und Erscheinungen sind, so gefährlich sind sie. Denn in einer Welt, die durch wachsende Interdependenz aller gesellschaftlichen Bereiche und Prozesse über sämtliche nationalen Grenzen hinweg gekennzeichnet ist, ist offenkundig die ökumenische Ebene kirchlicher Handlungsfähigkeit, deren Gewicht wiederum abhängig ist vom ökumenischen Bewußtsein der Mitgliedschaften, von besonderer Bedeutung, ganz abgesehen von dem ursprünglichen Impuls zur Einheit der Christenheit in der Glaubensüberlieferung und von der zunehmenden Schwierigkeit, die alten Bruchlinien und Konfliktfronten zwischen den Kirchen und christlichen Traditionen vor den Mitgliedschaften plausibel zu machen.

Die Fülle der mit dem Stichwort »Mehr ökumenische Verbindlichkeit« bezeichneten Probleme und ihre organisatorische, inhaltliche und didaktische Bearbeitung scheint dem Verf. eines der vordringlichen Probleme der Planung gerade auf EKD-Ebene zu sein.

(Text: »Eingabe an einen Kirchenführer – Mehr ökumenische Verbindlichkeit in Westdeutschland«, siehe unten S. 308ff)

4.6 Konfliktanalyse des Streits um das ökumenische Antirassismus-Programm

Der Zusammenhang dieser Analyse wurde schon erwähnt. Der Aufsatz »Überlegungen zu einer Theorie kirchlichen Handelns« (siehe oben S. 197ff) zieht einige Schlußfolgerungen. Das Material selbst aber ist unendlich viel reicher an Problemen, Impulsen, Perspektiven. Die Frage, ob diese Analyse nicht, mit Hilfe eines sozialwissenschaftlichen Partners, doch noch zu einem gewissen Ende geführt werden sollte, damit *ein* konfliktanalytisches Modell dieser Art wenigstens vorliegt (vgl. oben 3.7), wäre für mich auf Anhieb eine der dringlichsten zu entscheidenden Fragen. Die wichtigsten Papiere der Analyse, allesamt Fragmente und eher Problemanzeigen als durchgeführte Arbeiten, siehe oben S. 215ff.

4.7 Beruf und Berufsfeld des Pfarrers

Dieses Thema wird vom Verf. bereits seit fünfzehn Jahren auf unterschiedliche Weise verfolgt: »Der Pfarrer in der Gemeinde heute« (in: Predigen als Beruf, Stuttgart 1976, 96ff); »Ein anderes Gemeindebild« (siehe oben S. 177ff); »Chancen des Alltags«, Stuttgart 1965, dazu eine ganze Serie von Arbeiten zur Theorie und Praxis der Predigtarbeit, die zum Unternehmen der Predigtstudien führten, bzw. es begleiteten (vgl. Predigen als Beruf).

In jüngster Zeit wurde das Thema zweimal unter unterschiedlichen Gesichtspunkten aufgegriffen. Einmal unter dem Gesichtspunkt der Spiritualität des Pfarrers: »Glauben und Anfechtung im Leben des Gemeindepfarrers« (in: Predigen als Beruf, 167ff) und einmal unter dem Gesichtspunkt der Rollendiffusion und Rollenkonfusion: »Die Schwierigkeit, Pfarrer zu sein« (in: Predigen als Beruf, 142ff). Zwar kann keine besondere Kompetenz in Anspruch genommen werden, wohl aber ein besonderes Interesse an der Auswertung und praktisch-theologischen Aufbereitung des Erhebungsmaterials der verschiedenen gegenwärtig laufenden Erhebungen unter dem Aspekt des Berufsbildes, der Berufswirklichkeit, des Funktionswandels und der Perspektiven des kirchlichen Pfarramts. Hier liegt ganz zweifellos, auch unabhängig vom persönlichen Interesse, eine Priorität für die Planungsgruppe, angesichts der zentralen Bedeutung, die die Gruppe der Pfarrer für die Präsenz von Kirche in der Gesellschaft und bei der Mitgliedschaft und für die Zukunft der Volkskirche rebus sic stantibus hat, und angesichts der eklatanten »Schwierigkeit, Pfarrer zu sein«, die für jede Planung in praktischer Absicht und in seelsorgerlicher Verantwortung schlechthin vordringlich sein sollte.

4.8 Theorie kirchlichen Handelns

Die Frage ist im Zusammenhang mit dem Arbeitskreis »Kirche wozu?« der EKHN – wie überall, wo heute über Wirklichkeit und Möglichkeiten der Volkskirche nachgedacht wird – aufgetaucht.

Theorien sind (s. o.) immer schon die Voraussetzung von Planungsarbeit. Ein sehr interessanter und verheißungsvoller Impuls aus der Ökumene ist die Theorie und das Modell der Konziliarität als Modell kirchlicher Gemeinschaft unter den Bedingungen eines zunehmenden Pluralismus. Das Modell könnte auch binnenkirchlich von Bedeutung sein, da es der pluralen und konfliktträchtigen Situation in der EKD und der Schwierigkeit der Konsensusbildung, die nicht zufällig, sondern für die gegenwärtige Situation der Kirche in der Gesellschaft von grundsätzlicher Bedeutung ist, besser Rechnung trägt als alle Einheitsmodelle, die Einheit als Geschlossenheit und Einheitlichkeit definieren, ohne die Unerläßlichkeit der Konsensusbildung preiszugeben. Als *eine* mögliche Theorie kirchlichen Selbstverständnisses und Handelns heute sollte es in der Planungsarbeit auf die Probe gestellt werden.

4.9 Der hier aufgeführte Katalog von Themen wirkt wie ein völlig disparates Sortiment. Der Eindruck täuscht. In dem glücklichen Begriff von W. D. Marsch »Institution im Übergang«, in dem Tradition und Innovation, Kontinuität und Wandel, Ende und Anfang sich verknüpfen, haben alle diese Themen einen gemeinsamen Nenner und verschränken sich auf mehrfache Weise. Organisierend sind dabei der ortsgemeindliche und der ökumenische Aspekt, während offenkundig viele andere wichtige Aspekte einer Planungsarbeit nicht berücksichtigt sind. Einiges mag immerhin im neuen Kontext interessant werden oder bleiben.

III. ZUM DEFIZIT AN ÖKUMENISCHEM BEWUSSTSEIN

1. Das ökumenische Unbehagen

Notizen zur gegenwärtigen Situation der ökumenischen Bewegung

Man sagt in Deutschland: »Die Ökumenische Bewegung ist ausgezogen, die UNA (Sancta Ecclesia) zu verwirklichen. Aber es ist nur eine zweite UNO daraus geworden.« Man kann leicht zeigen, wie unfair solche Kritik ist. Sie könnte gleichwohl symptomatisch sein.

Das Unbehagen an der ökumenischen Bewegung ist weltweit. Es verbindet die Christen der Ersten, der Zweiten und der Dritten Welt, die Hierarchen und die Radikalen, die Verwalter und die Neuerer, die Traditionalisten und die Progressisten. Auf den ersten Blick erscheint das seltsam. Denn dieses Unbehagen betrifft das »erfolgreichste« Unternehmen der gegenwärtigen Christenheit. Die Zahl der Mitgliedskirchen im Ökumenischen Rat steigt von Jahr zu Jahr. Rom gehört dem Rat zwar noch nicht an, aber die Mitgliedschaft wird diskutiert, und die Zusammenarbeit intensiviert sich auf allen Ebenen. Die ökumenische Diakonie wird zusehends professioneller, relevanter, wirksamer. Das ökumenische Problembewußtsein ergreift sogar Kirchen, die sich ihm seit vielen Jahren zu entziehen versuchen: man beobachte nur die Wandlungen in den Kirchen der Südafrikanischen Union hinsichtlich der Rassenfrage. Die Theologie bekommt ökumenische Dimensionen. Selbst schwere Krisen wie das Griechenlandproblem oder der Streit um das ökumenische Engagement in Nigeria erweisen die Reißfestigkeit des Zusammenhalts einer Weltbewegung, dic in ihrer institutionellen Form erst etwas über zwanzig Jahre alt ist.

Aber vielleicht ist es just dieser »Erfolg« der Ökumene, der das allgemeine Unbehagen weckt und nährt?

I.

Ähnlich wie die UNO ist in der Tat auch die Ökumene die Antizipation, der utopische Vorgriff auf eine noch ausstehende radikale Erneuerung an der Basis, in den Mitgliedskirchen und den Gemeinden. Ökumenisch sind die Kirchen sich gleichsam selbst voraus. Die Spannung zwischen Vorgriff und Realität des kirchlichen Alltags wird immer größer. Droht der Wechsel, den die Kirchen auf ihre ökumenische Zukunft gezogen haben, zu platzen?

Unabweisbar erfahren die Kirchen ihre wachsende Impotenz in den traditionellen Symbiosen mit Nationen, partikularen Gesellschaften, Kulturen und Moralen, Herrschafts- und Erziehungssystemen: die wahren Dimensionen der Weltveränderung können nicht mehr adäquat wahrgenommen und in ihrer Bedeutung für die kirchliche Arbeit ernstgenommen werden; die Sprache, in der Verheißung und Erfahrung sich begegnen sollten, wird unwirklich und unwirksam, wird zum Reden in Zungen; Lebens- und Aktionsformen verlieren ihre mobilisierende Kraft, weil sie den Zeitgenossen nicht mehr in seine Weltverantwortung einweisen, sondern von ihr ablenken. Mit den partikularen Traditionen sind auch die Kirchen, deren historische Aufgabe in der Symbiose es war, diese Tradition religiös zu begründen und zu sichern, in die Krise geraten.

Die ökumenische Bewegung kann verstanden werden als eine Weise, in der die Kirchen versuchen, aus den alten, lähmenden Symbiosen auszubrechen und sich mit der Weltentwicklung erneut zu synchronisieren. Indessen, es zeigt sich, daß die bloße Hinzufügung von Instrumentarien zwischenkirchlicher und internationaler Kommunikation und Zusammenarbeit nicht genügt, die Kirchen aus ihrem Partikularismus zu befreien. Eine ökumenische Organisation, der kein ökumenisches Bewußtsein in der Mitgliedschaft der Kirchen entgegenkommt, erweist sich als höchst problematisch.

Natürlich ist sie nicht unwirksam. Aber ihre Wirkung scheint in vieler Hinsicht eher frustrierend und zersetzend als erneuernd zu sein.

II.

Zwar haben die Kirchen das Ökumenische nur addiert, nicht integriert. Trotzdem sind sie dadurch in den Sog neuer Erfahrungen, unter den Druck eines neuen Zeit- und Weltgefühls geraten. Es wird zunehmend schwerer, sich zu verbergen, daß im Horizont der einen Welt, im ökumenischen Horizont das jeweilige »Erbe der Väter«, als solches gepflegt, nichts weiter ist als die Entropie verbrauchter religiöser Energie, Begehung emeritierter Konflikte, Beschwörung vergangenen Martyriums.

Erfahren wird: Christenheit und Menschheit sind tausendfach zerspalten. Aber die Risse und Konflikte verlaufen anders, als die kontroverstheologischen Rituale und die herkömmlichen Versöhnungsformeln es vorsehen. Der in Jesus Christus eröffnete Frieden wäre anzusagen und wahrzunehmen angesichts der unerträglichen Kluft zwischen Hunger und Überfluß, zwischen den Unterdrükkern und den durch Unterdrückung Entstellten, zwischen der weißen »Herrenrasse« und den Opfern ihrer missionarisch motivierten Weltzerstörung, zwischen den Privilegien der »Krupps und der Krauses« – deren unfreiwillige Komplizenschaft im internationalen Zusammenhang offenbar ist – und dem Überlebensinteresse der ganzen Menschheit. Die Welt ist krank an den aus dem christlichen Abendland exportierten Konflikten, Einstellungen, Ideologien und Techniken der Weltbemächtigung. Und das Christentum ist, nicht ohne Grund, denunziert als ein gefährlicher Spaltpilz der Menschheit. Bevor die Christenheit sich als Versöhner der Menschheit geriert, müßte sie sich einer höchst demütigenden Versöhnung *mit* der Menschheit unterziehen.

Erfahren wird: Christenheit und Menschheit sind bedroht auf Leben und Tod. Aber die Ausmaße dieser Drohung – Genocid-Waffen, Welthunger, Weltbürgerkrieg, Weltbildungskatastrophe, Umweltzerstörung, Verlust des »humanum« zwischen totaler Technologie und moralischer Orientierungslosigkeit – entziehen sich beharrlich den herkömmlichen Deutungen, Protesten, Tröstungen und Weisungen der christlichen Verkündigung. Die Sprache der Ermutigung spricht so hoffnungslos vorbei an der

Erfahrung der Bedrohung, daß der alte Vorwurf »Opium für das Volk« schwerer zu widerlegen ist denn je.

Erfahren wird: Christenheit und Menschheit müssen sich emanzipieren, d. h. die Zukunft als Verantwortung des Menschen, als Verantwortung aller Menschen anerkennen und in Angriff nehmen – oder untergehen. Nötig wäre ein Bündnis oder doch ein konstruktiver Dialog des Christentums mit allen Kräften der Aufklärung und der Auflehnung gegen die unheilige Herrschaft des Menschen über den Menschen mit Hilfe der Götzen und Vorurteile. Aber die elementarste emanzipatorische Energie, die biblische Verheißung, verbraucht sich im Kampf der Kirchen um ihren Bestand.

III.

Es ist nicht der böse Wille der ökumenisch Erfahrenen, daß sie die neue Erfahrung nicht in Erneuerung verwandeln können. Das Problem ist die Übersetzung.

Ihr steht entgegen: die christliche Sprache bezieht sich auf die Verantwortung und die Schuld, die Konflikte und die Versöhnungen in den Primärgruppen der Familie, der Nachbarschaft, der direkt wahrnehmbaren Über- und Unterordnungsverhältnisse im Beruf und im öffentlichen Leben. Schon die Dimensionen der modernen Großstadt, der arbeitsteiligen Wirtschaft, der politischen Organisation nationaler Massen gehen in diese Sprache nicht mehr angemessen ein. Und selbst die primären Erfahrungen haben immer noch vorindustrielle Namen, im Grunde beruhen diese Namen auf den Problemen und Problemlösungen des Kindes von der Geburt bis zur Pubertät, nicht des erwachsenen Menschen in seiner Sozietät. Das heißt, die erwachsene Welt in ihren heutigen Organisationsweisen und Konflikten ist religiös nie verarbeitet worden, nie »zu Wort« gekommen. Für die befreiende Wirkung des Gekreuzigten hat die religiöse Sprache immer noch kein angemesseneres Wort als »Herrschaft«, für die Antwort der Befreiten setzt sie »Dienst« und »Gehorsam«. In eine solche Sprache gehen die Welterfahrung und Weltverantwortung der zweiten Hälfte des 20.

Jahrhunderts nicht ein, nicht elementar genug jedenfalls, um die Gewissen zu befreien und neu zu orientieren. Christen leben mit einem parochialen Gewissen in einer universalen Welt.

Daraus folgt: die öffentliche Meinung in den Kirchen ist nach wie vor festgelegt auf Einstellungen und Verhaltensformen, in denen nicht geschehen kann, was geschehen müßte. Immer noch zerfällt die Welt in »wir« und »die anderen«. Immer noch wird »Frieden« vorgestellt als »Ruhe und Ordnung«, nicht als ein offener Prozeß der Austragung und Lösung von Konflikten in Liebe und Hoffnung. Immer noch gilt Ergebung für christlicher als Widerstand. Immer noch hat der Status quo eine höhere religiöse Qualität als die Veränderung. Immer noch ist jeder Grenzüberschritt im Dialog, in der Zusammenarbeit, in der Zuwendung zu fremdem Leiden ein gefährliches Spiel mit der eigenen »Verwurzelung«, auch wenn die Grenzen sich lockern: »fremd«, »feindlich« und »religiös gefährlich« sind Synonyme. Eine internationale Organisation religiösen Protestes ist in einer so archaischen Frömmigkeitsstruktur schwer zu erzielen. Das Christentum der Christen kommt nicht frei aus den lähmenden Symbiosen von gestern.

Darum kommt schließlich die notwendige Strukturveränderung nicht recht in Gang. Sie hängt ja nicht am guten Willen der Kirchenleitungen. Kirchliche Strukturen sind die Institutionalisierung des religiösen Bedürfnisses. Nur wenn die Mutation des Bedürfnisses sich in einem Umschlag der öffentlichen Meinung kundtut, können – jenseits eines gewissen Spielraums – auch die Strukturen sich umbilden. Darum bleiben alle Bemühungen um neue Formen des Gottesdienstes so sehr im Umkreis der klassischen Liturgien. Darum schlägt das alte paternalistisch-monopolistische Pfarramt durch alle Verkleidungen – Team-Arbeit, Theologie des Volkes Gottes etc. – immer wieder durch: das religiöse Bedürfnis der Mehrheit ist kindlich und hält die Väter in der Vaterrolle fest. Strukturveränderung wäre aber unabdingbare Voraussetzung der Verwandlung der ökumenischen Erfahrung in aktive Frömmigkeit.

IV.

Gerät das Individuum in einen Konflikt, dem es psychisch nicht gewachsen ist, so ist es in der Gefahr der Regression: es versucht, hinter die Schwelle der von ihm erlangten Reife zurückzukehren. Auch bei Gruppen, Klassen, ganzen Völkern gibt es ähnliche Reaktionen – der Faschismus kann als kollektive Regression beschrieben werden. Das weltweite Unbehagen an der ökumenischen Bewegung ist als solches sicher noch kein zureichendes Indiz, daß auch in den Kirchen »regressive« Prozesse in Gang sind. Es gibt ja genügend gute Gründe zur Unzufriedenheit mit dem Zustand der Ökumene.

Nimmt man aber die zum Teil höchst bösartige Kritik am »Internationalismus«, an der »theologischen Leichtfertigkeit«, an der »Auflösung der Vertikalen in die Horizontale«, am »Aktionismus«, an der »Hypertrophie des rein sozialen Engagements« in der ökumenischen Bewegung mit anderen Erscheinungen zusammen, dann wird der Verdacht auf »Regression« unabweisbar. Eine Welle des theologischen, frömmigkeitlichen und kirchenpolitischen Fundamentalismus, der Flucht zu den heiligen Texten, Ritualen und Ordnungen, geht durch alle Kontinente, nahezu alle Kirchen. Und der Fundamentalismus steht fast überall im Bündnis mit nationalistischen, rassistischen, antiemanzipatorischen, autoritären Fluchtreaktionen. Die Angst vor dem Wandel belebt die Sehnsucht nach den alten Symbiosen, der alte Gott und die guten alten Zeiten erneuern ihre wechselseitige Garantie. Aber auch der linke Flügel der ökumenischen Bewegung zeigt gefährliche Reaktionen. Das anti-institutionelle Ressentiment vieler fortschrittlicher Gruppen und Experimente verurteilt sie von vornherein zum Sektierertum, auch hier wird aus dem Welthorizont auf das Überschaubare, auf die kurzfristige Befriedigung der eigenen »Verwirklichung« zurückgewichen. Das Experiment, das sich die Provokation der Mehrheit erspart – oder sie überdreht, ist verloren für die Erneuerung der Kirche.

Andere Anzeichen sind zweideutiger. Da ist die Regionalisierung der ökumenischen Bewegung in Asien, Afrika, Lateinamerika. Da ist das gelegentlich fast kritiklose Engagement mancher Kirchen im »nationbuilding« junger Staaten, schon darum fast unvermeidlich, weil die kleinen christlichen Minderheiten aus dem Verdacht, fünfte Kolonnen des Neokolonialismus zu sein, herauskommen müssen. Da ist die Identifizierung mit revolutionären Bewegungen, mit Minderheiten, die um die Herausbildung einer »kulturellen Identität« kämpfen: »Black Theology and Black Power« (James H. Cone).

Es steht weißen Christen nicht gut zu Gesicht, wenn sie diese emanzipatorischen Tendenzen vorschnell kritisieren. Zu lange hat auch *in* der ökumenischen Bewegung die Vorherrschaft der weißen, reichen Kirchen und ihrer Theologien angedauert. Aber unzweifelhaft kann das Erneuerungsproblem der Weltchristenheit, kann der Versuch der Ökumene, »die bewohnte Erde wieder für alle Menschen bewohnbar zu machen« (H. J. Schultz), und zwar in der büßenden Auseinandersetzung mit der eigenen Herkunft, durch derlei partikulare Entwicklungen wieder aus dem Blickfeld geraten.

V.

Regression kann nicht zum Ziel gelangen. Kein Individuum, keine Gruppe, keine Institution kann hinter einmal gemachte Erfahrungen zurück. Der Versuch macht krank, er *ist* bereits die Krankheit.

Genuiner Provinzialismus ist keine Sünde. Der kirchliche Provinzialismus als Reaktion, als ängstliche Alternative zum Risiko der ökumenischen Zukunft aber ist lebensgefährlich. Die Mitgliedskirchen des Ökumenischen Rates könnten an der ökumenischen Bewegung zugrunde gehen, wenn sie das Versprechen der Erneuerung, das sie sich im ökumenischen Bündnis gegeben haben, nicht einlösen. Es gibt kein Patentrezept. Aber einige Schritte lassen sich beschreiben:

1. Die neuen Erfahrungen, die im Welthorizont gemacht werden, müssen in ihrer lokalen Erscheinungsform aufgespürt werden. Nur so werden sie verarbeitbar für das Gewissen, für die alltägliche Frömmigkeit. Die Risse, die die Menschheit zerspalten, gehen durch jedes Dorf, durch jede Familie. Die Entstellungen der

Unterdrückung sind auffindbar zwischen Eltern und Kindern, Mann und Frau, Arbeitgebern und Arbeitnehmern, den »Produktiven« und den »Unproduktiven«, den »Gesunden« und den »Kranken«, den Angepaßten und den Außenseitern im kleinsten Raum. Die Lebensbedrohungen der Menschheit haben ihre Korrespondenzen in den örtlichen Verhältnissen. Freund-Feind-Denken, Manipulation, Bildungskatastrophe, Umweltzerstörung sind lokalisierbar. Das ungeheure Emanzipationsdefizit, den Fatalismus derer, die sich in die Zukunft als Schicksal ergeben, kann jeder in sich selbst aufdecken. Dazu ist es nötig, Abwehrmechanismen erkennbar zu machen und zu zerstören, zum Beispiel die fantastische Schutzbehauptung der wirtschaftlichen Interessengruppen einschließlich der Gewerkschaften, der Klassenkampf sei vorbei. Hier wird die exorzistische, die aufklärerische Bedeutung der Predigt in ihrem Kontext, dem kontinuierlichen Lern- und Beratungsprozeß der Gemeinden erneut aktuell. Es geht nicht um eine neue parochialistische Verengung. Es geht um den Zusammenhang der lokalen Bedrohungen der Menschheit. Es geht um die ökumenischen Dimensionen des Gewissens.

2. Der notwendige Wurzelgrund einer solchen Lokalisierung der ökumenischen Erfahrungen ist eine kritische Theologie, eine Theologie, die nicht nur kritisch ist hinsichtlich der Quellen, sondern auch und vor allem hinsichtlich der Vollzüge der gegenwärtigen Kirche. Vermutlich hat die Theologie in diesen »Vollzügen« überhaupt ihren eigentlichen Gegenstand, und nur in der Konzentration auf diesen Gegenstand erweist sie sich als »scientia eminens practica« (höchst praktische Wissenschaft). Als kritisch bewährt sie sich darin, daß sie aufdeckt, wie die Traditionen – Lehre, Liturgie, Struktur, Frömmigkeit, Moral – in der Kirche sich den Symbiosen verdanken, die das Christentum im Hinblick auf vergangene missionarische Aufgaben oder auf seine Selbsterhaltung eingegangen ist, wobei die Universalität der Verheißung jeweils in der Partikularität des kirchlichen Interesses aufgehoben war. Verbindungen dieser Art wird das Christentum vermutlich immer eingehen müssen, aber das darf nicht mehr unbewußt und unkritisch geschehen, nachdem einmal heraus ist, daß die Symbio-

sen von gestern die Kirche von heute prophetisch und diakonisch impotent machen.

3. Das vorzügliche Medium, in dem die Überlieferung des Glaubens heute zündet, ist – abgesehen von der Diakonie und dem kritisch-sozialen Engagement – der Bildungsprozeß. Jedenfalls ist Bildung, der Vorgang der Aufklärung und Befreiung von »unbegriffenen Mächten« im Austausch der Erfahrungen von Generationen und gesellschaftlichen Positionen, der Prozeß, in dem Gewissen sich neu orientieren und die öffentliche Meinung in der Kirche umschlägt und den Druck erzeugt, unter dem Strukturen sich wirklich verändern und nicht nur modernisieren. Investitionen (Personen, Geld, Bauten – in dieser Reihenfolge!) im Bereich der systematischen Kinder-, Jugend- und Erwachsenenbildung und vor allem der speziellen Ausbildung für kirchliche Funktionen sind der einzige Weg zur Erneuerung der Kirche. Bildung ist heute kein selbstverständliches Nebenprodukt der gesellschaftlichen Vollzüge mehr. Bildungsarbeit ist eine Profession, ein ganzes Bündel von Dutzenden von spezialisierten Berufen und ehrenamtlichen Funktionen, die der systematischen Zurüstung bedürfen. Einst war der Lehrer der Gehilfe des Pfarrers. Heute wird sich wohl der Theologe als Gehilfe des Pädagogen begreifen müssen. –

Die ökumenische Erfahrung ist eine Schwelle heutiger Frömmigkeit. Hinter diese Schwelle führt kein Weg zurück. Von Anfang an ist die biblische Verheißung eine »ökumenische« Verheißung gewesen. Das christliche Gewissen muß sich einleben in den größeren Haushalt, in den es von Anfang an »herausgefordert«, auf den es von Anfang an orientiert war, den Haushalt der bewohnten Erde. Es muß sich einüben in ein neues, nein, in sein ursprüngliches Zeit- und Weltgefühl. Das ist ein Bildungsproblem, im umfassendsten Sinn des Wortes.

2. Eingabe an einen westdeutschen Kirchenführer

Hochwürdiger Herr Bischof!

Aus Ihrem Munde habe ich vor Jahren zum ersten Mal jenen in Westdeutschland umgehenden ›Witz‹ über die ökumenische Bewegung gehört, der mir seither nicht mehr aus dem Kopf will: Die Ökumene zog aus, die UNA zu suchen, aber es ist nur eine zweite UNO draus geworden.

Zunächst war ich nur amüsiert. Nicht, weil ich den Witz so besonders gut fand. Sondern, weil er, wie die meisten Witze, den oder die Erfinder enthüllt.

Einmal offenbart er einen erstaunlichen Informationsrückstand: für Faith and Order meine ich das mit diesem Bericht (Die ökumenische Utopie, Stuttgart 1972; Anm. d. Hg.) nachgewiesen zu haben. Die Bewegung hat ihren Auftrag nämlich erfüllt. Der Konsensus ist nahezu fertig. Daß die Kirchen, die Mandatsgeber, davon keine Kenntnis nehmen, ist nicht allein die Schuld von Genf.

Und das gilt keineswegs nur von Faith and Order. Für »Kirche und Gesellschaft« und für »Weltmission und Evangelisation« ist die Rechnung, die man den Kirchen aufmachen muß, beinahe noch ruinöser. Wovon zehren denn die Kirchen seit mehr als einer Generation? Es gibt nicht *eine* neue Problemwahrnehmung, nicht *einen* kirchenreformatorischen Einfall, freilich auch nicht *eine* Modernismus-Unsitte, die nicht letztlich ökumenischen Hintergrund hätte. Daß die Theologie seit langem ökumenisch verflochten arbeitet, muß man kaum unterstreichen. Wer hat denn – beiläufig – die Theologie des deutschen Kirchenkampfes vornehmlich gemacht? Ist es ein Zufall, daß man wenigstens den ökumenischen Abstand von Basel und Zürich nach Berlin und Wuppertal brauchte, um den Zusammenbruch des deutschen Kartells auf seinen einfachsten, auf seinen homiletischen Ausdruck zu bringen?

Ist es ein Zufall, daß die originellste theologische Leistung im Deutschland des 20. Jahrhunderts von einem Manne stammte, der ein geborener Ökumeniker war: *Bonhoeffer?*

Ganz zu schweigen vom kirchlichen Wiederaufbau nach dem Kriege. Die ersten Bücher, die wir nach dem Zusammenbruch bekamen, waren ökumenische Spenden. Die Suppen, die wir in den Mensen und Studentenheimen vorgesetzt bekamen, der unbeschreibliche Käse, den wir auf unser Brot legten, – woher stammte das alles? Die erste Entlassung aus dem internationalen Bann, in den Deutschland getan worden war, war eine ökumenische Entlassung. Und wenn das alles alte Hüte sein sollten, wenn wir jetzt ›wieder wer sind‹, zu sein glauben, was sind wir denn, wenn man das Ökumenische abzieht? Was sind wir, wenn man die Stichworte ›Verantwortliche Gesellschaft‹, gesellschaftliche Diakonie, Weltentwicklung, missionarische Strukturen, Pastoral Clinical Training – was noch? – abzieht? Was sind wir, wenn man das zweite Vatikanum abzieht, wenn man Genf 1966 abzieht, wenn man die Studentenbewegung als einen international-ökumenischen Vorgang abzieht? Was fällt uns denn noch ein ohne diese Kontexte? Kein Zweifel, die deutschen Beiträge sind auf jeder Ebene beträchtlich. Aber in welchen Zusammenhängen sind sie entstanden? Die westdeutsche Christenheit ist etwas, sofern sie die westdeutsche Provinz der Weltchristenheit ist, und sonst gar nichts. Und das ist ja noch nicht einmal eine sonderlich neue Weisheit. Sie ist in ihrer geistlichen Substanz etwa zwei Jahrtausende alt.

Doppelbödig amüsant ist das Urteil ferner der Einschätzung der Vereinten Nationen wegen, die in ihm steckt. Es ist ja heute ganz modisch, dieses Unternehmen für gescheitert zu erklären. Jeder Zeitungsschreiber spießt seine Feder in diese Organisation, ohne Rücksicht darauf, daß auch der Völkerbund einst so unter die Schreiber und Bierkellerredner gefallen ist. Man denke sich die Vereinten Nationen einmal weg. Man denke sich die Allgemeine Erklärung der Menschenrechte, die UNESCO, den Flüchtlingsdienst der UN, UNICEF, die Weltgesundheitsorganisation, UNCTAD, das ganze Kommunikationsnetz dieser konzertierten Aktion der Staaten einmal weg. Wir könnten ja die Probleme, die

Weltkonflikte, von denen wir bedroht sind, noch nicht einmal wahrnehmen, geschweige denn formulieren und organisieren, ohne diese vielgeschmähte Antizipation einer politischen Weltordnung, so kümmerlich sie – zugegeben – gegenwärtig dahinvegetiert. Wäre die Ökumenische Bewegung nicht mehr als eine ›zweite UNO‹, eine kirchliche UNO, sie wäre immer noch des Schweißes aller Edlen wert, sehr viel mehr Schweiß und Zeit und Geld und Personal und Fantasie, als gegenwärtig für sie aufgebracht wird.

Kurz, der Witz über die Ökumene hat seine Qualitäten, – als Selbstentlarvung der Witzemacher.

Mehr und mehr aber bekümmert mich das mangelnde Realitätsbewußtsein, das in solchen Urteilen steckt. Mehr und mehr verängstigt mich die antiökumenische Welle in Deutschland und anderswo auf der Welt.

Denn das hat ja einen Kontext. Ich habe annähernd tausend Briefe und Dokumente analysieren müssen, die im Zusammenhang mit dem Antirassismus-Streit entstanden sind. Und was sich da anti-ökumenisch äußert, das äußert sich regelmäßig überhaupt gegen Veränderung, gegen eine Zukunft, die mehr wäre als Fortschreibung der vertrauten Vergangenheit, und das heißt, überhaupt gegen jede *mögliche* Zukunft. Das ist gegen Mitbestimmung und Vermögensausgleich in der Wirtschaft, gegen Chancengleichheit in der Bildung, gegen Entspannung in der Politik, gegen Demokratisierung und Machtkontrolle in der Gesellschaft. Das ist gegen die Linken (und was links ist, definiert die bürgerliche Presse), gegen die Intellektuellen (und intellektuell ist alles, was Fragen stellt und Vorurteile angreift), gegen die Jungen (und alle Jungen sind offenbar potentielle Terroristen, wenn nicht endlich »durchgegriffen« wird – der infantizide Zug der gegenwärtigen Law-and-Order-Bewegung gehört zum Enthüllendsten an ihr!). Das ist gegen alles, was seit der Studentenrebellion in Gang gekommen ist, und Gott sei Dank, daß *Ulrike Meinhoff* endlich einen mörderischen Vorwand geliefert hat, wieder mit gutem Gewissen dagegen sein zu dürfen.

Natürlich ist diese Zuordnung eine schreckliche Vereinfachung. Aber sie ist in den Stellungnahmen, sie ist nicht meine Erfindung.

Und am Ende ist die Sache eben leider wirklich ›schrecklich einfach‹. Es gibt einen weltweiten Aufstand gegen Grundlagen unserer Zivilisation: die Frage. Wer fragt, schafft Unruhe. Und wer im Namen der Zukunft fragt, zu deren Planung wir verurteilt sind, schafft doppelte Unruhe. Und gegen die Frage hilft offenbar – jedenfalls psychologisch – nur die Rezitation herkömmlicher Antworten: mehr Staat, mehr Nation, mehr Deutschtum, mehr preußische Werte, mehr Macht für die Experten, mehr Vertrauen in die universelle Weisheit der Unternehmer, überhaupt der gesellschaftlichen Eliten, mehr Gesetz und Ordnung, mehr Leistung, mehr Polizei – und in dem Zusammenhang: mehr Kirche, mehr Bekenntnis.

Das ist – nachweislich – der Kontext des Anti-Ökumenismus. Und natürlich ist der Ökumenismus die nachhaltigste Infragestellung der parochialen Kirchlichkeit und der individuellen und gesellschaftlichen Stabilisierung, die sie leistet. Argumente spielen kaum eine Rolle, nur Ängste. Und die Ängste kann man sogar verstehen. Aber Angst ist kein guter Ratgeber.

Der Kontext schreckt. Und die Konsequenzen sind fatal. Dem Ökumenischen Rat, dem wichtigsten Instrument der ökumenischen Bewegung, wird gegenwärtig buchstäblich die Luft abgedrückt. Mehr und mehr Stellen im Genfer Stab gehen ein. Mehr und mehr laufende Programme werden ausgedünnt und eingetrocknet. Mehr und mehr neue Aufgaben können gar nicht erst in Angriff genommen werden. Man nennt das – zynisch – ›Gesundschrumpfen‹. Ich nenne das ein unverantwortliches Preisgeben von Chancen und Berufungen, eine ratenweise Zerstörung von fünfzig Jahren fruchtbarer Arbeit. Ich nenne das Zukunftsverweigerung. Sicher, es liegt nicht an den paar Dutzend Mitarbeitern in Genf. Was dort geschieht, ist nur symptomatisch. Aber Symptome zeigen Krankheiten an. Die westdeutschen evangelischen Kirchen und ihre Werke, so schätzte jüngst *D. Goldschmidt,* beschäftigen mehr als 200000 hauptamtliche Mitarbeiter. Nimmt man die Katholiken und andere Kirchen hinzu, dann kommt man auf annähernd eine halbe Million. Die Zentrale der Weltchristenheit in Genf bringt es noch nicht einmal auf hundert, wenn man die Schreibhilfen nicht mitrechnet. Jede landeskirchliche Verwaltung wäre bei einer solchen Unterbelegung längst zusammengebrochen.

Soweit die UNA der UNO ähnelt, hat das auch ähnliche Gründe: zu wenig Geld, zu wenig Zeit, zu wenig Personal, zu wenig Vollmacht, zu wenig Fantasie, zu wenig gesunder Menschenverstand, zu wenig Geduld, zu wenig Ernsthaftigkeit bei der Einlösung gegebener Versprechen. Nur: die Staaten haben eine Entschuldigung, die die Kirchen nicht haben. Eine internationale Rechts- und Friedensordnung ist ohne Vorgang, ohne Beispiel, ohne Modell. Die Kirchen können das nicht vorbringen. Sie müssen nichts Neues erfinden, nur das längst Erfundene in Gebrauch nehmen.

Ich wende mich an Sie, hochwürdiger Herr Bischof, weil das Bischofsamt eine der Erfindungen ist, die hier in Betracht kommen. Bischöfe sind von jeher Darsteller und Hüter der christlichen Einheit. Dazu sind sie da seit dem zweiten nachchristlichen Jahrhundert. Nur dazu sind sie da. Die Lehr- und Leitungsautorität, die ihnen zuwuchs, ist eine Funktion dieser ursprünglichen Aufgabe. Denn zunächst lag ja die Lehrautorität bei Aposteln, Lehrern und Propheten. Und die Leitungsautorität lag bei Presbyterien, bei Kollegien. Erst als die häretischen und schismatischen Tendenzen stärker wurden, verliebte man sich in die Eins, in den monarchischen Episkopat. Ich bin nicht sicher, ob das eine gute Entscheidung war. Aber darauf kommt es nicht an. Wie die Dinge ökumenisch liegen – davon habe ich mich in einem ziemlich schmerzhaften Lernprozeß überzeugt, ist das Bischofsamt – wenn auch sicher heute nicht mehr in monarchischer Verfassung – unverzichtbar, eine conditio sine qua non des ökumenischen Erfolges. Nur wenn alle Kirchen das Bischofsamt erneuern, wird es eine ökumenische Zukunft unter Einschluß der Orthodoxen und Roms geben. Und es hat ja eine gewisse Logik, daß Einheit durch Einheit repräsentiert wird.

Aber eben darum: let the bishops be bishops! Die Einheit, die der Bischof lokal darzustellen und zu hüten hatte, war von jeher die Einheit der ganzen Kirche, nicht nur die Einheit seiner Gemeinde, sondern die Ökumene der Christenheit, recht verstanden sogar

– das kann man bei den Orthodoxen lernen – die Einheit des gesamten Kosmos, letztlich die Einheit des dreieinigen Gottes.

Nimmt man das ernst, dann hat die westdeutsche Provinz der Weltchristenheit eine ökumenische pressure group von beachtlicher Potenz. Es ist an den deutschen Bischöfen, die Einheit der Weltchristenheit gegen den Parochialismus ihrer eigenen Kirchengebiete vorzubringen, sie darzustellen in allem, was sie sagen und tun und sind, sie zu hüten gegenüber allen Separatismen und Diskriminierungen, gegenüber allen Spaltungen innerhalb und außerhalb ihres eigenen Zuständigkeitsbereiches. Das ist ihres Amtes.

Sie haben die ökumenische Einheit der Christenheit darzustellen und zu hüten gegenüber der Selbstbekümmerung der Kirchenleitungen, der Sparsamkeit der Finanzausschüsse, dem Provinzialismus der Theologie, der Standesangst des Klerus, der Konfliktscheu der Synoden und der Lernhemmung bei den Mitgliedschaften. Sie sind die Anwälte der Minderheiten, aller Gruppen, die aus diesem oder jenem Grund nicht zu Wort kommen im Konzil der Frommen. Heute sind das – innerkirchlich – die Kinder, die Alten, die Frauen, die Marginalen, die Lohnabhängigen, die Kranken. Heute sind das mehr und mehr – nach einer kurzen Zeit, in der es anders aussah – wieder die Jungen, die Studenten, die Intellektuellen, die Linken, alle Gruppen, bei denen den kirchlichen Normalbürgern der Kommunismus einfällt. Heute sind das die Gemeindepfarrer, denen eine unmögliche Vielfalt von Aufgaben zugemutet wird, eine Rollenkonfusion ohnegleichen. Heute sind das – weltkirchlich – die Armen, die Ohnmächtigen, die zum Schweigen Gebrachten, die mit der schwarzen, der gelben und der braunen Pigmentierung.

Wohlgemerkt, die Bischöfe sind auch für die Mehrheiten da, genauso wie für die Minderheiten. Aber das fällt ihnen ohnehin leichter. Bischöfe sind Übersetzer, Makler, Unterhändler. Sie sind Schiedsleute. Sie sind, was man in der englischen Geschäftsordnung ›Chairmen‹ nennt. Sie sind die Einberufer des Palavers, als das der Frieden heute wahrgenommen werden muß, die Gewährsleute des ›endlosen‹ Dialogs, von dem *Kohnstam* zu Recht sagt, er sei die Energie der Gemeinschaft. Sie sind öffentlich bestallte Bettler: Bettler um die Wiederaufnahme der Diskussion.

Sie sind keine Reformer. Aber sie werfen einen Schatten, in dem Reformen diskutierbar und durchführbar sind. Sie sind auch keine Bestandswahrer um jeden Preis. Aber ihre Präsenz nimmt den Bestandswahrern die Angst um die Bestände, die sie fanatisch macht.

Sie sind keine Patriarchen und keine Rebellen. Sie sind Vermittler, die den Patriarchalismus als Selbstverteidigung verängstigter Väter unnötig machen, ebenso wie die inhaltslose Dauerrebellion der Jungen. Sie führen Regie bei der Inszenierung des Generationenkonflikts, der für die Verknüpfung von Ende und Anfang, von Erfahrung und Traum, von Tradition und Wandel schlechthin unentbehrlich ist.

Bischöfe ergreifen nicht Partei, es sei denn – auf Zeit – die Partei der Verlierer. Jedenfalls ist für sie Einheit nicht gleich Mehrheit, sondern die wechselseitige Irritation von Mehrheit in Hoffnung und Liebe.

So stelle ich mir Bischöfe vor. Es gibt den einen oder den anderen Kirchenvater, auf den man sich dabei berufen könnte. Aber Kirchenväter haben, soweit sie vor 1483 geboren sind, unglücklicherweise keine Stimme in der Evangelischen Kirche. Darum beruft man sich besser darauf, daß Bischöfe tatsächlich so sein können. Mein Kronzeuge ist der vorige Bischof von Rom.

Sie haben mir bei jenem Gespräch, bei dem Sie mir auch den ›Witz‹ über die Ökumene erzählten, ganz ohne jeden Spaß gesagt, Sie machten sich Sorgen um die ökumenische Bewegung. Ich wende mich an Sie, hochwürdiger Herr Bischof, als einen berufenen Verkörperer der Ökumene in Deutschland, weil ich mir ebenfalls Sorgen mache, Sorgen um die Ökumene als die jetzt sichtbare Gestalt der institutionellen Zukunft der Christenheit, Sorgen um Genf, Sorgen auch um die westdeutsche Provinz der Weltchristenheit, das heißt, um ihren ökumenischen Aspekt. Meine Gründe habe ich in diesem Bericht zu formulieren versucht. Wenn und soweit es schlecht steht um die ökumenische Bewegung, liegt das daran, so meine ich, daß die Mitgliedskirchen sie im Stich lassen. Daß auch die Mitgliedskirchen ihrerseits dabei Gefangene einer schwer auflösbaren parochialen Situation sind, habe ich zugestanden. Trotzdem: seit 1948 ist die ökumenische Bewegung der Theorie nach eine Bewegung der *Kirchen.* An den *Kirchen* also liegt es, sie weiterzubewegen und sich in ihr zu bewegen. An den Kirchen liegt es, ihrer eigenen Bewegung Kredit, also Geld, Personal, Autorität und Verbindlichkeit zu geben. An den Kirchen liegt es, den ökumenischen Verschleiß zu verhindern, der jetzt droht. Sie haben die Macht dazu. Nur sie haben die Macht dazu. Dabei ist mir durchaus klar, daß mehr Engagement der Mitgliedskirchen auch mehr kirchliche Kontrolle über das ökumenische Instrumentarium bedeutet. Dagegen sträubt sich einiges in mir. Schließlich war ich selbst einmal Genfer Funktionär. Aber ich halte das für unausweichlich. Lieber die Kontrolle, und, wo es nötig ist, der Konflikt, als weiter die unverbindliche Freiheit, die alle Beteiligten mehr und mehr frustriert und unglaubwürdig macht.

In der Anlage finden Sie ein Papier, in dem einige Vorschläge zum Thema »Mehr ökumenische Verbindlichkeit in Deutschland« zusammengestellt sind. Ich halte diese Vorschläge durchaus nicht für originell. Das Notwendige liegt im Grunde für alle Beteiligten seit Jahren auf der Hand, es müßte nur angepackt werden. Meine Vorschläge sind auch ganz und gar fragmentarisch, und ich beschränke mich auf Andeutungen. Ein Aktionsprogramm der Ökumenisierung vorzulegen, kann ich mir nicht anmaßen. Es wäre nur aufgrund einer viel solideren Kenntnis der strukturellen Zusammenhänge möglich, als sie mir zu Gebote steht. Ich habe nicht mehr als einige Erfahrungen und Impulse.

Gleichzeitig muß gesagt werden: ich spreche in diesen Vorschlägen ausschließlich für mich selbst. Meine ehemaligen Genfer Kollegen haben möglicherweise ganz andere Vorstellungen. Sie sollten sie vorbringen. Jeder, der weiter weiß, sollte vorbringen, was er weiß. Die Bearbeitung des ökumenischen Dilemmas duldet auch in Westdeutschland keinen Aufschub.

In der Hoffnung auf eine Verbindung in der Sorge bin ich Ihr

D. Ernst Lange

Mehr ökumenische Verbindlichkeit in Westdeutschland

Einige Erwägungen

1. Falsche Einordnung des Ökumene-Problems

Die Ökumene erscheint in Westdeutschland in bestimmten herkömmlichen Problemanordnungen. Alle Institutionalisierungen unterliegen den dadurch hergestellten Zwängen.

1.1 Weithin werden Ökumene und Mission zusammengesehen und in Ausschüssen und Ämtern zusammengespannt. Dieser Zusammenhang ist theologisch nicht zwingend und praktisch der Sache abträglich. *Das zentrale Problem der Ökumene ist die Kircheneinheit*, und zwar in dem in Löwen formulierten Kontext. Das zentrale Problem der Mission ist die weltweite Proklamation des Evangeliums. Selbstverständlich hängt beides zusammen, wie alle Dimensionen des Kircheseins von Kirche untereinander zusammenhängen. Aber trotz ihrer Entstehungsgeschichte ist die ökumenische Bewegung keine Funktion der Weltmission und die Weltmission keine Funktion der Ökumene, zumindest nicht ausschließlich der Ökumene. Organisatorisch sollte die Wahrnehmung der beiden Aspekte gänzlich entflochten werden. Denn je mehr man ins Detail geht, desto unterschiedlicher werden die in den beiden Gebieten erforderlichen Erfahrungen, Kompetenzen, Kooperationen und Kommunikationsnetze, die hier und da notwendigen Strukturen, die Ansprüche an die kirchlichen Budgets und Personalabteilungen. Es sollte zu denken geben, daß der Vatikan die beiden Funktionen voneinander getrennt hält.

1.2 Noch gefährlicher ist die Selbstverständlichkeit, mit der man neuerdings Ökumene und ökumenische Diakonie (zwischenkirchliche Hilfe, Entwicklungsdienst, Katastrophen- und Flüchtlingshilfe) miteinander identifiziert. *Eine Kirche, die Millionen für ökumenische und Entwicklungsdienste ausgibt, tut damit durchaus noch nichts für die Kircheneinheit.* Es ist sogar möglich, daß sie sich mit ihren Millionen von den eigentlichen Einungsproblemen bewußt oder unbewußt freikauft. Gerade die reichen Kirchen und besonders die EKD mit ihrem Wohlstandsprivileg sind da in einer großen Gefahr. Wenn sie ihre Verbindung zu den Kirchen der Dritten Welt und den Minderheitskirchen ausschließlich oder vornehmlich diakonisch definieren und erfüllen, handeln sie antikonziliar. Wo eine starke ökumenische Diakonie unterhalten wird, bedarf es erst recht ebenso starker auf Kircheneinheit und weltweite Konziliarität gerichteter Strategien, Programme und Institutionen, die als Gegengewicht und zur Kontrolle der ständig drohenden ›Herrschaft durch Caritas‹ fungieren. Es gibt einen Dauerkonflikt zwischen DICARWS (Abteilung für zwischenkirchliche Hilfe, Flüchtlings- und Weltdienst) und den anderen Abteilungen des ÖRK in Genf. Dieser Konflikt ist produktiv und notwendig. Man sollte ihn auf allen Ebenen inszenieren.

1.3 Besonders prekär ist in Westdeutschland das Zusammenspannen ökumenischer Interessen mit der Fürsorge für die deutschen Auslandsgemeinden. Es handelt sich, wie jeder weiß, um zwei völlig verschiedene, ja widersprüchliche Verantwortungen. Das *Problem der Auslandsgemeinden* ist schwierig genug: ein schleichender Konkurs, der unerhört viel Liebe und Einfühlung erfordert und wahrlich eine eigene Institution wert ist. Ökumene aber ist ein kategorial anderer Vorgang. Definiert man ihn als konziliaren Prozeß, dann ist er mindestens so sehr ein binnenkirchliches und inner-westdeutsches, wie ein weltkirchliches Problem.

2. Strukturen

Das Zurückgehen des unproportional hohen finanziellen und personellen Beitrags der US-Kirchen zur ökumenischen Bewegung und zum ÖRK hat die westdeutschen Kirchen in einen fatalen Zugzwang gebracht. Sie sind nahezu die einzige Gruppe von Kirchen, die finanziell so gestellt ist, daß sie einspringen kann. Schon jetzt ist die EKD finanziell (wenn auch nicht personell) überengagiert. Dennoch kann kein Zweifel sein, daß sie stärker einsteigen muß. Es kostet seinen Preis, im Millionärsviertel des Weltdorfes angesiedelt zu sein. Bei genauerer Betrachtung ist das eigentliche Problem auch gar nicht das hohe finanzielle Engagement als solches (der kirchliche Nießbrauch an einer westdeutschen Wirtschaftsexpansion scheint vorbei zu sein), sondern die Tatsache, daß *diesem übergroßen und steigenden Finanzbeitrag ein beklem-*

mendes Defizit an ökumenischer Urteils- und Handlungsfähigkeit entspricht. Geld zu geben, ohne über sichere Kriterien und klare Prioritäten zu verfügen, ist aber in der Tat nicht verantwortbar. Darauf können Finanzreferenten und Finanzausschüsse sich auf die Dauer nicht einlassen. Ohnehin ist die Prioritätenliste des westdeutschen Protestantismus schon viel zu lange vornehmlich von Finanzleuten und Juristen gemacht worden.

2.1 Für die merkwürdige Kontaktlosigkeit zwischen Genf und den westdeutschen Kirchen ist auch Genf zu einem guten Teil verantwortlich. Irgendjemand im ÖRK wird sich endlich hinsetzen und überschlagen müssen, was der US-Beitrag zur ökumenischen Bewegung, von dem man jahrzehntelang gelebt hat, an Propaganda, Diplomatie und Reisefleiß, an Informations- und Rechenschaftsbereitschaft, an Sympathiewerbung und Öffentlichkeitsarbeit, auch an Nachsicht mit den nationalen Deformationen der US-Amerikaner gekostet hat, um dann entsprechende Kosten zu errechnen, die man wird auf sich nehmen müssen, wenn man die Westdeutschen ähnlich stark und ähnlich dauerhaft engagieren will. Die Völkerwelt bemüht sich, das Vorurteil vom ›häßlichen Deutschen‹ zu überwinden. Die Ökumene macht es sich nach wie vor allzu bequem mit dem Klischee vom ›lästigen Deutschen‹, mit dem Achselzucken über deutsche Grundsätzlichkeit und Weitschweifigkeit, Steifheit und mangelnde Eleganz. *Wer zahlen soll, muß auch als Partner zählen.* Hohe ökumenische Funktionäre werden womöglich sogar Deutsch lernen müssen. Es sind ja auch einige nicht unwichtige Bücher in dieser Sprache geschrieben worden …

2.2 Immerhin: Der Genfer Stab hat eine gute Entschuldigung für seinen schlechten Kontakt mit den Westdeutschen. Er weiß nämlich nicht recht, wohin er sich wenden soll. Von Genf aus gesehen, ähnelt die deutsche Szene ein wenig Kafkas Schloß. Die Zuständigkeiten und Interessen sind zersplittert und unkoordiniert. Wo die eigentliche Souveränität und Handlungsfähigkeit sitzt, nämlich bei den landeskirchlichen Synoden und Kirchenleitungen, gibt es verfassungsmäßig keinen Zugang für ökumenische Instanzen. Die Gemeinschaftsorgane sind schwer beweglich. Das hat eine zwiefache gefährliche Folge: einerseits erliegen die ökumenischen Organe nun auch ihrerseits der Vorstellung, Ökumene sei in Deutschland vor allem Mission und ökumenische Diakonie, einfach weil die Handlungsfähigkeit bei den missionarischen und den diakonischen Instanzen immer noch am größten ist. Und da sie dieser falschen Perspektive aufsitzen, verstärken sie ihrerseits solche Tendenzen auch in Westdeutschland selbst. Zum anderen: das Hauptthema zwischen Genf und den westdeutschen Kirchen wird so erst recht das Geld. Denn finanziell ist auch in dieser verwirrenden Szene immer noch am ehesten etwas zu machen. Und auch hier gibt es dann notwendig einen Rückkoppelungseffekt. Die Deutschen selbst glauben mehr und mehr, das einzige, was Genf an Westdeutschland interessiere, sei die Deutsche Mark, während die inhaltlichen Entscheidungen ganz unkontrolliert anderswo fallen. In einzelnen kirchlichen Büros im Bereich der EKD gibt es, was die Ökumene anlangt, inzwischen regelrechte Verschwörungstheorien. Der Anti-Rassismus-Streit hat das an den Tag gebracht. Das Verhältnis zwischen dem ÖRK und dem westdeutschen Protestantismus ist weithin ein Un-Verhältnis.

2.3 Man mag diese Beschreibung für eine Karikatur halten. Immerhin, Karikaturen verdeutlichen. Vermutlich geht es für die westdeutschen Kirchen um drei parallele Anpassungen, wenn aus dem Un-Verhältnis ein produktives Verhältnis werden soll.

2.3.1 *Errichtung einer innerdeutsch und weltkirchlich transparenten Entscheidungsstruktur für ökumenische Strategie und Finanzierung auf EKD-Ebene.* Bei dem gegenwärtigen Stand der EKD-Integration kann es nur eine kooperative Struktur sein. Aber alle westdeutschen Korrespondenten der Genfer Zentrale (Mission, Diakonie, Entwicklungsdienst, Ökumenische Centrale, Kommunikation und Publizistik usw.) sollten in ihr vertreten sein, ihre Prioritäten gemeinsam bestimmen und ihre finanziellen Entscheidungen gemeinsam treffen, zumindest in der Grobeinstellung. Die Genfer Technik, auf den westdeutschen Unklarheiten zu spielen wie auf einem verstimmten Klavier, darf nicht länger ermutigt werden. Langfristig schafft sie nur Mißverständnisse und Ärger. Auch die Tatsache, daß das Genfer Budget seinerseits nicht integriert, sondern nach Diakonie, Mission und allgemeinem

Haushalt aufgespalten ist, sollte die Integration in Westdeutschland nicht behindern. An dieser einen Stelle ist Zentralismus unausweichlich. Reichtum muß nicht korrumpieren. Bei ungeklärten Entscheidungsprozessen aber korrumpiert er Geber und Empfänger.

2.3.2 *Errichtung einer ebenso transparenten ökumenischen Kommunikationsstruktur.* Sie ist von ganz anderer Art als die Entscheidungsstruktur der EKD. Sie muß die Freikirchen umfassen und von vornherein für eine allmählich sich verstärkende Mitarbeit der römischen Kirche offen sein. Sie muß den institutionellen und den Basis-Ökumenismus vermitteln. Sie muß in beiden Richtungen handlungsfähig sein, nach innen und nach außen, bei der gegenwärtigen Lage der Dinge vor allem nach innen! Sie muß konziliar organisiert sein, so daß das Ungleichgewicht zwischen Mehrheiten und Minderheiten, Großkirchen und Freikirchen ausgeglichen wird. Mit einem Wort: *die Errichtung eines westdeutschen Christenrates ist überfällig.* Wenn Geld- und Machtfragen einerseits und Kommunikationsfragen andererseits sorgfältig auseinander gehalten werden, müßte sie auch möglich und für alle Partner attraktiv sein. Selbstverständlich ist eine Verklammerung erforderlich. Die ökumenische Kommunikation und Kooperation ist notwendig ein Titel auf der Prioritätenliste der Entscheidungsinstanz, und zwar ein Titel, der ganz oben rangiert. Andererseits ist sie der Prozeß, in dem die wichtigsten Kriterien für die ökumenische Strategiebildung und Finanzierung der EKD erarbeitet werden. Trotzdem ist die Trennung der beiden Funktionen eine Bedingung dafür, daß es überhaupt zu einem ökumenischen Wachstum in Westdeutschland kommen kann.

2.3.3 In dem Rahmen, den diese beiden Institutionen, d. h. ein EKD-Ausschuß für ökumenische Strategie und Finanzierung und ein westdeutscher Christenrat als Kommunikationsinstrument, ziehen, *müßte der individuelle Kontakt des ÖRK und anderer ökumenischer Organisationen mit allen westdeutschen Mitgliedskirchen ganz freigegeben werden.* Das würde auch die Landes- und Freikirchen zwingen, je für sich handlungsfähige ökumenische Strukturen und Institutionen zu schaffen. Man könnte zwar bei den einzelnen Mitgliedskirchen kein ökumenisches Geld besorgen. Aber man könnte sie als *Anwälte für notwendige Veränderungen* in den Prioritäten gewinnen. Man könnte vor allem die ökumenische Konsultation, Visitation und Didaktik je nach den besonderen Verhältnissen einer Mitgliedskirche organisieren. Man könnte die unterschiedliche ökumenische Disposition der verschiedenen Mitgliedskirchen und günstige Personalkonstellationen voll ausnützen.

3. Professionalisierung

Das ökumenische Geschäft ist von Amateuren allein nicht mehr zu betreiben, so wichtig die ›Liebhaber‹ bleiben. Mehr als sechzig Jahre ökumenische Bewegung haben dazu geführt, daß ökumenische Theologie, ökumenische Weltanalyse, ökumenische Diakonie, Politik, Kommunikation und Erziehung hochdifferenzierte Funktionen geworden sind, deren Ausübung jeweils eine besondere Sachkunde, also auch eine besondere Ausbildung und Fortbildung verlangt. Es genügt zum Beispiel, wenn man im ökumenischen Prozeß wirklich daheim sein und andere damit vertraut machen will, nicht mehr, ein wenig Schulenglisch oder Schulfranzösisch zu können. Es werden Menschen gebraucht, die voll zwei- oder dreisprachig sind, im Idealfall so, wie etwa gebildete Inder das Englische nicht als erste Fremdsprache, sondern als zweite Muttersprache haben. Solche Vertrautheit mit mehreren Sprachen entsteht nicht durch Schulunterricht oder kurzfristige Auslandsaufenthalte, sondern nur durch eine vieljährige transnationale Erfahrung.

3.1 Sind Bischöfe und Kirchenführer die berufenen Darsteller und Hüter der Einheit der Weltchristenheit, dann müßten sie im Idealfall selbst solche professionellen Ökumeniker, solche im wörtlichen und im übertragenen Sinne mehrsprachigen Menschen sein. Und da das ein Traum bleiben muß, weil es am Ende wichtigere Kriterien der Bischofswahl gibt, brauchen sie persönliche ökumenische Sekretariate, ökumenische Profis als Berater und Begleiter, als Helfer, die ökumenische Augen und Ohren, eine ›katholische‹ Sensitivität und Sprachfähigkeit haben. Solche Leute fallen nicht vom Himmel. Sie müssen über lange Jahre ausgebildet werden. Sie verfügbar zu machen, ist ein besonderer Aspekt einer Funktion, die

die Kirchen ohnehin werden ausbilden müssen: nämlich einer *langfristigen kirchlichen Personalstrategie.*

3.2 Alle Kirchen brauchen ökumenische Referate oder Ämter. In diesem Feld gibt es schon manchen Ansatz. Aber gebraucht werden nicht Referate, die die Ökumene neben fünfzehn anderen Arbeitsbereichen betreuen, denn das ist mehr als sinnlos. Die Situation, die Erfahrung und die Verantwortung einer tausendfach zerrissenen, um ihre Einung, Erneuerung und Handlungsfähigkeit besorgten religiösen Gemeinschaft von einer Milliarde Menschen in einer interdependenten Welt ist kein Problem, das sich mit Kindergottesdienst und Kirchenmusik sinnvoll gruppieren ließe. Allein die Informationsfülle, die aufzunehmen und umzusetzen ist, setzt Kanäle voraus, die von allem anderen freigehalten sind. Auch die Gruppierung mit der Mission oder der Diakonie ist aus den genannten Gründen untunlich. Aufgabe der Ökumene-Referate ist die binnenkirchliche ökumenische Kommunikation und Erziehung, in letzter Analyse *die Entparochialisierung der Gewissen der Mitgliedschaft.* Sachlich gehören sie darum mit den Referaten für Information, für Gemeindeaufbau, für Unterricht und Erwachsenenbildung zusammen, sie sind auch nur in Kooperation mit diesen Referaten handlungsfähig. Organisatorisch sollten sie dennoch selbständig sein, einfach darum, weil sie an andere Kommunikationsnetze angeschlossen sein müssen.

3.3 Ämter oder Referate für Ökumene sind angewiesen auf Beratergruppen, in denen Pädagogik, Sozialpsychologie, Medienkunde und kirchliche Praxis sich verschränken. Denn sie haben kirchliche Lernprozesse zu organisieren. Dazu müssen sie Lernhemmungen und Lernchancen erkunden. Es geht nicht um Forschungsgruppen, die auf einer anderen Handlungsebene anzusiedeln wären. Es geht um Stäbe für die Ausarbeitung von Aktionen, in denen und an denen gelernt wird. Eine ähnliche Professionalisierung hat die ökumenische Diakonie im Hinblick auf die Verständigung mit der Mitgliedschaft in den letzten Jahren geleistet, freilich auf gesamtkirchlicher Ebene.

3.4 Synoden brauchen ständige Ausschüsse für ökumenische Fragen. Der konziliare Prozeß der ökumenischen Bewegung ist auf

Rezeption durch die Mitgliedskirchen angelegt und angewiesen. Allein der ›negative Konsensus‹, den Faith and Order in den letzten fünfzig Jahren erarbeitet hat, stellt eine riesige Rezeptionsaufgabe. Es ist einfach nicht mehr verantwortbar, daß eine landeskirchliche Synode heute Fragen der Taufe und der Eucharistie, des Amtes und der Ordination, der Predigt und der Erziehung verhandelt, ohne diesen ökumenischen Konsensus zu verarbeiten. Es ist auch nicht tunlich, diese Aufgabe etwa den theologischen oder den liturgischen Ausschüssen aufzulasten. Die Entzifferung des ökumenischen Kodes und die Übertragung ökumenischer Einsichten in territorialkirchliche Zusammenhänge bedarf einer besonderen Sachkunde und Methodik. Zudem: eine Kirche, die das Ökumenische rezipiert, rezipiert nicht nur Inhalte, sondern auch weltkirchliche Beziehungen und ist schon von daher auf Instrumente besonderer Art angewiesen.

3.5 Ein besonderes Problem ist die ökumenische Forschung. Sie muß transnational organisiert werden. Der ÖRK braucht dringend ein potentes Forschungsinstitut. Seit langem gibt es Pläne dafür. Aber die Finanzierung ist bisher mißlungen. Auch ist es schwierig, die Forschungsschwerpunkte zu bestimmen. Liegen sie im Bereich der Situationsanalysen nach Art von Kirche und Gesellschaft oder in der Friedens- und Konfliktforschung, bei der ökumenischen Theologie oder im Feld der ökumenischen Kommunikation und Didaktik? Alle vier Orientierungen sind offenbar wichtig. Aber im letzten Punkt ist das Defizit sicher am größten. In der Ermöglichung der Gründung eines solchen Instituts hätten die westdeutschen Kirchen, zusammen mit Kirchen und Stiftungen in anderen Ländern, eine einzigartige Gelegenheit, den ökumenischen Prozeß langfristig zu fördern, zudem auf eine – ihrem Selbstverständnis entsprechend – ›spezifisch deutsche‹ Weise. Zugleich könnten sie von einer solchen Gründung selbst entscheidend profitieren. Zwar sollte ein *ökumenisches Forschungsinstitut international sein,* aber es sollte von vornherein mit nationalen Sektionen verbunden werden, die Problemstellungen, Daten und Spezialstudien beitragen und international gewonnene Ergebnisse im konkreten Zusammenhang der örtlichen Ökumene überprüfen und entwickeln.

4. Ausbildung, Fortbildung, Weiterbildung

Die Entparochialisierung der Gewissen in den kirchlichen Mitgliedschaften, die die Voraussetzung einer wirklich ökumenischen Meinungsbildung und Strukturveränderung ist, wird nur gelingen, wenn ökumenische Erfahrungen und Fragestellungen stärker in die kirchlichen Ausbildungs- und Fortbildungsgänge einbezogen werden, als das bisher geschieht. Wie die Kirchen heute organisiert sind, kommt es zu einer *ökumenischen Sensibilisierung der Mitgliedschaft nur über die ökumenische Sensibilisierung der Mitarbeiterschaft.*

4.1 Es setzt sich allmählich die Einsicht durch, daß das theologische Studium ›auf die Füße gestellt‹ werden muß. Der Gegenstand der Theologie ist die gegenwärtige Kirche, das gegenwärtige Christentum in seinen Zusammenhängen, Furktionen und Strukturen und die Erfahrung des Glaubens, die in dem allen vergesellschaftet ist. Dieses Problemfeld ist durch Veränderung gekennzeichnet. Darum beginnt theologisches Fragen und Lernen notwendig mit einem praktisch-theologischen Grundstudium, die theologische Forschung mit der praktisch-theologischen Problemformulierung. Dabei ist praktische Theologie schlicht die Reflexion auf die Praxis der Kirche, ihre Bedingungen und ihre Probleme, eine Erkundung, die sinnvoll nur interdisziplinär und im Rhythmus von Felderfahrung und theoretischer Aufarbeitung dieser Erfahrung gelingt. Der Ausgang der theologischen Ausbildung in der entscheidenden postuniversitären Phase (die auf der Universität allenfalls vorbereitet werden kann) ist dann wiederum praktisch-theologisch, jetzt aber auf einer höheren Reflexionsstufe. Sowohl im Grundstudium als auch in der postuniversitären Phase ist dabei Praktische Theologie von vornherein ökumenisch zu definieren und zu vollziehen, einfach darum, weil der Gegenstand nur noch ökumenisch wahrzunehmen ist. Ökumenik als eine nahezu fakultative Spezialbeschäftigung in den höheren Semestern ist demgegenüber fast nutzlos.

4.2 Ist aber *Praktische Theologie vom Gegenstand her ökumenische Theologie,* dann hat das weitreichende Konsequenzen für die Organisation praktisch-theologischer Forschung und Lehre und die Berufsausbildung praktisch-theologischer Lehrer, für das Berufsbild und für die Gestaltung der beiden praktisch-theologischen Phasen der Pfarrer- und Theologenausbildung. Nur eine einzige dieser Konsequenzen sei hier angedeutet: das Grundstudium könnte und sollte, wo immer das möglich ist, für Studierende der katholischen und der evangelischen Theologie gemeinsam veranstaltet werden. Erst jenseits der Grundphase wäre eine Differenzierung notwendig und sinnvoll.

4.3 Zu den Streitfragen der Ausbildungsreform gehört das Problem, wieweit die drei alten Sprachen für ein Vollstudium der Theologie notwendig sind. Darüber wird das Problem der lebenden Sprachen völlig vernachlässigt. Wie die Dinge liegen, ist eine fortschreitende Ökumenisierung des kirchlichen Lebens nur über die hauptamtlichen kirchlichen Mitarbeiter zu erwarten. Die möglichst vollständige Beherrschung wenigstens einer der für den ökumenischen Prozeß wichtigen Weltsprachen (Englisch, Französisch, Spanisch, Russisch) ist bei der wachsenden Intensität ökumenischer Reise- und Visitationstätigkeit, bei dem Ausmaß der internationalen Wanderungsbewegung von Arbeitern und Studenten und angesichts der Vielsprachigkeit relevanter theologischer und kirchlicher Literatur völlig unerläßlich.

4.4 Daß das Praktikumswesen in der postuniversitären Ausbildung kirchlicher Mitarbeiter ausgebaut werden muß, ist heute die allgemeine Meinung. Ökumenische Praktika haben einen anderen Charakter als Schul-, Sozial- und diakonische Praktika. Sie sind nicht so unmittelbar berufsbezogen. Ihre Bedeutung liegt in der Herstellung einer ökumenischen Sensitivität, nicht im kontrollierten Erproben zukünftiger Tätigkeiten. In gewisser Weise macht das die *Ermöglichung solcher ökumenischen Felderfahrungen* nur um so dringlicher. Denn sie sind später nur schwer nachzuholen. Was spricht gegen eine Vereinbarung über den Austausch von Praktikanten mit der römisch-katholischen Kirche, was gegen eine generelle Austauschpraxis zwischen der Schweiz, Österreich und Westdeutschland, in Zukunft vielleicht auch mit der DDR? In bilateralen Absprachen könnte der Bereich geregelten Praktikantenaustausches sicherlich auch weit über die deutschsprachige Zone hinaus vergrößert werden, denn alle Mitgliedskirchen des ÖRK haben das gleiche Problem rechtzeitiger Vermittlung ökumenischer Erfahrungen. Ökumenische Praktika sollten zumindest für diejenigen Kandidaten obligatorisch werden, die während des Studiums kein Auslandsjahr absolviert haben.

4.5 Das Defizit theologischer Hochschullehrer und kirchlicher Amtsträger an ökumenischer Erfahrung und ökumenischer Sensitivität legt den Ausbau der Sabbatjahr-Möglichkeiten nahe. Ansätze zur Organisation eines solchen weltweiten Austausches sind in Genf bereits gemacht. Sollte nicht jeder Hochschullehrer mindestens zweimal, jeder Pfarrer oder andere kirchliche Mitarbeiter mindestens einmal während seiner Berufstätigkeit Gelegenheit haben, ein Jahr an einer Hochschule oder bei einer Kirche eines anderen Landes zu arbeiten?

5. Vor nahezu zwanzig Jahren hat die Dritte Weltkonferenz für Glauben und Kirchenverfassung in Lund, 1953, erklärt: »Wir möchten ... unsere Kirchen ernsthaft bitten zu prüfen, ob sie wirklich alles tun, um die Einheit des Volkes Gottes sichtbar zu machen, ob sie immer die genügende Bereitschaft zeigen, mit anderen Kirchen ins Gespräch zu kommen, *und ob sie nicht in allen Dingen gemeinsam handeln müßten, abgesehen von solchen, in denen tiefe Unterschiede der Überzeugung sie zwingen, für sich allein zu handeln«*. Das heißt: nicht das getrennte, sondern das gemeinsame Handeln ist das normale kirchliche Handeln. Seit mit dem Konziliaritätskonzept ein Weg gewiesen ist, selbst im Konflikt gemeinsam zu handeln, indem man nämlich den Streit um die Wahrheit in das gemeinsame Handeln miteinbezieht, hat die Regel von Lund noch viel mehr Dringlichkeit und Plausibilität gewonnen. So gilt für einen Großteil der Publizistik und für das Pressedienstwesen, für die Erarbeitung von Lehr- und Lernmaterial für den kirchlichen Unterricht in allen seinen Gestalten und Phasen, für wichtige Stadien der Ausbildung, für Institutionen und Programme der Diakonie, der Erwachsenenbildung, der Öffentlichkeitsarbeit usw., daß kein zwingender Grund mehr besteht, getrennt zu handeln, sofern die Manifestation differenter Positionen und der konziliare Streit um die Wahrheit als Strukturprinzipien von allen

Partnern anerkannt werden. *Der ökumenische Spielraum der westdeutschen Kirchen ist mit Sicherheit viel größer, als sie es gegenwärtig erkennen und zu erkennen geben.*

3. Bericht über die Begegnung des Rates der EKD mit Mitgliedern des Stabes des Ökumenischen Rates der Kirchen in Genf am 7./8. Juni 1974

Der Rat der EKD hielt seine turnusmäßige Sitzung am 7. und 8. Juni 1974 im Ökumenischen Zentrum in Genf. Der größte Teil dieser Sitzung diente einer seit langem vorgesehenen breiten Aussprache mit dem Generalsekretär des ÖRK, Dr. Philip Potter, und Mitgliedern des Stabes des ÖRK.

1. Die Intention der Aussprache in Genf

Bewußt war eine turnusmäßige Ratssitzung vornehmlich für die Begegnung mit den Genfer Partnern in der ökumenischen Bewegung bestimmt worden. Von seiten des Rates kam damit zum Ausdruck:

1.1 Der Rat geht von der Mitgliedschaft der EKD im Ökumenischen Rat der Kirchen aus. Er bekennt sich – ohne besonderes Pathos, in einer gewissen Selbstverständlichkeit – zu dieser Mitgliedschaft und der in ihr gegebenen, mit dem äußeren und inneren Wachstum der ökumenischen Bewegung sich entfaltenden inneren und äußeren Verpflichtung.

1.2 Ökumenische Aufgaben und Probleme gehören zur Alltagsarbeit der EKD, ihrer Gliedkirchen und ihrer Leitungsorgane. Die Begegnung mit dem Genfer Stab war als eine normale Arbeitsbesprechung in einem kontinuierlichen Prozeß der Kooperation anzusehen und zu gestalten.

1.3 Zugleich wünschte der Rat, seiner Entscheidung, die Fragen der ökumenischen Gemeinschaft sollten aus äußeren (Zentralausschuß-Sitzung in Berlin, Vorbereitung auf Jakarta etc.) wie inneren Gründen in der Ratsarbeit gegenwärtig Priorität genießen, Nachdruck zu verleihen und einen entsprechenden Akzent zu setzen.

1.4 Der Rat hat diese Priorität gesetzt, weil in der ökumenischen

Gemeinschaft gerade jetzt eine ganze Fülle von Aufgaben und Chancen, Spannungen und Konflikten, Fragen und Mißverständnissen zur Erörterung anstehen. Die EKD ist dadurch – teils wegen ihrer für die ökumenische Bewegung wichtigen Ressourcen, teils auch im Hinblick auf Auseinandersetzungen im eigenen Bereich – besonders gefordert. Eine direkte Erörterung der anstehenden Probleme mit den Genfer Partnern schien vernünftig und nützlich.

1.5 Die Mitarbeiter des Stabes des ÖRK haben sich als Gastgeber diesen Rahmen und diese Intention der Begegnung voll zu eigen gemacht. So konnten die Gespräche ebenso brüderlich wie freimütig verlaufen. Daß man gemeinsam auf dem ökumenischen Weg sei und bleibe, bedurfte keiner feierlichen Beschwörung. In seinem Schlußwort hat der Generalsekretär, Dr. Philip Potter, ausdrücklich unterstrichen, daß gerade dieser unprätentiös-sachliche Stil der Begegnug als »Gemeinschaft im Vollzug« auch für den Stab des ÖRK besonders wichtig und ermutigend gewesen sei. Einer entsprechenden Einladung des Rates folgend werde er darum mit seinen Mitarbeitern in naher Zukunft zur Weiterführung des Arbeitsgesprächs im gleichen Rahmen gern nach Deutschland kommen.

2. Zum Verlauf des Gesprächs

Die Aussprache verlief in zwei eng miteinander verschränkten Phasen. Sie betraf: 2.1 die theologischen Grundlagen der ökumenischen Gemeinschaft und des ökumenischen Handelns, insbesondere die fundamentale Bedeutung des Christusbekenntnisses und das Verständnis der Einheit der Kirche; 2.2 das breite Spektrum der ökumenischen Programme und Aktionen im Bereich der Mission und Evangelisation, der zwischenkirchlichen Hilfe, des Flüchtlingsdienstes, des Entwicklungsdienstes und der politischen Verantwortung, hier vor allem auch die Kontroverse hinsichtlich des ökumenischen Programms zur Bekämpfung des Rassismus.

2.1 Das Bedürfnis nach vertiefter theologischer Reflexion zur Begründung und Ausrichtung des gemeinsamen ökumenischen Handelns, nach gründlicherer gemeinsamer Explikation der Basis des ÖRK meldet sich heute mit zunehmender Dringlichkeit. Spätestens seit der Zentralausschuß-Sitzung in Utrecht ist diese Forderung, die von vielen Mitgliedskirchen und auch von der EKD schon seit längerer Zeit erhoben wird, als gemeinsame Zielsetzung des gesamten ÖRK artikuliert. Sowohl der Vorsitzende des Zentralausschusses als auch der Generalsekretär haben sie bei der Zentralausschuß-Sitzung in Genf besonders unterstrichen. Die Hauptstudie der Kommission für Glauben und Kirchenverfassung über die »Rechenschaft von der Hoffnung, die in uns ist«, welche bei der bevorstehenden Kommissionssitzung in Accra zu einer ersten Bilanz gebracht werden soll, und die Thematik der für Jakarta vorgesehenen Sektionsarbeit (insbesondere die Sektionen 1, 2 und 4) versuchen, dieser Forderung Rechnung zu tragen.

Insofern stieß der vom Rat der EKD nachdrücklich geäußerte Wunsch, »keine Anstrengung zu scheuen, um gemeinsam den Zusammenhang zwischen theologischer Reflexion und Bestimmung der Handlungsziele wieder verständlich und realistisch offenzulegen und begründet darzutun, was uns das Evangelium heute zu tun auferlegt«, bei den Gesprächspartnern nicht nur auf Verständnis, sondern er erwies sich als ein uneingeschränkt gemeinsames Ziel. Bei der Verwirklichung dieser gemeinsamen Zielsetzung stößt die ökumenische Bewegung auf tiefgehende Probleme.

2.1.1 Die *Konstruktion* des Ökumenischen Rates der Kirchen geht davon aus, daß »das magisterium« uneingeschränkt bei den Mitgliedskirchen liegt.

Solange die theologische Arbeit der ökumenischen Bewegung beim vergleichenden Studium unterschiedlicher Glaubens- und Bekenntnistraditionen einsetzte und von daher auf ein wachsendes gegenseitiges Verständnis, den Abbau des Trennenden, die Aufdekkung des Gemeinsamen und die gegenseitige Befruchtung im Dialog hinwirkte, bereitete dieser Vorbehalt keine unüberwindlichen Schwierigkeiten. In vielen wichtigen Fragen, die lange kontrovers gewesen waren, zeigte sich ein wachsender Konsensus, dessen Rezeption – mit allen Folgen für die Kirchengemeinschaft – freilich in die Entscheidung der Mitgliedskirchen gestellt blieb.

2.1.2 In den *Aktionen* des Ökumenischen Rates konnte sich, wie es zunächst schien, die wachsende Gemeinsamkeit der Mitgliedskirchen nach der frühen Überzeugung, daß die Lehre trenne, der Dienst aber verbinde, unmittelbarer ausdrücken und freier entfalten. Das führte mit einer gewissen Zwangsläufigkeit zu einer Verschiebung des Gleichgewichts zwischen Aktion und theologischer Reflexion, zumal die gemeinsame Verpflichtung zum Dienst mit dem quantitativen und qualitativen Wachstum der ökumenischen Gemeinschaft und die daraus unvermeidlich folgende Verwicklung dieser Gemeinschaft in die Nöte und die Konflikte der kleiner werdenden Welt von Jahr zu Jahr anwuchs. Der Vorwurf des »Aktionismus«, der angesichts dieses zunehmenden Ungleichgewichts lauter wurde, ist daher richtig und falsch zugleich: Er ist richtig, sofern die weltweite Verpflichtung zum Dienst die ökumenische Bewegung gelegentlich in ein Handeln hineinführt, dessen Ziele von den Gliedkirchen noch nicht in voller Gemeinsamkeit theologisch begriffen und bejaht sind; er ist falsch, sofern die von den Mitgliedskirchen selbst verantwortete und immer wieder bestätigte Konstruktion des Ökumenischen Rates diese Entwicklung begünstigt.

2.1.3 Trotzdem kann man nicht von einem Konstruktionsfehler sprechen, der leichthin korrigiert werden könnte. Die *Situation* der ökumenischen Bewegung erlaubt keine Rückkehr in ein Stadium größerer Unverbindlichkeit. Die Kirchen bekennen gemeinsam, daß ihre Einheit in Christus *gegeben* ist und, soweit irgend möglich, *gelebt* werden muß. Über Jahrzehnte hin haben die Kirchen erfahren und in ihren ökumenischen Begegnungen immer neu bekannt, daß die Möglichkeiten und Notwendigkeiten gelebter Einheit größer sind denn seit Jahrhunderten. Die ökumenische Gemeinschaft ist verbindliche Realität, Geschenk und Verpflichtung zugleich, auch wo zureichende Begriffe noch fehlen. *Als* universale Gemeinschaft sehen sich die Kirchen denn auch vor der Welt in Haftung genommen, zu gemeinsamer Rechenschaft von ihrer Hoffnung und zu gemeinsamem Dienst gefordert.

2.1.4 *Ein* Zeichen dieser gegebenen *Universalität* ist die unausweichliche Erfahrung dessen, was in 1 Kor 12,26 vom Leib Christi gesagt ist. Keine Kirche kann sich dem Mitleiden und der Mitfreude, dem Mitgefordertsein mit anderen Kirchen entziehen. Das ist nicht nur eine Frage der Fantasie der Liebe, sondern harte Wirklichkeit unausweichlicher Interdependenz. Daß viele Mitgliedskirchen des Ökumenischen Rates, zumal in der Dritten Welt, angesichts einer schreienden Disparität der Entwicklung und der Entwicklungschancen zwischen Nord und Süd, angesichts eines religiös-ideologischen und eines strukturellen Rassismus, der das Recht und die Würde des Menschen als des von Gott geliebten Geschöpfes schändet und negiert, sich in ihrer Integrität als Kirchen Jesu Christi in Frage und auf die Probe gestellt sehen, betrifft die anderen Kirchen nicht nur mittelbar, um der Liebe willen, sondern ganz unmittelbar, sofern ihr eigener, wenn auch noch so verborgener und vermittelter Anteil an der Aufrechterhaltung derart diskriminierender Einstellungen und Strukturen unausweichlich aufgedeckt und ihr Wahrnehmungsvermögen für analoge Erscheinungen im eigenen Verantwortungsbereich – etwa in Hinsicht auf die internationale Wanderungsbewegung der Arbeiter und Studenten – geschärft wird.

2.1.5 Die Qualität dieser gemeinsamen Betroffenheit aller Kirchen wird in der ökumenischen Bewegung vorerst unterschiedlich eingeschätzt. Die Kirchen der Dritten Welt erfahren ihre Situation – daran ließen ihre Sprecher im Stab des ÖRK keinen Zweifel, auch wenn der Begriff selbst nicht fiel – zunehmend als einen Status confessionis. Ein Christentum, das in menschenzerstörende Zusammenhänge verstrickt ist und teilweise sogar zu ihrer Legitimation mißbraucht wird, ohne sich mit allen Kräften dagegen zu wehren, ist für sie ein verfälschtes Evangelium, das durch aktuelles Bekennen in Wort und Tat entlarvt und bekämpft werden muß. Das bedeutet für sie:

a) die volle, wenn auch prinzipiell kritische Identifizierung mit den Leiden und Kämpfen ihrer Völker selbst um den Preis des Konflikts mit den Kirchen, deren Mission sie sich verdanken;

b) die Bemühung um ein eigenständiges theologisches Begreifen ihrer Situation und ihres Kircheseins in dieser Situation, die Ausbildung einer Theologie im Kontext, die die abendländischen theologischen Denkstile nicht einfach fortsetzt, sondern hinsichtlich ihrer Wirkungsgeschichte in der Dritten Welt in Frage stellt und korrigiert;

c) das Ringen um ein authentisches, d.h. in der eigenen Erfahrung mit dem Evangelium wurzelndes, auf die eigene Situation klärend bezogenes Christusbekenntnis;

d) die Transposition des Problems der Einheit der Kirche in den jeweiligen afrikanischen, asiatischen oder lateinamerikanischen Kontext, wobei z.B. die Beziehung zu den teilweise rasch wachsenden »independent churches« dringlich wird; volle, nicht nur organisatorische, sondern auch inhaltliche Regionalisierung der ökumenischen Bewegung;

e) die Forderung an alle Kirchen der ökumenischen Bewegung, den Entscheidungscharakter der Situation der Kirchen der Dritten Welt zu verstehen und zu akzeptieren, diese Kirchen in ihrer Entscheidung zu tragen und zu fördern und entsprechend zu handeln. Dabei bekommen bestimmte Programme und Aktivitäten des Ökumenischen Rates wie das Antirassismusprogramm den Charakter von Zeichen der Bruderschaft, der Buße und der Erneuerung.

2.1.6 Der Rat der EKD erklärte demgegenüber seine Bereitschaft, sich auf den Ernst der Herausforderung der ökumenischen Bewegung durch die Kirchen der Dritten Welt ohne Vorbehalt einzulassen. Eben dies nötige ihn, seinerseits aus der Mitte der eigenen Erfahrung, der Erfahrung der Christenheit in Deutschland, zumal der Erfahrung des Kirchenkampfes zu argumentieren. Er betonte:

a) Aus der Identifizierung mit den Leiden und Kämpfen der eigenen Völker, so notwendig sie ist, kann allzu rasch Überidentifizierung und Identitätsverlust werden, wo die Kirche sich kritiklos in den Dienst politischer Ziele und ideologischer Systeme stellt. Das Evangelium verkehrt sich dann selbst in eine religiöse Ideologie und verliert seine erlösende und befreiende Kraft. Mit der Ideologie des Nationalismus hat die Christenheit in Deutschland Erfahrungen gemacht, die sie nicht verleugnen kann und um der Wahrheit und der Liebe willen in der ökumenischen Gemeinschaft geltend machen muß. Das Evangelium ist und bleibt die Kritik aller Ideologie.

b) Die Notwendigkeit einer dem jeweiligen soziokulturellen und politischen Kontext voll entsprechenden Theologie ist unbestreitbar. Nur so bezeugt die Theologie die Annahme des Menschen durch Gott in der Fülle und Besonderheit seines Menschseins. Nur so wird sie verständlich. Dabei ist aber die Gefahr, daß der Kontext zum Text wird, nicht zu übersehen. Auch die unkritische Verquikkung mit Programmen der Befreiung und der Selbstbestimmung, die der Christ als solche um Christi willen voll bejaht, kann das Evangelium in Gesetz verkehren.

c) Das Ringen um ein authentisches, die gegenwärtige Herausforderung aufnehmendes Christusbekenntnis ist der Christenheit in Deutschland aus eigener Erfahrung bekannt und wichtig. Die Authentizität des Bekenntnisses wird sich aber daran zu bewähren haben, ob und wie dieses dem biblischen Zeugnis entspricht. Ein Christusbekenntnis, das authentisch sein will, muß sich konziliaren Auseinandersetzungen um die Wahrheit in der ökumenischen Bewegung aussetzen und darf sich analogen Erfahrungen anderer Kirchen nicht entziehen.

d) Der Rat bejaht die notwendige Regionalisierung der ökumenischen Bewegung und das in ihr sich äußernde Ringen um Identität und Unabhängigkeit gegenüber den spezifisch abendländischen Denk- und Organisationsstrukturen, in denen das Evangelium in der europäisch-amerikanischen Missionsbewegung aufgetreten ist. Er bejaht den Kampf um die regionale Einheit in der je regionalen Vielfalt der christlichen Erfahrungen und Kirchbildungen. Er weist aber darauf hin, daß es eine letzte Gemeinsamkeit in der Identität aller Christen und aller Kirchen gibt, die allein in Christus, in der alle Grenzen überschreitenden Gnade Gottes liegt. Im biblischen Zeugnis, in den geschichtlichen Erfahrungen der Christenheit, wie sie sich in den Bekenntnissen über manche Zeitbedingtheit hinaus verbindlich äußern, und in der Realität der verpflichtenden Gemeinschaft, deren Ausdruck die ökumenische Bewegung ist, sind die Kriterien und Grenzen möglicher Regionalisierung gegeben.

e) Der Rat der EKD ist betroffen durch die Tiefe der Erfahrung und die daraus sich ergebende Radikalität der Entscheidungsforderung, die die Kirchen der Dritten Welt geltend machen. Er bejaht, daß die theologische Diskussion der ökumenischen Bewegung dadurch in eine neue Dimension, in die Dimension aktuellen Bekennens tritt. Um so dringlicher bittet er, daß in dieser Situation alle Kirchen der ökumenischen Bewegung, auch die Kirchen in der Bundesrepublik Deutschland, ins Gespräch voll einbezogen und in ihren spezifischen Erfahrungen beim Kampf um die Wahrheit in Christus ernstgenommen werden.

2.1.7 Das Gespräch machte sehr deutlich, daß und in welchem Maße die Vertreter des Stabes des ÖRK gar nicht so sehr in eigener Sache, um einer eigenen Programmatik willen, sondern als Mittler, als Übersetzer, in dieser besonderen Gesprächslage vor allem als Sprecher von Kirchen agieren, deren Stimme im ökumenischen Gespräch allzu lange gar nicht oder nicht aufmerksam und geduldig genug gehört worden ist. In dieser Mittlerfunktion machten sie deutlich:

a) Die Zeit der selbstverständlichen Vorherrschaft abendländischer Denk- und Organisationsstrukturen ist vorbei. Das bedeutet nicht, daß die besonderen, in vieler Hinsicht auch weiterhin grundlegenden Erfahrungen und Einsichten der abendländischen Kirchen mit dem Evangelium nichts mehr gelten. Aber der Ökumenische Rat, so führte der Generalsekretär, Dr. P. Potter, immer wieder nachdrücklich aus, sei heute eine Gemeinschaft, die sehr anders zusammengesetzt und gewichtet sei als bei ihrer Gründung. Daher bedürfe es eines neuen Stils in der Diskussion, in der alle hören, alle sich korrigieren lassen müßten und in der jeder Beitrag in Form und Sprache so gestaltet sein müßte, daß er gehört und als Korrektur angenommen werden könnte. Hier gebe es auch und gerade für die europäischen Kirchen noch eine Menge zu lernen.

b) Die Monita des Rates auf dem Hintergrund der besonderen Erfahrungen der Christenheit in Deutschland müßten wahrscheinlich noch sehr viel direkter und deutlicher in den Dialog mit den Kirchen, die jetzt in einer ganz anderen Situation vor Bekenntnisentscheidungen stünden, eingebracht werden. Im Rahmen der Studie über die »Rechenschaft von der Hoffnung, die in uns ist« würden in Accra aktuelle Bekenntnisse aus verschiedenen Situationen der jüngsten Zeit direkt konfrontiert, darunter z. B. die Barmer theologische Erklärung. Aber die deutschen Kirchen müßten vermutlich ganz direkt ins Gespräch mit den Kirchen der Dritten Welt und anderen, auch europäischen Kirchen, die auf die Fragen aus der Dritten Welt anders antworteten, eintreten.

c) Auch und besonders für die europäischen Kirchen stellt sich heute, wie es scheint, ein Identitäts- und ein Regionalisierungsproblem besonderer Art. Die Studie über die »Rechenschaft von der Hoffnung, die in uns ist« habe an den Tag gebracht, daß die europäischen Kirchen zwar in der theologischen Reflexion der Bekenntnisüberlieferung stark seien, aber sehr unsicher wirkten, wenn sie das hic et nunc, das »in uns« der Erfahrung des Glaubens ausdrücken, wenn sie wirklich von *ihrer* Hoffnung in *ihrer* Situation Zeugnis ablegen sollten. So sei denn auch ein so wichtiges Dokument wie die Leuenberger Konkordie vor allem von den wegen ihrer konfessionellen Homogenität scheinbar nicht betroffenen Kirchen (Skandinavien, Schweiz) mit einer beunruhigenden Indifferenz aufgenommen worden. Offenbar hätten die europäischen Kirchen das Problem der konkreten Einheit in der konkreten Vielfalt der europäischen Erfahrungen und Traditionen, das Problem auch einer neuen Identität jenseits der abendländischen Vorherrschaft in Kirche und Welt, das Problem der Buße und der Erneuerung speziell der europäischen Kirchen vorerst weder voll begriffen noch in Angriff genommen. Insbesondere das Problem der Einheit der Kirche in der Spannung zwischen der »Ersten« und der »Zweiten« Welt könne aber nur hier, in Europa, ernstlich angegangen werden.

d) Hinsichtlich einer für die innerdeutsche Diskussion bedeutsamen Fragestellung räumten die Vertreter des ÖRK ein, daß die Thematik »Einheit der Kirche – Einheit der Menschheit«, die die theologische Arbeit des ÖRK in den letzten Jahren stark bestimmt habe, zwar eine Fülle von interessanten Denkanstößen erbracht habe, auf die Dauer aber wegen ihrer Mißverständlichkeit nicht recht weiterführe. Der Begriff »Einheit« werde in dieser Kombination allzu vieldeutig und unscharf, die Gefahr einer Verwechslung von Text und Kontext sei durch den Sprachgebrauch zumindest nicht hinreichend ausgeschlossen. In Wahrheit geht es aber eindeutig um die Frage, wie in einer Welt wachsender Interdependenzen die in Christus geschenkte Einheit zu bezeugen und zu leben sei.

2.2 Die zweite Phase des Gesprächs betraf Programme, Studien und Aktivitäten des Ökumenischen Rates, die zum großen Teil unstrittig sind. Mit Interesse und Zustimmung hörte der Rat Berichte über den ökumenischen Entwicklungsdienst, die zwischenkirchliche Hilfe, den Flüchtlingsdienst, die Beteiligung an der Katastrophenhilfe, die ziemlich lautlose, aber gelegentlich – wie im Sudan – erfolgreiche Bemühung um Waffenruhe und Frieden.

2.2.1 Unterschiedliche Meinungen ergaben sich hinsichtlich des Planes zur Gründung einer Entwicklungsbank, der freilich noch nicht entscheidungsreif ist.

2.2.2 Mit Dankbarkeit hörte der Rat einen Bericht aus der Arbeit der Referate für Weltmission und Evangelisation, aus dem unter anderem hervorging, daß der Weltkongreß für Evangelisation, der in Kürze in Lausanne zusammentreten wird, durchaus falsch eingeschätzt ist, wenn er als »Gegenschlag gegen Bangkok« interpretiert wird. Die relative Nähe zwischen Lausanne und Genf sei mehr als ein geographisches Phänomen.

2.2.3 Wirkliche Divergenzen bestanden und bestehen jedoch im Blick auf das ökumenische Programm zur Bekämpfung des Rassismus. Das Mandat dieses Programms läuft aus und steht bei der Zentralausschuß-Sitzung in Berlin zur Erneuerung oder Beendigung an. Der Antrag der zuständigen Kommission auf Erneuerung des Mandats lag vor. Außerdem war eine Auswertung der ersten Periode des Programms unter dem Titel »A Small Beginning« als Diskussionsgrundlage verfügbar.

2.2.4 Aus der sehr gründlichen und ausführlichen Diskussion der Problematik des Programmes verdienen die folgenden Punkte festgehalten zu werden:

a) Der Rat konstatiert sein Erstaunen, ja sein Befremden, daß im

Auftrag der zuständigen Kommission auf Erneuerung des Mandats des Antirassismus-Programms auf die nun durch Jahre hindurch vorgetragenen Einwände der Mitgliedskirchen in der Bundesrepublik und in anderen Ländern auch nicht mit einem Wort eingegangen worden sei. In der Bewertung dieser Einwände in »A Small Beginning« seien zudem ausgesprochen unerfreuliche Untertöne zu bemerken. Insgesamt könne man diesen Sachverhalt nur als Verweigerung einer ernsthaften Diskussion verstehen.

b) Die Vertreter des Stabes des ÖRK zeigten an dieser Stelle eine ähnliche Sensibilität wie die deutschen Gesprächspartner. Ein großer Teil der unter 2.1.1–7 referierten Diskussion spitzte sich in diesem konkreten Zusammenhang noch einmal zu. Für die Vertreter der Kirchen der Dritten Welt geht es hier wirklich um eine Art Status confessionis. Eben darum können sie den Einspruch von reichen weißen Kirchen nur mit Mühe nachvollziehen und sich nur sehr schwer dem Eindruck entwinden, hier werde Finanzkraft als Machtfaktor ausgespielt. Ohne den Beweis im einzelnen führen zu wollen oder zu können, machten die Vertreter des Stabes des ÖRK darauf aufmerksam, daß der Sonderfonds des PCR trotz seines wahrlich nur symbolischen Umfangs ein Gesprächsklima erzeugt habe, das sich jetzt, da die Befreiungsbewegungen im südlichen Afrika als gleichberechtigte Verhandlungspartner Portugals anerkannt seien, ausgesprochen friedensfördernd auswirken könne. Hier sei ein Vertrauenskapital erzeugt worden, das nun seine Zinsen trage. Die gesamte aktuelle Entwicklung im südlichen Afrika, die über die ehemaligen portugiesischen Kolonien und Rhodesien auf die Südafrikanische Republik zurückwirke, könne durchaus als Bestätigung des PCR gelesen werden. Zudem habe die theologische Auseinandersetzung um den weißen Rassismus, das Menschenrecht, insbesondere das Recht auf Selbstbestimmung, das Problem der Freiheit und das Problem der Gegengewalt vorerst auch in den Kirchen des nordatlantischen Raums nicht zu irgendeinem schlüssigen Ergebnis geführt.

c) Die Vertreter des Rates der EKD machten demgegenüber auf ganz andere, durchaus nicht weniger bedeutsame Dimensionen der Kontroverse aufmerksam. Ganz abgesehen von eigenen Erfahrungen, die mit schmerzlicher Nachdrücklichkeit deutlich machten, daß auf der Gewalt kein Segen ruhe, daß Christen zumindest nur in der Situation der ultima ratio und unter Verzicht auf jede, aber auch jede Selbstrechtfertigung Gewalt üben könnten, bleibe ja immer noch die Frage, ob das Sendungsgefühl und der moralische Rigorismus einiger Mitgliedskirchen des ÖRK die Nichtachtung der Mehrheitsmeinung anderer Mitgliedskirchen rechtfertigen könne. Die Mitgliedskirchen in Westdeutschland jedenfalls müßten »Erfahrung« gegen »Erfahrung« setzen, und niemand könne sie im Konflikt der Erfahrungen davon entlasten, geltend zu machen, was sie erkannt und erlitten hätten: Auch plausible politische Ziele könnten, verabsolutiert, in die Irre führen und das Evangelium verfälschen. Die Gefahr der Selbsttäuschung sei zudem nirgends so groß wie im Zusammenhang von Zielen wie Gerechtigkeit, Freiheit, Humanität, die gleichsam automatisch den biblischen Segen hätten. Es sei natürlich einfacher, sich vom eigenen Schuldgefühl und vom eigenen Enthusiasmus mitreißen zu lassen. Aber die Tatsache, daß die Mehrheit der eigenen Mitgliedschaft nicht »mitspiele«, lasse sich dadurch nicht aus der Welt schaffen. Zwar sei Volkes Stimme mit Sicherheit nicht identisch mit Gottes Stimme, aber etwas gegen das Gewissen, auch das womöglich falsch programmierte Gewissen zu tun, sei gleichwohl nicht ratsam. Die Vertreter des Rates der EKD müßten am Ende ganz schlicht fragen, wie denn der ÖRK mit Rückmeldungen (feedbacks) von Mitgliedskirchen umzugehen gedenke, die in – nach ihrer Meinung – redlicher Bemühung ein ökumenisches Programm zu interpretieren und durchzusetzen versucht hätten und dabei – vorerst – gescheitert seien. Ein Ökumenischer Rat der Kirchen, der meine, er könne sich über Widerstände dieser Massivität hinwegsetzen, sei sicher nicht gut beraten. Die Entscheidung, schismatische Entwicklungen zu riskieren, sei gerade in einer Bewegung, deren Ziel die Einheit der Una Sancta Ecclesia sei, mit Sicherheit nur und allein die autonome Entscheidung der *einzelnen* Mitgliedskirche. Der Rat der EKD sei nicht bereit, sich diese Entscheidung von irgend jemandem aufzwingen zu lassen.

d) Der Rat der EKD seinerseits hatte zur Kenntnis zu nehmen, daß er die Zeichenbedeutung des PCR im Strudel der Kontroverse innerhalb der EKD bislang vermutlich unterschätzt hatte. Gegen die existentielle Erfahrung von Nichtweißen, die verzweifelt um die Glaubwürdigkeit des Evangeliums im Streit der Rassen kämpften, war nur sehr schwer zu argumentieren. Alle sorgfältig erwogenen Vorschläge des Rates (und seiner Mitgliedskirchen, insbesondere auch der VELKD) zur Korrektur des PCR – von der Forderung, das PCR in den breiteren Kontext eines Kampfes um die Verwirklichung der Menschenrechte, wo immer sie in Gefahr sind, einzubeziehen, bis zu einer erneuten und differenzierteren Bestätigung einer »multiplen Strategie« des Antirassismus – mußten sich der Frage stellen, ob sie auch nur annähernd die Botschaft des Mitleidens und der Solidarität vermitteln könnten, auf die die Kirchen der Dritten Welt warten. Die Frage war ganz schlicht, was in dieser Kontroverse wirklich den Vorrang hätte: die Salvierung des eigenen Gewissens oder die Tröstung der Brüder. Was würde die Zurücknahme des Zeichens des PCR für die ökumenische Gemeinschaft bedeuten? War das Problem nicht vielmehr, *dieses* Zeichen zu erhalten, aber es in den Zusammenhang anderer, die ganze Breite der Menschenrechtsproblematik zwischen Ost und West, Nord und Süd umfassender Zeichen zu stellen und in ihnen aufzuheben?

e) Beschlüsse kamen nicht zustande, waren auch nicht zu erwarten, denn der Stab des ÖRK – das gehört zu den notwendigen Selbstkorrekturen im Binnenbereich der EKD – ist kein Leitungsorgan, sondern die Exekutive eines ökumenischen Meinungsbildungsprozesses, der durch »Protest in Genf« nur sehr begrenzt zu beeinflussen ist. Die meisten zwischen dem ÖRK und der EKD strittigen Fragen wurden ohne diplomatische Vorsicht, in vollem christlichem Freimut erörtert. Ergebnisse sind jedoch nur im Fortgang der ökumenischen Gesamtentwicklung über die Sitzung des Zentralausschusses in Berlin und andere wichtige Veranstaltungen, bei denen während des kommenden Sommers die Ergebnisse jahrelanger Studien zusammengetragen werden (Accra, Bukarest etc.), zur Fünften Vollversammlung in Jakarta hin zu erwarten. Die Frage, wie die Vertreter der EKD in diesem komplizierten Vorgang der Meinungsbildung agieren, kann gar nicht ernst genug genommen werden. Ein Gutteil der Mißverständnisse zwischen ÖRK und EKD hängen damit zusammen, daß die Vertreter der EKD in ökumenischen Gremien oft erstaunlich »privat«, d. h. nach dem Maß persönlicher geistiger Erkenntnis, aber ohne Rückkopplung an den Meinungsbildungsprozeß der Volkskirche, für die sie standen, votiert haben. Die Partner im ÖRK fühlten sich gelegentlich völlig desorientiert, wenn sie feststellen mußten, daß die Meinung ihrer deutschen Freunde in der ökumenischen Diskussion kaum eine institutionelle Absicherung in den Leitungen der Gliedkirchen der EKD, geschweige denn in ihren Mitgliedschaften hatte.

3. Der Ertrag des Gesprächs in Genf

3.1 Der entscheidende Ertrag dieses Gesprächs war die Nötigung, das in der alltäglichen Auseinandersetzung unausweichlich sich vereinfachende Bild des jeweiligen Gesprächspartners vom anderen wieder zu differenzieren.

3.2 Der Rat der EKD begegnete in den Vertretern des Stabes der ÖRK den Repräsentanten einer weltweiten Kirchengemeinschaft, deren Zusammenhalt auch in der äußerst komprimierten Form einer zentralen internationalen Arbeitsgruppe nur als ein Werk des Pfingstgeistes angemessen verstanden werden kann. Die direkte, unverstellte Begegnung mit einer solchen Gruppe schließt die Vorstellung einer »internationalen Verschwörung«, selbst unter Vernachlässigung all der apokalyptischen Untertöne einer solchen »Verschwörungstheorie«, als schlechthin absurd aus. Der Rat weist derlei Verschwörungstheorien, woher sie auch immer kommen, mit großem Nachdruck und mit der Bitte um ernstliche Überprüfung derartiger Vorurteile zurück.

3.3 Die Vertreter des Stabes des ÖRK ihrerseits brachten zum Ausdruck, daß sie in den Mitgliedern des Rates der EKD keiner »formierten Lobby« einer der großen weißen reichen Kirchen begegnet waren, sondern einer Gruppe von ökumenisch loyalen, zugleich höchst beunruhigten Kirchenführern, die über Jahre hin versucht hatten, ihre ökumenische Verpflichtung binnenkirchlich zu bewähren und dabei auf bestimmte, wichtige Grenzen der Lernfähigkeit der Gewissen, auch der eigenen Gewissen gestoßen waren. Die ökumenischen Gesprächspartner wußten es zu würdigen, daß der Rat in einer Situation innerer Auseinandersetzungen seine Loyalitäten durch Ort, Zeit und Stil der Zusammenkunft mit den ökumenischen Partnern so klar zum Ausdruck gebracht hatte.

3.4 Der Rat fragt alle in Deutschland streitenden Gruppen, ob sie wirklich das Recht und die Vollmacht haben, die Differenziertheit ökumenischer Verpflichtungen und Beziehungen auf die vereinfachte Entscheidung zwischen »Treue« und »Verrat« gegenüber einem vorlaufend festgestellten, nicht mehr fürs Gespräch offenen Verständnis von »Evangelium« zu reduzieren. Er bezeugt seinen Partnern im ökumenischen Gespräch, in Genf wie anderswo in der Welt, den Ernst und die Überzeugtheit des Bemühens um evangelischen Gehorsam, auch wo die Meinungen im konkreten Fall diametral auseinanderlaufen. Er wird im Streit um die Wahrheit, wie er sie versteht, nicht nachlassen. Er wird sich aber auch nicht bereitfinden, um eines abstrakten Wahrheitsanspruches willen Brüder preiszugeben, die in ihrem erweisbaren Leiden den Beweis des »Geistes und der Kraft« deutlich führen.

3.5 Den Gesprächspartnern der Diskussion in Genf bezeugt der Rat mit den Worten mehrerer Vollversammlungen des ÖRK: Wir haben die Absicht zusammenzubleiben und zusammenzuwachsen. Das schließt die Dramatisierung von Gegensätzen ebenso aus wie die diplomatische Verkleisterung ernstlicher Widersprüche und Spannungen. Es gibt Formeln und Programme der ökumenischen Bewegung, die nachzusprechen und zu unterstützen der Rat, auch im Namen der Christen, die er vertritt, sich im Gewissen nicht frei fühlt. An solchen Stellen beansprucht er das Recht zum Einspruch und, wo dieser nicht akzeptiert wird, zum Dissensus im Reden und Handeln. In keinem Punkt aber wünscht er, die Auseinandersetzung um die Wahrheit des Evangeliums abzubrechen. Er erklärt seine Bereitschaft zu lernen. Er bekennt sich zu seiner Verantwortung, jederzeit und gegenüber jedermann Rechenschaft zu geben von der Hoffnung, die in Christus eröffnet ist für alle Menschen.

ERNST LANGE

Sprachschule für die Freiheit

Bildung als Problem und Funktion der Kirche.
Hrsg. und eingeleitet von Rüdiger Schloz
(Lese-Zeichen / Edition Ernst Lange 1)
200 Seiten. Kt. In Gemeinschaft
mit dem Burckhardthaus-Laetare-Verlag

Wirklichkeit begreiflich zu machen, das war die wesentliche Funktion, die Ernst Lange dem Evangelium zuschrieb. An dieser Funktion hat er seine Ansätze einer Theorie kirchlichen Handelns ausgerichtet. Die konkrete Situation durch das Evangelium zu erhellen und die Relevanz des Evangeliums in der Konkretion sich erweisen zu lassen – von diesem Kerngedanken aus entwickelte er seine homiletische Theorie, die sich im Konzept der weitverbreiteten »Predigtstudien« niedergeschlagen hat, seine institutionskritischen Überlegungen zur Kirchenreform, seine »Ökumenische Utopie« und seine Gedanken zur kirchlichen Bildungsaufgabe. Mit sensiblem Gespür für Chancen und Risiken der sich in der Kirche und Gesellschaft abzeichnenden Entwicklungen, mit der treffsicheren Ausdruckskraft eines Literaten repräsentiert er einen ungewöhnlichen Typ eines Theologen. Er ist schwer einzuordnen, lädt weniger ein, sich positionell festzumachen als dazu, sich zur theologischen, kirchlichen und politischen Erkundung hinauszuwagen. Er ist in seiner Bedeutung weithin noch nicht aufgenommen.

Seine wichtigsten Publikationen und einige bisher unveröffentlichte Texte werden in einer Edition zugänglich gemacht, die auf sechs Bände angelegt ist. Der erste Band, »Sprachschule für die Freiheit«, enthält u. a. die wichtigen Aufsätze »Erwachsenenbildung in der Freizeitgesellschaft« und »Konfliktorientierte Erwachsenenbildung als Funktion der Kirche« sowie die bekannte Einleitung zu Paulo Freires »Pädagogik der Unterdrückten«.

CHR. KAISER VERLAG MÜNCHEN